**Die Bonus-Seite**

Ihr Vorteil als Käufer dieses Buches

Auf der Bonus-Webseite zu diesem Buch finden Sie zusätzliche Informationen und Services. Dazu gehört auch ein kostenloser **Testzugang** zur Online-Fassung Ihres Buches. Und der besondere Vorteil: Wenn Sie Ihr **Online-Buch** auch weiterhin nutzen wollen, erhalten Sie den vollen Zugang zum **Vorzugspreis**.

So nutzen Sie Ihren Vorteil

Halten Sie den unten abgedruckten Zugangscode bereit und gehen Sie auf **www.galileodesign.de**. Dort finden Sie den Kasten **Die Bonus-Seite für Buchkäufer**. Klicken Sie auf **Zur Bonus-Seite / Buch registrieren**, und geben Sie Ihren **Zugangscode** ein. Schon stehen Ihnen die Bonus-Angebote zur Verfügung.

Ihr persönlicher **Zugangscode**

uc32-kg6y-8fpa-hmxt

Robert Klaßen

Adobe Photoshop CS6

Der professionelle Einstieg

Galileo Press

Liebe Leserin, lieber Leser,

Photoshop wird oft als »Bildbearbeitungsriese« bezeichnet, und das kommt nicht von ungefähr: Gerade als Einsteiger fühlt man sich angesichts der unzähligen Funktionen und Werkzeuge schnell einmal überfordert. – Damit Sie sich schnell zurechtfinden, wurde dieses Buch geschrieben. Unser Autor Robert Klaßen versteht es, Sie auf unterhaltsame und zugleich kompetente Weise in die Photoshop-Welt einzuführen, so dass Sie alle Hürden mit Bravour meistern!

Dank seines lockeren Schreibstils und zahlreicher Workshops bringt er Ihnen die Möglichkeiten von Photoshop so bei, dass Sie am Ende ganz genau wissen, wie eine bestimmte Funktion in der Praxis angewendet werden muss. Wollen Sie beispielsweise wissen, wie man ein Landschaftsfoto in Schwarzweiß umwandelt, dann schlagen Sie einfach im gleichnamigen Workshop nach. Oder wollen Sie Störungen aus Ihren Fotos entfernen? Auch hierfür finden Sie eine Anleitung. Alle Beispielbilder aus den Workshops finden Sie auf der DVD des Buchs, die darüber hinaus noch mehr für Sie bereithält. Vor allem die Video-Lektionen werden Ihnen gefallen, denn dort können Sie einem Trainer eine Stunde lang bei der Arbeit mit Photoshop über die Schulter schauen.

Nun bleibt mir noch, Ihnen viel Spaß mit Photoshop CS6 und diesem Buch zu wünschen. Sollten Sie Anregungen oder Kritik haben, freue ich mich, wenn Sie sich mit mir in Verbindung setzen.

Ihre Katharina Geißler
Lektorat Galileo Design
katharina.geissler@galileo-press.de

www.galileodesign.de
Galileo Press · Rheinwerkallee 4 · 53227 Bonn

Auf einen Blick

Der Name Galileo Press geht auf den italienischen Mathematiker und Philosophen Galileo Galilei (1564–1642) zurück. Er gilt als Gründungsfigur der neuzeitlichen Wissenschaft und wurde berühmt als Verfechter des modernen, heliozentrischen Weltbilds. Legendär ist sein Ausspruch *Eppur si muove* (Und sie bewegt sich doch). Das Emblem von Galileo Press ist der Jupiter, umkreist von den vier Galileischen Monden. Galilei entdeckte die nach ihm benannten Monde 1610.

Lektorat Katharina Geißler
Korrektorat Petra Bromand, Düsseldorf
Herstellung Maxi Beithe
Einbandgestaltung Janina Conrady
Coverfotos iStock 18425690 © Roberto A Sanchez, iStock 9994363 © Sergey Ivanov, iStock 15140591 © Eric Isselée
Fotos im Buch Fotos im Buch © 2012 Robert Klaßen und Lizenzgeber. Alle Rechte vorbehalten. Alle in diesem Buch und auf dem beiliegenden Datenträger zur Verfügung gestellten Bilddateien sind ausschließlich zu Übungszwecken in Verbindung mit diesem Buch bestimmt. Jegliche sonstige Verwendung bedarf der vorherigen, ausschließlich schriftlichen Genehmigung des Urhebers.
Satz SatzPro, Krefeld
Druck Offizin Andersen Nexö Leipzig

Dieses Buch wurde gesetzt aus der Linotype Syntax (9,25 pt/13 pt) in Adobe InDesign CS4.

Gerne stehen wir Ihnen mit Rat und Tat zur Seite:
katharina.geissler@galileo-press.de
bei Fragen und Anmerkungen zum Inhalt des Buches

service@galileo-press.de
für versandkostenfreie Bestellungen und Reklamationen

julia.mueller@galileo-press.de
für Rezensions- und Schulungsexemplare

Bibliografische Information der Deutschen Nationalbibliothek
Die Deutsche Nationalbibliothek verzeichnet diese Publikation in der Deutschen National-bibliografie; detaillierte bibliografische Daten sind im Internet über *http://dnb.d-nb.de* abrufbar.

ISBN 978-3-8362-1884-9

© Galileo Press, Bonn 2012
1. Auflage 2012

Inhalt

2 Dateiverwaltung mit der Bridge

3 Malen, auswählen, freistellen – Photoshop-Basiswissen

4   Ebenen

5   Licht und Schatten korrigieren

6 Farbkorrekturen

7 Retusche und Reparatur

8 Montage

9 Camera Raw

10 Text, Texteffekte und Pfade

11 Dateien ausgeben – für Web und Druck

12   Fachkunde

Workshops

Farbkorrekturen

Retusche und Reparatur

Montage

Camera Raw

Text, Texteffekte und Pfade

Dateien ausgeben – für Web und Druck

Fachkunde

Vorwort

Hätten Sie Lust, einmal etwas Verrücktes zu tun? So etwas wie Fallschirm- oder Bungeespringen? Also, ich kann gut drauf verzichten. Mir wird nämlich schon schwindelig, wenn ich aus dem Kellerfenster schaue. Stellen Sie sich vor: Kürzlich hat meine Frau durchsickern lassen, dass einige meiner Freunde genau dieses Geschenk zu meinem nächsten Geburtstag organisiert haben – und der ist schon recht bald. Wie Sie sehen, habe ich ein echtes Problem. Ich hoffe, Sie verstehen, dass es in diesem Buch deshalb keinen einzigen Workshop geben wird, der mit Bungee-Seilen, Flugzeugen oder Ähnlichem zu tun hat …

Zurück zu Ihnen

Aber zurück zu Ihnen. Die Frage war ja, ob Sie ein Mensch sind, den waghalsige Manöver reizen. Bitte antworten Sie spontan, intuitiv und ehrlich. Hier die ebenso spontane, intuitive und ehrliche Auswertung:

▸ **Ja** – Glückwunsch! In diesem Buch werden Sie praktische Erfahrungen mit ganz verrückten Sachen machen. Sie dürfen beispielsweise einen schicken Geländewagen in eine protzige Stretch-Limousine verwandeln, mit bloßen Händen einen Frauenkörper verbiegen und einem Radfahrer mit einer überdimensionalen Pipette zu Leibe rücken – nein, nicht um ihn zu dopen (auch wenn das vielleicht naheläge).

▸ **Nein** – Dann geht es Ihnen so wie mir. Sie lieben wahrscheinlich Abende vor dem Kamin, und beim Anschauen eines Miss-Marple-Films schnellt Ihr Puls auf 180. Doch ich kann Sie beruhigen: Die meisten Beispielfotos zeigen die Schönheit der Natur oder liebe Mitmenschen – manchmal sogar beides auf einmal. Das Buch ist also vollkommen ungefährlich.

▸ **Weiß nicht** – Ich verstehe. Sie legen viel Wert auf Sicherheit, sind aber bisweilen nicht abgeneigt, ein Risiko einzugehen. Dann verrate ich Ihnen im Vorfeld nichts über dieses Buch. Stürzen Sie sich ins Abenteuer, und machen Sie eigene Erfahrungen. Bungee oder Miss Marple. Es ist Ihre Entscheidung.

Workshops und Fotos

Wo ein Workshop ist, da ist auch ein Foto. So lautet jedenfalls das Motto dieses Buches. Sämtliches in diesem Buch verwendete Beispielmaterial steht für Sie auf der beiliegenden DVD zur Verfügung. Zusätzlich erhalten Sie noch die Ergebnisfotos. Dann können Sie gleich sehen, ob Sie das Ziel erreicht haben. Praktisch, oder?

▼ **Abbildung 1**
Sie werden sehen: Es macht Spaß, mit diesen Fotos zu arbeiten.

Sie fragen sich, warum die weiblichen Models den männlichen zahlenmäßig überlegen sind? Dafür gibt es mehrere Gründe. Zum einen bin ich der Meinung, dass (sorry, liebe Männer) Frauen einfach hübscher sind als wir. Zum anderen ist eine Porträtretusche beim femininen Gesicht wesentlich anspruchsvoller. Damit will ich nicht sagen, dass beim Mann eher mal was danebengehen darf, sondern … na, also doch … genau das will ich damit sagen. Und weil das Thema Frauenporträt so wichtig ist, wird es sogar mehrere Workshops dazu geben.

So, es geht los!

»Was, gleich hier?« Ja. Starten Sie bitte Photoshop CS6. Während sich die Anwendung bereitmacht, zwei kurze Hinweise: Das Buch ist sowohl für Windows- als auch für Mac-User geeignet. Daher sind Tastaturkürzel auch für beide Plattformen angegeben. Vor dem Schrägstrich steht jeweils die Windows-Taste, dahinter die Mac-Taste. Beispiel gefällig? Drücken Sie ⌨Strg/⌘+X. Das bedeutet für Windows ⌨Strg+X und für Mac ⌘+X. Total einfach, oder?

Mögen Sie eigentlich Tastaturkürzel? – Ja? Dann überspringen Sie doch bitte den folgenden Absatz.

Nein? – Was gefällt Ihnen nicht daran? Dass man sie erst auswendig lernen muss oder dass der Griff mitunter eher an die Grazie einer asiatischen Fingertänzerin erinnert? Wie dem auch sei: Lassen Sie sich bitte darauf ein, denn es bringt nicht nur einen enormen Zeitvorteil, sondern macht zudem richtig Spaß. Dieses Buch unterstützt Sie nach Kräften dabei.

Bevor ich es vergesse: Neben dem Fließtext in der Hauptspalte des Buches finden Sie zahlreiche Kästen. Darin enthalten sind wichtige Zusatzinfos, auf die Sie nicht verzichten müssen. Denn es ist *Ihr* Buch – da dürfen Sie es auch komplett lesen.

Nützliche Hinweise

Ich möchte Sie noch kurz auf die technischen Erklärungen in Kapitel 12, »Fachkunde«, hinweisen. Wenn im Buch beispielsweise vom RGB-Farbraum oder von anderem technischem Schnickschnack die Rede ist, finden Sie an relevanter Stelle ein entsprechendes Symbol und können die thematischen Hintergründe dem Fachkunde-Kapitel entnehmen. Cool, oder?

Und dann wären da noch die Neuerungen. Adobe wartet auch diesmal wieder mit einer Menge neuer Features auf. Und damit Sie gleich sehen können, wo jene Dinge stehen, die ein Novum darstellen, gibt es auch dafür ein Icon.

Ich bin ein Kasten

Ich habe wichtige Hinweise für Sie, die im direkten Bezug zum Thema stehen. Sie sollten mich also nach Möglichkeit nicht übersehen.

▲ **Abbildung 2**
Dieses Symbol deutet auf technische Erklärungen hin, die im letzten Kapitel zu finden sind.

▲ **Abbildung 3**
Dieses Zeichen weist auf Neuerungen in Photoshop CS6 hin.

**Risiken und Neben-
wirkungen ...**

Achtung: Das Lesen die-
ses Buches kann zu un-
kontrollierbaren Bewusst-
seinserweiterungen auf
dem Gebiet der digitalen
Bildbearbeitung führen.
Dadurch bedingtes Auf-
treten von Retuschier-
wünschen an Fotos ist
keine Seltenheit. Ver-
einzelt neigen Leser zu
Überempfindlichkeits-
reaktionen beim Sich-
ten von Unschärfen oder
Farbstichen. Dem drin-
genden Wunsch, mas-
senhaft Dateien mit nur
wenigen Mausklicks zu
verarbeiten, sollte nach-
gegeben werden. Beim
Auftreten dieser Neben-
wirkungen stellen Sie bitte
unverzüglich den Kon-
takt zu Photoshop her.

Ich möchte Sie gerne noch auf einen weiteren Punkt aufmerksam machen: Wie Photoshop in seiner aktuellen Version, so ist
auch dieses Buch komplett überarbeitet worden. Das bedeutet
auch, dass jetzt noch mehr Workshops mit speziellen Feinheiten,
Tipps und Tricks gespickt sind, die sich auf den ersten Blick nicht
erschließen. Sollten Sie kein Photoshop-Neuling mehr sein und
am Anfang einer Übung geneigt sein zu sagen: »Och nöö, kenn
ich schon«, empfehle ich Ihnen, die Übung trotzdem zu machen.
Denn es gibt immer wieder etwas Neues zu entdecken, auch wenn
man es auf den ersten Blick gar nicht vermuten sollte. Ach ja, und
dann wollte ich das mit dem Kasten noch einmal üben.

Fertig?

Sind die Fotos alle übertragen? Das trifft sich gut. Ich bin nämlich auch gerade durch mit dem Vorwort. Nur eines noch: Sollten
Sie Schwierigkeiten mit der Ausführung eines Workshops haben,
freue ich mich über ein Feedback von Ihnen. Das Gleiche gilt
für den Fall, dass sich irgendwo ein Fehler eingeschlichen haben
sollte. Und bitte: Wenn Sie irgendeine Idee haben, wie ich aus der
Nummer mit dem Sprung aus luftiger Höhe herauskomme, lassen
Sie es mich wissen. Und jetzt wünsche ich Ihnen jede Menge Spaß
und vor allem viel Erfolg mit diesem Buch und Photoshop CS6.

Robert Klaßen

info@dtpx.de
www.dtpx.de

Die Arbeitsumgebung

Blitzeinstieg und Programmübersicht

- ▶ Wie wird ein Foto eindrucksvoll optimiert?
- ▶ Wie funktionieren Arbeitsfläche, Werkzeuge und Bedienfelder?
- ▶ Wie werden Fotos geöffnet und gespeichert?
- ▶ Welche Zoom- und Navigationsfunktionen gibt es?
- ▶ Was hat es mit dem Protokoll auf sich?

1 Die Arbeitsumgebung

Wer einen neuen Job antritt, sollte sich zunächst einmal Arbeitsplatz und Umgebung zeigen lassen. Woher soll man ansonsten wissen, wo die Kaffeemaschine steht – und wo die Kollegen diese leckeren Joghurts horten. Genauso sollten Sie das auch mit Photoshop handhaben. Erst mal umschauen. Oder wollen Sie lieber gleich etwas zu tun bekommen? Okay, ganz wie Sie wünschen. Dann werden Sie zunächst einen tollen Bildeffekt erzeugen und erst danach Bedienfelder, Toolbox und Navigatoren kennen lernen. Sie können ja schon mal den Joghurt holen – als Belohnung fürs Bestehen der ersten Aufgabe.

1.1 Vollgas-Einstieg

Es geht also gleich los. Sie stehen kurz davor, ins eiskalte Wasser der digitalen Bildbearbeitung zu springen. Nun ja. Das ist immer noch besser als ein Bungeesprung. (Sie wissen diese Bemerkung nicht einzuordnen? Dann haben Sie das Vorwort nicht gelesen. Bitte holen Sie das nach. Sonst schreibe ich nicht weiter!)

Ein Beispielfoto in Photoshop öffnen

Stellen Sie die Bilddatei »Start.jpg« aus dem Ordner BILDER in Photoshop zur Verfügung. Betätigen Sie dazu Strg/⌘+O (nicht die Zahl Null, sondern O wie Open), oder wählen Sie im Menü DATEI • ÖFFNEN. Klicken Sie sich dann durch, bis Sie im Ordner BILDER gelandet sind, und markieren Sie dort die betreffende Datei. Ein anschließender Klick auf ÖFFNEN sorgt für unverbauten Blick auf die Beispieldatei. (Weiterführende Infos zum Öffnen von Fotos erhalten Sie in diesem Kapitel in Abschnitt 1.3, »Öffnen, speichern, schließen«.)

Schritt für Schritt
Beauty-Effekt mit Photoshop CS6

Bevor es losgeht, zeige Ihnen schon mal das Ergebnis, das wir erreichen wollen – und zwar verglichen mit dem Original.

Bilder/Start.jpg

© Robert Klaßen

◄ **Abbildung 1.1**
Das Original (links) ist viel zu dunkel und arm an Details. Mit wenigen Handgriffen werden Sie jedoch ein vollkommen anderes Resultat erzielen (rechts).

1 Menü bedienen

Ganz oben befindet sich die so genannte Menüleiste. Ein Klick auf den dort gelisteten Eintrag Bild **❶** öffnet das dazugehörige Menüfeld. Zeigen Sie anschließend mit der Maus auf Korrekturen **❷**, gefolgt von einem Klick auf Tonwertkorrektur **❸**.

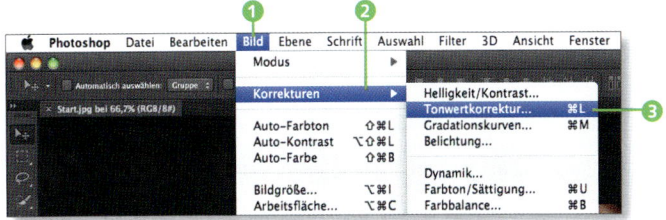

◄ **Abbildung 1.2**
Klicken – drauf zeigen – klicken – und schon wird der erste Arbeitsgang eingeleitet.

2 Tonwerte korrigieren

Bitte keine Panik. Es ist nichts kaputt gegangen. Vielmehr hat sich ein Dialogfeld geöffnet. Damit führen Sie jetzt eine so genannte Tonwertkorrektur durch. Was das ist? Nun, das besprechen wir im Abschnitt »Die klassische Tonwertkorrektur« ab Seite 188. Sie werden aber gleich sehen, wie sich eine derartige Bildmanipulation auf das Foto auswirkt.

Abbildung 1.3 ▶
Auf diese Regler und Anzeigen müssen Sie achten.

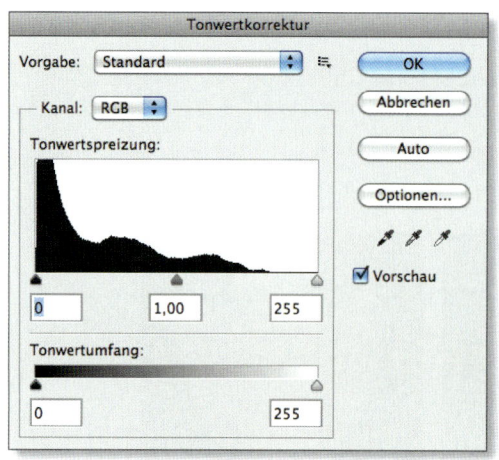

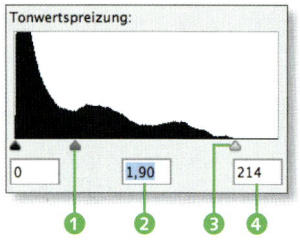

▲ **Abbildung 1.4**
So soll es aussehen, ehe Sie die OK-Schaltfläche betätigen.

Klicken Sie auf die kleine Ecke ❸ (dabei handelt es sich, man glaubt es kaum, um einen Schieberegler). Halten Sie die Maustaste gedrückt, und ziehen Sie so weit nach links, bis gleich unterhalb ein Wert von etwa 214 angezeigt wird ❹. Den Regler ❶ ziehen Sie danach auf die gleiche Weise nach links, bis im Anzeigefeld ❷ ein Wert von ca. 1,90 erscheint. Zuletzt bestätigen Sie die Bildänderung mit einem Klick auf OK.

3 Dynamik anheben

Gehen Sie noch einmal in das Menü BILD, und zeigen Sie auf KORREKTUREN. Entscheiden Sie sich dort jedoch diesmal für DYNAMIK. Schwups – schon wieder ein Dialog. Ziehen Sie den Regler DYNAMIK auf etwa 33, und lassen Sie auch hier eine OK-Bestätigung folgen. Easy, oder?

Abbildung 1.5 ▶
Mit einer Erhöhung der Dynamik werden Farben gekräftigt.

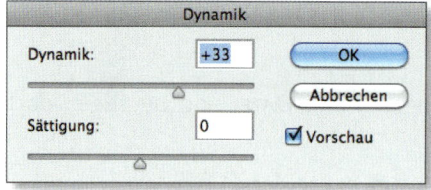

4 Ebene duplizieren

Jetzt aufgepasst: Um eine weiche Wirkung zu erzeugen, wie sie von Beauty-Fotos her bekannt ist, müssen Sie zunächst Folgendes tun: Betätigen Sie ⌈Strg⌉/⌈⌘⌉+⌈J⌉. Das hat keine sichtbaren Auswirkungen auf das Foto, erzeugt jedoch im Hintergrund ein deckungsgleiches Duplikat des Bildes (mehr dazu in Kapitel 4, »Ebenen«).

5 Weichzeichnung hinzufügen

Gehen Sie nun abermals ins Menü, und entscheiden Sie sich für FILTER • WEICHZEICHNUNGSFILTER • GAUSSSCHER WEICHZEICHNER. Erzeugen Sie einen RADIUS von 9,5 Pixel. (0,1 Pixel mehr oder weniger spielen keine Rolle.) Bestätigen Sie erneut mit OK.

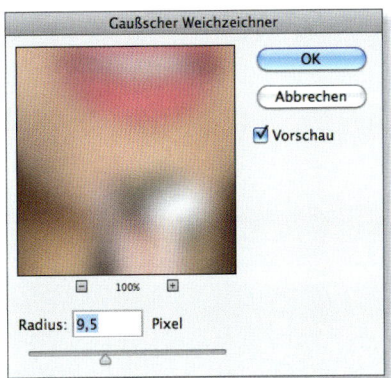

◀ **Abbildung 1.6**
Das Gesicht ist derart unscharf, dass es kaum noch zu erkennen ist. Aber genauso soll es sein.

6 Füllmethode ändern

Damit nun beide Bildebenen ineinanderwirken können (mehr Infos dazu in Abschnitt 4.5, »Füllmethoden«), müssen Sie die Füllmethode ändern. Dazu gehen Sie nach unten rechts in das Ebenen-Bedienfeld (sollte es nicht sichtbar sein, betätigen Sie FENSTER • EBENEN) und klicken auf das kleine Pulldown-Menü, in dem NORMAL steht ❺. Im ausklappenden Menüfeld wählen Sie den Eintrag INEINANDERKOPIEREN.

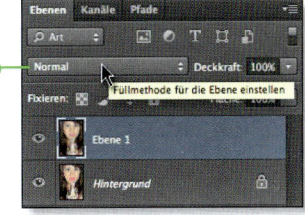

▲ **Abbildung 1.7**
Das bloße Verharren mit dem Mauszeiger auf diesem Steuerelement bewirkt, dass eine Quickinfo angezeigt wird (hier: FÜLLMETHODE FÜR DIE EBENE EINSTELLEN). Setzen Sie jedoch einen Mausklick darauf.

7 Datei speichern

Zuletzt gehen Sie noch in das Menü DATEI und betätigen dort SPEICHERN oder SPEICHERN UNTER. Welches Format Sie hier einstellen, ist an dieser Stelle nicht so wichtig. (Standardmäßig verwendet Photoshop das hauseigene Format PSD. Und das ist absolut okay.) – Glückwunsch. Die Bedienung der Arbeitsoberfläche scheint Ihnen ja keinerlei Probleme zu bereiten.

Die fertige Datei finden Sie übrigens unter »Start-bearbeitet. jpg« im Ordner ERGEBNISSE.

Bilder/Ergebnisse/
Start-bearbeitet.jpg

1.2 Die Arbeitsoberfläche

Überall neue Icons

 Umsteiger von Vorgängerversionen werden sofort merken, dass sich die Arbeitsoberfläche grafisch stark verändert hat. So haben beispielsweise sämtliche Icons (kleine Schaltflächen) eine optische Überarbeitung erfahren.

Nach diesem kleinen Ausflug in die Welt der Bildkorrektur dürfen Sie sich nun genüsslich zurücklehnen und die Arbeitsoberfläche von Photoshop CS6 kennen lernen. Es ist nämlich wichtig, dass Sie sich mit den allgegenwärtigen »kleinen Helferlein« vertraut machen. Sie werden dadurch nämlich in die Lage versetzt, Ihr Bildbearbeitungsprogramm optimal zu bedienen.

❶ Menüleiste
❷ Optionsleiste oder Steuerungsbedienfeld
❸ Montagerahmen oder Arbeitsfläche
❹ Werkzeugleiste oder Werkzeugbedienfeld
❺ Registerkarten oder Reiter
❻ Bedienfelder
❼ Bedienfeldbereich

▲ **Abbildung 1.8**
Die Arbeitsoberfläche von Adobe Photoshop CS6

Helligkeit der Oberfläche

Wer Photoshop bereits kennt, wird verwundert sein. Die Arbeitsoberfläche von CS6 ist deutlich dunkler als bisher. Was die Bildkorrektur betrifft, ist dies jedoch von Vorteil. Vor einem dunklen Hintergrund können die Resultate besser eingeschätzt werden.

Alte Einstellungen übernehmen

Umsteiger aufgepasst! Wenn Sie Photoshop CS6 erstmals starten, werden Sie gefragt, ob Sie die Voreinstellungen der alten Photoshop-Version (sofern installiert) übernehmen wollen. Das ist eine wirklich sinnvolle Neuerung, da Sie so nicht nur die allgemeinen Voreinstellungen, sondern auch beispielsweise Pinselspitzen und Ähnliches integrieren können. Die manuelle Verschiebung oder gar Neudefinition der einzelnen Elemente wird somit überflüssig.

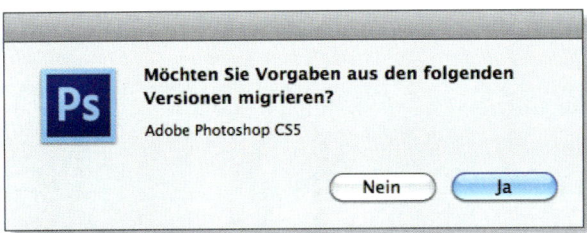

▲ **Abbildung 1.9**
Beim Erststart erkundigt sich Photoshop, ob bestehende Einstellungen übernommen werden sollen.

Aber selbst auf die Gefahr hin, dass Sie diesen Dialog seinerzeit mit NEIN verlassen haben, ist noch längst nicht alles verloren. Über BEARBEITEN/PHOTOSHOP • VORGABEN • VORGABEN MIGRIEREN lässt sich der Dialog wieder aufrufen. Wer nur bestimmte Voreinstellungen übernehmen möchte, der entscheidet sich für VORGABEN EXPORTIEREN/IMPORTIEREN.

Dokumente als Registerkarten

Wenn Sie mehr als ein Foto öffnen, werden Sie feststellen, dass Photoshop für jedes Ihrer Fotos (diese werden übrigens auch Dokumente genannt) eine eigene Registerkarte anlegt. Das bedeutet, dass immer nur ein Foto sichtbar ist. Die anderen liegen

Arbeitsoberfläche anpassen

Wer sich mit dem dunklen Grau so gar nicht abfinden will, der kann über BEARBEITEN/PHOTOSHOP • VOREINSTELLUNGEN • BENUTZEROBERFLÄCHE einen anderen Ton einstellen. Noch schneller geht es mit einem Rechtsklick auf die Hintergrundfläche. Im daraufhin erscheinenden Kontextmenü lässt sich ebenfalls ein anderes Grau wählen. Voraussetzung ist allerdings, dass ein Foto geöffnet ist. Anderenfalls poppt das Kontextmenü nicht auf.

dahinter und müssen über einen Klick auf das jeweilige Register oben links aktiviert werden.

Abbildung 1.10 ▸
Klicken Sie auf das Register, dessen Foto Sie im Vordergrund sehen wollen.

Anwählbarkeit im Menü

Photoshop erkennt, wie viele Bilder aktuell geöffnet sind, und graut Einträge im ANORDNEN-Menü, die ohnehin keine Wirkung haben würden, automatisch aus. Sie sind dann nicht mehr anwählbar. Haben Sie nur zwei Fotos geöffnet, müssten Sie ein drittes Bild öffnen, um auch 3 ÜBEREINANDER anklickbar zu machen.

Das trägt dazu bei, dass die Übersicht auf der Arbeitsoberfläche erhalten bleibt. Allerdings ist es mitunter sinnvoll, die Darstellung zu verändern, beispielsweise wenn Sie eine Übersicht aller geöffneten Fotos sehen wollen. Dazu gehen Sie über FENSTER • ANORDNEN und entscheiden sich für eine der dort angebotenen Optionen (im Beispiel in Abbildung 1.11 die Option »4«. Und wenn Sie anschließend erneut auf FENSTER • ANORDNEN gehen und ALLE IN REGISTERKARTEN ZUSAMMENLEGEN selektieren, werden die Fotos wieder in Registern hintereinander einsortiert.

Abbildung 1.11 ▸
Durch Veränderung der Anordnung können alle Fotos gleichzeitig dargestellt werden – wenn auch nur ausschnittweise.

Geöffnete Register auflösen

Wenn Sie vorhandene Register auflösen wollen, müssen Sie die Registerkarte des Fotos per Drag & Drop herausziehen und ein Stück unterhalb wieder fallen lassen.

Sie wollen dauerhaft auf feste Registerkarten verzichten? Kein Problem. Wenn Sie nämlich BEARBEITEN/PHOTOSHOP • VOREINSTELLUNGEN • BENUTZEROBERFLÄCHE selektieren, finden Sie etwa in der Mitte des Dialogs die Checkbox DOKUMENTE ALS REGISTERKARTEN ÖFFNEN. Deaktivieren Sie das vorangestellte Häkchen, erscheint jedes Dokument fortan in einem frei schwebenden Rahmen. (Dies gilt aber erst ab dem Zeitpunkt der Umstellung. Bereits geöffnete Dokumente bleiben von dieser Aktion verschont.)

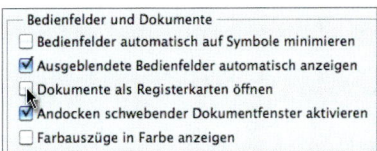

◀ **Abbildung 1.12**
Schalten Sie die Register-
Option ganz einfach aus.

Die Werkzeugleiste

Am linken Rand der Oberfläche befindet sich die Werkzeugleiste
(auch *Werkzeugpalette*, *Werkzeugbedienfeld* oder *Toolbox* genannt).
Bevor Sie damit irgendwelche Arbeiten an Ihrem Bild durchführen
können, müssen Sie es zunächst per Mausklick aktivieren.

Machen Sie sich zum gegenwärtigen Zeitpunkt bitte noch keine
Gedanken über die einzelnen Funktionen. Denen werden wir uns
später innerhalb der Workshops widmen. Falls Sie die Werkzeugleiste zweispaltig darstellen wollen, klicken Sie auf den Doppelpfeil ❶, der oben links im Kopf der Werkzeugleiste angebracht
ist. Ein erneuter Klick bringt Sie zurück zur einspaltigen Ansicht.

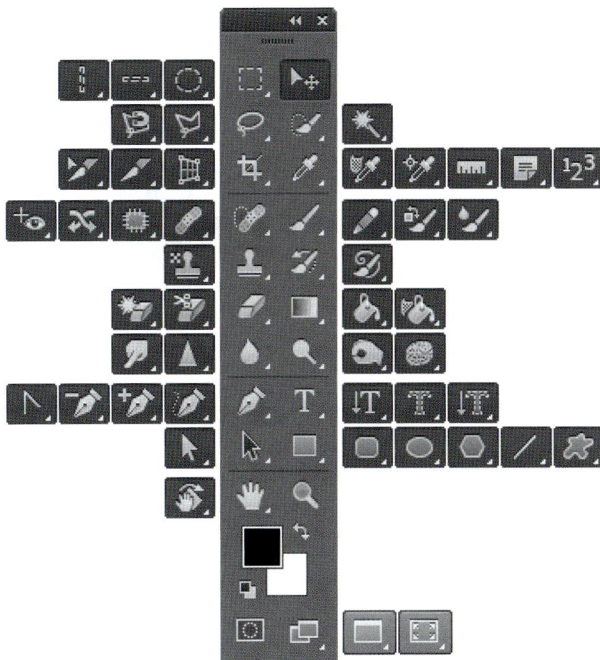

▲ **Abbildung 1.13**
Ehe Sie Veränderungen an
Ihren Bildern vornehmen
können, müssen Sie das kor-
rekte Werkzeug auswählen.

◀ **Abbildung 1.14**
Die zweispaltige Ansicht eignet sich vor allem dann, wenn
Sie mit kleinen Bildschirmen
arbeiten.

Hinter einigen Werkzeugen verbergen sich noch weitere, ähnliche
Werkzeuge (*Tools*), die aktuell jedoch nicht sichtbar sind. Existie-

Ausgewähltes Werkzeug

Das ausgewählte Tool ist stets mit einem vorangestellten weißen Quadrat ❶ markiert. Wechseln Sie das Werkzeug, wird auch das Quadrat an die Stelle des aktiven Werkzeugs verschoben.

ren verborgene Tools, wird das durch ein kleines Dreieck ❷ unten rechts auf der Schaltfläche verdeutlicht. Um nun an die untergeordneten Werkzeuge heranzukommen, klicken Sie die Schaltfläche an und halten die Maustaste einen Moment lang gedrückt. Ein Flyout-Menü fördert die versteckten Werkzeuge dann zutage.

▲ **Abbildung 1.15**
Hinter dem Lasso-Tool befinden sich weitere Werkzeuge, die bei gehaltener Maustaste sichtbar werden.

Tastaturkürzel-Übersicht

Übrigens finden Sie die gängigen Shortcuts übersichtlich in der hinteren Klappe des Buches aufgelistet.

Sobald das Flyout-Menü geöffnet ist, können Sie die Maustaste loslassen und das gewünschte Tool mit erneutem Klick auswählen. Sie müssen dabei aber bedenken, dass nun nicht mehr das ursprüngliche, sondern das neu selektierte Tool in der Werkzeugleiste sichtbar ist (wie bei den Dokument-Registern). Um wieder zum ursprünglichen Werkzeug zu wechseln, müssten Sie also erneut das Flyout-Menü aufrufen.

Dem Einsteiger verraten die Symbole der einzelnen Tools mitunter noch nicht allzu viel. Lassen Sie sich über eine *Quickinfo* den Namen anzeigen, indem Sie den Mauszeiger einen kurzen Moment auf der gewünschten Schaltfläche verweilen lassen.

Die Optionsleiste

Wichtig im Zusammenhang mit den Werkzeugen ist die Optionsleiste (auch *Werkzeugmenüleiste*, *Symbolleiste*, *Steuerungsbedienfeld* oder *Steuerelementleiste* genannt). Wählen Sie doch einmal verschiedene Werkzeuge an, und beobachten Sie dabei, wie sich der Inhalt dieser Leiste individuell verändert. Sie sehen, dass jedes Tool hier gewissermaßen seine eigenen Steuerelemente mitbringt. Mit ihnen stellen Sie Ihr Werkzeug auf die individuellen Anforderungen ein.

Abbildung 1.16 ▶
Die Optionsleiste des Lasso-Werkzeugs

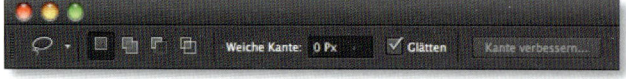

Die Bedienfelder

An der rechten Seite befinden sich die unterschiedlichsten Paletten, die so genannten Bedienfelder. Auch hier gilt, dass sie mit einem Klick auf die Doppelpfeile ❷ (bzw. einem Doppelklick auf die Kopfleiste ❸) ein- und wieder ausgeklappt werden können. Links im Bedienfeldbereich befinden sich zusätzliche Buttons ❺. Dahinter verbergen sich zusätzliche Bedienfelder.

▲ **Abbildung 1.17**
Die Bedienfelder lassen sich in der Darstellung verändern.

▲ **Abbildung 1.18**
So erscheinen die Felder bereits abgespeckt.

Werkzeugwechsel für Shortcut-Fans

Wenn Sie den vorangegangenen Workshop gemeistert haben, wissen Sie es schon: Sie können die versteckten Tools auch ohne Maus erreichen. Drücken Sie einfach die Taste, die in der jeweiligen Quickinfo in Klammern ❼ angezeigt wird. Wenn Sie innerhalb der Gruppe wechseln wollen, halten Sie ⬆ gedrückt und betätigen die jeweilige Taste erneut.

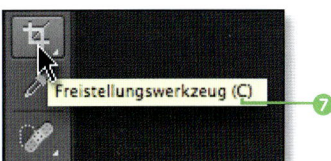

▲ **Abbildung 1.19**
Eine Quickinfo verrät mehr über das Tool, auf dem der Mauszeiger steht.

Um das Bedienfeld in eingeklapptem Zustand wieder zugänglich zu machen, müssen Sie lediglich die Bezeichnung anklicken. Ein erneuter Klick darauf verbirgt das Bedienfeld dann wieder. Sie können aber noch mehr Platz sparen, indem Sie auch noch die Bezeichnungen ausblenden – übrig bleiben dann nur noch kleine Symbole. Dazu ziehen Sie den linken Rand ❻ mit gedrückter Maustaste nach rechts und lassen die Maustaste los, wenn die Darstellung automatisch auf die kleinere Größe umspringt. Das Öffnen und Schließen der Bedienfelder erfolgt dann, wie gehabt, mit einem Klick auf das entsprechende Symbol.

Das Bedienfeldmenü

Wichtig ist noch das so genannte Bedienfeldmenü, das sich hinter der Schaltfläche ❹ verbirgt. Ein Klick darauf offenbart ein individuelles Untermenü mit zahlreichen Befehlen und Optionen. Inhaltlich unterscheiden sich die Bedienfeldmenüs voneinander.

Bedienfelder automatisch verbergen

Zwar schließt sich ein geöffnetes Bedienfeld wieder, sobald Sie ein anderes markieren, allerdings bleibt immer ein Bedienfeld geöffnet und beeinträchtigt somit den Blick auf das Bild. Und das bedeutet: Die gewonnene Platzersparnis ist leider nur von kurzer Dauer. Aber mal ehrlich: Ist es nicht recht unkomfortabel, das Bedienfeld jedes Mal von Hand schließen zu müssen? Photoshop müsste das selbsttätig machen. Sie ahnen es: Das geht auch – Sie müssen es der Anwendung nur sagen!

Klicken Sie doch einmal mit rechts auf die dunkelgraue Kopfleiste ❸ der geöffneten Bedienfeldgruppe, und entscheiden Sie sich im Kontextmenü für den Eintrag BEDIENFELDER AUTOMATISCH AUF SYMBOLE MINIMIEREN.

Abbildung 1.20 ▶
Das Aktivieren dieses Eintrags führt dazu, dass sich Bedienfelder automatisch schließen, sobald Sie das zu bearbeitende Foto anklicken.

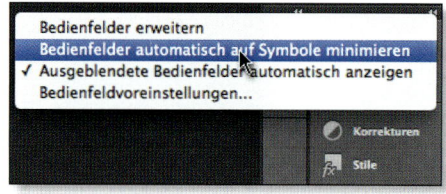

Nun werden Sie bemängeln, dass das letzte Bedienfeld immer noch geöffnet bleibt. Stimmt, aber das ist nur so lange der Fall, bis Sie das aktive Werkzeug anwenden, also auf Ihr Bild klicken, oder ein anderes Werkzeug auswählen.

Noch besser wird es, wenn Sie einmal kurz ⌷ auf Ihrer Tastatur betätigen. Nun ist alles ausgeblendet – auch die Bedienfeldminiaturen und die Werkzeugleiste. Wenn Sie diese bedienen wollen, fahren Sie schlicht an den rechten oder linken Rand der Anwendung und verweilen dort einen Moment. Kurz darauf zeigen sich die Bedienfelder von ganz alleine wieder. Um die ausgeblendeten Elemente dauerhaft wieder einzublenden, drücken Sie abermals ⌷ .

Werkzeugleiste erhalten

Oftmals ist es erwünscht, dass die Werkzeugleiste permanent erhalten bleibt, während nur die Bedienfelder ausgeblendet werden sollen. Diese Darstellungsform aktivieren bzw. deaktivieren Sie über ⌷ + ⌷ .

Bedienfelder neu anordnen

Unterhalb der Kopfleiste eines Bedienfelds befinden sich so genannte *Reiter*. Klicken Sie einen der Reiter an, um die dazugehörige Registerkarte in den Vordergrund zu stellen. Im Beispiel in Abbildung 1.21 ist die Registerkarte FARBE im Vordergrund, während die Karte FARBFELDER verborgen dahinterliegt. Diese wäre mit einem Mausklick nach vorne zu stellen.

▲ **Abbildung 1.21**
Die linke der beiden Registerkarten ist aktiv.

Nun wäre aber Photoshop nicht Photoshop, wenn nicht auch diese Bereiche individuell anzupassen wären. Klicken Sie eine Registerkarte an, und ziehen Sie diese per Drag & Drop aus dem Bedienfeld heraus. Im folgenden Beispiel soll der Reiter FARBE herausgelöst werden. Solange Sie die Maustaste nicht loslassen, wird der bewegte Reiter noch dargestellt.

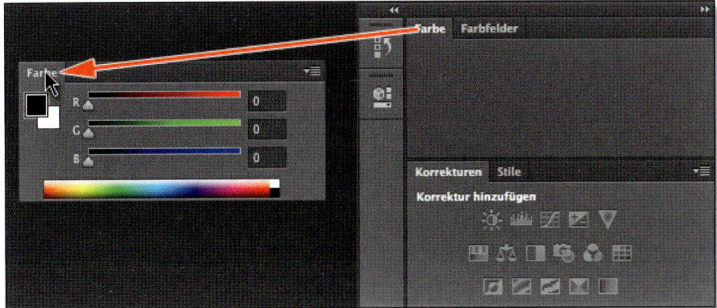

◄ **Abbildung 1.22**
Lösen Sie den Reiter FARBE doch einmal aus dem Bedienfeld heraus.

Wenn Sie eine geeignete Position auf Ihrer Arbeitsoberfläche gefunden haben, lassen Sie die Maustaste los. Sie sehen, dass sich aus diesem Register ein eigenes Bedienfeld gebildet hat, das sich nun individuell verschieben lässt, indem Sie auf seine Kopfleiste klicken und dann ziehen.

▲ **Abbildung 1.23**
Aus dem Reiter FARBE ist ein eigenständiges Bedienfeld geworden.

▲ **Abbildung 1.24**
Sobald der Rahmen sichtbar ist, lassen Sie die Maustaste los.

Blaue Linie statt blauem Rechteck?

Wenn statt des Rechtecks eine blaue Linie angezeigt wird und Sie die Maustaste loslassen, werden die beiden Bedienfelder nicht in Registerkarten nebeneinander angeordnet, sondern übereinander. Der Vorteil: Beide Bedienfelder sind sichtbar. Der Nachteil: Es geht kostbarer Platz auf der Arbeitsoberfläche verloren.

Abbildung 1.25 ▶
Bringen Sie das Bedienfeld auf die gewünschte Größe.

Abbildung 1.26 ▶▶
Das Höhenverhältnis der beiden Bedienfeldgruppen wird verändert.

Ebenso könnten diesem neuen Bedienfeld nun weitere Registerkarten hinzugefügt werden. Lassen Sie diese einfach über dem neu entstandenen Bedienfeld fallen. Sobald sich die gezogene Registerkarte einfügen lässt, wird im Innenraum des Bedienfelds ein blaues Rechteck angezeigt. Das ist Ihr Zeichen: Jetzt können Sie das Bedienfeld fallen lassen.

Höhe der Bedienfelder anpassen

Die Höhe der Bedienfelder ist anpassbar: Wurde eine Bedienfeld aus seiner Gruppe herausgelöst, erscheint bei manchen Bedienfeldern eine Grifffläche ❶. Ziehen Sie hier mit der Maus nach unten (oder oben), verändern Sie die Höhe des Bedienfeldes.

Befindet sich das Bedienfeld noch rechts im Bedienfeldbereich, stellen Sie die Maus einfach auf die Linie zwischen zwei Bedienfeldgruppen. Der Mauszeiger verändert sich dann zum Doppelpfeil ❷. Das ist Ihr Signal für die Veränderung der Höhe.

Sie müssen hier allerdings beachten: Vergrößern Sie die eine Gruppe, wird automatisch der Platz für die Gruppe darüber oder darunter kleiner.

Reiter im Bedienfeld sortieren

Photoshop gestattet übrigens auch das Umsortieren der Reiter innerhalb einer Bedienfeldgruppe. Ziehen Sie den Reiter dazu einfach mit gedrückter Maustaste herüber, und lassen Sie ihn an der gewünschten Position fallen.

Bedienfeldpositionen wiederherstellen

»Genug!«, sagen Sie? Die Oberfläche ist nur noch ein heilloses Durcheinander? Dann müssen Sie nichts weiter tun, als GRUND-ELEMENTE ZURÜCKSETZEN aus dem Menü GRUNDELEMENTE ganz oben rechts auf der Benutzeroberfläche zu betätigen – und Photoshop erstrahlt wieder in altem Gewande.

◄ **Abbildung 1.27**
Hier geht es zurück zum alten Interface.

Größe der Bedienfelder

Über das Menü wird allerdings die ursprüngliche Größe der Bedienfelder (geöffnet) nicht wieder berücksichtigt. Wenn Sie genau das aber wollen, sollten Sie aus dem Menü FENSTER • ARBEITSBEREICH • GRUNDELEMENTE ZURÜCKSETZEN einstellen. Dann nämlich befindet sich alles wieder in der Ausgangsstellung.

Eigene Arbeitsbereiche einrichten

Möglicherweise möchten Sie für unterschiedliche Arbeiten, die Sie mit Photoshop verrichten, auch unterschiedliche Arbeitsbereiche einrichten. Damit Sie aber nun die Bedienfelder nicht jedes Mal neu verschieben müssen, bietet die Anwendung die Möglichkeit, Arbeitsbereiche zu definieren und diese bei Bedarf einzustellen.

Der erste Schritt besteht darin, den gewünschten Arbeitsbereich auf die zuvor beschriebene Weise zu gestalten. Im nächsten Schritt gehen Sie wieder auf die Schaltfläche oben rechts und entscheiden sich für den Listeneintrag NEUER ARBEITSBEREICH (Sie finden diesen Eintrag übrigens auch im Menü, und zwar unter FENSTER • ARBEITSBEREICH). Vergeben Sie hier einen nachvollziehbaren Namen, und entscheiden Sie, ob auch bereits vergebene Tastaturbefehle (dazu später mehr) oder Änderungen in Menüs mit aufgenommen werden sollen, ehe Sie auf SPEICHERN klicken.

Arbeitsbereich löschen

Benötigen Sie einen Arbeitsbereich nicht mehr in der Liste, wählen Sie aus der Liste ARBEITSBEREICH den Eintrag ARBEITSBEREICH LÖSCHEN, stellen im Folgedialog den entsprechenden Namen ein und klicken auf LÖSCHEN. Nun müssen Sie nur noch die anschließende Kontrollabfrage mit JA bestätigen.

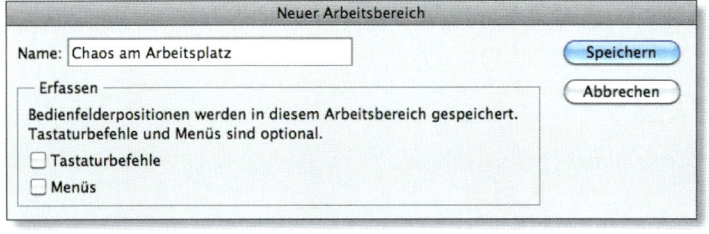

◄ **Abbildung 1.28**
Sichern Sie Ihren Arbeitsbereich.

Wenn Sie anschließend noch einmal auf den Button ARBEITSBE-REICH in der Optionsleiste klicken, werden Sie ganz oben in der Liste den zuvor vergebenen Namen wiederfinden. Falls Sie also diese Interface-Ansicht benötigen, klicken Sie darauf, und die Bedienfelder werden so angeordnet, wie Sie es zuvor definiert haben.

Das Menü »Fenster«

Abgedeckte Register

Bedenken Sie, dass die abgedeckten Register (wie zum Beispiel KANÄLE und PFADE hinter dem EBENEN-Register) nicht mit einem Häkchen versehen sind. Wenn Sie also im FENSTER-Menü auf den Reiter PFADE klicken, hat das zur Folge, dass die gleichnamige Registerkarte innerhalb der Bedienfeldgruppe in den Vordergrund gestellt wird. Gleichzeitig bedeutet das aber auch, dass das Häkchen vor EBENEN (innerhalb des FENSTER-Menüs) entfernt wird.

Schauen Sie doch einmal auf Ihre Menüleiste. Dort ist auch ein Eintrag mit dem Namen FENSTER aufgelistet. Klicken Sie darauf, um Zugang zu sämtlichen Registerkarten zu erhalten, die auf der Oberfläche von Photoshop ein- bzw. ausgeschaltet werden können. Ein vorangestelltes Häkchen bedeutet, dass sich das entsprechende Register zum gegenwärtigen Zeitpunkt im Vordergrund der Anwendung befindet.

◄ **Abbildung 1.29**
Hier werden die Bedienfelder aufgeführt, die in Photoshop bereitgestellt werden können. Da beispielsweise das Ebenen-Bedienfeld gerade aktiv und im Vordergrund sichtbar ist, wird es im Menü mit einem Häkchen ausgewiesen.

Wenn Sie einen bereits angehakten Registereintrag markieren, hat dies zur Folge, dass die gesamte Bedienfeldgruppe (inklusive der dieser Gruppe zugehörigen, aber verdeckten Register) auf der Oberfläche von Photoshop ausgeblendet wird. Umgekehrt können Sie hierüber jederzeit Bedienfelder sichtbar machen, die sich gerade nicht auf Ihrer Arbeitsoberfläche befinden.

1.3 Öffnen, speichern, schließen

Was das grundsätzliche Dateihandling betrifft, wollen wir in diesem Abschnitt kurz auf den Umgang mit Dokumenten (Fotos) zu sprechen kommen. Beachten Sie dazu auch bitte die Hinweise in Abschnitt 12.5, »Dateiformate«.)

Dateien öffnen

Fotos öffnen ist auf unterschiedlichste Art und Weise möglich. Zunächst einmal wäre da der Weg über die Mini Bridge am Fuß der Anwendung. Einzelheiten dazu finden Sie im nächsten Kapitel. Außerdem gibt es das altbekannte DATEI • ÖFFNEN oder Strg / ⌘ + 0 . Die vielleicht zügigste Methode besteht darin, einen Doppelklick auf einen freien Bereich der Montagefläche zu setzen (seit CS5 ist die ja auch am Mac vorhanden).

Wie dem auch sei: Am Ende wartet ein Dialog auf Sie, über den sich einzelne, aber auch mehrere Fotos in einem Arbeitsgang bereitstellen lassen. Um mehrere Dateien zu selektieren, die alle beisammenliegen, markieren Sie zunächst die erste gewünschte Datei und danach mit gedrückter ⇧ -Taste die letzte. Liegen die Dateien nicht beisammen, markieren Sie die erste und anschließend mit gedrückter Taste Strg / ⌘ die jeweils anderen.

Eine weitere nützliche Option bietet sich beim Öffnen von Bildern: Sie können eine Vorauswahl treffen, damit nur Bilder eines bestimmten Typs angezeigt werden und so die angezeigte Liste übersichtlicher wird. Beispielsweise lassen Sie sich darüber alle Bilder eines Ordners anzeigen, die das Dateiformat TIFF haben. Verwenden Sie dazu das Steuerelement FORMAT (Macintosh) bzw. DATEITYP (Windows).

Öffnen außerhalb von Photoshop

Selbst außerhalb von Photoshop gibt es Möglichkeiten wie z. B. den Rechtsklick auf eine entsprechende Datei, gefolgt von ÖFFNEN MIT • ADOBE PHOTOSHOP CS6. Oder Sie ziehen das Foto auf eine freie Stelle des Montagebereichs. Sie dürfen auch gern eine Bilddatei auf das Photoshop-Icon auf dem Desktop (Windows) bzw. im Dock (Mac) ziehen.

Selektierte Datei wieder abwählen

Sollten Sie versehentlich eine Datei ausgewählt haben, die nicht geöffnet werden soll, markieren Sie diese erneut, während Sie Strg / ⌘ festhalten. Das hat dann zur Folge, dass nur diese wieder abgewählt wird, während alle anderen markiert bleiben.

▲ **Abbildung 1.30**
Mehrere Fotos lassen sich in einem einzigen
Arbeitsgang öffnen.

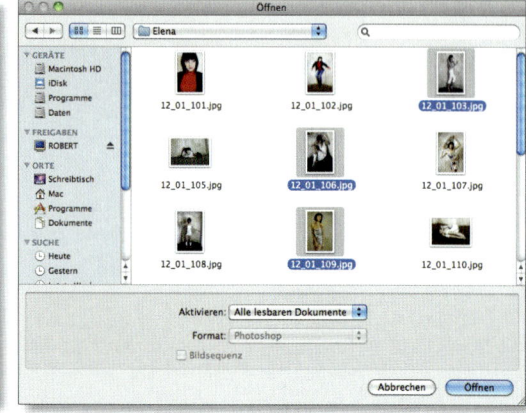

▲ **Abbildung 1.31**
Das gilt auch für Fotos, die nicht direkt beisammenliegen.

Über DATEI • LETZTE DATEIEN ÖFFNEN wird die Liste der zehn zuletzt
verwendeten Bilddateien angezeigt. Wählen Sie das gewünschte
Bild, um es abermals zu öffnen. Die Liste bleibt auch dann bestehen, wenn Photoshop zwischenzeitlich geschlossen wurde. Selbst
nach einem Neustart des Rechners weiß die Anwendung noch
immer, welche Bilder zuletzt in Gebrauch waren. Aber Vorsicht:
Verschieben Sie eine dieser Dateien manuell, wird das in Photoshop natürlich nicht berücksichtigt. Das Öffnen der Datei über die
Liste schlägt dann fehl.

Wenn Sie die Liste nicht mehr benötigen, können Sie diese lee-
ren, indem Sie DATEI • LETZTE DATEIEN ÖFFNEN • LETZTE DATEIEN
LÖSCHEN selektieren.

Dateien speichern

Wenn Sie mit der Arbeit am Foto fertig sind, können Sie DATEI •
SPEICHERN oder [Strg]/[⌘]+[S] betätigen. Das hat allerdings zur
Folge, dass Ihr Original überschrieben wird. Das Originalfoto
wäre somit verloren. (Beachten Sie dazu auch bitte den folgenden
Abschnitt.)

Deshalb empfiehlt es sich, den Weg über DATEI • SPEICHERN
UNTER bzw. [Strg]/[⌘]+[⇧]+[S] zu gehen. Wenn Sie innerhalb dieses Dialogs einen anderen Namen und/oder Speicherort festlegen,
bleibt das Original unangetastet. Stattdessen wird eine neue Datei

erzeugt. Im unten stehenden Feld FORMAT ❶ lässt sich zudem das gewünschte Dateiformat aussuchen. TIFF und PSD sind hier besonders hervorzuheben, da sie Topqualitäten liefern und maximale Nachbearbeitungsmöglichkeiten offenbaren. (Mehr zu den gängigen Formaten in Abschnitt 12.5, »Dateiformate«.) Mitunter bieten sich andere Speicherformate wie z. B. JPEG an (Ausgabe für das Internet). Mehr dazu finden Sie in Abschnitt 11.3, »Dateien für das Web speichern«.

TIFF-Optionen

Wenn Sie im Format TIFF speichern, schickt Photoshop noch einen Dialog hinterher, mit dessen Hilfe Sie unter anderem Einfluss auf die Bildkomprimierung nehmen können. Hier ist zu empfehlen, die vorgewählten Einstellungen zu belassen und den Dialog mit OK zu bestätigen.

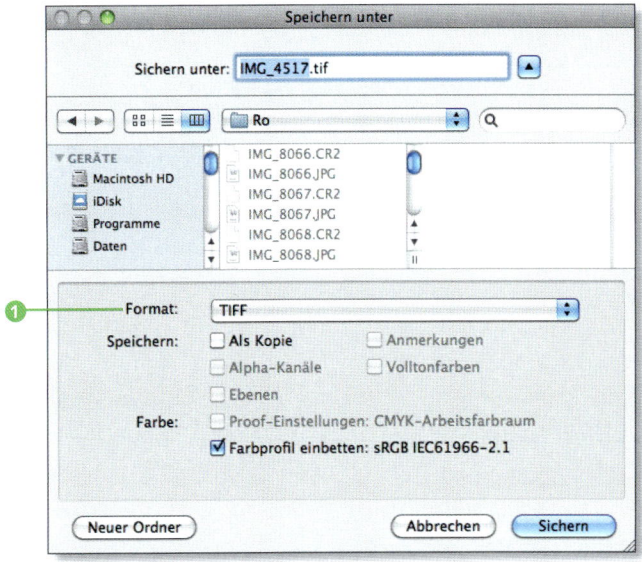

▲ **Abbildung 1.32**
Sie haben es selbst in der Hand, welches Dateiformat Photoshop verwendet – und zwar unabhängig vom Original.

Speichern im Hintergrund

Ein Novum in Photoshop CS6 ist das automatische Nachspeichern von Dokumenten während der Arbeit. Standardmäßig fühlt die Anwendung sich veranlasst, Änderungen am Bilddokument alle zehn Minuten automatisch zu sichern, sofern Sie das Dokument zuvor einmal manuell gespeichert haben. Wenn Sie das gut finden, müssen Sie nichts weiter tun.

Allerdings ist dieses Nachspeichern nicht ganz ungefährlich. Wenn Sie nämlich bei der Bearbeitung experimentieren, wird das Foto alle 10 Minuten auf den neuesten Stand gebracht. Und das bedeutet leider auch: Sie verlieren den Originalzustand des Fotos! Mal ehrlich – wer will das schon? Deshalb folgende Empfehlung: Gehen Sie auf BEARBEITEN/PHOTOSHOP • VOREINSTELLUNGEN • DATEIHANDHABUNG. Im oberen Frame des Dialogs (OPTIONEN ZUM SPEICHERN VON DATEIEN) existiert die Funktion IM HINTERGRUND SPEICHERN. Diese sollten Sie deaktivieren.

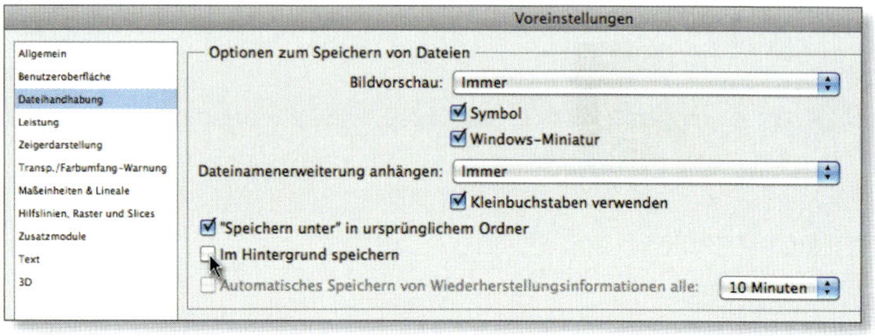

Abbildung 1.33 ▶
Das Abschalten dieser Funktion verhindert ungewolltes Überschreiben der Originaldatei.

Dateien schließen

Nach getaner Arbeit kann das Bilddokument über DATEI • SCHLIESSEN oder mit ⌈Strg⌉/⌈⌘⌉+⌈W⌉ geschlossen werden. Alternativ klicken Sie auf die kleine Kreuz-Schaltfläche, die sich auf dem Reiter des Fotos befindet. – Sie haben, sagen wir mal, 50 geöffnete Fotos und überhaupt kein Verlangen danach, Bild für Bild manuell zu schließen? Dann betätigen Sie ⌈Strg⌉/⌈⌘⌉+⌈Alt⌉+⌈W⌉ oder entscheiden sich für DATEI • ALLE SCHLIESSEN.

Änderungen speichern

Sollten Sie ein Foto schließen wollen, an dem es noch nicht gespeicherte Änderungen gibt, wirft Photoshop automatisch eine Speichererinnerung aus. Darin lässt sich dann manuell festlegen, ob die Änderungen übernommen werden sollen oder nicht. Die dritte Alternative bricht das Schließen ab.

1.4 Navigation, Zoom und Ansichten

Auch bei diesem wichtigen Thema kommen wir um etwas Theorie nicht herum. Allerdings sollten Sie diesen Abschnitt keinesfalls überspringen, da er Ihnen zeigt, wie Sie den Inhalt Ihrer Dokumente vergrößern und verkleinern können.

Das Navigator-Bedienfeld

Wenn Sie komfortabel durch Ihre Bilder navigieren möchten, bietet sich zunächst einmal das Register NAVIGATOR an, das sich ebenfalls über das FENSTER-Menü aktivieren lässt. In der Mitte gibt es eine kleine Vorschaufläche. Ein roter Rahmen zeigt an, welchen

Bereich des Fotos Sie gerade einsehen können. Darunter befindet sich ein kleiner Schieber ❸, mit dem Sie zoomen, also einen bestimmten Ausschnitt des Bildes näher betrachten können.

Stellen Sie den Schieber per Drag & Drop nach links (zum Verkleinern) oder nach rechts (zum Vergrößern). Durch Markieren der Symbole links ❷ und rechts ❹ daneben werden Skalierungen in festen Schritten durchgeführt.

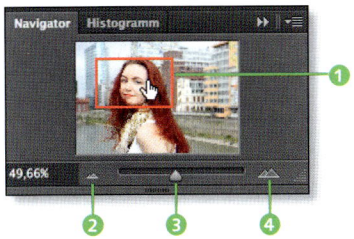

◄ **Abbildung 1.34**
Durch Verschieben des Rahmens ist die komfortable Navigation innerhalb eines stark vergrößerten Dokuments möglich.

Falls das aktive Bild aufgrund der Skalierung nicht komplett angezeigt werden kann, zeigt der rote Rahmen ❶, welcher Ausschnitt derzeit sichtbar ist. Stellen Sie den Mauszeiger in diesen Rahmen, um ihn zu verschieben. Dazu halten Sie die Maustaste gedrückt und bewegen das Zeigegerät in die gewünschte Richtung.

Navigation mit der Lupe

Jetzt ist es an der Zeit, sich mit der Lupe 🔍 vertraut zu machen. Um es korrekt zu formulieren: mit dem *Zoom-Werkzeug*. Es befindet sich ganz unten in der Werkzeugleiste und wird durch Anklicken oder mit Z auf Ihrer Tastatur aktiviert. Klicken Sie damit auf Ihr Bild, um Vergrößerungen zu erreichen. Halten Sie Alt gedrückt, und führen Sie anschließend einen Mausklick aus, um herauszuzoomen (sprich: zu verkleinern). Die maximale Vergrößerung beträgt 3.200%.

Die Möglichkeit des stufenlosen Zooms direkt auf dem Bild ist seit der Version CS5 in Photoshop integriert. Dabei gehen Sie folgendermaßen vor: Klicken Sie auf die Stelle des Fotos, die Sie gern vergrößert betrachten wollen, und halten Sie die Maustaste gedrückt. Sobald Sie nahe genug dran sind, lassen Sie los. Zum Auszoomen (Verkleinern) halten Sie gleichzeitig Alt gedrückt. In diesem Zusammenhang ist noch zu erwähnen, dass Sie sogar nahtlos zwischen Ein- und Auszoomen umschalten können, ohne

Eingabe des Vergrößerungsfaktors

Doppelklicken Sie das Eingabefeld unten links, lässt sich der Faktor der Größendarstellung über die Tastatur eingeben. Hierbei sind maximale Vergrößerungen von 3.200% möglich. Legen Sie einen Wert größer als 3.200% fest, gibt Photoshop eine Fehlermeldung aus und vergrößert anschließend auf das Maximum.

Navigation auf der Bilddatei

Um Verschiebungen auf einem eingezoomten Bild realisieren zu können, müssen Sie aber nicht extra auf das Navigator-Bedienfeld ausweichen. Die Maus kann auf dem Bild bleiben. Halten Sie einfach die Leertaste gedrückt. Nachdem der Mauszeiger zur Hand geworden ist, halten Sie auch die Maustaste gedrückt und verschieben den Ausschnitt mit dem Zeigegerät in die gewünschte Richtung.

Ohne dynamischen Zoom

Wenn DYNAMISCHER ZOOM deaktiviert wird und Sie wie beschrieben klicken und ziehen, wird ein gestrichelter Rahmen erzeugt. Sobald Sie die Maustaste loslassen, wird genau der Bereich, der sich innerhalb des Rahmens befindet, entsprechend vergrößert dargestellt.

die Maustaste loslassen zu müssen. Entscheiden Sie einfach während des Zoomens, ob Sie Alt gedrückt halten wollen oder nicht.

Ein weiteres interessantes Feature ist die Funktion DYNAMISCHER ZOOM. Die gleichnamige Checkbox ❶ finden Sie in der Optionsleiste. Ist das Kästchen aktiviert, lässt sich der Ausschnitt vergrößern, indem Sie auf das Foto klicken und die Maus mit gedrückter linker Taste nach rechts schieben. Dabei wird die Klickstelle automatisch als Mittelpunkt beibehalten. Das Auszoomen funktioniert entsprechend, wobei Sie die Maus dann allerdings nach links bewegen müssen.

▲ **Abbildung 1.35**
Die Checkbox DYNAMISCHER ZOOM ist besonders wichtig.

Abschließend sei in diesem Zusammenhang noch das Tastaturkürzel Strg/⌘+0 (Null) erwähnt, das das Bild stets komplett auf der zur Verfügung stehenden Arbeitsfläche darstellt.

Pixelraster

Dank der GPU-Unterstützung ist jeder Vergrößerungsfaktor gestochen scharf. Zudem lässt sich bei starker Vergrößerung ein Pixelraster erkennen. Erhöhen Sie die Darstellung auf mehr als 500 %, damit Sie das Raster sehen können.

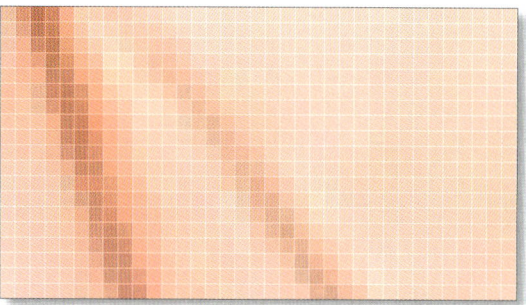

Abbildung 1.36 ▶
Photoshop bringt Ihre Pixel ganz groß raus!

Vorübergehend auszoomen

Wenn Sie sich erst einmal mit den Grundlagen der Anwendung vertraut gemacht haben, werden Sie des Öfteren nach folgendem

Muster vorgehen: Zur Nachbearbeitung bestimmter Bildteile müssen Sie stark einzoomen, zur Begutachtung des Resultats jedoch das gesamte Foto ansehen. Wenn Sie jetzt aber ⌜Strg⌟/⌜⌘⌟+⌜0⌟ drücken, ist der zuvor eingestellte Ausschnitt weg, und Sie müssten ihn anschließend wieder neu einstellen. »Viel zu aufwendig!«, haben sich da die Photoshop-Programmierer gedacht und ⌜H⌟ auf Ihrer Tastatur mit einer Zusatzfunktion ausgestattet.

Wenn Sie diese Taste gedrückt halten, mutiert das derzeit eingestellte Werkzeug zur Hand. So weit, so gut. Wenn Sie jetzt allerdings zusätzlich noch einen Mausklick ausführen (und die Maustaste ebenfalls gedrückt halten), können Sie das gesamte Bild sehen und gegebenenfalls einen neuen Bildausschnitt wählen. Lassen Sie Maus und ⌜H⌟ wieder los, wird das zuletzt eingestellte Tool wieder aktiv, und Sie befinden sich wieder genau im zuvor gewählten bzw. dem neu gewählten Bildausschnitt. Cool, oder?

Unterschiedliche Ansichtsmodi wählen

Bei mehreren geöffneten Fotos können Sie auch bestimmen, wie diese auf Ihrer Arbeitsoberfläche angeordnet werden sollen. Gehen Sie dazu über FENSTER • ANORDNEN. Der Befehl ALLE IN REGISTERKARTEN ZUSAMMENLEGEN sorgt dafür, dass die ursprüngliche Ansicht wiederhergestellt wird.

◄ **Abbildung 1.37**
Die unterschiedlichen Anzeigemodi verbergen sich im Menü.

Mit SCHWEBENDES FENSTER lösen Sie das aktuell angewählte Foto vom Hintergrund. So wird es in einem eigenständigen Fenster dargestellt und kann per Drag & Drop an der Kopfleiste nach Wunsch angeordnet werden. Mit NUR SCHWEBENDE FENSTER werden alle

Warndialoge zurücksetzen

Die Checkbox Nicht wieder anzeigen wird Ihnen in Warndialogen noch öfter begegnen. Durch Aktivierung des Kästchens werden diese in Zukunft nicht mehr angeboten. Was aber, wenn Sie sich irgendwann doch dafür entscheiden, die Dialoge wieder sichtbar zu machen? Dann gehen Sie in das Menü Bearbeiten/Photoshop • Voreinstellungen • Allgemein (oder drücken Strg/⌘+K) und klicken ganz unten auf Alle Warndialogfelder zurücksetzen.

geöffneten Fotos (nicht nur das aktive) in eigenen Fensterrahmen geöffnet.

Eine Alternative ist F. Mit dieser Taste können drei verschiedene Modi angesteuert werden. Betätigen Sie die Taste einmal, wird der gesamte zur Verfügung stehende Platz auf dem Monitor genutzt, um das aktuell gewählte Foto nebst Menüleiste, Toolbox und Bedienfeldbereich darzustellen. Betätigen Sie die Taste erneut, wird das Foto auf schwarzem Hintergrund projiziert. Werkzeuge, Leisten und Bedienfelder sind verschwunden. Durch ⇥ lassen sich aber wenigstens Toolbox, Optionsleiste, Bedienfeldbereich und Mini Bridge anzeigen und wieder ausschalten.

▲ **Abbildung 1.38**
Die Tabulatortaste bringt die gängigen Bedienelemente zurück.

▲ **Abbildung 1.39**
Die verschiedenen Ansichtsmodi in der Werkzeugleiste.

Und wer am Ende noch ein weiteres Mal F betätigt, gelangt zurück zum Standardmodus. All das lässt sich übrigens auch mit Hilfe des untersten Steuerelements der Toolbox realisieren.

Ansicht	Werkzeug/Menüeintrag
Fenstergröße anzeigen	Doppelklick auf das Hand-Werkzeug, Ansicht • Ganzes Bild oder Strg/⌘+0
Darstellung 100 %	Doppelklick auf die Lupe oder Ansicht • Tatsächliche Pixel
Standardansicht/Vollbildmodus mit und ohne Menüleiste	F drücken

Tabelle 1.1 ▶
Tastaturkürzel für Ansichten

Doch Vorsicht bitte beim *Vollbildmodus*. Lesen Sie die Hinweise auf dem Warndialog bitte sorgfältig durch, ehe Sie den Vollbildmodus aktivieren. Wenn Sie sich jedoch erst einmal gemerkt haben, dass Sie den Vollbildmodus mit ⎵Esc⎵ jederzeit verlassen können, dürfen Sie auch NICHT WIEDER ANZEIGEN wählen, ehe Sie auf VOLLBILDMODUS klicken. (In Schritt 4 des Workshops »Gebäude zurechtrücken« auf Seite 278 finden Sie ein praxisnahes Beispiel zu diesem Thema.)

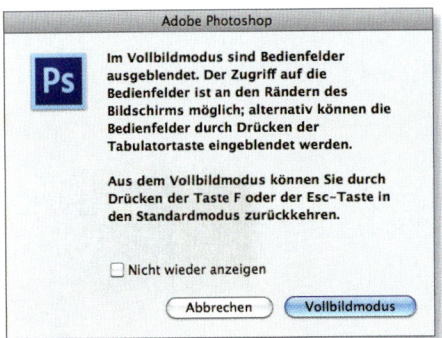

◄ **Abbildung 1.40**
Vor der Aktivierung des Vollbildes wird gewarnt. Und das aus gutem Grund.

Lineale aktivieren

Mitunter ist es sinnvoll, an den Bildrändern oben und links Lineale einblenden zu lassen. Am schnellsten erreichen Sie dies über ⎵Strg⎵/⎵⌘⎵+⎵R⎵. Über das Menü geht es allerdings auch, indem Sie ANSICHT • LINEALE einstellen. Wiederholen Sie den Vorgang, um die Lineale wieder auszublenden.

Reihenfolge beachten

Das Hinzuschalten der Lineale wirkt sich zunächst einmal nur auf das aktuelle Foto aus. Sollten weitere Fotos offen sein, werden diese nicht mit Linealen ausgestattet. Anders ist das bei Fotos, die Sie erst nach der Anwahl des Befehls öffnen. Diese erhalten dann nämlich ebenfalls gleich die gewünschten Lineale.

◄ **Abbildung 1.41**
Oben und links werden Lineale angezeigt.

Standardmäßig wird die Maßeinheit Zentimeter (cm) angeboten. Wenn Sie stattdessen lieber eine andere Einheit (z. B. Millimeter, Punkt oder Pixel) wünschen, können Sie das über das oberste Steuerelement ❶ des Fensters BEARBEITEN/PHOTOSHOP • VOREIN-STELLUNGEN • MASSEINHEITEN UND LINEALE umstellen.

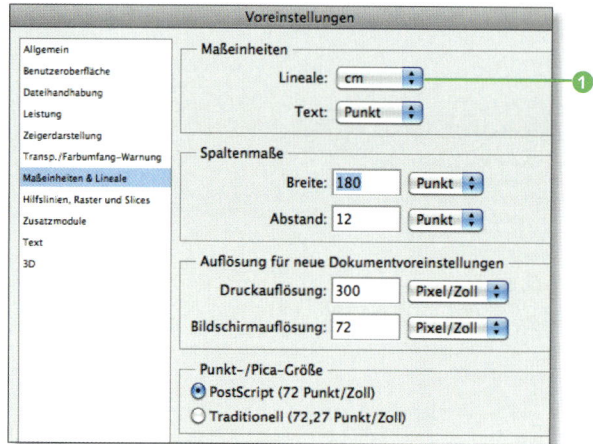

Abbildung 1.42 ▶
Wer lieber mit anderen Maß-einheiten arbeitet, benutzt dazu das Steuerelement LINE-ALE in den VOREINSTELLUNGEN.

1.5 Das Protokoll

Abschließend wollen wir uns noch der äußerst wichtigen Protokoll-funktion widmen, die Ihnen die Arbeit mit Photoshop beträchtlich erleichtern wird.

Protokollliste

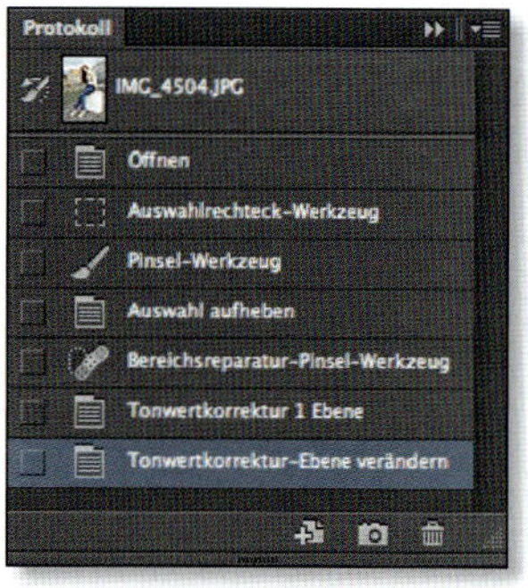

Dass Photoshop die übertragenen Aufgaben mit erstaunlicher Zuverlässigkeit verrichtet, ist hinlänglich bekannt. Das Interes-sante daran ist aber, dass jeder einzelne Schritt sogar akribisch protokolliert wird. Die Anwendung registriert (fast) jede Ihrer Aktionen und listet sie im Protokoll-Bedienfeld auf. Davon ausge-nommen sind lediglich programmspezifische Funktionen wie das Ändern der Farbe oder der Grundeinstellungen, Werkzeugwech-sel, das Öffnen und Schließen von Bedienfeldern und Ähnliches. Funktionen, die Auswirkungen auf Ihre Bilddatei haben, werden korrekt gesammelt. Das Protokoll lässt sich über FENSTER • PROTO-KOLL an die Oberfläche bringen.

▲ **Abbildung 1.43**
Photoshop schreibt mit – das Protokoll-Bedienfeld.

Standardmäßig listet die Anwendung die letzten 20 Schritte untereinander auf. Das bedeutet: Wenn Sie den 21. Schritt durchführen, wird der erste aus dem Protokoll-Bedienfeld entfernt. Diese Vorgehensweise erlaubt es Ihnen nun, innerhalb dieser 20 Schritte zurückzuspringen. Markieren Sie dazu mit einem Mausklick einen Eintrag weiter oben ❷.

Solange sich das Protokoll so darstellt, dass die unterhalb angeordneten Schritte noch schwach grau ❸ erhalten sind, lässt sich auf diese Punkte noch zugreifen. In dem Moment aber, in dem Sie eine neue Aktion ausführen, werden alle darunter befindlichen Schritte unwiederbringlich gelöscht. Und diese Aktion lässt sich dann nicht wieder rückgängig machen.

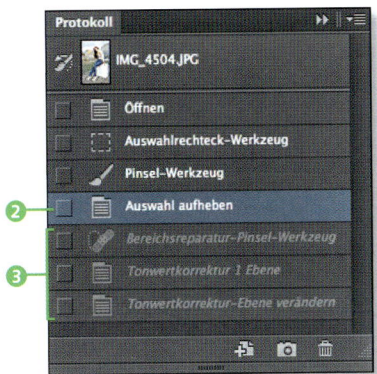

▲ **Abbildung 1.44**
Hier wurde der Zustand des Bildes bis auf die Aufhebung der Auswahl zurückgestuft.

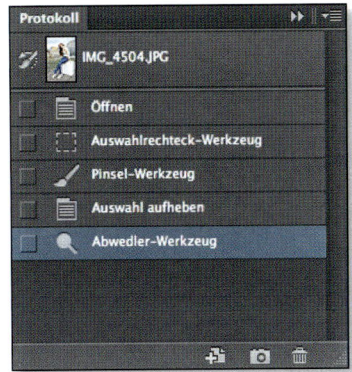

▲ **Abbildung 1.45**
Nach dem Markieren der Zeile Auswahl aufheben wurde eine neue Aktion ausgeführt. Alle Schritte, die sich in der Liste darunter befanden, wurden somit gelöscht.

Schnappschuss erstellen

Anders sieht es aus, wenn Sie von Zeit zu Zeit einen Schnappschuss erstellen. Diese Funktion kann man sich wie einen Zwischenspeicher vorstellen, der im oberen Bereich des Fensters den aktuellen Zustand des Bildes absichert.

Fertigen Sie – falls Sie sich nicht hundertprozentig sicher sind, ob Sie auf die letzten Schritte verzichten können – zuvor einen Schnappschuss an. Führen Sie weitere Arbeiten an Ihrem Dokument aus. Wenn Sie nach einiger Zeit feststellen, dass die

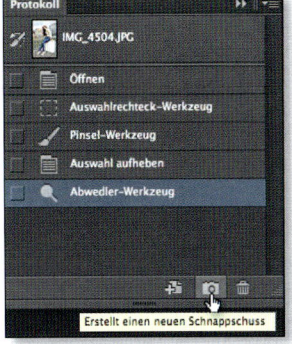

▲ **Abbildung 1.46**
Fertigen Sie einen Schnappschuss an, zu dem Sie immer wieder zurückkehren können.

Schnappschuss-Version doch die bessere war, markieren Sie einfach den Eintrag SCHNAPPSCHUSS 1, und Sie erhalten die Version des Bildes zurück, die *vor* dem Löschen der Schritte aktuell war. Finden Sie das nicht auch äußerst praktisch?

Protokollobjekte löschen

Ziehen Sie den obersten Eintrag der nicht mehr benötigten per Drag & Drop auf das Papierkorb-Symbol rechts neben der Schnappschuss-Taste. Das hat zur Folge, dass dieser Eintrag und alle unterhalb befindlichen gelöscht werden.

Löschen mit Kontrollabfrage

Prinzipiell ist es möglich, den zu löschenden Eintrag zu markieren und anschließend das Papierkorb-Symbol anzuklicken. Dabei fragt Photoshop aber sicherheitshalber noch einmal nach, ob der Eintrag wirklich gelöscht werden soll. Mit der Methode Drag & Drop wird die Abfrage umgangen. Diese Vorgehensweise gilt im Übrigen auch für alle anderen Bedienfelder.

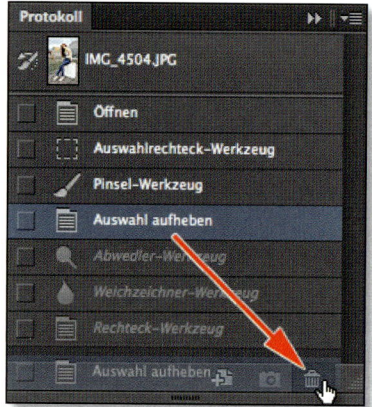

▲ **Abbildung 1.47**
So werden die letzten Arbeitsgänge komfortabel rückgängig gemacht.

Datei duplizieren

Eine weitere Möglichkeit, die den Erhalt des ursprünglichen Protokolls garantiert, besteht darin, eine Kopie des Bildes über das linke der drei unteren Icons zu erstellen. Dort können Sie dann frohen Mutes weiterarbeiten, ohne das Protokoll des Originals zu verlieren.

Dateiverwaltung mit der Bridge

Bilder anlegen, sortieren und suchen mit Adobe Bridge und Mini Bridge

- ▸ Wie funktioniert die Mini Bridge?
- ▸ Wie kann ich über Adobe Bridge Dateien finden?
- ▸ Wie kann ich Fotos kennzeichnen und bewerten?
- ▸ Wie finde ich Fotos in großen Bildersammlungen?
- ▸ Wie lassen sich Fotos platzsparend stapeln?

2 Dateiverwaltung mit der Bridge

Dass sich Bilddateien über DATEI • ÖFFNEN bereitstellen lassen, muss wirklich nicht feierlich verkündet werden. Falls Sie sich aber fragen, warum ein ganzes Kapitel zu Themen wie der Bridge und dem Handling von Bildern geschrieben werden muss, kann die Antwort nur lauten: »Weil Sie es unbedingt wissen müssen!« Es bleibt abzuwarten, ob Sie nach diesem Kapitel genauso darüber denken. Alles andere als ein »Wirklich gut zu wissen!« wäre recht verwunderlich ...

2.1 Bridge und Mini Bridge – Übersicht

Nicht zuletzt wenn sich bereits Berge von Bildern auf Ihrem Rechner angehäuft haben, werden Sie die Adobe Bridge zu schätzen wissen. Nein, auch bei der Archivierung anderer Daten, wie z. B. von Musikdateien, Videos oder PDF-Dokumenten, ist die Bridge behilflich. Selbst Word-Dokumente lassen sich dort anzeigen und direkt aus der Bridge heraus öffnen.

Bei Adobe Bridge handelt es sich um eine eigenständige Applikation zum Verwalten von Dateien, die standardmäßig in vielen Adobe-Produkten enthalten ist (darunter auch Photoshop). Das Programm erweist sich unter anderem als zuverlässiger Archivar, da es die Suche (insbesondere nach Bildern) durch Miniaturansichten sowie zugehörige Bilddaten erheblich vereinfacht.

Hinzu kommt, dass die in Photoshop CS6 integrierte Mini Bridge noch einmal eindrucksvoll weiterentwickelt worden ist. Bei der Suche nach Fotos auf Ihrer Festplatte ist sie ein leistungsstarker Helfer. Dadurch können Sie nämlich direkt von der Photoshop-Oberfläche aus auf Ihre Bildarchive zugreifen. In diesem Abschnitt werden Sie beide Bereiche kennen lernen.

Mini Bridge

Meist wird die Mini Bridge gleich nach dem Öffnen von Photoshop
CS6 benötigt. Immerhin muss ja zunächst einmal ein Bild geöffnet
werden. Um Zugang zur Mini Bridge zu erhalten, betätigen Sie die
gleichnamige Registerkarte ❶ unten links in der Anwendung. Ein
einfacher Mausklick reicht dazu. Sollte die Bridge im Hintergrund
noch nicht geöffnet sein, was Voraussetzung für die Arbeit mit der
Mini Bridge in Photoshop ist, finden Sie hier einen Button ❷, mit
dem der Start des Programms veranlasst werden kann.

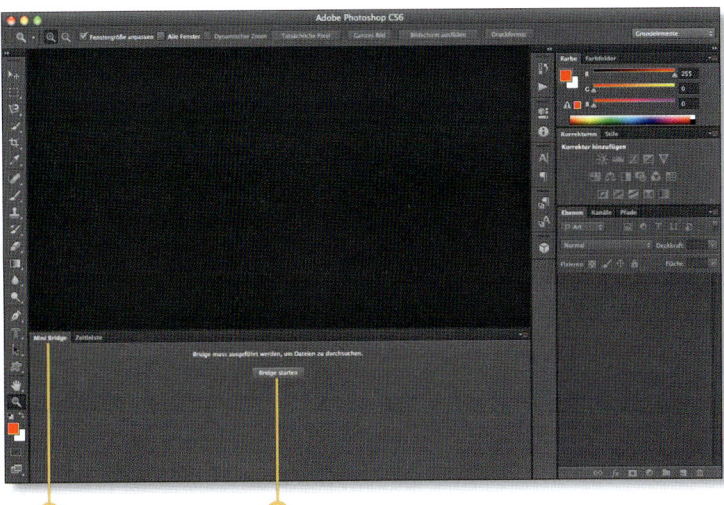

◄ **Abbildung 2.1**
Die Photoshop-Oberfläche
mit geöffnetem Mini-Bridge-
Register – eine traumhafte
Komposition aus Grau in
Grau.

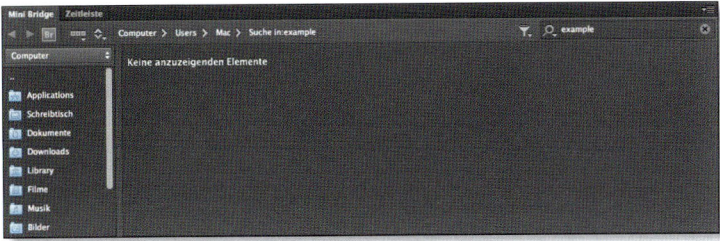

◄ **Abbildung 2.2**
Nach dem Start der Bridge
füllt sich das Bedienfeld ein
wenig.

In der linken Spalte erhalten Sie Zugriff auf sämtliche Ordner Ihres
Systems. Navigieren Sie doch einmal zu den Beispieldateien des
Buches ❸. (Den Ordner haben Sie doch schon auf Ihre Festplatte
kopiert, oder?) Um einen Ordner zu öffnen, setzen Sie einfach
einen Doppelklick darauf. Der Inhalt des Verzeichnisses (hier: Bilder) wird anschließend auf der rechten Seite präsentiert. Um durch
dessen Inhalt zu scrollen, bewegen Sie den Balken ganz unten ❹.

Abbildung 2.3 ▲
Gute Aussichten. Bridge, der Bild-Archivar, lässt sich direkt in Photoshop bedienen.

Abbildung 2.4 ▼
Die Navigation innerhalb der Mini Bridge ist denkbar einfach.

Achten Sie darauf, dass sich oberhalb der Miniaturen der aktuell eingestellte Pfad zeigt ❿. Jeder dort gelistete Eintrag fungiert auch als Button, so dass Sie jederzeit wieder eine oder mehrere Ebenen nach oben springen können. Entsprechendes erreichen Sie übrigens auch durch Doppelklick auf die beiden Punkte links in der Spalte ❽. Wer ein Verzeichnis vor oder zurück möchte, setzt die Pfeil-Buttons ❼ ein.

Zur Bridge wechseln oder suchen

Die Schaltfläche IN BRIDGE ANZEIGEN ❻ gestattet den Wechsel von Photoshop aus zur großen Bridge. Markieren Sie zuvor innerhalb der Mini Bridge eine Miniatur, wird diese auch in der großen Bridge markiert. Dort erhalten Sie dann sämtlichen Komfort, den Sie bei der Fotoarchivierung benötigen.

Wollen Sie einmal in den Betrachtungsmodus oder zur Diashow wechseln? Dann öffnen Sie vorab das Pulldown-Menü ❺. Was sich hinter diesen Funktionen verbirgt, erfahren Sie im weiteren Verlauf dieses Kapitels. Und falls Sie die Fotominiaturen sortieren wollen, bedienen Sie sich des Buttons ❾.

Eine weitere Suchfunktion wird durch das Eingabefeld ⓬ zur Verfügung gestellt. Geben Sie Stichwörter (oder Teile davon) dort ein, werden im Miniaturbereich nur Fotos angezeigt, deren Namen mit der Eingabe übereinstimmen. Und mit Hilfe des nebenstehenden Trichters ⓫ ließen sich die Ergebnisse noch nach bestimmten weiteren Kriterien filtern.

Nach so viel Ansicht- und Sortierarbeit wollen Sie logischerweise auch wissen, wie Sie ein Foto zur Nachbearbeitung öffnen können, oder? Entweder ziehen Sie die Miniatur mit gedrückter Maustaste auf den Arbeitsbereich der Anwendung oder platzieren einen Doppelklick darauf. Ein anschließender Doppelklick auf den MINI BRIDGE-Reiter schließt das Miniaturfenster.

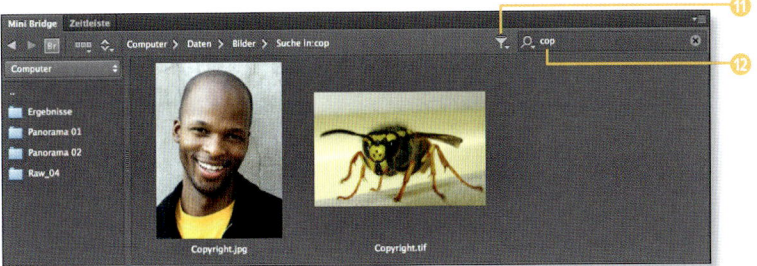

▲ **Abbildung 2.5**
Geben Sie zum Spaß mal »cop« ein. Vielleicht verwundert es, dass sich nun keine Fotos von Polizisten öffnen. (Obwohl der Herr links ja ein verdeckter Ermittler sein könnte.) Dafür werden aber die beiden Copyright-Bilder gelistet.

Adobe Bridge

Für den schnellen Zugriff auf Fotos sowie deren Begutachtung reicht Mini Bridge allemal aus. Wenn Sie jedoch Ihre Bildarchive komfortabel einrichten, platzieren und sortieren wollen, sollten

▲ **Abbildung 2.6**
Nach einem Doppelklick auf eine der Miniaturen wird das entsprechende Bild zur Bearbeitung geöffnet.

Ein weiteres Bridge-Fenster öffnen

Vielleicht haben Sie gerade einige Fotos ausgesucht und möchten in einen anderen Ordner gehen, ohne die aktuelle Bridge-Ansicht zu verlieren. Kein Problem: Drücken Sie [Strg]/[⌘]+[N]. Dann erzeugt die Anwendung ein neues Fenster, während das alte erhalten bleibt.

Sie auf die Bridge zurückgreifen. Sie erreichen sie aus der Mini Bridge heraus über den Button IN BRIDGE ANZEIGEN.

◄ **Abbildung 2.7**
So gelangen Sie zur »großen« Bridge.

Ansichtsoptionen

Nach einer Selektion der Registerkarte FAVORITEN ❶ oben links können Sie sich auf der mittleren Arbeitsfläche durchklicken, bis Sie den relevanten Ordner gefunden haben. Wenn Ihnen zur Vorauswahl die Explorer-Ansicht mehr liegt, entscheiden Sie sich für ORDNER ❷.

Sie sollten nun die Dateien zur Buch-DVD auflisten. Dazu reicht ein Klick auf das übergeordnete Verzeichnis, gefolgt von einem Doppelklick auf den betreffenden Ordner (hier: BILDER). Daraufhin werden die zahlreichen Bildminiaturen zu sehen sein. Deren Größe können Sie über den Schieberegler ❸ im Fuß der Anwendung verändern.

Abbildung 2.8 ▼
Navigieren Sie zum Bildordner mit den zahlreichen Beispielfotos.

Wenn Sie ein geeignetes Foto gefunden haben, können Sie darauf doppelklicken, woraufhin es in Photoshop zur Verfügung gestellt wird. Aber auch ein einfacher Mausklick zur Markierung des Bildes offenbart eine Menge über das Bild. Werfen Sie dazu einen Blick in die rechte Spalte der Anwendung (siehe Abbildung 2.9).

Darstellung ändern

In der Kopfleiste der Anwendung finden Sie jede Menge Einträge (GRUNDLAGEN, FILMSTREIFEN, METADATEN, AUSGABE und noch viele mehr). Was, bei Ihnen sind die nicht zu sehen? Dann ziehen Sie den Bereich bitte an der Grifffläche ❺ ein ganzes Stück nach links.

Über die Anwahl der unterschiedlichen Einträge lässt sich das Erscheinungsbild der Fotos nach Wunsch ändern. Das ist vor allem dann interessant, wenn Sie Bilder beispielsweise anhand eines Erstellungsdatums oder der Dateigröße ausfindig machen wollen. Markieren Sie doch mal eines der Fotos, und klicken Sie anschließend auf METADATEN ❻. Die betreffende Zeile wird in der Folgeansicht ebenfalls markiert. Um wieder zur vorherigen Ansicht zu wechseln, reicht ein Klick auf GRUNDLAGEN.

▲ **Abbildung 2.9**
Hier bleibt nichts mehr verborgen. Sie haben Zugriff auf sämtliche Bilddaten.

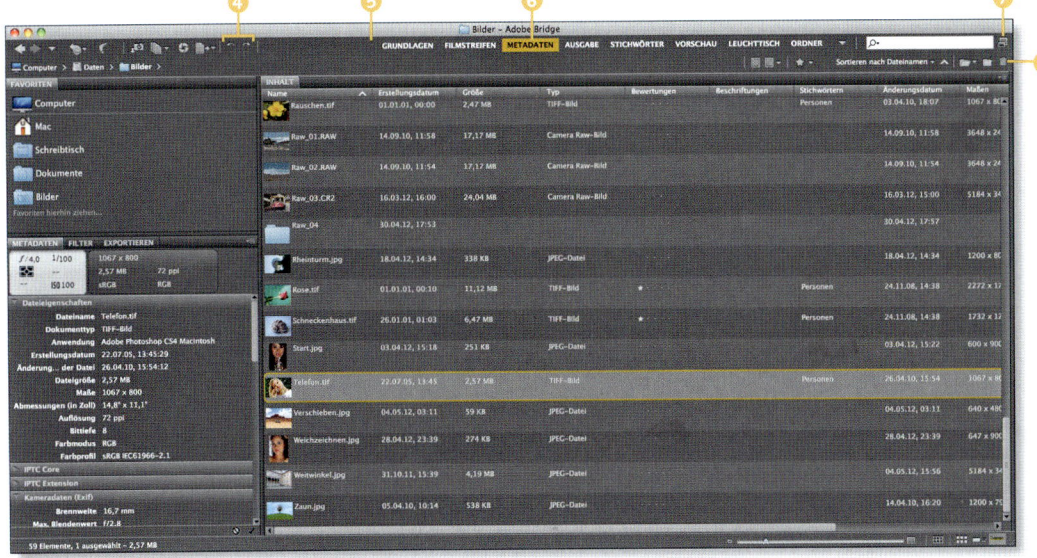

▲ **Abbildung 2.10**
Jetzt werden die Fotos in einer Liste präsentiert.

Fotos drehen

Ihre Bilder lassen sich auch gleich hier in der Bridge drehen. Wählen Sie dazu eine der Schaltflächen ❹. Die linke bewirkt eine Drehung um 90° gegen den Uhrzeigersinn, der rechte Button dreht das Bild um 90° nach rechts. Nachdem Sie ein Bild markiert haben, können Sie es aus dem Ordner löschen, indem Sie auf den kleinen Papierkorb ❽ klicken.

Kompaktmodus

▲ **Abbildung 2.11**
Die Bridge lässt sich in einen Kompaktmodus versetzen.

Häufig werden Sie die Bridge komplett geöffnet lassen. Wenn Sie allerdings Platz auf dem Bildschirm sparen wollen, können Sie die Anwendung ordentlich verjüngen. Dazu klicken Sie ganz oben rechts auf IN KOMPAKTMODUS WECHSELN ❼. Das Interessante ist, dass die Bridge im Kompaktmodus stets im Vordergrund bleibt – egal, in welcher Anwendung Sie sich gerade befinden. So können Sie, wann immer Sie wollen, schnell auf den Fundus zugreifen.

Betrachtungsmodus/Überprüfungsmodus

Der Betrachtungsmodus erlaubt jede Menge Interaktivität und hilft Ihnen dabei, die Qualität Ihre Bilder genau zu beurteilen.

Aus Bridge heraus betätigen Sie ⌷Strg⌷/⌘+⌷B⌷ oder wählen ANSICHT • ÜBERPRÜFUNGSMODUS. Wichtig in diesem Zusammenhang ist vor allem, ob Sie vorab Fotos markiert haben. Das bietet sich dann an, wenn Sie nur einzelne Bilder innerhalb des aktiven Ordners begutachten wollen. Verzichten Sie darauf, werden alle Fotos präsentiert.

Mit Hilfe der Pfeiltasten Ihrer Tastatur oder mit ❾ können Sie nun von Bild zu Bild springen. Gefällt Ihnen eines davon nicht, klicken Sie auf ❿ oder betätigen ⌷↓⌷. Diese Vorgehensweise nennt sich übrigens *Zurückweisen*. Das Foto wird dabei aber nicht aus der Bridge entfernt, sondern nur aus der aktuellen Auswahl.

Beachten Sie zudem die Möglichkeiten, eine Lupe zur Vergrößerung einzelner Stellen im Foto nutzen zu können ⓫ (funktioniert auch per Doppelklick) sowie so genannte Sammlungen zu erstellen ⓬. (Mehr zu den Sammlungen gibt es im übernächsten Abschnitt.) Mit der kleinen Kreuz-Schaltfläche ⓭ oder ⌷Esc⌷ verlassen Sie den Modus wieder.

⑨ ⑩   ⑪ ⑫ ⑬

Wer aus dieser Routine noch mehr herausholen möchte, sollte einmal ⌗ betätigen. Dadurch wird ein riesiges Overlay-Bedienfeld präsentiert, das weitere Tipps und Optionen bevorratet. Cool, oder? Durch eine erneute Betätigung von ⌗ werden Sie das Ding aber auch Gott sei Dank wieder los.

▲ **Abbildung 2.12**
Der Betrachtungs- bzw. Überprüfungsmodus ist ein ausgesprochen nützliches Feature.

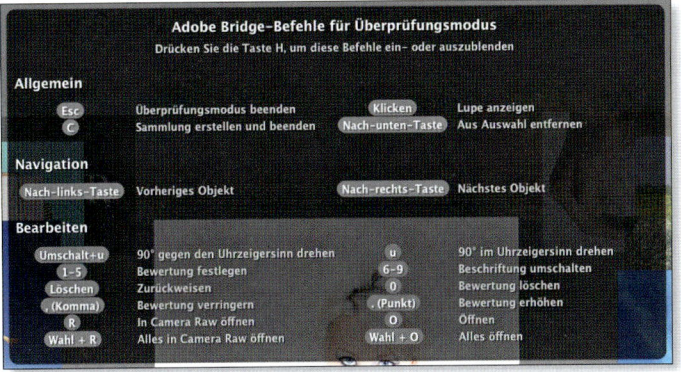

◄ **Abbildung 2.13**
Das Overlay-Bedienfeld bietet noch mehr Optionen an.

Präsentation/Diashow

Was in der Mini Bridge »Diashow« heißt, nennt sich beim großen Bruder Präsentation. Die Bilder des Ordners, in dem Sie sich gerade befinden, lassen sich so nacheinander im Vollbildmodus

Präsentationsoptionen festlegen

Natürlich läuft eine solche Präsentation nicht einfach nur so ab – Sie kennen doch Adobe-Software. Es wäre einfach untypisch, wenn Sie hierzu nicht auch individuelle Einstellungen festlegen könnten. Das Ganze finden Sie unter ANSICHT • PRÄSENTATIONSOPTIONEN.

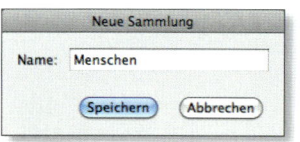

▲ **Abbildung 2.14**
Dieser Dialog erscheint automatisch, sobald Sie C drücken.

ansehen. Wählen Sie dazu in der Bridge ANSICHT • PRÄSENTATION, oder gehen Sie über Strg/⌘+L.

Hier geht es dann weiter mit den allseits beliebten und geschätzten Tastaturbefehlen. Drücken Sie die Leertaste, um die Präsentation anzuhalten. Jetzt können Sie mit den Pfeiltasten manuell weiterspringen. Für das nächste Bild wählen Sie ↓ oder →. Mit ↑ bzw. ← gelangen Sie jeweils ein Bild zurück. Ein erneuter Druck auf die Leertaste startet die Präsentation wieder. Auch hier funktioniert übrigens H (siehe vorangegangenen Abschnitt). Verlassen können Sie die Präsentation mit Esc.

Sammlungen erstellen

Der Sinn und Zweck der Arbeit im Überprüfungsmodus ist nicht zuletzt auch das Zusammenstellen von Sammlungen. So können Sie jetzt beispielsweise mit → Bild für Bild ansehen. Wenn Sie ein Foto nicht in der Auswahl haben wollen, drücken Sie ↓ und fahren fort. Am Ende drücken Sie C (oder benutzen den mittleren der drei Buttons ⑫ unten rechts, siehe Abbildung 2.12), geben der Sammlung einen Namen und klicken auf SPEICHERN.

Werfen Sie auch einmal einen Blick auf die Zeile unterhalb der Kopfleiste. Hier finden Sie den Speicherort der soeben angelegten Sammlung ①. Wie zu sehen ist, wurde das Benutzerkonto dazu herangezogen.

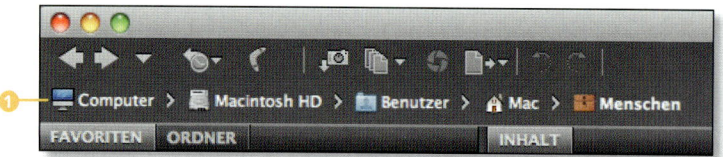

▲ **Abbildung 2.15**
Erstellen Sie Ihre Sammlungen nach diesem Muster.

Aber wo ist denn die Sammlung später zu aktivieren oder zu überarbeiten? Dazu gehen Sie unten links im Fenster auf den Reiter SAMMLUNGEN (FENSTER • SAMMLUNGEN-FENSTER). Sollten Sie übrigens später weitere Fotos hinzufügen wollen, müssen diese zunächst markiert werden. Danach klicken Sie erneut auf eines der Fotos und ziehen das gesamte Paket auf die Sammlung.

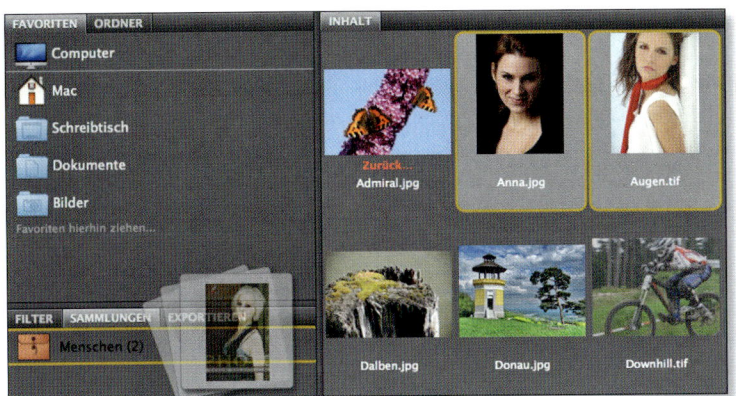

◄ **Abbildung 2.16**
Das Paket mit den markierten Fotos wird herübergezogen und auf der Sammlung fallengelassen.

Sammlung löschen

Und wie werde ich so eine Sammlung komplett los? Indem Sie diese markieren, auf das unterhalb angeordnete Papierkorb-Symbol klicken und die Kontrollabfrage mit JA beantworten.

Und wie öffne ich eine Sammlung? Durch Klick auf den betreffenden Eintrag innerhalb der Sammlungen. Wie entferne ich Fotos aus einer Sammlung? Indem Sie die betreffenden Fotos markieren und danach rechts über den Miniaturen auf AUS SAMMLUNG ENTFERNEN klicken.

◄ **Abbildung 2.17**
Hier sehen Sie die geöffnete Sammlung »Menschen« mitsamt dem Entfernen-Button für einzelne Aufnahmen. Nach einem Klick darauf wird das Foto übrigens nicht komplett, sondern nur aus der Sammlung entfernt.

Favoriten

Falls Sie ein Foto oder einen der Ordner zu Ihren Favoriten erklären wollen, können Sie das tun. Ziehen Sie das Objekt einfach auf den Text FAVORITEN HIERHIN ZIEHEN…, und lassen Sie ihn dort fallen. Fortan ist dieser Ordner fester Bestandteil der Registerkarte FAVORITEN.

Um den Ordner bzw. das Foto wieder aus der Favoritenliste zu verbannen, markieren Sie das Objekt mit einem Rechtsklick und wählen AUS FAVORITEN ENTFERNEN.

Abbildung 2.18 ▶
Damit ist das Foto Bestandteil der Favoriten.

2.2 Dateien sortieren und filtern

Es ist ja schön, dass die Bridge sämtliche Inhalte auflistet und bei Bedarf den Zugang zu Ordnern und Dokumenten ermöglicht. Aber irgendwie ist das allein ja noch nicht ausreichend, um Lobgesänge auf die Software anzustimmen. Das ändert sich, wenn Sie sich die Sortierfunktionen und Filteroptionen anschauen.

Dateien sortieren

Die einfachste Art der Sortierung besteht darin, die Reihenfolge innerhalb des Ordners zu verändern oder die Fotos in andere Ordner zu verschieben. Das alles lässt sich ganz intuitiv per Drag & Drop erledigen. So wie Sie das jüngst mit den Sammlungen gemacht haben, lassen sich Fotos auch von einem Verzeichnis in ein anderes transportieren. Sollte es dabei zu einem Laufwerkswechsel kommen (beispielsweise von einer auf die andere Festplatte), wird das Foto allerdings nicht verschoben, sondern dupliziert.

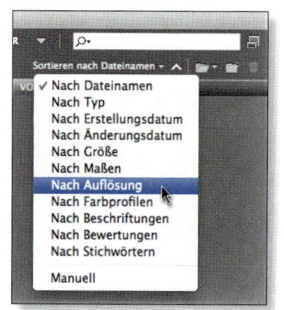

▲ **Abbildung 2.19**
Oben rechts lassen sich Dateien nach bestimmten Kriterien sortieren.

Des Weiteren stellt die Anwendung diverse Sortieroptionen zur Verfügung. Dazu gehen Sie über ANSICHT • SORTIEREN und wählen die relevante Einstellung aus der Liste aus. Noch einfacher wird die Liste zugänglich, wenn Sie rechts oben im Fenster auf die Listenschaltfläche klicken (standardmäßig steht dort SORTIEREN NACH DATEINAMEN) und die Maustaste gedrückt halten. Fahren Sie jetzt innerhalb des Overlay-Menüs auf den relevanten Eintrag, und lassen Sie die Maustaste über dem gewünschten Eintrag los.

Interessant ist hier vor allem der Eintrag MANUELL. Dadurch entsteht nämlich die Möglichkeit, die Miniaturen per Drag & Drop so anzuordnen, wie es Ihnen am besten passt.

Dateien filtern

Markieren Sie doch (während der Ordner der Beispielfotos angezeigt wird) einmal den Eintrag TIFF-BILD innerhalb des Bedienfelds FILTER (unten links). Daraufhin wird dem Eintrag ein Häkchen vorangestellt. Außerdem werden im Fenster INHALT nur noch die Fotos angezeigt, die dem Filterkriterium entsprechen (also TIFF-Bilder sind).

Seine wirklichen Stärken offenbart das Filterfenster aber erst, wenn es darum geht, verschiedene Filterfunktionen gemeinsam zu nutzen. Dazu müssen Sie nämlich nacheinander nur auf die Einträge klicken, die Sie in die Filterung aufnehmen wollen. Suchen Sie doch einmal nach TIFF-Bildern ❶, deren Seitenverhältnis dem Kleinbildformat 3:4 ❷ entspricht. Danach sollten Sie die Sucheinträge allerdings wieder verwerfen. Um die Filterung aufzuheben, drücken Sie auf das kleine Halt-Symbol unten rechts ❹.

Filter sperren

Damit die derzeit aktuellen Filteroptionen nicht dadurch entfernt werden, dass Sie zu einem anderen Ordner wechseln, aktivieren Sie FILTER BEIM DURCHSUCHEN BEIBEHALTEN ❸.

▼ **Abbildung 2.20**
Diese zwei Suchkriterien begrenzen die Auswahl der Beispielbilder beträchtlich.

2.3 Dateien suchen

Nun ist die oben erwähnte Suchmethode lediglich dazu geeignet, Fotos aus dem aktuell gewählten Verzeichnis ausfindig zu machen. Wenn Sie aber einmal in Ihrem gesamten, unerschöpflichen Fundus nach bestimmten Dateien fahnden müssen (beispielsweise auf der Festplatte), hilft Adobe Bridge mit einer cleveren Suchfunktion weiter. Dazu werden Suchkriterien definiert, um Treffer möglichst einzugrenzen.

Schritt für Schritt
Bilder suchen

Bilder/(Alle Bilder dieses Ordners)

Ich möchte die Datei »Marionette.tif« finden. Klar: Bis eben wusste ich noch, dass die Datei im BILDER-Ordner der DVD zu diesem Buch liegt. Plötzlich jedoch, ein lauter Knall – und die Synapsen melden: »Betriebsstörung«. Was tun? Ich habe sowohl den Speicherort als auch den Dateinamen vergessen. Shit happens ...

1 Die Suchmaske starten
Glücklicherweise kann ich mich noch an das Tastaturkürzel `Strg`/ `⌘`+`F` (Finden) erinnern, weil das ja in jeder Anwendung zum Starten der Suchmaske verwendet wird. (BEARBEITEN • SUCHEN hätte im Übrigen auch funktioniert.)

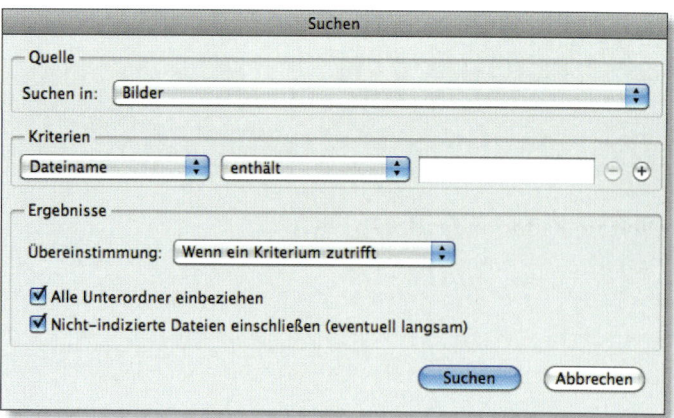

Abbildung 2.21 ▶
Der SUCHEN-Dialog hilft auch in schwierigen Situationen weiter.

2   Speicherort wählen

Da ich den Speicherort vergessen habe, stelle ich ganz oben unter
SUCHEN IN die Festplatte ein, von der ich vermute, dass sie sich
noch in meinem Rechner befindet.

3   Quelle festlegen

Vorsichtshalber wähle ich auch ALLE UNTERORDNER EINBEZIEHEN
❶ aus, damit wirklich jeder Ordner auf der Platte durchsucht wird.
NICHT-INDIZIERTE DATEIEN EINSCHLIESSEN (EVENTUELL LANGSAM) ❷
lasse ich deaktiviert, denn irgendwie habe ich das Gefühl, ich hätte
das gesuchte Foto schon einmal in die Bridge aufgenommen.

4   Erstes Suchkriterium festlegen

Im Frame KRITERIEN kann ich nun alles das festlegen, was mich
irgendwie weiterbringt – zum Beispiel den Dateinamen. Da ich
Bilder oft im Format TIFF speichere, lege ich das in der ersten
Zeile nun fest, weshalb ich DOKUMENTTYP – IST GLEICH – TIFF-BILD
einstelle.

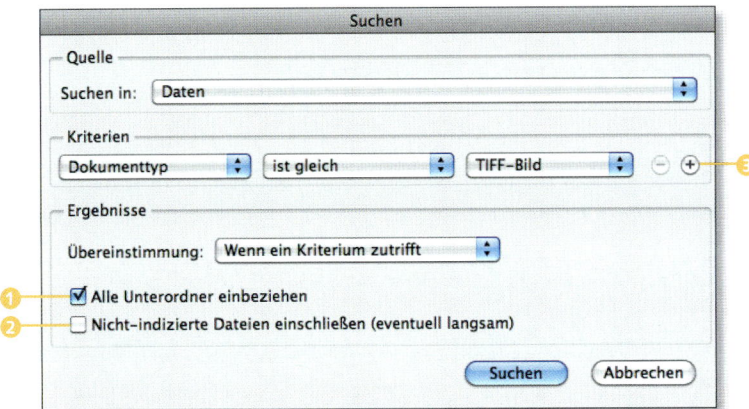

◄ **Abbildung 2.22**
Die erste Suchzeile ist formu-
liert. Damit ist die Aktion aber
noch nicht abgeschlossen.

5   Weitere Kriterien festlegen

Nun hilft jeder Punkt weiter, der irgendwie Rückschlüsse auf
die Datei zulässt, denn mit dem TIFF-Kriterium allein würde ich
ja nicht wirklich weit kommen. Um nun ein weiteres Kriterium
hinzuzufügen, widme ich mich der zweiten Zeile (die eventuell
durch einen Klick auf das kleine Plus-Symbol ❸ eingeblendet werden muss, das sich neben meinem ersten Kriterium befindet). Ich
weiß noch ganz genau, dass es sich um eine recht kleine Datei

gehandelt hat – kleiner als 1 MB, glaube ich. Also lege ich den zweiten Suchsatz entsprechend an: Dateigrösse – ist kleiner als – 1024 KB.

Abbildung 2.23 ▶
Zwei Suchoptionen dürften das Auffinden des Fotos bereits beträchtlich vereinfachen.

Ich muss das Foto irgendwann im Jahr 2006 erstellt haben. Aber wenn ich wenigstens den Monat noch wüsste! Normalerweise frage ich in solchen Fällen ja meine Frau. Die weiß so etwas – immer. Sie vergisst so etwas auch nicht – und schon gar keine Hochzeitstage. Aber wehe, ich vergesse mal ein Datum ... Okay, das führt wohl zu weit. Außerdem ist meine Frau gerade nicht da, weshalb ich mich mit 2006 zufriedengeben muss.

Mein dritter Satz heißt also: Erstellungsdatum – ist grösser als – 31.12.2005. Natürlich muss ich zuvor wieder auf das kleine Plus am Ende der zweiten Zeile klicken.

Zuletzt eröffne ich noch einen vierten Satz, der da lautet: Erstellungsdatum – ist kleiner als – 01.01.2007. Wenn diese vier Kriterien noch nicht reichen, können weitere hinzugefügt werden.

Abbildung 2.24 ▶
Diese vier Kriterien sollten reichen.

6 Übereinstimmung festlegen

Am Schluss ist aber noch das Steuerelement Übereinstimmung wichtig. Prüfen Sie, dass hier Wenn alle Kriterien zutreffen aufgelistet ist. Anderenfalls müsste nämlich nur eine der vier Optionen erfüllt sein, und das würde wohl eine Flut von Resultaten mit sich bringen. Zum Schluss klicken Sie auf SUCHEN.

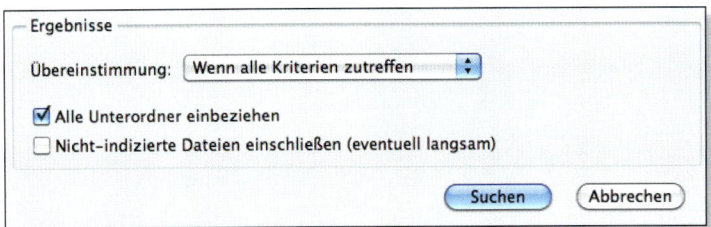

◀ **Abbildung 2.25**
Jedes der vier zuvor auf-
gestellten Kriterien muss
erfüllt sein, um Bestandteil
des Ergebnisses werden zu
können.

Na, bitte! Die Ansicht ist in null Komma nichts auf wenige Bilder reduziert worden. Das gesuchte Foto ist dabei, und ich bin wirklich froh darüber. Das vergesse ich aber gleich wieder, weil sich meine Synapsen ja noch immer in einer Art Wachkoma befinden.

◀ **Abbildung 2.26**
Jetzt werden nur noch die
Fotos gelistet, die allen vier
Suchoptionen entsprechen.

7 Suchergebnis löschen

Irgendwann wollen Sie bestimmt wieder zur Standardansicht zurückkehren. Das können Sie erledigen, indem Sie auf das kleine Kreuz ❸ gehen. Mit NEUE SUCHE ❷ ließe sich die aktuelle Suche noch einmal nachbearbeiten.

8 Optional: Smart-Sammlung anlegen

Wollen Sie das Suchergebnis speichern, legen Sie davon eine Sammlung an ❶. Genauer gesagt handelt es sich dabei um eine so genannte Smart-Sammlung. Derartige Sammlungen unterscheiden sich von herkömmlichen dadurch, dass sie auf Grundlage einer Suche erzeugt werden (so wie gerade geschehen). Wenn Sie in der Fußleiste des Sammlungen-Bedienfelds auf NEUE SMART-SAMMLUNG ❺ gehen, wird demzufolge auch das bereits bekannte Suchfenster geöffnet.

Abbildung 2.27 ▶
Die Sammlungen können
jederzeit aktualisiert werden.
Auch die Neuerstellung einer
Smart-Sammlung ist möglich.

Sammlung bearbeiten

Über SMART-SAMMLUNG
BEARBEITEN ❹ können Sie
die Suchparameter jeder-
zeit ändern und das
Ergebnis entsprechend
anpassen. So müssen Sie
nicht mehr die komplet-
ten Suchparameter neu
eingeben, sobald sich
beispielsweise der Daten-
bestand geändert hat.

2.4 Fotos kennzeichnen und bewerten

Selbstverständlich haben nicht alle Bilder den gleichen Stellen-
wert. Ein Bewertungsschema hilft hier weiter und vereinfacht
eine spätere Anzeige oder Suche enorm. Außerdem lassen sich die
Dateien mit Schlüsselwörtern versehen, um diese später isoliert
von den anderen anzeigen zu können.

Schritt für Schritt
Personenaufnahmen mit Stichwörtern kennzeichnen

Bilder/(Alle Bilder
dieses Ordners)

In diesem Mini-Workshop sollen Sie all jene Fotos des Beispiel-
ordners BILDER individuell markieren, auf denen Personen abgebildet sind.

1 Bilder markieren

Klicken Sie mit gedrückter Taste [Strg]/[⌘] alle Fotos an, auf
denen Sie Personen ausfindig machen können. Die Miniaturen
werden blau umrandet dargestellt und in der Vorschau oben
rechts gesammelt.

▲ Abbildung 2.28
Die markierten Fotos tauchen
im Bedienfeld VORSCHAU auf.

2 Stichwort vergeben

Setzen Sie jetzt die unten rechts in der Bridge befindliche Registerkarte STICHWÖRTER ❻ nach vorne, und markieren Sie den Eintrag PERSONEN ❼. Sollte es noch keinen derartigen Eintrag geben,
klicken Sie auf NEUES STICHWORT ⑪ und erzeugen ein entsprechend lautendes Stichwort. Anschließend betätigen Sie NEUES
UNTERGEORDNETES STICHWORT ❿ und nennen es »Personen Buch«.
Benutzen Sie dazu das Eingabefeld ❾. Danach bestätigen Sie mit

↵ . Zuletzt aktivieren Sie das Häkchen ❽. Alle aktuell markierten Bilder werden daraufhin mit diesem Stichwort ausgestattet.

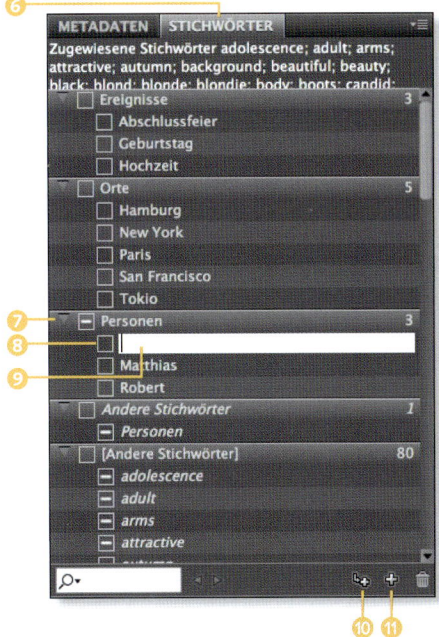

◄ **Abbildung 2.29**
Zunächst muss das Personen-Stichwort erzeugt werden.

3 Bilder suchen

Falls Sie irgendwann einmal nach genau diesen Fotos Ausschau halten, geben Sie oben rechts im Suchfeld ⑫ der Anwendung lediglich das Stichwort ein. Der Lohn: Sämtliche Motive, denen dieses Stichwort zugeordnet worden ist, werden daraufhin angezeigt.

◄ **Abbildung 2.30**
Hoffentlich haben wir keines der Personen-Fotos übersehen. Wenn doch, wissen Sie ja, wie Sie diesem ebenfalls noch das Stichwort zuweisen können: indem Sie es markieren und das Häkchen voranstellen.

Fotos bewerten

Sie können einzelne oder mehrere Bilder gemeinsam markieren und anschließend Sterne vergeben. Die guten Bilder erhalten natürlich fünf Sterne, die schlechten nur einen oder gar keinen. Das machen Sie, indem Sie nach der Anwahl des jeweiligen Fotos [Strg]/[⌘]+[1]–[5] (für die Anzahl der Sterne) drücken. Mit [Strg]/[⌘]+[,] kann ein Stern abgezogen, mit [Strg]/[⌘]+[.] einer hinzugefügt werden. [Strg]/[⌘]+[0] würde vorhandene Sterne wieder komplett entfernen. Machen Sie das aber bitte nicht, während Ihnen Chef oder Schwiegermutter über die Schulter schauen. Das könnte immerhin Ihre eigenen Sterne kosten.

Alternativ können all diese Funktionen auch im Menü BESCHRIFTUNG eingestellt werden. Darüber hinaus lassen sich auch die unterhalb der Miniatur befindlichen Punkte direkt markieren, um die entsprechende Anzahl Sterne zu vergeben. Klicken Sie vergebene Sterne an, werden diese wieder entfernt. Diese Mini-Pünktchen sind übrigens nur zu sehen, wenn die Miniatur angewählt worden ist.

Abbildung 2.31 ▶
Ein Klick auf den mittleren der kleinen Punkte (links) hat die Platzierung von drei Sternen zur Folge.

Fotos markieren

Nicht zuletzt lassen sich Bilder auch noch farbig auszeichnen. Das macht vor allem dann Sinn, wenn Sie eine Fülle von Bildern durchsehen müssen und das eine oder andere später weiterverarbeiten wollen.

Sie können ein Foto beispielsweise rot markieren, indem Sie [Strg]/[⌘]+[6] drücken. Die gleiche Markierung erreichen Sie, indem Sie BESCHRIFTUNG • ERSTE WAHL einstellen.

▲ **Abbildung 2.32**
Die rote Markierung könnte beispielsweise Indiz dafür sein, dass das Foto noch nachbearbeitet werden muss.

2.5 Fotos stapeln

Mit der Zeit wird das Archiv aus allen Nähten platzen. Dann kann es der Übersicht dienlich sein, wenn sämtliche zusammengehörigen Bilder gestapelt werden. Sie sehen dann in der Bridge nur eine einzige Miniatur, wobei sich alle anderen Fotos darunter befinden. Sie können den Stapel aber auch in die Hand nehmen und die Fotos nebeneinanderlegen – und wieder zusammenschieben. Und genau wie im richtigen Leben geht das auch in der Bridge. Nur natürlich viel schneller.

Stapel erzeugen

Markieren Sie alle Fotos, die Sie zu stapeln gedenken. Klicken Sie mit der rechten Maustaste auf eines der markierten Bilder, und entscheiden Sie sich im Kontextmenü für STAPEL • ALS STAPEL GRUPPIEREN. Alternativ erledigen Sie das über den gleichlautenden Menübefehl oder indem Sie ⌜Strg⌟/⌜⌘⌟+⌜G⌟ drücken.

Was übrig bleibt, ist ein etwas veränderter Miniaturrahmen mit einem Hinweis auf die Anzahl der im Stapel befindlichen Fotos an der oberen linken Ecke der Miniatur ❶. Dabei wird das Foto, das Sie zuerst markiert haben, den Stapel als oberstes Bild repräsentieren.

Stapel öffnen, schließen und auflösen

Klicken Sie jetzt mit ⌜Alt⌟ auf einen solchen Stapel, können Sie den gesamten Inhalt im Fenster VORSCHAU sehen. Des Weiteren lässt sich ein markierter Stapel aber auch öffnen, indem Sie auf die Ziffer oben links klicken. Ein erneuter Mausklick auf die Ziffer schließt den Stapel wieder.

Sobald Sie sich mit der Maus auf einem Stapel befinden, erhalten Sie ganz oben auf der Miniatur einen kleinen Balken, mit dessen Hilfe Sie durch den geschlossenen Stapel scrollen können. Dazu ziehen Sie den schwarzen Punkt ❸ nach rechts. Wer sich hingegen eine recht zügige Diashow ansehen möchte, der betätigt die Play-Schaltfläche ❷.

Möchten Sie einen Stapel auflösen? Dann markieren Sie ihn und gehen über STAPEL • AUS STAPELGRUPPIERUNG LÖSEN. Entspre-

Oberstes Stapelfoto ändern

Sie möchten ein anderes Foto zuoberst haben, das den geschlossenen Stapel repräsentiert? Dann öffnen Sie den Stapel, wählen das gewünschte Bild an, öffnen das Kontextmenü (per Rechtsklick) und wählen STAPEL • ANS OBERE STAPELENDE.

▲ Abbildung 2.33
Vier Fotos sind zu einem Stapel zusammengewachsen.

chendes funktioniert zudem über das Kontextmenü. Danach stehen alle enthaltenen Dateien wieder als einzelne Bilder zur Verfügung.

Fotos weiterleiten

Sobald Sie einen Doppelklick auf eine der Miniaturen setzen, wird das entsprechende Foto in Photoshop bereitgestellt. Sollte es sich dabei um eine Raw-Datei handeln, wird das Bild konsequenterweise auch in der Camera-Raw-Umgebung geöffnet. Wer ein herkömmliches Foto (z. B. TIFF oder JPEG) im Raw-Converter nachbearbeiten möchte, betätigt Strg/⌘+R.

Außerdem lassen sich (nach Anwahl mehrerer Miniaturen) über Werkzeuge • Photoshop und die gewünschte Anschlussaktion direkt aus der Bridge heraus Automatisierungsfunktionen von Photoshop anwenden. Diese Funktion ist äußerst zeitsparend.

3

Malen, auswählen, freistellen – Photoshop-Basiswissen

Photoshop-Techniken verstehen und umsetzen

- ▸ Wie funktionieren Malwerkzeuge und Pinselspitzen?
- ▸ Wie werden Farben ausgewählt?
- ▸ Wie erzeuge ich einen Verlauf?
- ▸ Wie werden Ränder bei Fotos abgeschnitten?
- ▸ Wie können Fotos gedreht und in der Größe geändert werden?
- ▸ Was sind Auswahlen?
- ▸ Wie kann ich auch komplizierte Elemente wie z. B. Haare auswählen und freistellen?

3 Malen, auswählen, freistellen – Photoshop-Basiswissen

Schnelles und effizientes Arbeiten mit Photoshop setzt auch den gewandten Umgang mit Werkzeugen, Pinselspitzen und Farben voraus. Das ist gewissermaßen das Rüstzeug, auf das Sie immer wieder zurückgreifen werden. Wenn Sie die damit verbundenen Kniffe kennen (und dazu ist dieses mächtige Kapitel schließlich da), wird jede Aufgabenstellung zu einer Herausforderung, die mit Bravour gemeistert werden kann. Mit Hilfe dieser Techniken können Sie aus einem Foto im wahrsten Sinne des Wortes machen, was Sie wollen. Sie werden sehen ...

3.1 Malwerkzeuge und Pinselspitzen

Machen wir uns an die Arbeit. Zuerst einmal sollten Sie die Malwerkzeuge und die damit auch zum Einsatz kommenden Pinselspitzen kennen lernen. Wer an dieser Stelle sagt: »Ich will nicht malen, sondern Fotos korrigieren«, tappt in eine Falle. Denn gerade der Einsatz von Malwerkzeugen ist unerlässlich bei der anspruchsvollen Bildkorrektur.

Werkzeugspitzen aktivieren

Pinsel-Werkzeug ist Standard

Sollten Sie im Pinsel-Menü der Werkzeugleiste noch keine Einstellungen vorgenommen haben, wird automatisch das Pinsel-Werkzeug angeboten. Da es das obere ist, gilt es auch als Standard.

Zunächst einmal müssen Sie wissen, dass Sie viele Werkzeuge innerhalb der Werkzeugleiste mit einer Spitze nach Wahl ausstatten können. Denken Sie an normale Malpinsel. Auch dort gibt es unterschiedliche Größen. Einige Pinsel sind weich, andere hart. In Photoshop ist ein schier unerschöpfliches Sortiment mit an Bord. Aktivieren Sie doch, um die nachfolgenden Schritte exakt nachvollziehen zu können, das Pinsel-Werkzeug B . Die Auswahl des Werkzeugs ist ja, wie Sie längst wissen, *immer* der erste Schritt. Achten Sie aber darauf, dass wirklich der Pinsel ausgewählt ist und nicht beispielsweise der Buntstift. Wenn Sie unsicher sind, überprüfen Sie das mit Hilfe des Flyout-Menüs. Hier muss der oberste Eintrag aktiv sein.

Als Nächstes muss das Werkzeug angepasst werden. Öffnen Sie dazu das Flyout-Menü PINSELVORGABEN in der Optionsleiste über die kleine Dreieck-Schaltfläche ❶. Hier gilt es, eine Pinselform zu wählen ❹. Dazu reicht ein einzelner Mausklick. Die selektierte Spitze wird daraufhin mit einem kleinen blauen Rahmen versehen. Zunächst sollten Sie in der ersten Zeile bleiben. Hier finden Sie nämlich die harten (scharfkantigen) und die weichen Pinsel (softer Kantenübergang). Die Spitzen ab Zeile 2 schauen wir uns im Abschnitt »Pinselvorschau« auf Seite 77 noch genauer an.

Standardmäßig werden Sie sich also bereits hier festlegen, ob eine weiche oder harte Spitze verwendet werden soll. (Harte Pinsel sorgen für eine scharfe Kante zwischen Pinselstrich und Hintergrund, weiche Pinsel hingegen für einen fließenden Übergang.) Eine nachträgliche Justierung ist aber über den Schieber HÄRTE ❸ noch möglich.

▲ **Abbildung 3.1**
Das oberste Pinsel-Werkzeug soll jetzt aktiv sein. Das verrät auch das vorangestellte, helle Quadrat im Flyout-Menü.

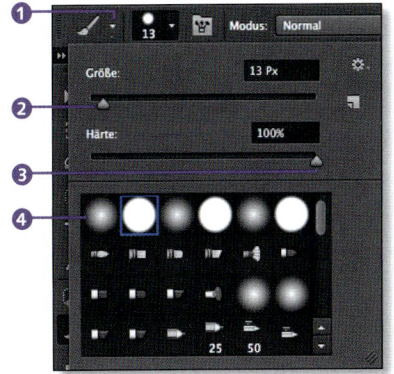

◀ **Abbildung 3.2**
In der ersten Zeile finden Sie im Wechsel von links nach rechts weiche und harte Spitzen.

Stellen Sie nun den Durchmesser der Spitze ein ❷. Es liegt auf der Hand, dass Größe und Härte einer Pinselspitze während des Malens immer wieder angepasst werden müssen. Zu diesem Zweck lässt sich der angesprochene Dialog jederzeit über einen Rechtsklick auf dem Foto darstellen (allerdings nur, wenn auch einer der Pinsel gewählt ist.) Zur schrittweisen Größenänderung ist der Dialog jedoch gar nicht erforderlich. Drücken Sie ⊞ auf Ihrer Tastatur, um den Durchmesser zu erhöhen. Das Verringern des Durchmessers gelingt auf Windows-Rechnern mit ⍟, während Sie auf dem Mac ⇧+⊞ wählen müssen.

Dialog zuerst schließen

Veränderungen via Tastatur funktionieren nur, wenn der Pinsel-Dialog nicht geöffnet ist. Sollte dieser jedoch angezeigt werden, klicken Sie zunächst auf einen freien Bereich Ihrer Arbeitsfläche.

Abbildung 3.3 ▶
Der Punkt links wurde mit einer Härte von 100 % erzeugt, der rechte mit 0 %. Dabei war an beiden Werkzeugspitzen der gleiche Durchmesser eingestellt.

Pinsel schnell einstellen

Achtung – es wird noch besser. Wenn Sie nämlich auf dem Foto am Windows-Rechner ⌈Alt⌋ bzw. am Mac ⌈Ctrl⌋+⌈Alt⌋ gedrückt halten und am PC einen Rechtsklick bzw. am Mac einen normalen Mausklick auf das Foto setzen (bitte die Maustaste ebenfalls gedrückt halten), lassen sich Größe und Härte direkt einstellen – und zwar stufenlos. Na, ist das komfortabel? Im Einzelnen sieht das so aus:

▶ Maus nach links schieben: Die Pinselspitze wird kleiner.

▶ Maus nach rechts schieben: Die Pinselspitze wird größer.

▶ Maus nach oben schieben: Die Pinselspitze wird weicher.

▶ Maus nach unten schieben: Die Pinselspitze wird härter.

Die Technik ist nicht neu. Neu in Photoshop CS6 ist jedoch eine kleine Hinweistafel mit Informationen zum Pinseldurchmesser, zur Härte sowie zur Deckkraft des Werkzeugs. Dies soll noch mehr Komfort bei der Einstellung der Spitze garantieren.

Weiter geht es mit den Einstellungen innerhalb der Optionsleiste: Ändern Sie gegebenenfalls den MODUS ❶ Ihrer Pinselspitze. Dieser sagt etwas über die Kombination mit der darunter befindlichen Ebene aus. Nähere Hinweise dazu finden Sie in Abschnitt 4.5, »Füllmethoden«. In den allermeisten Fällen werden Sie den Modus aber auf NORMAL stehen lassen – zumindest sofern Farben aufgetragen werden sollen.

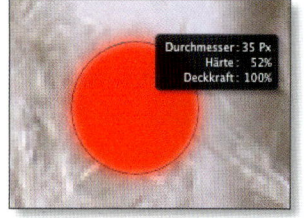

▲ **Abbildung 3.4**
Das kleine Overlay-Bedienfeld neben dem Pinsel ist neu. Es verrät, welche Einstellungen gerade Gültigkeit haben.

❶

▲ **Abbildung 3.5**
Die Optionsleiste ist auch bei den Pinseln außerordentlich wichtig.

Wie wird gemalt und gezeichnet?

Die einfachste Form des Malens ist folgende: Ziehen Sie eine freie Form, indem Sie die Maustaste gedrückt halten. Lassen Sie die Taste los, wenn die gewünschte Figur erzeugt ist.

◀ **Abbildung 3.6**
Freies Malen (links), einzelne Geraden (Mitte) und verbundene Geraden (rechts)

Wenn Sie die Umschalttaste zum Zeichnen verwenden, erzeugen Sie gerade Linien. Und das geht so: Klicken Sie zunächst auf die Arbeitsfläche, halten Sie dann die Maustaste gedrückt, ohne jedoch eine Bewegung auszuführen. Nun halten Sie ⟨⇧⟩ gedrückt und bewegen die Maus. Damit erreichen Sie exakt horizontal oder vertikal angeordnete gerade *Linien*.

Halten Sie ⟨⇧⟩ während des gesamten Zeichenvorgangs gedrückt, und klicken Sie dann mehrmals kurz auf unterschiedliche Stellen der Arbeitsfläche, um Verbindungen zwischen den Zeichenpunkten zu erzeugen.

Der Misch-Pinsel

Photoshop besitzt auch einen so genannten Misch-Pinsel . Er befindet sich in einer Gruppe mit den bereits erwähnten Pinseln und hat die Besonderheit, dass sich mit ihm verschiedene Muster zusammenfügen lassen. Sie müssen sich das vorstellen wie bei einem Stempel. Zunächst einmal müssen Sie die Farbe (aus dem Stempelkissen) aufnehmen. Wenn Sie jetzt noch ein weiteres Stempelkissen hätten (mit einer anderen Farbe), könnten Sie auch daraus eine Aufnahme folgen lassen. So würde sich eine Mischstruktur aus beiden Quellen ergeben.

Und wie funktioniert das nun in Photoshop? Halten Sie ⟨Alt⟩ gedrückt, und klicken Sie anschließend auf einen Bereich des Bildes, den Sie aufnehmen möchten. Danach lassen Sie ⟨Alt⟩ los. Nun klicken Sie mit der Maus dorthin, wo Sie sich das neue Muster wünschen. Weitere Infos zu dieser Technik entnehmen Sie bitte Abschnitt 7.1, »Bildbereiche entfernen, klonen und verschieben«.

Hot-Text-Steuerelemente

Viele der Steuerelemente (nicht nur innerhalb der Optionsleiste) sind so genannte Hot-Text-Steuerelemente. Bei diesen reicht es, auf den Namen zu klicken (Maustaste gedrückt halten) und durch Verschieben der Maus nach links bzw. rechts die Werte zu verändern (siehe DECKKRAFT und FLUSS in der Optionsleiste).

Pinselspitzen speichern und laden

Möglicherweise werden Sie bestimmte Pinselformen und -größen immer wieder verwenden. Damit Sie aber von immer wiederkehrenden Vorabeinstellungen befreit sind, empfiehlt es sich, diese Spitzen zu speichern. Klicken Sie auf den Button NEUE VORGABE AUS DIESEM PINSEL ERSTELLEN ❷. Im nachfolgenden Dialog kann die Spitze entsprechend benannt werden.

Abbildung 3.7 ▶
Die richtige Benennung macht das spätere Auffinden zum Kinderspiel.

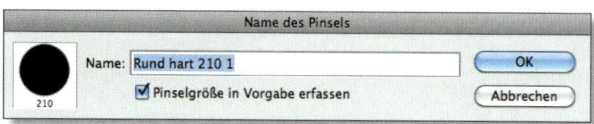

Das Sortiment an Pinseln ist ja nicht zu verachten. Wem das aber nicht reicht, der findet im Bedienfeldmenü (kleines Zahnrad) ❶ noch jede Menge weiterer Sätze, die allesamt hinzugeladen werden können.

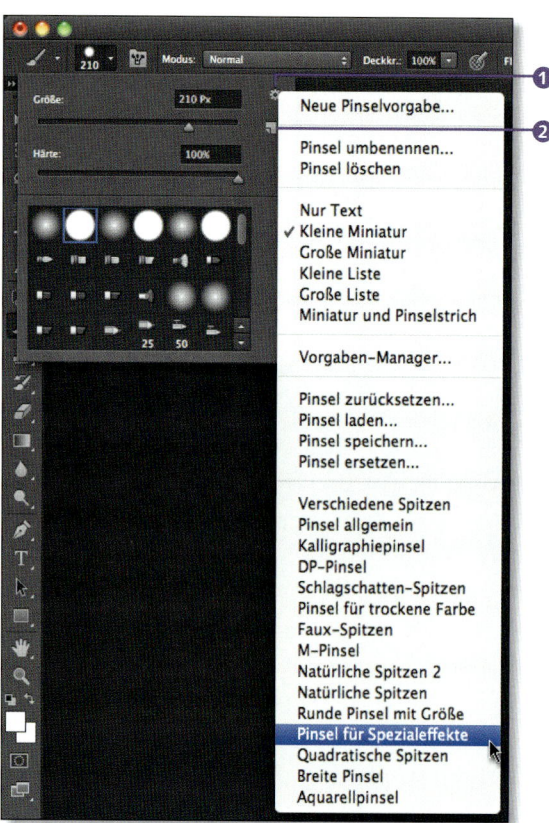

Abbildung 3.8 ▶
Freie Auswahl für freie Künstler – die Sortimente der mitgelieferten Spitzen

Pinsel-Bedienfeld

In diesem Zusammenhang wird es Sie interessieren, wie Sie Ihrer Pinselspitze zahllose Attribute zuordnen können – über das Pinsel-Bedienfeld. Hier kommen dann auch die Pinselspitzen zum Tragen, die Sie in der zweiten und dritten Zeile des Pinselvorgaben-Dialogs finden. Diese Spitzen, die grafisch am ehesten einem Pinsel entsprechen, verfügen noch über eine weitere Besonderheit. Verwenden Sie zum Öffnen die Taste F5, oder wählen Sie PINSEL aus dem Menü FENSTER.

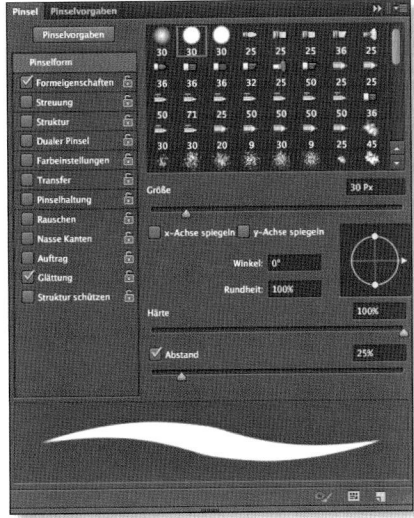

▲ **Abbildung 3.9**
So stellt sich das Bedienfeld dar, wenn der oberste Eintrag, PINSELFORM, eingestellt ist.

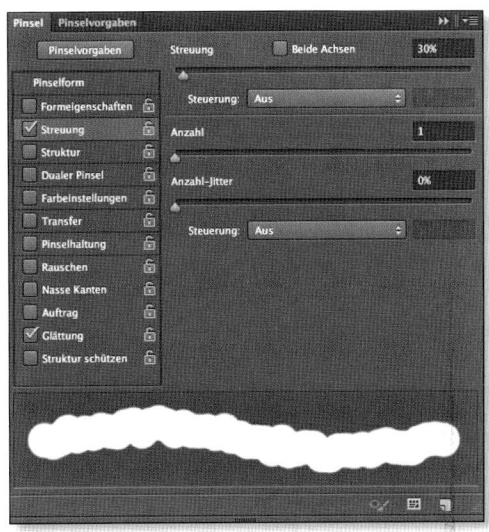

▲ **Abbildung 3.10**
Ein Klick auf den Namen einer Pinselvorgabe (nicht auf die Checkbox!) bringt rechts daneben die entsprechende Steuerelementgruppe zur Anzeige. Hier wurde beispielsweise STREUUNG ausgesucht.

Im Bereich PINSELFORM lassen sich zahlreiche Parametergruppen anwählen, indem Sie die jeweilige Checkbox vor dem Listeneintrag aktivieren. Um jedoch die zugehörigen Steuerelemente rechts daneben anzeigen zu lassen, klicken Sie bitte nicht auf die Checkbox, sondern direkt auf den Namen der Gruppe.

Pinselvorschau

Herausragend ist die Möglichkeit, die Pinselspitze in Form einer Vorschau anzeigen zu lassen. Das macht die Einstellung eines

Pinsels noch wesentlich intuitiver. Allerdings funktioniert das nur dann, wenn auch ein Foto geöffnet ist. Wenn Sie jetzt einen Pinsel anwählen, dessen Symbol auch grafisch einem Pinsel ähnelt (z. B. die Pinsel aus Zeile 2), finden Sie auf dem Foto eine entsprechende Voransicht des Werkzeugs in der oberen linken Ecke.

Abbildung 3.11 ▶
Oben links ist die Spitze zu sehen.

© Renate Klaßen

Nun können Sie den Pinsel mit Hilfe der Steuerelemente, die sich auf dem Pinsel-Bedienfeld befinden, nach Wunsch einstellen. Während Sie das tun, wird die Pinselspitze synchron verändert. Das ist ein wirklich unschlagbarer Komfort. Und wem das noch nicht reicht, der klickt ganz einfach mal auf die Vorschau und kann sich dann den Pinsel sogar von allen Seiten anschauen.

Und es geht noch mehr: Während die Maus über dem Foto schwebt, ist zusätzlich noch eine kleine Leiste links oberhalb der Spitzenminiatur zu sehen, mit der die Voransicht auch verschoben ❶, verkleinert ❷ oder komplett geschlossen werden kann ❸.

▲ **Abbildung 3.12**
Die geänderten Einstellungen werden sofort angezeigt.

Farbauftrag einstellen

Mit der Einstellung des Pinsels ist aber längst noch nicht alles zum Thema Pinsel gesagt. Werfen Sie noch einmal einen Blick auf die Optionsleiste des Pinsels. Dort kann nämlich neben der Deckkraft auch der Fluss bestimmt werden. Oder wollen Sie lieber »airbrushen«?

▶ Deckkraft: Bestimmen Sie, mit welcher Intensität die Farbe aufgetragen werden soll. Bei 100 % Deckkraft wird die Farbe mit maximaler Intensität aufgetragen. Verringern Sie die Deckkraft, ist entsprechend auch die Intensität der Farbe geringer – darunter befindliche Objekte bleiben sichtbar.

▸ FLUSS: Hier legen Sie fest, mit welcher Geschwindigkeit die Farbe auf das Bild gebracht wird. Bei verringertem FLUSS-Wert tritt die Farbe langsamer aus.

◂ **Abbildung 3.13**
Zeichnen mit 100 % (links) und 25 % Fluss

▸ AIRBRUSH: Aktivieren Sie AIRBRUSH, um die gleichen Funktionen nutzen zu können, die auch mit einer Sprühpistole erreicht werden. Je länger Sie die Maustaste gedrückt halten, desto mehr Farbe wird aufgetragen. Falls die Funktion deaktiviert ist, hat die Dauer, wie lange die Maustaste gedrückt bleibt, keine Auswirkung auf das Ergebnis.

◂ **Abbildung 3.14**
Je länger die Maustaste gedrückt wird, desto mehr Farbe tritt aus.

3.2 Farben einstellen

Okay, Sie haben den Pinsel ausgewählt und nach Wunsch eingestellt. Nun muss damit meist aber auch Farbe aufgetragen werden (selbst bei der Bildkorrektur). Glücklicherweise sind Ihnen in Bezug auf die Farbwahl fast keine Grenzen gesetzt. Bei über 16,7 Millionen Möglichkeiten (im 8-Bit-RGB-Modell) sollte die Selektion der gewünschten Farbe nun wirklich keine Schwierigkeiten bereiten.

Vorder- und Hintergrundfarbe

Die Werkzeugleiste gibt Auskunft über die aktuell eingestellten Farben. Dabei wird grundsätzlich zwischen Vorder- und Hintergrundfarbe unterschieden.

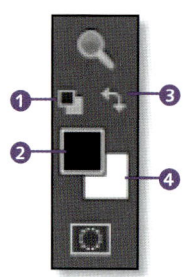

▲ **Abbildung 3.15**
Vorder- und Hintergrundfarbe werden im Fuß der Werkzeugleiste eingestellt.

▶ VORDERGRUNDFARBE EINSTELLEN ❷: Stellen Sie hier die aktuelle Mal- und Füllfarbe ein.

▶ STANDARDFARBEN FÜR VORDERGRUND UND HINTERGRUND ❶: Setzt die Vordergrundfarbe auf Schwarz und die Hintergrundfarbe auf Weiß. Dieser Funktion ist der Shortcut D zugewiesen.

▶ VORDER- UND HINTERGRUNDFARBE VERTAUSCHEN ❸: Macht die aktuell eingestellte Vordergrundfarbe zur Hintergrundfarbe und umgekehrt. Dieser Funktion ist der Shortcut X zugewiesen.

▶ HINTERGRUNDFARBE EINSTELLEN ❹: Stellen Sie die aktuelle Hintergrundfarbe ein.

Farbwähler

Um die Vorder- oder Hintergrundfarbe zu verändern, reicht ein Klick auf das entsprechende Farbfeld. Im Farbwähler kann dann der Ton selektiert werden. Dazu gibt es, wie sollte es anders sein, mehrere Möglichkeiten.

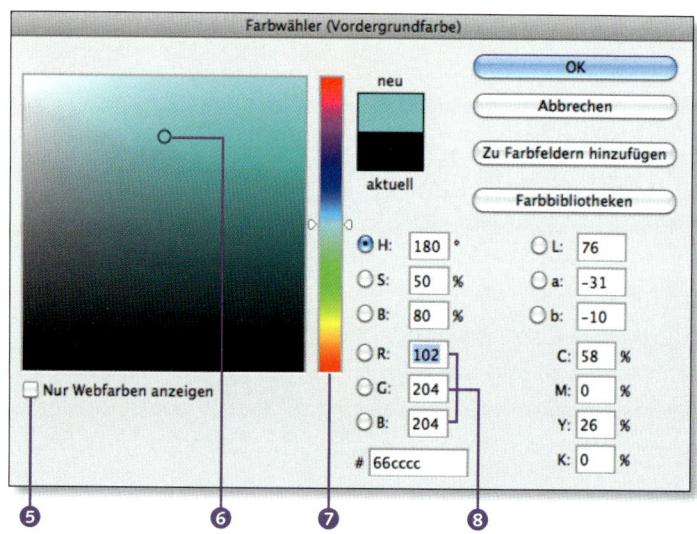

Abbildung 3.16 ▶
Mit dem Farbwähler lassen sich Hintergrund- und (wie hier) Vordergrundfarbe einstellen.

Zunächst die einfachste Möglichkeit: Geben Sie über die RGB-Eingabefelder ❽ die gewünschten Werte ein. Dabei erstreckt sich das Spektrum auf Werte zwischen 0 und 255 (0 = Farbe nicht vorhanden, 255 = Farbe in voller Güte vorhanden). Für reines Rot geben Sie unter R demnach 255 ein, wobei G (= Grün) und B

(= Blau) jeweils 0 sein sollten. Der Vorteil dieser Methode: Sie ist die genaueste! Außerdem lässt sie sich durch die Tatsache, dass das erste Eingabefeld beim Öffnen des Dialogs schon vorselektiert ist (die Einfügemarke blinkt dort), ruck, zuck mit der Tastatur anwenden. Mit ⇆ können Sie übrigens komfortabel von Eingabefeld zu Eingabefeld springen.

Die zweite Möglichkeit: Treffen Sie per Mausklick eine Vorauswahl im kleinen Farbfeld ❼, um dann im großen ❻ die Feinjustierung vorzunehmen. In beiden Fällen verlassen Sie den Dialog anschließend mit OK.

Farben aus dem Bild aufnehmen

Sie werden des Öfteren eine Farbe aus einem vorhandenen Bild verwenden wollen. Wenn Sie diese nun über den Farbwähler manuell einstellen müssten, wäre allenfalls ein ungefährer Wert erreichbar.

Stellen Sie das Pipette-Werkzeug ⍔ ein, und klicken Sie auf den Bereich, der als Farbe definiert werden soll. Im Anschluss daran wird der gleiche Ton als Hintergrundfarbe definiert.

Bei derartigen Farbaufnahmen müssen Sie allerdings einiges beachten: Stellen Sie auch hier zunächst das Werkzeug über die Optionsleiste ein. Mit AUFN.-BEREICH ❾ (für »Aufnahmebereich«) definieren Sie, ob einzelne oder mehrere nebeneinander befindliche Pixel den Farbton ergeben sollen. Falls Sie sich für einen der anderen Einträge entscheiden, werden Durchschnittswerte des Aufnahmebereichs ermittelt.

Die Anwendung wartet außer mit 1 Pixel auch mit 3 × 3 und 5 × 5 Pixeln, aber auch noch mit größeren Durchschnittswerten auf, die es auf komfortable Weise ermöglichen, neutrale Mischfarben zu finden und so die Stimmung innerhalb einer Bildkomposition zu verbessern. Der größte Aufnahmebereich liegt jetzt bei 101 × 101 Pixeln.

Nur Webfarben anzeigen

Falls Sie Dateien für einen Internetauftritt anfertigen, markieren Sie vor der Farbwahl die Checkbox NUR WEBFARBEN ANZEIGEN ❺. Dadurch ist gewährleistet, dass Sie immer eine Farbe wählen, die in Standardbrowsern korrekt angezeigt wird. Legen Sie jetzt die Farben aber nicht über die RGB-Werte, sondern per Mausklick fest. Bedenken Sie, dass damit die Anzahl der zur Verfügung stehenden Farben drastisch reduziert ist.

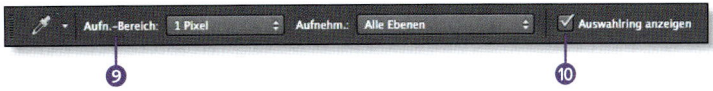

◀ **Abbildung 3.17**
Vergrößern Sie den Aufnahmebereich der Pipette.

Ein größerer Auswahlbereich als 1 wird in den meisten Fällen die bessere Wahl sein, da das Ergebnis immer einen Durchschnitts-

Bilder/Pipette.gif

wert des Aufnahmebereichs liefert. Schauen Sie sich die folgenden Abbildungen an. Wenn Sie Pixel genau am Übergang zwischen weißer und roter Fläche aufnehmen, werden Sie im 1-Pixel-Modus entweder die weiße oder die rote Farbe ⑪ erwischen. Stellen Sie aber auf 3 × 3 oder 5 × 5 Pixel um, wird Photoshop einen Durchschnittswert aus Weiß und Rot als Ergebnis liefern ⑫.

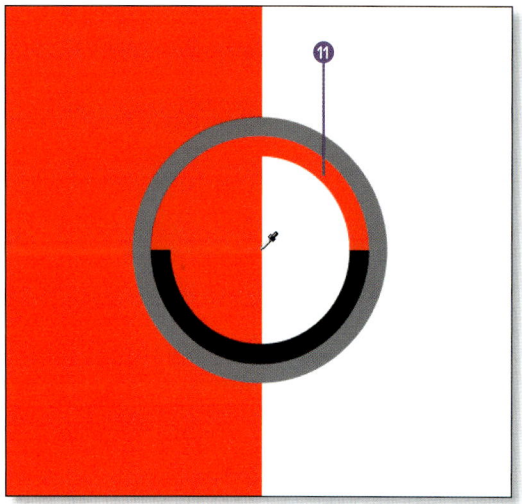

▲ **Abbildung 3.18**
Wenn Sie mit der Vorwahl 1 Pixel genau auf den Übergang klicken, wird entweder Rot oder Weiß aufgenommen.

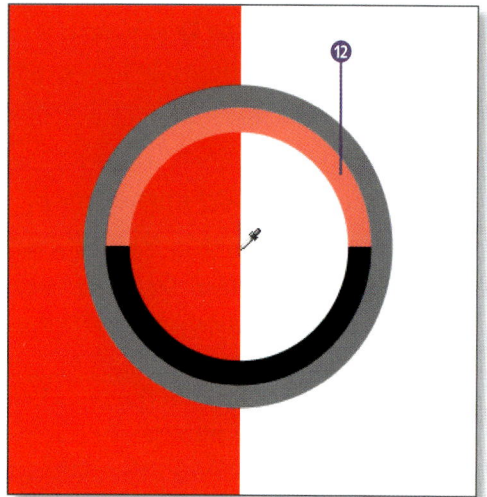

▲ **Abbildung 3.19**
Mit einem Aufnahmebereich von 5 × 5 Pixel Durchschnitt wird das Resultat eine Mischfarbe aus Rot und Weiß sein.

Ring deaktivieren

Sollte der Ring stören, deaktivieren Sie ihn ganz einfach über die Checkbox Auswahlring anzeigen in der Optionsleiste. Durch erneute Anwahl des Häkchens schalten Sie ihn wieder ein.

Welche Farbe Sie getroffen haben, verrät Ihnen der Farbring. Die Pipette wird zum Zeitpunkt des Mausklicks nämlich von einem mehrfarbigen Ring umgeben – zumindest dann, wenn Auswahlring anzeigen ⑩ in der Optionsleiste aktiv ist (siehe Abbildung 3.17). Von Bedeutung ist der innere, zweifarbige Kreis. Darin lässt sich stets der Vergleich zwischen zuletzt aufgenommener Farbe bzw. aktueller Vordergrundfarbe (unten) und neu selektierter Farbe ziehen (oben). Falls Sie sich also noch Gedanken über den aufzunehmenden Farbton machen wollen, halten Sie den oberen Halbkreis im Auge, lassen Sie die Maustaste nach dem Klick noch nicht los, und verschieben Sie das Zeigegerät ein wenig. Dabei wird der obere Halbkreis permanent aktualisiert. Erst wenn die gewünschte Farbe auftaucht, lassen Sie los.

Auch noch gut zu wissen: Bei der Farbaufnahme sind Sie keinesfalls an das aktive Bild gebunden. Sie können durchaus auch Farben eines anderen Bildes aufnehmen und danach auf das gerade aktive Bild übertragen. Schließlich arbeiten Sie ja mit Photoshop.

3.3 Farbverläufe

Den Abschluss im Segment Farbe bilden Verläufe. Wie heißt es doch so schön: »Hat der Gestalter grad nix drauf, macht er erst mal 'nen Verlauf.« Wie auch bei allen anderen Tools gilt: Zuerst das Werkzeug einstellen! Wählen Sie daher das Verlaufswerkzeug ⌐G⌐.

Danach lässt sich der Verlauf individuell einstellen, indem Sie auf das Verlaufsfeld ❶ der Optionsleiste klicken. Falls Sie sich mit den Verläufen begnügen möchten, die standardmäßig in Photoshop beigelegt sind, reicht auch ein Klick auf die nebenstehende Dreieck-Schaltfläche ❷.

▲ **Abbildung 3.20**
Das Verlaufswerkzeug ist in dieser Gruppe das Standard-Tool.

▲ **Abbildung 3.21**
Auch die Verläufe werden über die Optionsleiste eingestellt.

Farbunterbrechungen

Stellen Sie die Maus doch einmal unter den Spektralbalken im unteren Drittel des Dialogfensters (siehe Abbildung 3.22). Führen Sie dort einen Mausklick aus, wird ein Farbsymbol platziert, das die Verlaufsfarbe an dieser Position entsprechend ändert. Sie haben damit eine so genannte *Farbunterbrechung* ❹ eingefügt. Doppelklicken Sie dieses Symbol, können Sie die gewünschte Farbe über den Farbwähler ändern.

Verschieben Sie das Symbol, um die Farbe entsprechend im Spektralbereich des Verlaufs anzuordnen. In der Mitte zwischen diesen Symbolen befinden sich die so genannten *Farbmittelpunkte* ❸. Diese werden nach der Platzierung einer Unterbrechung automatisch hinzugefügt. Je mehr Sie diese an eine Farbunterbrechung heranführen, desto härter wird der Übergang. Der Verlauf wird außerdem zur gegenüberliegenden Seite weicher.

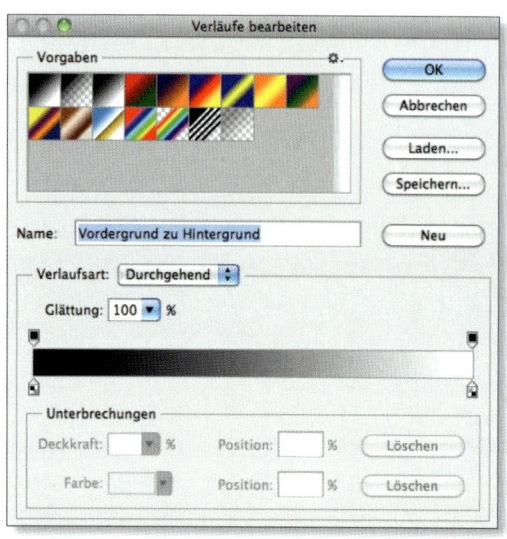

Abbildung 3.22 ▶
Dieser Dialog ermöglicht die individuelle Gestaltung eines Verlaufs.

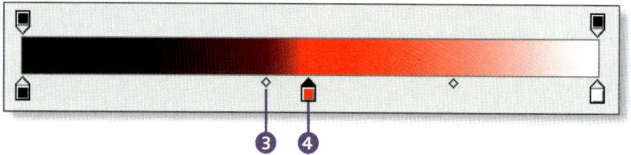

Abbildung 3.23 ▶
Unterhalb des Balkens werden die Farbunterbrechungen und deren Übergänge beeinflusst.

Deckkraftunterbrechungen

Farben aus dem Verlauf entfernen

Wenn Sie eine Farbe aus dem Verlauf entfernen möchten, ziehen Sie das Symbol einfach per Drag & Drop nach oben bzw. unten. Bedenken Sie aber, dass die Symbole ganz links und ganz rechts nicht entfernt werden können, da Start und Ende des Verlaufs natürlich generiert sein müssen.

Während Sie unterhalb des Spektralbalkens Farben hinzufügen, ändern und verschieben können, lassen sich oberhalb des Spektralbalkens Deckkraftunterbrechungen einsetzen, die den Verlauf in dessen Deckkraft punktuell beeinflussen. Das ist vor allem dann interessant, wenn Bildbereiche unterhalb eines Verlaufs weiterhin sichtbar bleiben sollen.

Nachdem Sie also einen Mausklick oberhalb des Farbbalkens platziert haben, erscheint dort ebenfalls ein »Häuschen« ❺, das sich anschließend noch verschieben lässt. Außerdem sind auch hier zwei kleine Rauten auszumachen ❻, die die Funktion haben, die Übergänge zwischen den unterschiedlichen Deckkräften härter oder weicher zu gestalten. Auch hier reicht das bloße Verschieben.

Und wie wird nun die eigentliche Deckkraft eingestellt? Indem Sie zunächst den kleinen Dreieck-Button ❽ betätigen, um den

Schieberegler ❼ zugänglich zu machen. Durch Bewegen dieses Reglers nach links kann die Sichtbarkeit der Farbe dann verringert werden. Es erscheint zudem ein Schachbrettmuster, das stets auf Transparenzen hindeutet (siehe dazu auch Kapitel 4, »Ebenen«).

Verläufe sichern

Sichern Sie interessante Verläufe, indem Sie auf SPEICHERN klicken. Fortan wird Ihr Verlauf in der Auswahlliste aufgeführt.

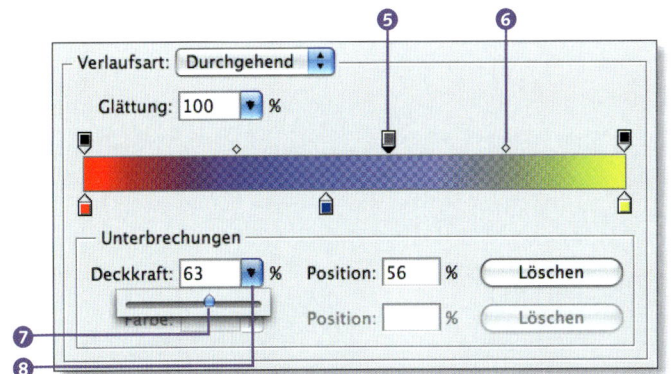

◄ **Abbildung 3.24**
Oberhalb des Balkens wird die Deckkraft des Verlaufs angepasst.

Verläufe erstellen

Die Übertragung eines eingestellten Verlaufs funktioniert, indem Sie mit dem Verlaufswerkzeug eine Linie über den gewünschten Bereich im Bild ziehen. Bevor Sie das tun, wählen Sie in der Menüleiste noch, welcher Verlaufstyp angewandt werden soll.

Auch hier Hot-Text

Wie vorab bereits erwähnt, wartet Photoshop allerorts mit Hot-Text-Steuerelementen auf. Die Regler DECK-KRAFT und POSITION beispielsweise lassen sich ebenfalls durch Verschieben der Maus nach links und rechts verstellen, nachdem Sie (bei gehaltener linker Maustaste) auf den Steuerelement-Titel geklickt haben. Es ist also nicht zwingend erforderlich, den Regler ❼ dafür zu bedienen. Wieder ein Mausklick gespart.

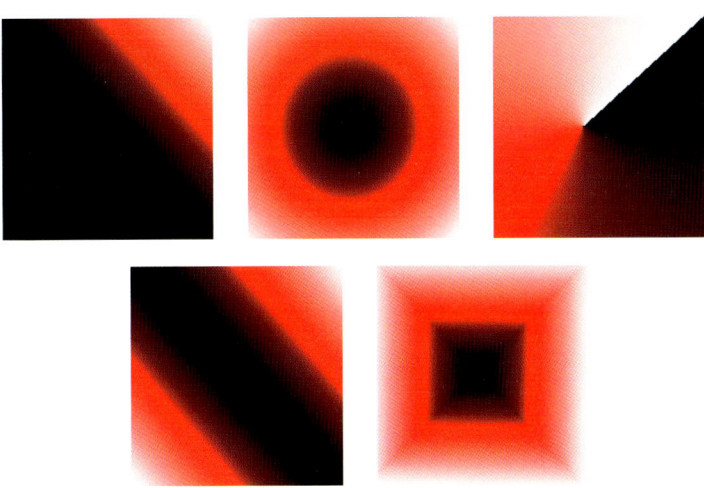

▲ **Abbildung 3.25**
Oben (v. l. n. r.): linearer Verlauf, Radialverlauf, Verlaufswinkel – unten (v. l. n. r.): reflektierter Verlauf, Rauteverlauf

3.4 Bilder freistellen

Wie groß war doch einst das gemeinsame Glück! Seit der bitteren Trennung jedoch wird die verflossene, ehemals bessere Hälfte, mit Konsequenz und Schere des Bildes verwiesen. Sicher mögen Sie es kaum glauben, aber selbst in solch schwierigen Lebenssituationen hilft Photoshop weiter: *Freistellen* heißt die Methode, die aus ganzen Bildern halbe Bilder und aus glücklosen Paaren fröhliche Singles macht. Das Freistellen ist aber auch unabhängig von Beziehungsdramen eine nützliche Technik, wie Ihnen nun der folgende Workshop zeigt.

Abbildung 3.26 ▶
Und tschüss! Ein Fall für Photoshop.

Schritt für Schritt
Bild freistellen und gleichzeitig Horizont begradigen

Bilder/Freistellen.jpg

Das Beispielfoto hinterlässt einen starken Eindruck. Es repräsentiert Wohlbefinden, Reinheit, Ruhe. Dieser positive Eindruck wird durch das Zusammenspiel zwischen der Frau und der Landschaft erreicht. Dennoch gibt es etwas zu bemängeln. Das Panorama befindet sich nämlich leider in Schieflage – und das trübt den ansonsten perfekten Gesamteindruck. Gleichen wir den Mangel also aus.

1 Datei bereitstellen

Lassen Sie das Foto in der maximal darstellbaren Gesamtansicht anzeigen. Sie erreichen das bekanntermaßen mit $\boxed{\text{Strg}}$/$\boxed{\text{⌘}}$+$\boxed{0}$.

◄ **Abbildung 3.27**
Der schiefe Horizont muss begradigt werden.

2 Bild duplizieren

Wenn Sie das Original erhalten wollen, fertigen Sie zunächst eine Kopie des Fotos an. Das geht ganz einfach, indem Sie BILD • DUPLIZIEREN auswählen. Die Anwendung meldet sich daraufhin mit einem Abfragedialog. Hier haben Sie die Möglichkeit, einen anderen Namen einzugeben. Für unsere Arbeit ist das jedoch nicht erheblich, so dass Sie den Dialog mit OK verlassen können. Das Originalfoto (»Freistellen.jpg«) können Sie jetzt wieder schließen.

Automatische Namensvergabe

Wenn Sie von der Option der manuellen Namensvergabe keinen Gebrauch machen, nummeriert Photoshop die Dateien automatisch durch. Die erste Datei heißt dann »Freistellen Kopie.tif«, die zweite »Freistellen Kopie 2.tif« usw.

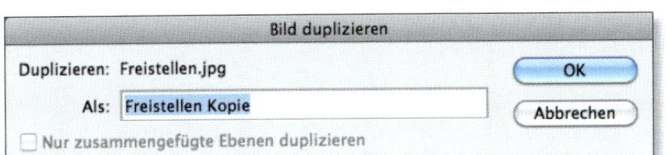

Bild duplizieren

Duplizieren: Freistellen.jpg   OK

Als: Freistellen Kopie   Abbrechen

☐ Nur zusammengefügte Ebenen duplizieren

◄ **Abbildung 3.28**
Erstellen Sie eine Kopie des Bildes.

3 Freistellungsrahmen aktivieren

Aktivieren Sie das Freistellungswerkzeug, indem Sie es in der Werkzeugleiste markieren oder (was wesentlich komfortabler ist) $\boxed{\text{c}}$ auf Ihrer Tastatur drücken. Seit Photoshop CS6 ist es anschließend nicht mehr notwendig, einen Freistellungsrahmen aufzuziehen. Dieser wird nämlich ganz automatisch erzeugt und erstreckt sich jetzt über das gesamte Foto. Dazu später mehr.

4 Begradigung aktivieren

Eine ebenfalls neue Funktion in Photoshop CS6 sorgt dafür, dass sich Fotos anhand einer Linie im Bild ausrichten lassen. Im konkreten Fall ist das die Horizontlinie, die begradigt werden soll.

▼ **Abbildung 3.29**
Aktivieren Sie diese Schaltfläche, bevor Sie ein Foto begradigen.

Bevor Sie diese Funktion jedoch nutzen können, müssen Sie zunächst einmal auf GERADE AUSRICHTEN innerhalb der Optionsleiste klicken.

5 Foto begradigen

Stellen Sie die Maus jetzt ziemlich weit links auf den Horizont des Fotos. Bitte sorgen Sie dafür, dass sich das kleine Fadenkreuz des Tool tatsächlich »auf« der Horizontlinie befindet ❶. Wenn Sie genau drauf sind, platzieren Sie einen Mausklick, wobei Sie die Maustaste unbedingt gedrückt halten müssen. Ziehen Sie nach rechts herüber. Lassen Sie die Maustaste bitte erst wieder los, wenn sich das Fadenkreuz des Mauszeigers ziemlich weit rechts auf dem Horizont befindet ❷.

Abbildung 3.30 ▶
Das in Photoshop CS6 neu integrierte Gerade-ausrichten-Werkzeug ermöglicht die exakt horizontale Positionierung des Horizonts.

6 Zwischenergebnis begutachten

Ebenfalls neu in CS6 ist, dass nicht mehr der Freistellungsrahmen, sondern das Foto in der Ansicht gedreht wird. Das sorgt für zusätzlichen Komfort bei der Beurteilung des Ergebnisses.

◄ **Abbildung 3.31**
Der Freistellungsrahmen
bleibt immer exakt waage-
recht, während das Foto
gedreht wird – ebenfalls ein
Novum von Photoshop CS6.

7 Freistellungsrahmen einstellen

Der Freistellungsrahmen ist immer noch aktiv, also die Freistellung
selbst noch gar nicht erfolgt. (Bisher ist ja lediglich der Horizont
begradigt worden.) Nun dürfen Sie einen der Anfasser betätigen.
Das sind die kleinen Winkel in den Ecken des Rahmens sowie die
Striche jeweils in der Mitte der vier Seitenränder. Wenn Sie darauf klicken und die Maustaste gedrückt halten, ziehen Sie den
Rahmen nach Wunsch in Form. Im Beispiel wäre es sinnvoll, den
Anfasser ❸ etwas in Richtung Bildmitte zu verschieben. Orientieren Sie sich an der Abbildung.

◄ **Abbildung 3.32**
Dieser Bildausschnitt ist zweifellos besser.

8 Rahmen optimieren

Zu bemängeln wäre nun noch, dass die Frau sehr weit rechts am Bildrand angeordnet ist. Nun können wir die Dame trotz ihrer gewaltigen Sprungkraft nicht einfach neu positionieren. Aber wir können den Rahmen noch ein wenig anpassen. Mein Vorschlag: Ziehen Sie doch den Anfasser ❶ etwas weiter nach unten und ❷ mehr nach oben, so dass das Bild in der Höhe reduziert wird.

▲ **Abbildung 3.33**
Die Bildfläche wird in der Höhe verringert.

9 Rahmen verschieben

Da wir oben und unten Platz gewonnen haben, kann nun das Foto noch ein wenig verschoben werden. Das gelingt, indem Sie in den Rahmen hineinklicken, die Maustaste gedrückt halten und die Maus nach links bewegen, bis sich die obere rechte Ecke des Freistellungsrahmens mit der rechten Kante des Fotos deckt.

10 Nach Drittelregel freistellen

Danach korrigieren Sie den zuerst betätigten Anfasser (Mitte des linken Bildrandes ❸). Schieben Sie ihn so weit nach rechts, bis sich die rechte Vertikallinie innerhalb des Rahmens ❹ mittig auf der Person befindet. Bildwichtige Inhalte sind dort nämlich bestens aufgehoben, wie Sie im Abschnitt »Nach Drittelregel freistellen« auf Seite 93 noch erfahren werden.

Rahmen drehen

Sie möchten den Rahmen von Hand drehen? Kein Problem. In diesem Fall müssen Sie die Maus außerhalb des Freistellungsrahmens ansetzen, dort klicken und wie üblich die Maustaste gedrückt halten. Fahren Sie nun nach oben oder unten, um das Foto um den Mittelpunkt des Rahmens rotieren zu lassen.

③ ④

◄ **Abbildung 3.34**
Die rechte Vertikale liegt
mittig über der Person. So
soll es sein.

11 Freistellung bestätigen

Zuletzt muss die Freistellung (genauer gesagt der richtige Sitz des
Freistellungsrahmens) noch an das Foto übergeben werden. Das
gelingt auf zweierlei Art: Entweder klicken Sie ganz rechts in der
Optionsleiste auf das kleine Häkchen ❻, oder Sie drücken ⏎ auf
Ihrer Tastatur. (Weitere Hinweise folgen auf Seite 92.)

12 Optional: Freistellung verwerfen

Wollen Sie anstelle einer Bestätigung den Freistellungsvorgang
verwerfen und lieber noch einmal von vorne anfangen, betätigen
Sie das Stopp-Symbol ❺ in der Optionsleiste (links neben dem
Häkchen) oder drücken Esc. Wenn Sie sich aber an die Schritte
gehalten haben, wird das natürlich nicht nötig sein.

❺ ❻

▲ **Abbildung 3.35**
Am Ende wird die Freistellung
betätigt.

▲ **Abbildung 3.36**
Gönnen Sie sich einen Vorher-nachher-Vergleich. Das Resultat (das Sie
übrigens im ERGEBNISSE-Ordner unter »Freistellen-bearbeitet.jpg« finden)
sieht wesentlich geordneter und dynamischer aus.

Weitere wichtige Freistellungsfunktionen

Bevor Sie mit diesem schönen Tool weiterarbeiten, noch einige wichtige Infos dazu. Denn in der Version CS6 hat sich gerade hier eine Menge getan. So ist beispielsweise die tief in Photoshop verbaute *Mercury Graphics Engine* zu erwähnen, die eine flüssige Darstellung des Fotos z. B. während der Bewegung des Rahmens ermöglicht. Das war nicht immer so, denn in Vorgängerversionen war die Darstellung mitunter noch recht ruckelig. Aber was kümmert es den, der stolzer CS6-Besitzer ist.

Wer die dabei in Erscheinung tretende neuartige Bewegung des Fotos statt des Freistellungsrahmens nicht haben möchte, der kann selbstverständlich auf die klassische Variante umstellen. In diesem Fall betätigen Sie bei aktiviertem Freistellungswerkzeug das kleine Zahnrad ❷ in der Optionsleiste und aktivieren dort Classic-Modus verwenden ❶. In diesem kleinen Menü gibt es zahlreiche Darstellungsoptionen, die per Checkbox ein- oder ausgeschaltet werden können.

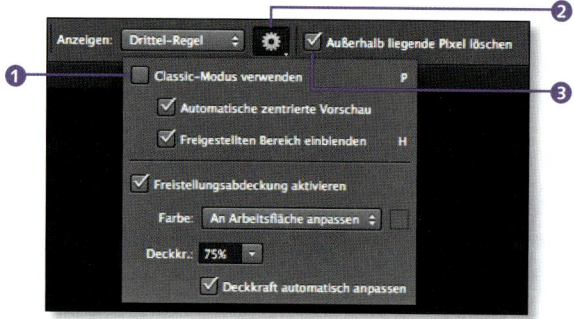

▲ **Abbildung 3.37**
Im klassischen Freistellungsmodus bewegt sich das Bild beim Verschieben des Rahmens nicht mit.

Zoomen und Verschieben während der Freistellung

Falls Sie in einem Freistellungsvorgang einmal etwas genauer hinsehen oder den Bildausschnitt skalieren oder gar verschieben wollen, ist das leider auf die herkömmliche Art nicht von Erfolg gekrönt. Solange Sie die Freistellung noch nicht bestätigt haben, können Sie nämlich nicht auf ein anderes Werkzeug (beispielsweise die Lupe oder die Hand) umschalten. Sie können allerdings mit der Tastatur zoomen: Strg/⌘+ + vergrößert die Ansicht.

Außerhalb liegende Pixel löschen

Das vorherige Deaktivieren der Checkbox Außerhalb liegende Pixel löschen ❸ in der Optionsleiste sorgt dafür, dass das Foto auch nach der Freistellung im vollen Format erhalten bleibt. Sie sehen zwar nur noch den Bildbereich, der zuvor innerhalb des Freistellungsrahmens gelegen hat, haben aber real nichts vom ursprünglichen Bildbereich verloren. Sie können das prüfen, indem Sie nach der Freistellung Bild • Alles einblenden wählen. Wenn Sie diese Bereiche beim Freistellen lieber entfernen wollen, müssen Sie Ausserhalb liegende Pixel löschen aktiv lassen.

Zum Auszoomen wird $\boxed{\text{Strg}}$/$\boxed{\text{⌘}}$+$\boxed{-}$ benutzt. Verschieben können Sie das Bild, indem Sie die Leertaste gedrückt halten und mit ebenfalls gedrückter Maustaste die Bildfläche nach Ihren Wünschen verschieben. Na also – geht doch!

Nach Drittelregel freistellen

Oftmals erreichen Sie eine besonders ansprechende Bildaufteilung, wenn Sie die so genannte Drittelregel in Anwendung bringen. Diese sagt aus, dass sich der bildrelevante Inhalt nicht, wie man vielleicht vermuten sollte, genau in der Mitte, sondern eher auf einer Drittelteilung des Fotos befinden soll. Zu diesem Zweck ist der Freistellungsrahmen auch mit den bereits erwähnten zusätzlichen Linien ausgestattet. Diese Linien teilen das Bild in je drei Drittel horizontal und vertikal. Wie diese positioniert werden, haben Sie ja bereits im vorangegangenen Workshop in Erfahrung gebracht. Dort hatten Sie ja dafür gesorgt, dass der Körper der Frau mit der rechten Vertikalen in Einklang war.

Aber warum rechts? Das liegt daran, dass die Frau von rechts nach links springt – also ins Bild hinein. Es ist nämlich so: Grundsätzlich sollte in Blick- oder Bewegungsrichtung mehr Platz sein als hinter einem derart wichtigen Bildobjekt wie der Person. Prinzipiell kann man sagen: Wir lassen die Frau in den freien Raum des Fotos springen und nicht in Richtung Bildrand. Das öffnet das Bild und irritiert den Betrachter nicht.

Freistellungsvorschau

Solange der Freistellungsrahmen aktiv ist, zeigt sich im Ebenen-Bedienfeld temporär eine neue Ebene, die so genannte FREISTELLUNGSVORSCHAU. Diese verschwindet sobald Sie den Freistellungsvorgang bestätigen. (Übrigens erscheint die Freistellungsvorschau auch, wenn Sie nach Aktivierung des Werkzeugs einen Mausklick auf das Bild setzen.)

◄ **Abbildung 3.38**
Hier ist die Drittelregel gut umgesetzt worden.

93

Andere Bildaufteilungen

Wohl gemerkt: Die Drittelregel ist kein Dogma! Aber in den meisten Fällen erreicht man damit eine wesentlich interessantere Bildaufteilung als mit mittig platzierten Objekten.

Hätte es sich hier um eine personenfreie Aufnahme gehandelt, wäre es durchaus zuträglich gewesen, den Horizont auf eine der beiden horizontalen Linien zu legen. Aber auf welche? Die obere oder die untere? Der Horizont auf der oberen Linie sorgt dafür, dass das Land, die Rasenfläche, der Strand, das Meer (oder was auch immer sich dort gerade befinden mag) in den Vordergrund tritt. Der Himmel wird zur Nebensache. Haben Sie es allerdings mit einem markanten Himmel zu tun (z. B. einer dramatischen Wolkenstruktur oder aufziehendem Unwetter), wäre der Horizont auf der unteren Linie wesentlich besser aufgehoben. – Zurück zu unserem Beispielfoto. Durch die Tatsache, dass sich der Kopf der jungen Dame nicht nur auf der rechten Vertikalen, sondern zudem noch auf der oberen Horizontalen befindet, hat sich eine perfekte Bildaufteilung ergeben. Denn der Kopf ist ja nun einmal das Wichtigste – wenngleich er beim Beispielmotiv aufgrund des dynamischen Sprungs ein wenig in den Hintergrund tritt.

Proportionale Freistellung von Hand

Halten Sie während des Ziehens am Freistellungsrahmen ⌂ gedrückt, wenn Sie erreichen wollen, dass sich die eingestellten Proportionen (Verhältnis von Breite zu Höhe) nicht mehr verändern.

Auf feste Seitenverhältnisse freistellen

Die zuvor beschriebene Technik ist immer dann interessant, wenn Sie sich nicht an einheitliche Maße halten müssen. Was aber, wenn all Ihre Fotos die gleiche Größe und identische Seitenverhältnisse aufweisen sollen? Möglicherweise benötigen Sie eine derartige Übereinstimmung ja, um einen Bildband, eine Unternehmensbroschüre oder eine Webseite zu produzieren. Dann müssen Sie einen Schritt weiter gehen.

Mit Ⓒ aktivieren Sie ja nicht nur das Freistellungswerkzeug, sondern können auch die Steuerelemente innerhalb der Optionsleiste ändern. Damit lässt sich das Tool an die individuellen Bedürfnisse anpassen. Und das geht so: Zunächst öffnen Sie das erste Pulldown-Menü innerhalb der Optionsleiste. Hier sind populäre Seitenverhältnisse gelistet.

Wer gerne das Seitenverhältnis des Originalfotos beibehalten möchte, der wählt die Option ORIGINALE PROPORTION. Mehr Freiheit gibt GRÖSSE UND AUFLÖSUNG. Nach Anwahl dieses Eintrags öffnet sich eine Dialogbox, mit deren Hilfe sich Breite, Höhe und Auflösung manuell festlegen lassen. Haben Sie ein individuelles Maß verwendet, das immer wieder benötigt wird, empfiehlt es sich, VORGABE SPEICHERN zu betätigen und einen entsprechenden

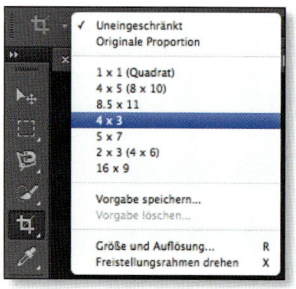

▲ **Abbildung 3.39**
Im Menü befinden sich zahlreiche Vorgaben.

Namen zu vergeben. Wenn Sie das Steuerelement später erneut öffnen, werden Sie den entsprechenden Eintrag in der Liste finden.

Neben dem Pulldown-Menü befinden sich zwei Eingabefelder. Auf den ersten Blick sollte man meinen, dass hier neue Abmessungen festgelegt werden können. Das ist aber nicht so. Hier lassen sich durch bloße Zifferneingabe lediglich Seitenverhältnisse eintragen. Geben Sie also beispielsweise 12 × 9 ein, wird das Foto nicht etwa auf 12 × 9 Zentimeter zugeschnitten, sondern im Seitenverhältnis 12:9 (was 4:3 entspräche).

Wer jetzt sagt: »Okay, dann trage ich eben die Maßeinheiten mit ein«, und 12 cm × 9 cm festlegt, wird bemerken, dass das Foto nach der Bestätigung tatsächlich auf 12 × 9 Zentimeter freigestellt wird. Möglicherweise wird er dabei aber übersehen, dass die Größenveränderung auf Kosten der Auflösung erfolgt ist. Wenn Sie mögen, kontrollieren Sie das über BILD • BILDGRÖSSE. Bei derartigen Vorhaben ist also dringend zu empfehlen, über den erwähnten Dialog GRÖSSE UND AUFLÖSUNG zu gehen (siehe auch folgenden Workshop).

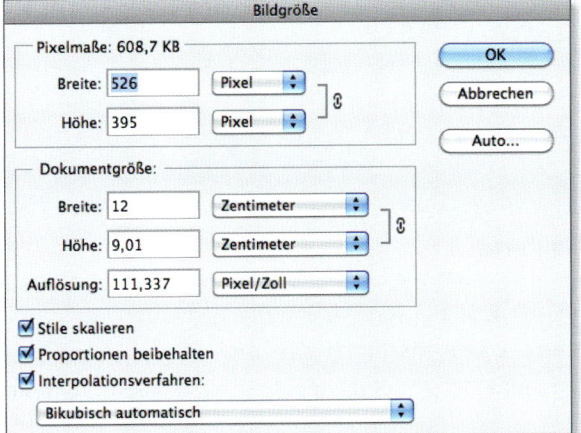

◀ **Abbildung 3.40**
Was ist denn da passiert? Plötzlich hat das Beispielfoto eine Auflösung von 111,337 Pixel.

Schritt für Schritt
Freistellung mit Mustermaß

Möglicherweise ist das tatsächliche Maß gar nicht so interessant für Sie, oder? Immerhin wollen Sie doch lediglich erreichen, dass

Bilder/Drei_aus_eins.jpg

alle Bilder die gleichen Abmessungen bekommen. Ob das nun 5 cm oder 700 px sind, ist doch dann unerheblich, finden Sie nicht auch?

1 Duplikate anlegen

Schließen Sie alle Bilder, und öffnen Sie stattdessen »Drei_aus_eins.jpg«. Schauen Sie sich das Foto an. Wir wollen aus diesem Gruppenbild drei einzelne Porträtfotos erzeugen, die allesamt gleich groß sind.

© Stephanie Hofschlaeger – pixelio.de

Abbildung 3.41 ▶
Diese drei Gesichter sollen einzeln freigestellt werden.

2 Datei duplizieren

Zunächst einmal müssen Sie dafür sorgen, dass Sie drei Fotos bekommen. Das Original muss demzufolge über BILD • DUPLIZIEREN zweimal geklont werden. Bestätigen Sie die jeweils folgende Kontrollabfrage mit OK. (Es ist nicht erforderlich, einen anderen Namen als den vorgeschlagenen zu vergeben.)

3 Erste Freistellung durchführen

Lassen Sie uns mit dem letzten Duplikat beginnen, da es ohnehin an vorderster Stelle positioniert ist. Wir entscheiden uns für das Mädchen ganz hinten (rechts). Aktivieren Sie das Freistellungswerkzeug, bringen Sie den vorhandenen Freistellungsrahmen so in Form, dass dieser das Gesicht des Mädchens großzügig umschließt. Danach bestätigen Sie mit ⏎.

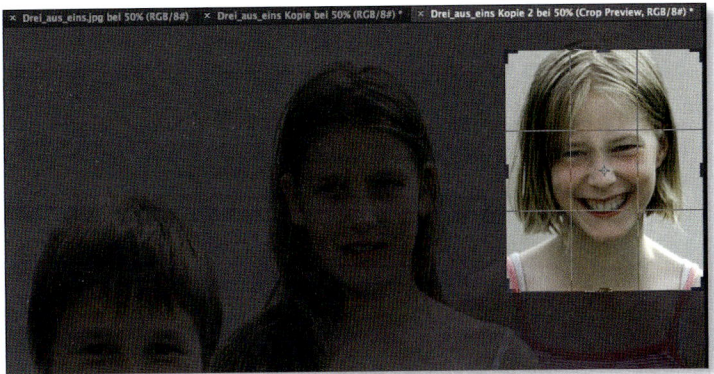

▲ **Abbildung 3.42**
So oder zumindest so ähnlich sollte der Rahmen vor Bestätigung der Freistellung aussehen.

4 Abmessungen übernehmen

Dieses war der erste Streich. Jetzt sollten Sie das mittlere Foto (Drei_aus_eins Kopie) aktivieren und Photoshop anweisen, die Abmessungen der ersten Freistellung zu übernehmen. Öffnen Sie dazu das Vorauswahlmenü in der Optionsleiste ❶ (standardmäßig mit UNEINGESCHRÄNKT beschriftet), und entscheiden Sie sich für den Eintrag ganz unten: GRÖSSE UND AUFLÖSUNG.

5 Abmessungen übernehmen

Öffnen Sie nun das oberste Pulldown-Menü des Dialogs, der sich soeben geöffnet hat. Hier entscheiden Sie sich für »Drei_aus_eins Kopie 2« und bestätigen anschließend mit OK.

▲ **Abbildung 3.43**
Zunächst müssen Sie in den bereits bekannten Dialog wechseln, mit dessen Hilfe sich Größe und Auflösung anpassen lassen.

Einen Wert vorgeben

Wenn Sie dem Freistellungsrahmen ein bestimmtes Maß vorgeben wollen, tragen Sie dieses in die dafür vorgesehenen Steuerelemente (BREITE und HÖHE) ein. Wenn Sie jedoch zusätzlich eine andere Auflösung festlegen, wird das Ergebnisfoto skaliert.

▲ **Abbildung 3.44**
Selektieren Sie den Eintrag, der auf das zuerst freigestellte Bild hinweist.

▲ Abbildung 3.45
So wird die junge Dame in
der Mitte freigestellt.

**Kippen des Rahmens
möglich**

Je nachdem, wie Sie den
Rahmen verziehen, kann
es passieren, dass die
Abmessungen plötzlich
miteinander vertauscht
werden – dass der Rah-
men also auf einmal
querformatig wird. Wenn
Ihnen das passiert, ziehen
Sie den Rahmen horizon-
tal schmaler – dann
springt er automatisch
zurück ins Hochformat.

Abbildung 3.46 ▶
So passt es – alle drei Porträts
sind exakt gleich groß.

6 Mit vorhandenen Werten freistellen

Stellen Sie den vorhandenen Rahmen so ein, dass das Gesicht des
Mädchens in der Mitte davon umrandet wird. Sie merken schon,
dass der Rahmen beim Ziehen beschränkt ist. Das Seitenverhältnis
lässt sich jetzt nämlich nicht mehr verändern. Recht so, denn am
Ende müssen ja alle drei Fotos gleich groß sein.

Richten Sie den Freistellungsrahmen aus, drehen Sie ihn, falls
gewünscht, und bestätigen Sie am Schluss mit ⏎ oder dem Häkchen in der Optionsleiste. Wiederholen Sie diesen Schritt auch
auf dem Original, wobei Sie hier natürlich den Kopf des Jungen im
Vordergrund freistellen. Bestätigen Sie auch die letzte Freistellung.

7 Ergebnisse vergleichen

Stellen Sie doch einmal alle drei Ergebnisse nebeneinander, indem
Sie FENSTER • ANORDNEN • 3 NEBENEINANDER einstellen. Vergleichen Sie die Größen. Zur Kontrolle ist auch der jeweilige Zoom-
faktor ❶ interessant, der unten links im Register des Bildes aufgeführt ist. Dort sollten jetzt alle Zoomwerte gleich groß sein (im
Beispiel 66,7 %).

8 Werte löschen

Schauen Sie sich noch einmal das Pulldown-Menü in der Optionsleiste an. Dort sind die Abmessungen noch immer vermerkt ❷
– genauso wie in den daneben befindlichen Eingabefeldern ❸ und
❹. Mit diesen Parametern könnten Sie also nun unentwegt weitere Bilder mit den gleichen Abmessungen freistellen – allerdings

nie wieder andere Maße verwenden. Äußerst ungünstig! Glücklicherweise existiert aber eine Schaltfläche zum Zurücksetzen der Werte ❺. Ein Klick darauf bereinigt sämtliche Steuerelemente – und Sie können wieder bei null anfangen.

3.5 Arbeitsfläche verändern

Mitunter müssen Sie die Arbeitsfläche eines Fotos vergrößern – beispielsweise um Elemente hinzuzufügen oder einen Rand zu erstellen. Dabei wird das eigentliche Foto in der Größe gar nicht verändert, wohl aber die Fläche, auf der es sich befindet. Die Auflösung ist von derartigen Veränderungen ausgenommen; Sie sorgen mit einer solchen Aktion lediglich für mehr Raum.

▲ **Abbildung 3.47**
Die Maße müssen weg! Dazu müssen Sie den kleinen Button rechts in der Optionsleiste betätigen.

Arbeitsfläche per Freistellung vergrößern

Es gibt eine sehr einfache Lösung, eine farbige Fläche um ein Foto herum zu konstruieren – und zwar mit dem Freistellungswerkzeug. Damit haben Sie ja bereits Erfahrungen gemacht. Was Sie aber vielleicht noch nicht wissen: Sie können diesen Rahmen auch nach außen ziehen.

Schritt für Schritt
Ein einfacher Bilderrahmen – Arbeitsfläche durch Freistellung vergrößern

Dieser Workshop zeigt, wie Sie ein Foto ganz schnell mit einem Rahmen versehen können. Ach, übrigens: Habe ich Sie eigentlich schon für Tastaturkürzel begeistern können? Falls nicht, sehe ich große Chancen, dass sich das in den nächsten Minuten ändern wird. Dieser Workshop ist nämlich eine nicht zu verachtende Übung für angehende Tasten-Freaks – ich freue mich schon. Öffnen Sie die Datei »Beach.jpg«, und trocknen Sie Ihre Tränen (falls auch Sie in absehbarer Zeit keinen Urlaub haben).

Bilder/Beach.jpg

© Renate Klaßen

© Renate Klaßen

Abbildung 3.48 ▶
Das Foto soll mit einem
Rahmen ausgestattet werden.

1 Ansichtsgröße verändern

Stellen Sie das Foto so dar, dass jenseits noch etwas von der Montagefläche von Photoshop zu sehen ist. Falls erforderlich, verkleinern Sie die Darstellungsgröße etwas. Möglicherweise reicht ein Druck auf [F], was das Foto mit einem dunkelgrauen Montagerand umgibt. (Um wieder zur ursprünglichen Ansicht zu wechseln, betätigen Sie die Taste noch zweimal.)

2 Hintergrundfarbe einstellen

Unser Bild soll einen weißen Rand bekommen. Daher stellen Sie nun die Hintergrundfarbe ein. Ohne großen Schnickschnack geht das über [D] (setzt die Farben in der Werkzeugleiste auf Schwarz (Vordergrundfarbe) und Weiß für den Hintergrund). Kontrollieren Sie doch eben, ob die Farbeinstellungen mit Ihren übereinstimmen. Falls Weiß oben steht, drücken Sie [X] (das vertauscht Vorder- und Hintergrundfarbe miteinander).

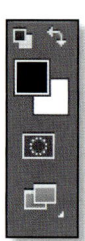

▲ **Abbildung 3.49**
Kontrollieren Sie unten in der
Werkzeugleiste die Vorder-
und Hintergrundfarbe.

3 Freistellungsrahmen ausdehnen

Lassen Sie souverän einen Finger auf [C] niedergleiten (aktiviert das Freistellungswerkzeug). Halten Sie jetzt [Alt]+[⇧] gedrückt, ehe Sie auf eine der vier Ecken klicken und diese nach außen ziehen. Wenn Sie mit der Position des Rahmens zufrieden sind, lassen Sie zunächst die Maustaste wieder los und erst im Anschluss die Tasten Ihres Keyboards.

Durch das Halten von [Alt] erreichen Sie übrigens, dass sich der Rahmen auch zur gegenüberliegenden Seite ausdehnt. [⇧] hingegen sorgt dafür, dass das Bildseitenverhältnis eingehalten wird. (Dies wäre zwar im Beispiel nicht unbedingt erforderlich gewesen, aber wo hätte ich Ihnen diese Funktion sonst vorstellen können?)

◄ **Abbildung 3.50**
Der Rahmen hat für eine Vergrößerung der Bildfläche
gesorgt, obwohl die ursprüngliche Fotofläche beibehalten
wurde.

Das ging ja schnell. Prima Sache, das mit dem Freistellen. Aber
wir stoßen dabei auf zwei Probleme: 1. Die Farbe des Rahmens ist
von der aktuell eingestellten Hintergrundfarbe abhängig. 2. Die
Erweiterungen fallen womöglich unterschiedlich groß aus. Beides
wäre zwar einstellbar gewesen (Definition einer neuen Hintergrundfarbe sowie Festlegung einer bestimmten Abmessung für
die Freistellung), allerdings nicht mit dem nötigen Komfort. Deshalb wollen wir uns eine andere Möglichkeit ansehen.

Arbeitsfläche per Dialog vergrößern

Photoshop bringt einen Dialog mit, der die individuelle Gestaltung einer solchen Fläche unterstützt – und zwar sowohl was die
zu verwendende Farbe als auch exakte Größenangaben betrifft.
Sogar die Ausdehnungsrichtung lässt sich hier festlegen.

Schritt für Schritt
Arbeitsfläche exakt erweitern

Wir werden eine erste Bildmontage anfertigen. Dabei steht die
Veränderung der Arbeitsfläche natürlich im Vordergrund. Sie werden aber noch zwei weitere interessante Funktionen kennen lernen, nämlich das exakt parallele Verschieben von Bildteilen und
das Verbinden zweier Fotos über die Zwischenablage. Sie werden
garantiert Spaß daran haben. In der nächsten Abbildung sehen Sie
schon mal, wie das Foto am Ende dieses Workshops aussehen wird.

Bilder/Egypt_01.jpg,
Egypt_02.png

Abbildung 3.51 ▶
So wird das Foto am Ende dieses Workshops aussehen.

1 Dialog öffnen

Nehmen Sie sich zunächst »Egypt_01.jpg« vor. Wählen Sie über die Menüleiste BILD • ARBEITSFLÄCHE aus. Zuallererst können hier die Maße des Bildes abgelesen werden. Doch das ist nicht alles, denn das Dialogfenster enthält zwei Frames. Der obere Frame ist mit AKTUELLE GRÖSSE, der untere mit NEUE GRÖSSE betitelt – ein Indiz dafür, dass die Arbeitsfläche hier auch verändert werden kann.

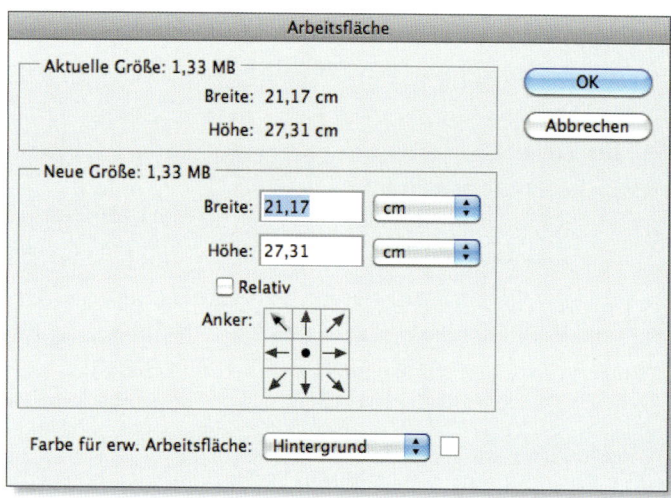

Abbildung 3.52 ▶
Der Dialog ARBEITSFLÄCHE präsentiert die aktuell gültigen Bildabmessungen.

2 Erweiterung eingeben

Wir wollen erreichen, dass das Foto sowohl horizontal als auch vertikal um jeweils 2 cm erweitert wird. Nun könnten Sie die beiden angezeigten Werte entsprechend erhöhen, aber das ist gar nicht nötig. Wenn Sie nämlich die Checkbox RELATIV ❸ anhaken, springen beide Werte auf »0« und Sie können anschließend die Maße für die reine Erweiterung festlegen. Da der erste Wert ❶ bereits markiert ist, tragen Sie hier »2« ein. Betätigen Sie anschließend ⊡, um ins nächste Eingabefeld ❷ zu springen. Auch hier geben Sie »2« ein. Bitte jetzt noch *nicht* mit OK bestätigen.

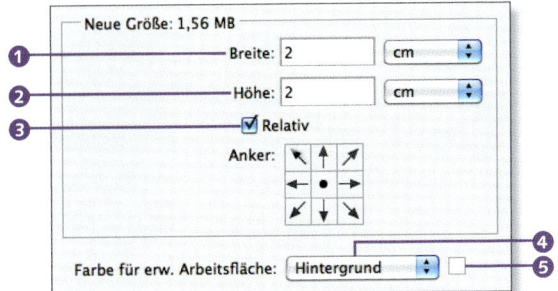

◀ **Abbildung 3.53**
Relative Werte werden immer von der aktuell gültigen Arbeitsfläche ausgehend genommen.

3 Farbwähler öffnen

Schieben Sie den Dialog ein wenig zur Seite. Dazu ziehen Sie ihn an der Kopfleiste so weit herüber, dass Sie das gesamte Foto noch einsehen können. Schauen Sie einmal in die unterste Zeile des Dialogs. Dort kann nun noch eine andere Farbe angegeben werden. Dazu klicken Sie entweder auf das Pulldown-Menü ❹ und stellen dort ANDERE ein, oder Sie setzen einen Klick auf das nebenstehende Farbfeld ❺. Wie auch immer Sie sich entscheiden: Am Ende wird der bereits bekannte Farbwähler erscheinen.

4 Farbe einstellen

Falls der Dialog jetzt über dem Foto erscheint, ziehen Sie auch diesen zur Seite. Das Schöne am Farbdialog ist: Es lassen sich auch Farben aus dem Foto aufnehmen. (Deswegen war das vorherige Verschieben der Fenster erforderlich.) Sobald Sie nämlich aus dem Dialog herausfahren, mutiert der Mauszeiger zur Pipette. Klicken Sie mit deren Spitze auf die Fassade, und bestätigen Sie mit OK. Danach dürfen Sie auch das Fenster ARBEITSFLÄCHE mit OK verlassen.

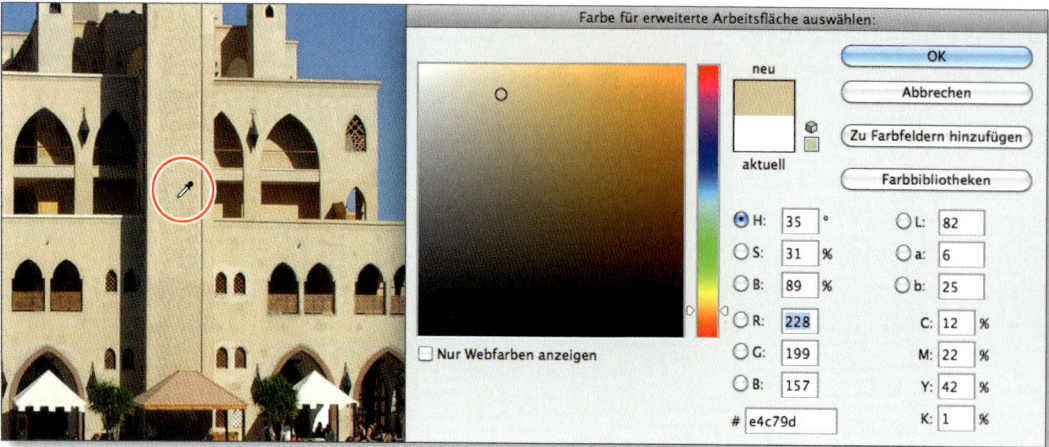

▲ **Abbildung 3.54**
Hier wird eine passende Farbe aus dem Bild aufgenommen.

5 Ausdehnung in Prozent festlegen

Wenn Sie unser Endergebnis betrachten, werden Sie feststellen, dass die Fläche rechts sehr viel weiter ausgedehnt werden muss als alle anderen, um Platz für den Text zu machen. Dazu ist ein zweiter Arbeitsgang erforderlich, weshalb Sie jetzt abermals BILD • ARBEITSFLÄCHE betätigen sollten. Diesmal wollen wir aber nicht mit Zentimetern arbeiten. Vielmehr soll die Arbeitsfläche in der Breite um 50 % zunehmen. Stellen Sie daher das daneben befindliche Menü zunächst auf PROZENT um, und tragen Sie anschließend im Feld BREITE den Wert »50« ein. Auch hier bitte zunächst noch nicht auf OK klicken!

Abbildung 3.55 ▶
Somit wird die Arbeitsfläche um die Hälfte seiner aktuellen Größe erweitert.

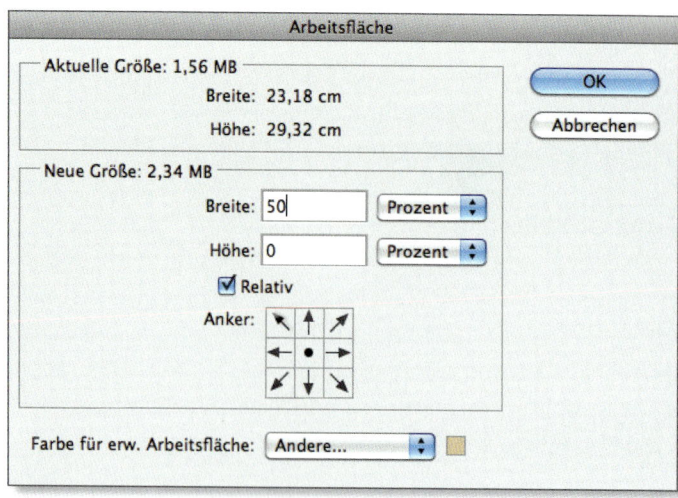

6 Ausdehnungsrichtung festlegen

Das grafische Steuerelement ANKER spielt jetzt eine wesentliche Rolle. Es zeigt einen schwarzen Punkt, umgeben von acht Pfeilschaltflächen. Jetzt kommt etwas ganz Wichtiges: Dieser Punkt spiegelt die Position Ihres ursprünglichen Bildes auf der neuen (erweiterten) Arbeitsfläche wider. Standardmäßig ist diese Position immer mittig angeordnet. Das heißt: Vergrößerungen der Arbeitsfläche würden sich zu allen Seiten hin gleichmäßig auswirken – wie bisher halt.

Jetzt bestimmen Sie allerdings selbst, in welche Richtung sich die Änderung auswirken soll. Ließen Sie das Steuerelement unverändert, würden links und rechts neben dem Bild jeweils 25 % der aktuellen Breite eingefügt. Wir wollen jedoch nur rechts vom Bild zulassen. Welchen Pfeil müssten Sie markieren? Genau, den linken in der mittleren Zeile. Nach dem Klick auf diesen Button wird nämlich der Punkt dorthin verschoben. Eine Ausdehnung ist nur noch nach rechts möglich. Im Anschluss klicken Sie auf OK.

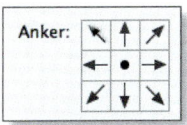

▲ **Abbildung 3.56**
Die Arbeitsfläche kann sich zu allen Seiten hin ausdehnen.

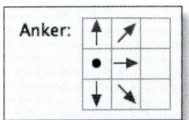

▲ **Abbildung 3.57**
»Verankern« Sie die Position des Bildinhalts. Die Arbeitsfläche soll nur nach rechts erweitert werden.

Erweiterung nach oben

Rein theoretisch könnte sich die Arbeitsfläche bei dieser Einstellung auch nach oben und unten ausdehnen. Da Sie jedoch das Eingabefeld HÖHE nicht verändert haben, fällt eine Expansion in diese Richtungen aus.

◄ **Abbildung 3.58**
Nun fehlt nur noch der Text.

7 Text kopieren

Damit die Erweiterung der Arbeitsfläche auch Sinn macht, muss noch der Text eingefügt werden. Dazu stellen Sie zunächst »Egypt_02.png« nach vorne und drücken ⌨Strg/⌘+A (alternativ AUSWAHL • ALLES AUSWÄHLEN), gefolgt von ⌨Strg/⌘+C (BEARBEITEN • KOPIEREN). Die erste Tastenkombi sorgt dafür, dass

Schachbrettmuster

Das grau-weiße Karomuster ist nichts weiter als die grafische Darstellung einer Transparenz – Inhaltslosigkeit also. Das bedeutet: Wo in Photoshop solche Karos auftauchen, ist in Wirklichkeit nichts. Das Muster wird demzufolge auch nicht mit ausgedruckt.

die gesamte Bildfläche ausgewählt wird (was es damit auf sich hat, erfahren Sie in diesem Kapitel ab Seite 117), während der zweite Befehl alles zuvor Ausgewählte in die Zwischenablage des Betriebssystems kopiert.

Abbildung 3.59 ▶
Der gesamte Text befindet sich in einer fertigen Datei.

8 Text einfügen

Zuletzt müssen Sie nichts weiter tun, als wieder auf das andere Bild zu gehen und dort ⌈Strg⌉/⌈⌘⌉+⌈V⌉ zu betätigen. Alternativ ginge auch BEARBEITEN • EINFÜGEN, um den Inhalt der Zwischenablage auf das Foto zu packen.

9 Text verschieben

Dummerweise liegt der Text nun mitten auf der Datei. Der Höhe kommt das zugute (immerhin passt er oben und unten zum Foto), jedoch muss er in der Breite noch verschoben werden. Dazu aktivieren Sie das Verschieben-Werkzeug ⌈V⌉. Auch hier gibt es nun wieder mehrere Möglichkeiten: Entweder Sie klicken auf den Text (am besten auf einen der großen Buchstaben) und ziehen diesen mit gedrückter Maustaste sowie ⌈⇧⌉ nach rechts. ⌈⇧⌉ sorgt dafür, dass sich die Bewegungsrichtung nur zu einer Seite hin ändern kann (in diesem Fall horizontal, nicht jedoch vertikal).

Die zweite Möglichkeit: Halten Sie ⎡⇧⎤ gedrückt, und betätigen Sie ⎡→⎤. Stoppen Sie, wenn Sie mit der Position zufrieden sind. In letzterem Fall hat es mit der Umschalttaste die Bewandtnis, dass Sie mit den Pfeiltasten schneller am Ziel sind.

Schritt für Schritt
Ein Kaleidoskop erzeugen – Bilder spiegeln

Nun soll noch ein weiterer Workshop zu diesem Thema folgen. Nein, nicht weil Sie es nochmal üben sollen – sondern um im Zusammenhang mit Arbeitsflächenerweiterungen auch das Thema Spiegeln mit anklingen zu lassen. Während des Workshops werden Sie auch mit Ebenen konfrontiert. Allerdings werden wir das Thema hier nicht vertiefen, da es dazu ein eigenes Kapitel gibt (ab Seite 141). Wenn Sie sich aber genau an die Schritte halten, meistern Sie das ohne Probleme.

Bilder/Kaleidoskop.jpg

1 Hintergrund in Ebene umwandeln
Im Ägypten-Beispiel haben Sie erfahren, wie sich die Farbe für die hinzugewonnene Arbeitsfläche bestimmen lässt. Diesmal wollen wir aber keine Farbe, sondern Transparenzen haben (wie bei der Schrift zur Ägypten-Werbung). Das funktioniert nur, wenn das Foto nicht aus einem Hintergrund, sondern aus einer Ebene besteht. Öffnen Sie das Beispielbild »Kaleidoskop.jpg«, und gehen Sie anschließend ins Menü EBENE. Dort entscheiden Sie sich für EBENE • NEU • EBENE AUS HINTERGRUND. Den Folgedialog belassen Sie so, wie er ist, und klicken auf OK.

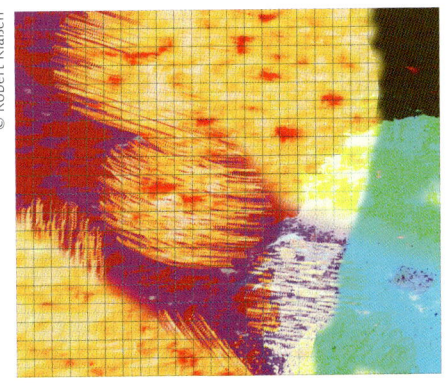

© Robert Klaßen

◄ **Abbildung 3.60**
Aus dieser Grafik soll ein Kaleidoskop entstehen.

Abbildung 3.61 ▶
Klicken Sie lediglich den OK-Button an.

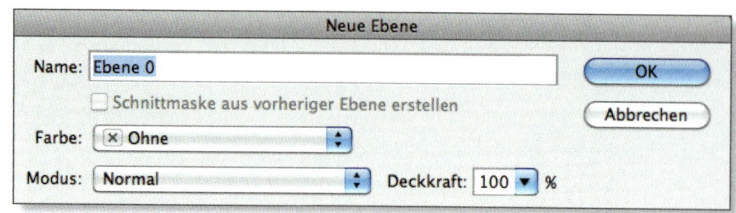

2 Arbeitsfläche definieren

Wählen Sie über die Menüleiste BILD • ARBEITSFLÄCHE aus, stellen Sie zunächst die Maßeinheit von ZENTIMETER auf PROZENT ❶ um. (Achten Sie darauf, dass auch hier RELATIV ❹ angewählt ist.) Danach tragen Sie sowohl für die BREITE als auch die HÖHE ❸ jeweils 100 ein. Zuletzt betätigen Sie im Bereich ANKER noch den oberen rechten Button ❷, damit sich die Arbeitsfläche nur nach links und nach unten ausdehnen kann (und zwar um jeweils 100 % des Originals). Verlassen Sie den Dialog mit OK.

Transparenz bleibt erhalten

Da Sie das Foto im ersten Schritt in eine »normale« Ebene umgewandelt haben, wird nun das unterste Steuerelement (FARBE FÜR ERW. ARBEITSFLÄCHE) ausgegraut dargestellt. Der Grund: Da die Arbeitsflächenerweiterung transparent wird, fällt die Angabe einer Farbe folgerichtig weg.

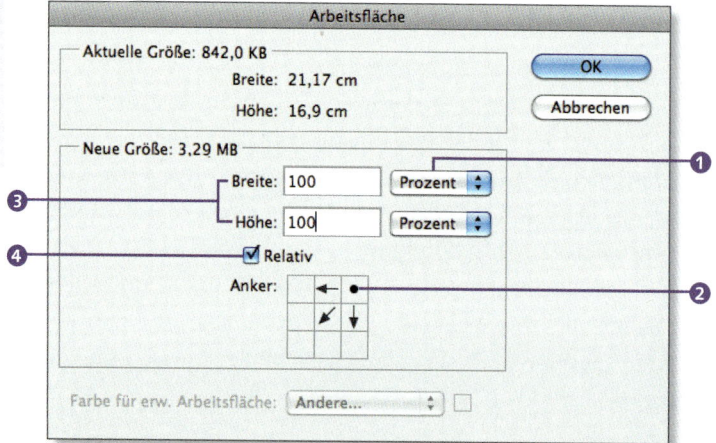

▲ **Abbildung 3.62**
Mit diesen Einstellungen wird die Arbeitsfläche korrekt erweitert.

Schachbrettmuster

Noch einmal zur Erinnerung: Das grau-weiße Karomuster deutet auf Transparenzen hin (also Inhaltslosigkeit).

3 Darstellungsgröße ändern

Möglicherweise können Sie jetzt nicht mehr das gesamte Bild inklusive der hinzugewonnenen Arbeitsfläche sehen. Das hängt aber letztendlich von der Größe und der Auflösung Ihres Monitors ab. Bei Bedarf drücken Sie [Strg]/[⌘]+[0], um die neue Fläche komplett darstellen zu lassen.

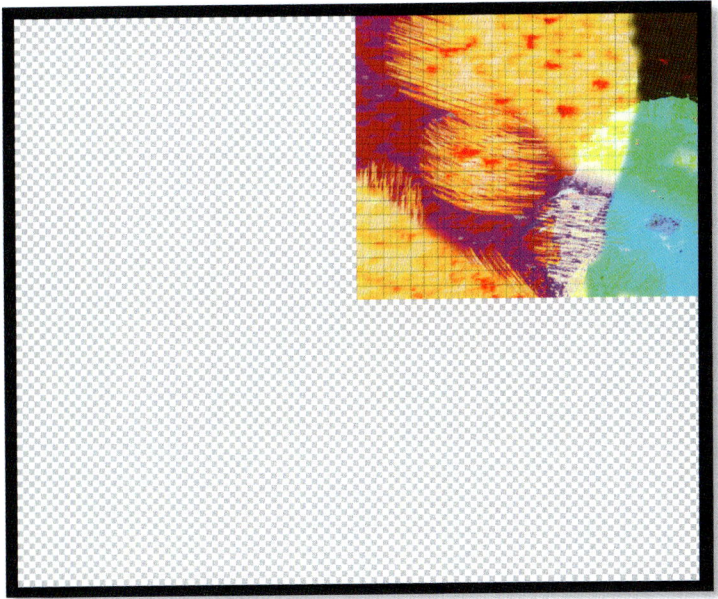

◀ **Abbildung 3.63**
Die Größe der Arbeitsfläche stimmt – auch wenn es seltsam aussehen mag.

4 Ebene duplizieren

Natürlich soll die unschöne grau-weiß karierte Fläche nicht erhalten bleiben. Also füllen wir sie mit einem gespiegelten Duplikat unseres Ausgangsbildes. Bevor Sie das aber machen, benötigen Sie zunächst ein Duplikat der Grafik. Denn es muss ja auch etwas da sein, das sich spiegeln lässt. Gehen Sie noch einmal in das Menü, und wählen Sie EBENE • NEU • EBENE DURCH KOPIE. Wer bereits Tastaturkürzel-Fan ist, der darf stattdessen auch gerne Strg/⌘+J drücken.

5 Grafik spiegeln

Nun liegt die gleiche Grafik gewissermaßen zweimal übereinander, da sie soeben dupliziert worden ist. Zum Spiegeln betätigen Sie BEARBEITEN • TRANSFORMIEREN • HORIZONTAL SPIEGELN.

6 Grafik verschieben

Aktivieren Sie das Verschieben-Werkzeug, und klicken Sie mitten auf die Grafik. Halten Sie die Maustaste gedrückt. Zudem müssen Sie noch ⇧ festhalten. Sie wissen ja: Diese Taste sorgt dafür, dass Objekte nur in *eine* Richtung verschoben werden können. Wenn Sie auf der linken Seite ankommen, werden Sie feststellen, dass

So wirkt ⬆

Durch Halten von ⬆ wird die Bewegungsmöglichkeit immer in die Richtung beschränkt, in die Sie zuerst ziehen. Bewegen Sie das Objekt also horizontal, kann es nicht gleichzeitig auch nach oben oder unten wandern. Mögliche Richtungen sind: horizontal, vertikal sowie 45° diagonal (je nach Zugrichtung).

die Grafik-Kopie magnetisch angezogen wird. Wenn das passiert ist, lassen Sie zunächst die Maustaste und danach auch die ⬆-Taste wieder los.

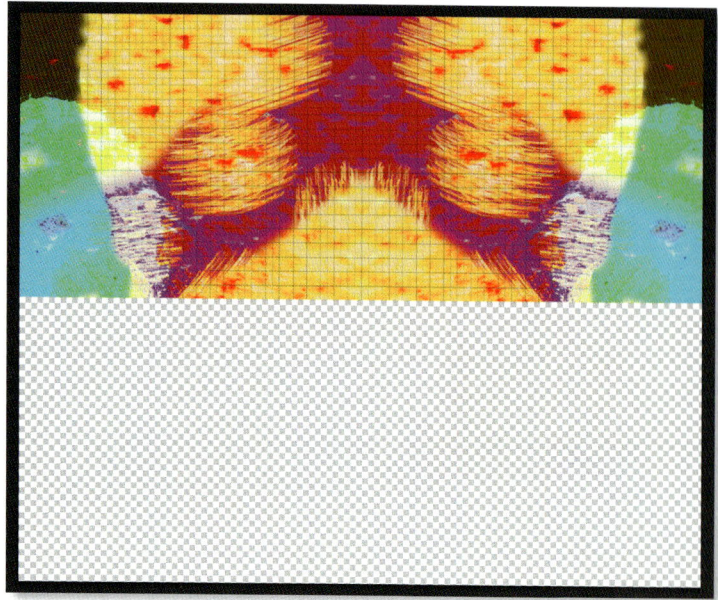

▲ **Abbildung 3.64**
Das sieht doch schon mal besser aus.

7 Beide Grafiken vereinen

Nun sind ja beide Grafikteile unabhängig voneinander verschiebbar. Da beide Teile jedoch noch einmal gespiegelt werden sollen, sollten sie vorab wieder miteinander verbunden werden. Das gelingt über EBENE • MIT DARUNTER LIEGENDER AUF EINE EBENE REDUZIEREN oder über ⌷Strg⌷/⌷⌘⌷+⌷E⌷.

8 Per Drag & Drop duplizieren

Um die Grafik nun nach unten zu duplizieren, gehen Sie einen anderen, vollkommen neuen Weg. Halten Sie zunächst ⌷Alt⌷ gedrückt. Das wird dafür sorgen, dass beim Verziehen automatisch eine Kopie erstellt wird. Damit diese aber in der Bewegungsrichtung abermals beschränkt werden kann, halten Sie auch jetzt wieder ⬆ fest. Klicken Sie danach mit dem immer noch aktiven Verschieben-Werkzeug auf die Grafik, und ziehen Sie nach unten.

Auch hier lässt sich feststellen, dass die Kopie am Bildrand einrastet. Lassen Sie dort angekommen zuerst wieder die Maustaste los und erst danach die Tastatur-Tasten. Ist das cool?

▲ **Abbildung 3.65**
Das klappt ja wie am Schnürchen. Jetzt muss lediglich noch eine Spiegelung erfolgen.

9 Beide Seiten vertikal spiegeln

Im Menü wählen Sie danach BEARBEITEN • TRANSFORMIEREN • VERTIKAL SPIEGELN – und schwups, haben Sie ein fertiges Kaleidoskop. Der Vollständigkeit halber sei noch erwähnt, dass sich eine Feinabstimmung jetzt noch mit den Pfeiltasten auf Ihrer Tastatur vornehmen ließe. Wenn Sie jedoch beim Verschieben exakt auf das Einrasten geachtet haben, wird das gar nicht erforderlich sein.

10 Grafik erneut vereinen

Zuletzt gehen Sie bitte noch einmal in das Menü EBENE und entscheiden sich dort für AUF HINTERGRUNDEBENE REDUZIEREN. Dadurch wird die Dateigröße verringert und die gesamte Grafik gegen unbeabsichtigtes Verschieben geschützt. »Kaleidoskopbearbeitet.tif« im Ordner ERGEBNISSE zeigt noch einmal das Resultat zum Vergleich.

Warum Magneteffekt?

Das Einrasten ist eine tolle Hilfe beim Positionieren von Bildelementen. Verantwortlich dafür sind zwei aktivierte Funktionen, die sich hinter ANSICHT • AUSRICHTEN AN verbergen – nämlich EBENEN und DOKUMENTBEGRENZUNGEN. Wollen Sie auf die Funktionen verzichten, müssen Sie jeden Eintrag einzeln anklicken. Dabei wird dann das vorangestellte Häkchen deaktiviert. Zum Wiedereinschalten wiederholen Sie den Vorgang.

Abbildung 3.66 ▶
Fertig ist das Kaleidoskop.

11 Optional: Kaleidoskop vergrößern

Im Übrigen ließe sich das Spektakel nun unentwegt fortsetzen. Zunächst könnten Sie den Hintergrund wieder auflösen, dann die Arbeitsfläche abermals nach links und unten um 100% vergrößern und zuletzt neue Duplikate einbauen. Das Spiegeln ließe sich sogar einsparen, da die jeweils gegenüberliegenden Seiten ja bereits identisch sind. Probieren Sie es aus. Von der Struktur her wird es immer passen.

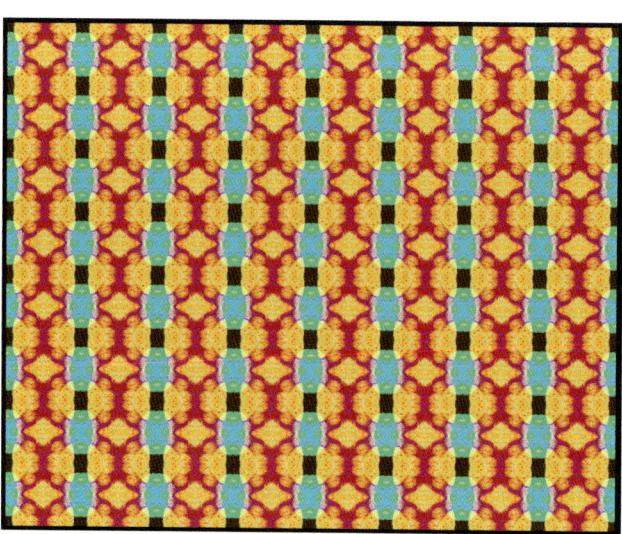

Abbildung 3.67 ▶
In diesem Beispiel ist die Arbeitsfläche noch dreimal kopiert und gefüllt worden.

3.6 Bilder drehen und Größe ändern

Die richtige Größe zum richtigen Bild – was dahintersteckt, ist umfangreicher, als es auf den ersten Blick scheinen mag. Neben zahlreichen Optionen, die bei Bildgrößen für die jeweilige Verwendung zu beachten sind (z. B. Druck oder Internet), ist häufig aber nur die Ausgabegröße entscheidend.

Schritt für Schritt
Arbeitsfläche drehen und Abmessungen verändern

Das Bild »Rose.tif« hat zwar direkt keinen Makel, allerdings wollen wir die Blume aufrichten, also senkrecht anordnen. Zudem soll das Foto gedehnt werden – allerdings ohne den bildrelevanten Inhalt mit zu dehnen. Und das soll gehen? Na klar, warten Sie es ab.

Bilder/Rose.tif

1 Arbeitsfläche drehen

Drücken Sie zunächst ⌈Strg⌉/⌈⌘⌉+⌈0⌉ (die Zahl Null), damit das Foto in der größtmöglichen vollständigen Darstellung präsentiert wird. Widmen Sie sich danach der Drehung. Die Datei ist um 90° verdreht – ein Umstand, mit dem wir häufig beim Import von der Digitalkamera konfrontiert werden. Über BILD • BILDDREHUNG werden verschiedene Optionen angeboten. Unsere Blüte muss um 90° GEGEN UZS (Uhrzeigersinn) gedreht werden. Betätigen Sie abermals ⌈Strg⌉/⌈⌘⌉+⌈0⌉.

© Leszek Schluter

◀◀ **Abbildung 3.68**
Die Blume ist Ausgangsbasis für diesen Workshop.

◀ **Abbildung 3.69**
Das Foto ist um 90° gegen den Uhrzeigersinn gedreht worden.

113

2 Datei speichern

Damit wäre der erste Schritt getan. Speichern Sie das Ergebnis, wenn Sie es denn wünschen, unter einem eindeutigen Namen ab. Damit das Original nicht überschrieben wird, nehmen Sie den Befehl DATEI • SPEICHERN UNTER. Vergeben Sie den gewünschten Namen, und legen Sie den Speicherort fest. So bleibt das Original unangetastet.

3 Berechnungsmethode ändern

Als Nächstes soll die Datei aber noch verkleinert werden. Dazu wählen Sie BILD • BILDGRÖSSE. Kontrollieren Sie hier zunächst, dass INTERPOLATIONSVERFAHREN ❶ aktiv ist. Das macht nämlich eine Größenänderung im Verhältnis zur Auflösung überhaupt erst möglich. Neuerdings müssen Sie gleich unterhalb nichts mehr einstellen, da Photoshop anhand Ihrer Veranlassung automatisch »weiß«, welche Art der Interpolation die richtige ist. (Zum besseren Verständnis: In Photoshop-Versionen vor CS6 mussten Sie auf BIKUBISCH SCHÄRFER umschalten, wenn Sie das Foto verkleinern wollten. BIKUBISCH GLATTER hingegen kam immer dann zum Einsatz, wenn es um Vergrößerungen ging.)

Abbildung 3.70 ▶
Dank BIKUBISCH AUTOMATISCH ❷ wird automatisch das richtige Interpolationsverfahren gewählt. Außerdem wird über die Breite die gesamte Bildgröße verändert.

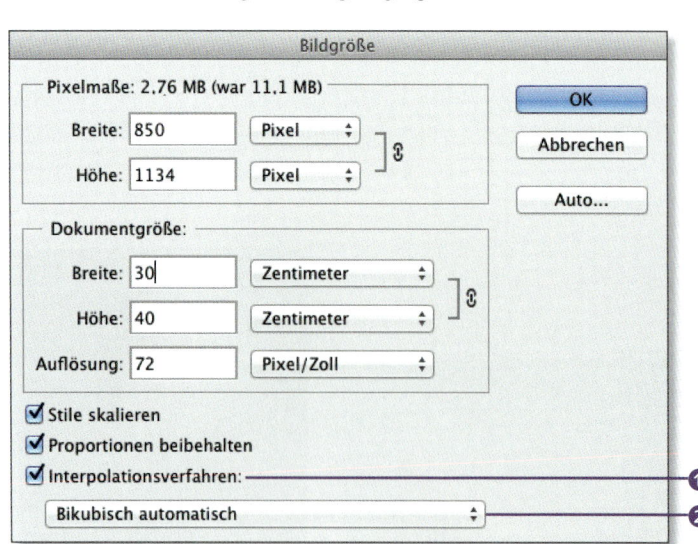

Anschließend können Sie sich um die eigentliche Verkleinerung kümmern. Dazu lässt sich die aktuelle Größe entweder im oberen

Bereich PIXELMASSE oder im unteren Bereich DOKUMENTGRÖSSE ablesen. Welchen dieser Werte Sie nun ändern, ist unerheblich. Im Beispiel wollen wir mit der DOKUMENTGRÖSSE arbeiten. Prüfen Sie, ob rechts neben den Eingabefeldern die Maßeinheit ZENTIME-TER steht. Sollte hier eine andere Einheit aufgeführt sein, ändern Sie dies, noch ehe Sie neue Abmessungen eintragen. Doppelklicken Sie danach in das Eingabefeld BREITE, und geben Sie dort »30« ein. Bitte den Dialog noch nicht verlassen!

4 Bild proportional verkleinern

Bevor Sie aber nun auf OK klicken, sollten Sie noch einen Blick auf weitere Steuerelemente dieses Fensters werfen. Sie sehen näm-lich, dass sich der Wert im Eingabefeld HÖHE ebenfalls verändert hat, obwohl Sie dort gar keine Änderungen vorgenommen haben. Das macht Photoshop automatisch. Diese Maßnahme soll sicher-stellen, dass sich das Bild stets proportional (also im korrekten Seitenverhältnis) verändert.

Lassen Sie jedoch bitte PROPORTIONEN BEIBEHALTEN aktiv, und bestätigen Sie mit OK. Damit wurde das Bild insgesamt verklei-nert, und die Proportionen stimmen.

5 Hintergrund umwandeln

Um jetzt das Bild in die Breite strecken zu können, ohne dass die Rose mit gedehnt wird, müssen Sie zunächst einmal den Hinter-grund in eine Ebene umwandeln. Das haben Sie ja im vorange-gangenen Workshop ebenfalls gemacht (EBENE • NEU • EBENE AUS HINTERGRUND gefolgt von OK). Diese Umwandlung ist zwingend erforderlich, da der nächste Schritt sonst nicht funktioniert.

6 Inhaltsbasiert skalieren

Mit BEARBEITEN • INHALTSBASIERT SKALIEREN können Sie das Bild nun strecken, ohne dass die Rose mit gestreckt wird. (Das wäre übrigens bei BEARBEITEN • TRANSFORMIEREN • SKALIEREN anders: Hier würde alles gestreckt, auch die Rose.) Greifen Sie also den mittleren Anfasser auf der linken Begrenzungslinie, und ziehen Sie ihn weit nach außen.

Bikubisch automatisch

Eine neu in Photoshop CS6 integrierte Option ist BIKUBISCH AUTOMATISCH. Diese Funktion nimmt Ihnen die Entscheidung über die am besten geeignete Methode ab. Je nach gewünschtem Resultat und je nachdem, wie Ihre Datei beschaffen ist, wird die eine oder andere Methode ange-wendet.

Unproportional verkleinern

Wollten Sie das Bild ver-zerren (z. B. nur die Höhe ändern, dabei aber die Breite beibehalten), müssten Sie vor der Ein-gabe das Häkchen vor PROPORTIONEN BEIBEHAL-TEN entfernen. In diesem Fall verschwinden auch die kleinen Ketten-Sym-bole neben den Eingabe-feldern.

Abbildung 3.71 ▸
Schon beim Ziehen sehen Sie,
dass sich die Rose kaum verändert.

7   Alles einblenden

Am Schluss bestätigen Sie mit ⏎. So weit, so gut, aber wo ist
nun der gestreckte Inhalt? Den sehen Sie erst, wenn Sie im Menü
BILD • ALLES EINBLENDEN wählen. Ist das nicht wirklich eine interessante Funktion?

Abbildung 3.72 ▸
Der Hintergrund wurde
gestreckt, während die Blüte
nicht verändert worden ist.
Lediglich das Grün links der
Blüte ist ein wenig gestreckt
worden, was sich aber optisch
verkraften lässt.

Probleme beim Skalieren

Sie müssen wissen, dass sich bei jeder Skalierung (prinzipiell sogar beim Verkleinern) Qualitätseinbußen ergeben. Wenn Sie die Abmessungen geringfügig verändern, sind diese Verschlechterungen meist nicht wirklich dramatisch, da optisch kaum wahrnehmbar. Wenn Sie jedoch eine Briefmarke auf Postergröße hochrechnen wollen, werden Unschärfe und Farbverfälschungen die Folgen sein. Achten Sie in diesem Zusammenhang auch auf die Hinweise in Kapitel 12, »Fachkunde«, ab Seite 422.

3.7 Auswahltechniken im Überblick

Bislang haben Sie stets das gesamte Foto bearbeitet. Nun gibt es aber zahllose Fälle, in denen nur ein bestimmter Bereich des Bildes eine Veränderung erfahren soll, während andere unangetastet bleiben. Hier hilft eine Auswahl weiter.

Geometrische Auswahlen

Die zweite Schaltfläche der Werkzeugleiste (bei zweispaltiger Ansicht der Toolbox ist es die erste) stellt vier Auswahlwerkzeuge zur Verfügung. Mit ihnen fertigen Sie so genannte Standardauswahlen bzw. geometrische Auswahlen an. Die Namen der einzelnen Tools sind Programm, denn sie beschreiben schon recht gut, wozu sich das jeweilige Tool einsetzen lässt.

- ▸ AUSWAHLRECHTECK-WERKZEUG: Ziehen Sie rechteckige oder quadratische Rahmen auf.
- ▸ AUSWAHLELLIPSE-WERKZEUG: Erzeugen Sie Ovale oder exakte Kreise.
- ▸ AUSWAHLWERKZEUG: EINZELNE ZEILE: Klicken Sie auf Ihr Bilddokument, um eine einzelne Pixelreihe horizontal auszuwählen.
- ▸ AUSWAHLWERKZEUG: EINZELNE SPALTE: Ein Mausklick auf das Bild reicht, um eine Reihe einzelner senkrechter Pixel zu markieren.

Neben diesen geometrischen Auswahlwerkzeugen gibt es noch weitere Werkzeuge, die Ihnen vor allem beim Auswählen komplizierterer Bildbereiche mit unregelmäßigen Kanten helfen sollen: das Lasso, das Schnellauswahlwerkzeug und der Zauberstab.

Beide werden weiter unten, in Abschnitt 3.8, »Bildbereiche auswählen«, vorgestellt. Lesen Sie hier zunächst, wie Sie die Auswahlwerkzeuge generell einstellen und nutzen.

Das Auswahlwerkzeug einstellen

Nun wissen Sie aber bereits, dass es mit der bloßen Selektion eines Tools lange noch nicht geschehen ist. Einmal mehr ist auch hier die Optionsleiste von großer Bedeutung, mit der Sie letztendlich das Werkzeug an Ihre individuellen Bedürfnisse anpassen. Je nach gewähltem Werkzeug werden unterschiedliche Steuerelemente zur Verfügung gestellt. Grundsätzlich gleich sind aber die Elemente, die Auswahlkombinationen zulassen.

▼ Abbildung 3.73
In der Optionsleiste passen Sie das Auswahlwerkzeug Ihren Bedürfnissen an.

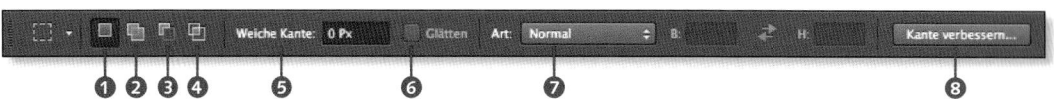

❶ NEUE AUSWAHL: Es kann nur eine einzelne Auswahl erzeugt werden. Ziehen Sie einen zweiten Rahmen auf, wird der erste gelöscht.

❷ DER AUSWAHL HINZUFÜGEN: Erzeugen Sie mehrere Auswahlen durch Kombination verschiedener Auswahlbereiche.

❸ VON AUSWAHL SUBTRAHIEREN: Entfernen Sie einzelne Bereiche einer bereits vorhandenen Auswahl.

❹ SCHNITTMENGE MIT AUSWAHL BILDEN: Erzeugen Sie durch eine zweite Auswahl einen Bereich, der nur aus dem Überlappungsbereich der beiden Auswahlen besteht.

❺ WEICHE KANTE (nicht Zauberstab): Erzeugen Sie eine Auswahl, die zum Rand hin zunehmend transparent wird.

❻ GLÄTTEN: Diese Option glättet den Übergang zwischen zwei Kanten, so dass er weicher erscheint.

❼ ART (nicht Lasso und nicht Zauberstab): Stellen Sie eine feste Größe (Höhe × Breite) oder ein festes Seitenverhältnis (z. B. 4:3) ein.

❽ KANTE VERBESSERN: Hier wird ein Dialog nachgeschaltet, der die individuelle Verfeinerung der Auswahl unterstützt.

❾ TOLERANZ (nur Zauberstab): Legen Sie fest, wie groß der Farbunterschied zwischen markierten Pixeln und angrenzenden Farbwerten sein darf.

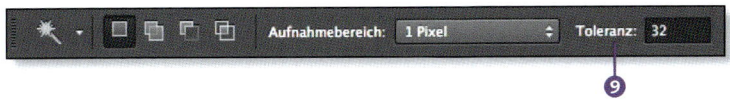

◄ **Abbildung 3.74**
Die Einstellung der Toleranz
beim Zauberstab

Auswahlen aufziehen

Für alle Auswahlformen gilt: Ohne Zuhilfenahme der Tastatur
werden die Formen nicht geometrisch exakt aufgezogen. Um ein
Rechteck oder eine Ellipse zu erzeugen, ist das auch nicht unbedingt erforderlich. Sie halten die Maustaste gedrückt – so wie Sie
das schon vom Freistellungsrahmen her kennen. Möchten Sie
jedoch exakte Kreise oder Quadrate erzeugen, führt kein Weg an
der Tastatur vorbei.

◄ **Tabelle 3.1**
Tasten für die spezielle
Auswahlerzeugung

Taste	Bewirkt
ohne Tasten	Erzeugen Sie unproportionale geometrische For-men, wobei alle Elemente von einer Ecke aus erzeugt werden.
⇧	Erzeugen Sie mit dem Auswahlrechteck-Werkzeug ein geometrisch exaktes Quadrat und mit dem Aus-wahlellipse-Werkzeug einen exakten Kreis.
Alt	Erzeugen Sie unproportionale geometrische Formen aus ihrer Mitte heraus.
Alt + ⇧	Erzeugen Sie geometrisch exakte Formen aus ihrer Mitte heraus.
↑, ↓, ←, →	Bewegen Sie die Auswahl nach Fertigstellung mit den Pfeiltasten in die gewünschte Richtung.
↑, ↓, ←, → + ⇧	Bewegen Sie die Auswahl nach Fertigstellung in großen Schritten in die gewünschte Richtung.

Schritt für Schritt
Eine Auswahlkombination aus Kreis und Rechteck erstellen

Bevor Sie sich an komplizierte Auswahlen machen, sollten Sie die
einfachen geometrischen Auswahlen beherrschen, denn auch sie
werden Ihnen später oft die Arbeit an Ihren Bildern vereinfachen.
Außerdem erproben Sie in diesem Workshop auch den generellen
Umgang mit den Auswahlwerkzeugen.

1 Neue Datei erstellen

Erzeugen Sie über $\boxed{\text{Strg}}$/$\boxed{\text{⌘}}$+$\boxed{\text{N}}$ bzw. über DATEI • NEU eine neue, leere Bilddatei. Entnehmen Sie die Parameter bitte der folgenden Abbildung.

Abbildung 3.75 ▶
Vergeben Sie die angegebene Größe.

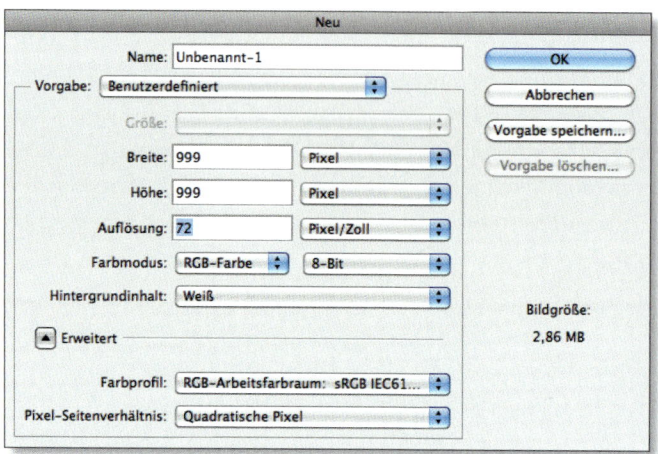

Vorgabe speichern

Wenn Sie häufig wiederkehrende Bildformate nutzen möchten, ist es sinnvoll, sich der Funktion VORGABE SPEICHERN zu bedienen. Nach einem Klick auf den gleichnamigen Button lässt sich die Vorgabe logisch benennen. Wenn Sie künftig den NEU-Dialog öffnen, steht das gesicherte Format im Flyout-Menü VORGABE zur Verfügung.

Abbildung 3.76 ▶
So soll das Objekt am Ende des Workshops aussehen.

Sehen Sie sich die folgende Grafik an, und versuchen Sie, diese zu erzeugen. Überlegen Sie, mit welchen geometrischen Figuren die Erstellung gelingen wird. Falls Sie sich zum gegenwärtigen Zeitpunkt noch keine Gedanken darüber machen wollen, wenden Sie die folgenden Schritte an.

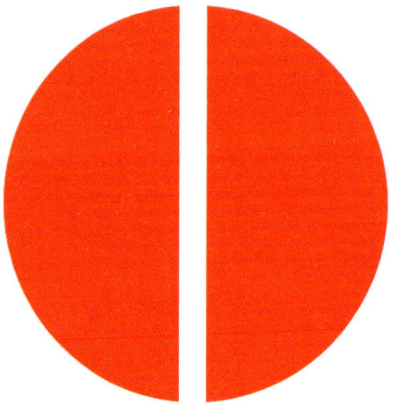

2 Vordergrundfarbe einstellen

Und jetzt zur Auflösung: Klicken Sie in der Werkzeugleiste auf den Button VORDERGRUNDFARBE EINSTELLEN ❶. Im Farbwähler stellen

Sie ein sattes Rot ein, indem Sie in das Eingabefeld R ❷ einen Wert von »255« und in G und B jeweils »0« eintragen. Bestätigen Sie mit OK.

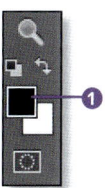

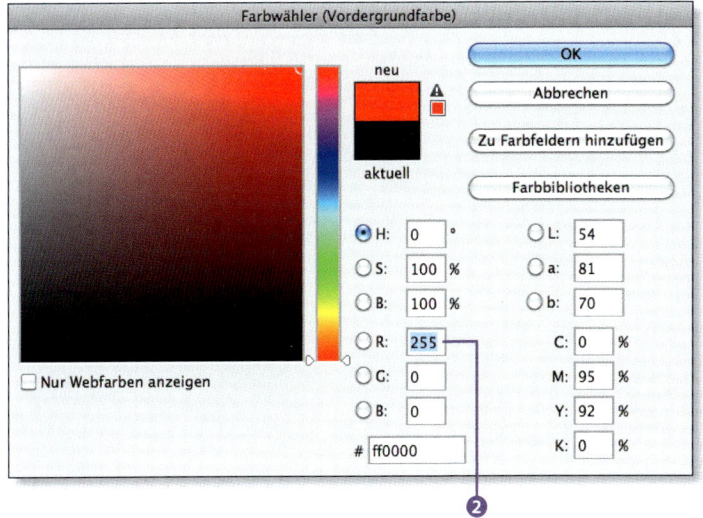

▲ **Abbildung 3.77**
Zunächst betätigen Sie das Vordergrund-Farbfeld.

◀ **Abbildung 3.78**
Anschließend stellen Sie die gewünschte Farbe ein.

3 Werkzeug einstellen

Aktivieren Sie nun das Auswahlellipse-Werkzeug, und kontrollieren Sie, dass in der Optionsleiste der Button NEUE AUSWAHL ❸ oder DER AUSWAHL HINZUFÜGEN ❹ aktiv ist. WEICHE KANTE ❺ sollte auf 0 Px stehen, da eine glatte, saubere Außenkante erzeugt werden soll.

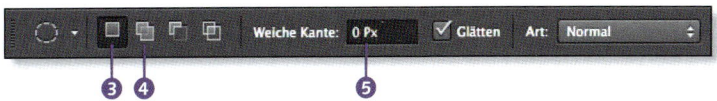

◀ **Abbildung 3.79**
So sollten die Optionen eingestellt sein.

4 Kreis aufziehen

Stellen Sie das Fadenkreuz des Mauszeigers auf die Bildmitte. Klicken Sie einmal, und halten Sie die Maustaste anschließend gedrückt. Halten Sie zusätzlich noch [Alt] und [⇧] gedrückt, ehe Sie die Maus Richtung Bildrand bewegen. Lassen Sie die Maustaste los, wenn der Kreis groß genug ist (siehe Abbildung 3.80). Erst im Anschluss dürfen Sie die Tasten des Keyboards loslassen.

5 Rechteck von der Auswahl entfernen

Aktivieren Sie jetzt das Auswahlrechteck-Werkzeug, und markieren Sie anschließend den Button VON AUSWAHL SUBTRAHIEREN in der Optionsleiste. Ziehen Sie (diesmal ohne die Tastatur zu Hilfe zu nehmen) ein schmales Rechteck vertikal durch den gesamten Kreis, wobei Sie unbedingt außerhalb des Kreises ansetzen sollten. Beachten Sie, dass das Fadenkreuz nun mit einem kleinen Minuszeichen versehen ist. Wählen Sie ❶ als Start- und ❷ als Endpunkt.

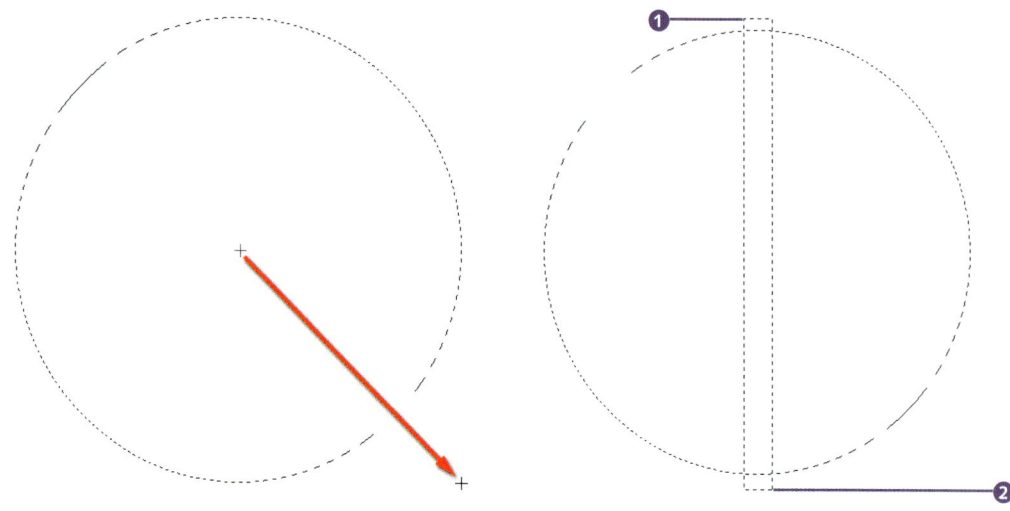

▲ **Abbildung 3.80**
So ziehen Sie in Schritt 4 den Kreis auf.

▲ **Abbildung 3.81**
So wird das Rechteck aus Schritt 5 aufgezogen.

6 Auswahl einfärben

Das war es eigentlich schon. Damit die Auswahl nun auch farbig wird, wählen Sie lediglich BEARBEITEN • FLÄCHE FÜLLEN oder drücken ⟨⇧⟩+⟨F5⟩. Unter VERWENDEN stellen Sie VORDERGRUNDFARBE ein und belassen den MODUS auf NORMAL sowie die DECKKRAFT auf 100%. (Alternativ ließe sich eine Fläche übrigens auch mit dem Füllwerkzeug ⟨G⟩ einfärben.)

Abbildung 3.82 ▶
Zuletzt wird die ausgewählte
Fläche mit Farbe gefüllt.

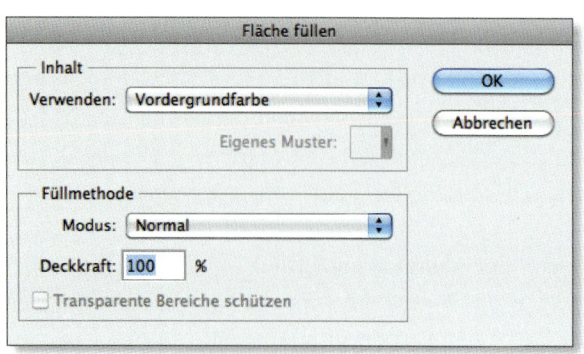

7 Auswahl aufheben

Nun möchten Sie auch bestimmt diese blinkenden Auswahllinien wieder loswerden, oder? Nichts leichter als das: Mit ⌷Strg⌷/ ⌷⌘⌷+⌷D⌷ bzw. über AUSWAHL • AUSWAHL AUFHEBEN gehören die Striche der Vergangenheit an.

Flächen und Konturen füllen

Sie haben gesehen, dass sich Auswahlen mit Hilfe des Befehls FLÄCHE FÜLLEN mit Farbe versehen lassen. Hätten Sie vorab keine Auswahl aufgezogen, wäre die gesamte Bildfläche mit der Farbe gefüllt worden. Erzeugen Sie doch einmal eine Auswahl, und wenden Sie anstelle von FLÄCHE FÜLLEN die Option BEARBEITEN • KONTUR FÜLLEN an. Auf diese Weise sollte Ihnen dann auch die Konstruktion aus Abbildung 3.83 keinerlei Schwierigkeiten bereiten, oder?

Und so geht's: Erzeugen Sie zunächst eine Rechteckauswahl. Mit der Funktion VON AUSWAHL SUBTRAHIEREN entfernen Sie anschließend die untere rechte Ecke und füllen die verbliebene Fläche mit der eingestellten Vordergrundfarbe. Heben Sie die Auswahl danach auf, und erzeugen Sie das kleine Rechteck, dessen Auswahllinien Sie nun füllen (BEARBEITEN • KONTUR FÜLLEN).

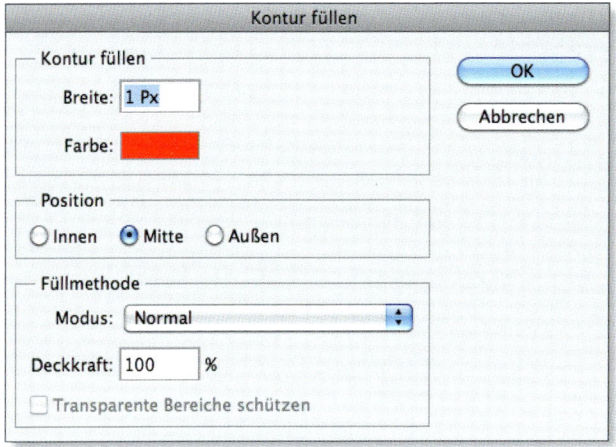

▲ **Abbildung 3.83**
Erzeugen Sie eine Kombination aus gefüllter Fläche und gefüllter Kontur.

◄ **Abbildung 3.84**
Wie stark die Kontur sein soll, legen Sie im Feld BREITE fest.

Achten Sie bei diesem Dialog darauf, dass Sie entscheiden können, ob die Mitte der gestrichelten Auswahllinie als Kontur dienen soll oder ob die Farbe außerhalb bzw. innerhalb der Auswahl aufgetragen wird. Legen Sie im Frame POSITION als Option INNEN, MITTE oder AUSSEN fest.

Weiche Auswahlkanten

Sie wünschen sich eine weiche Auswahlkante, in der Vorder- und Hintergrund weich ineinander übergehen? Nichts leichter als das: Dazu ist lediglich zu bedenken, dass das Steuerelement WEICHE KANTE in der Optionsleiste *vor* der Erzeugung der Auswahl eingestellt werden muss.

▲ **Abbildung 3.85**
Stellen Sie die Größe des weichen Übergangs ein (hier 20 Px, wobei Px für Pixel steht).

3.8 Bildbereiche auswählen

Photoshop ist eine Bildbearbeitungssoftware. Und als solche soll sie natürlich auch genutzt werden – und nicht, um irgendwelche Rechtecke oder Kreise mit Farbe zu füllen. Gehen wir also in die Praxis und sehen uns an, wann Auswahlen real zum Tragen kommen.

Lasso-Auswahlen

Nachdem Sie geometrisch vordefinierte Formen angewendet haben, kommen wir nun zu freien Formen, die das individuelle Markieren eines bestimmten Bildbereichs unterstützen. Und da sind die Lasso-Auswahlen ganz nah.

► LASSO-WERKZEUG: Kreisen Sie mit diesem Tool Objekte ein, die keine einheitliche Struktur aufweisen.

► POLYGON-LASSO-WERKZEUG: Erzeugen Sie Auswahlpunkte, die durch Geraden miteinander verbunden werden.

► MAGNETISCHES-LASSO-WERKZEUG: Dieses wirklich interessante Tool orientiert sich an kontrastierenden Kanten innerhalb des Bildes.

Schritt für Schritt
Hintergrundfarbe ändern (Lasso-Methode)

Sie kennen diese Technik aus jedem Produktkatalog. Der Hintergrund des Objekts ist dort meist entfernt bzw. ist stark kontrastierend eingefärbt. Wenn Sie die Datei »Schneckenhaus.tif« betrachten, werden Sie schnell feststellen, dass zur Erzeugung einer Auswahl mit den klassischen Rechteck- bzw. Ellipsenformen nicht viel zu machen ist. Hier müssen andere Tools die Arbeit übernehmen.

Bilder/Schneckenhaus.tif

© Leszek Schluter

▲ **Abbildung 3.86**
Hier wird es nicht so leicht sein, die Kanten zu finden.

1 Lasso einstellen

Aktivieren Sie das Magnetisches-Lasso-Werkzeug. Auch hier gilt wieder: Nach der Selektion des Tools muss es eingestellt werden. Entnehmen Sie die Werte der Abbildung. Falls Sie seit der Installation der Anwendung noch keine Änderungen vorgenommen haben, sollten die Werte bereits übereinstimmen.

▲ **Abbildung 3.87**
Die ursprünglichen Werte sind optimal, um im Folgenden eine Auswahl zu erstellen.

Setzen Sie nun das Tool auf das Bild, wobei Sie eine Kante zwischen Objekt und Hintergrund wählen. Ich habe mich bei dieser

Kontrast einstellen

Mit KONTRAST wird festgelegt, wie groß die Farbunterschiede zwischen benachbarten Pixeln sein dürfen. Daraus lässt sich ableiten: Je höher der Wert eingestellt ist, desto größer ist auch der Bereich, der als »ähnliche Farbe« mit in die Auswahl aufgenommen wird.

Frequenzwert

Die FREQUENZ regelt, mit welcher Häufigkeit automatisch Zwischenpunkte in die Lassolinie eingefügt werden. Je höher die Frequenz ist, desto mehr Punkte (Quadratflächen auf der Auswahllinie) werden platziert. Demnach gilt auch: Je größer der Frequenzwert ist, desto öfter stellt Photoshop eine Prüfung der kontrastierenden Kanten an.

Übung für ❶ entschieden. Setzen Sie dort einen Mausklick, und fahren Sie anschließend die Kontur des Schneckenhauses ab (die Maustaste ist dabei nicht gedrückt). Lassen Sie sich Zeit dabei, und fahren Sie das Objekt langsam ab. Wenn Sie merken, dass sich die Linie von der Kontur wegbewegt (❷ ist ein kritischer Bereich), gehen Sie mit dem Lasso ein Stück zurück, bis Sie sich wieder auf der Kontur befinden. Platzieren Sie anschließend dort einen Mausklick.

Abbildung 3.88 ▶
Fahren Sie die Kontur des Schneckenhauses ab.

Vom Lasso kurzzeitig zum Polygon-Lasso wechseln

Halten Sie [Alt] gedrückt. Danach lassen Sie die Maustaste los, wodurch das POLYGON-LASSO aktiv wird. Zurück auf das Lasso schalten Sie so: Klicken Sie abermals, halten Sie nun die Maustaste gedrückt, und lassen Sie [Alt] los.

2 Lasso-Auswahl schließen

Die Auswahl können Sie nicht verlassen. (Würden Sie sich vom Schneckenhaus wegbewegen, würde auch die Kontur mitlaufen.) Sie müssen nämlich den Kreis zunächst schließen. Achten Sie darauf, dass Sie in schwach kontrastierenden Bereichen (❸ ist problematisch) möglichst viele Zwischenpunkte setzen. Falls die Auswahl nicht hundertprozentig gelingt, ist das kein Beinbruch. Sie muss dann im Anschluss korrigiert werden. Sobald Sie wieder am ersten Punkt der Lasso-Auswahl angelangt sind, klicken Sie erneut, um die Auswahl zu schließen.

3 Optional: Auswahl nachträglich korrigieren

Möglicherweise müssen Sie jetzt die Auswahl noch bereinigen, da Sie zu viel oder zu wenig mit eingeschlossen haben. Schalten Sie auf das Polygon-Lasso oder das Freihand-Lasso um. Des Weiteren aktivieren Sie, falls Bereiche des Schneckenhauses fehlen, in der

Optionsleiste DER AUSWAHL HINZUFÜGEN ❹ und grenzen den fehlenden Bereich zusätzlich ein.

Sollten Sie teilweise den Hintergrund mit eingefangen haben, müssen Sie entsprechend VON AUSWAHL SUBTRAHIEREN ❺ aktivieren und eine Lasso-Auswahl um alle Bereiche legen, die nicht zum Schneckenhaus gehören und entfernt werden müssen.

Beachten Sie aber in beiden Fällen, dass Sie unbedingt einen in sich geschlossenen Auswahlkreis erzeugen müssen, ehe der zuletzt definierte Bereich hinzugefügt bzw. subtrahiert werden kann.

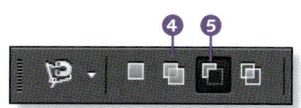

▲ **Abbildung 3.89**
Das Werkzeug steht auf VON DER AUSWAHL SUBTRAHIEREN.

◀ **Abbildung 3.90**
So soll die Auswahl am Schluss aussehen.

4 Auswahl umkehren

Da wir aber nicht das Schneckenhaus, sondern den Hintergrund färben wollen, muss die Auswahl zunächst umgekehrt werden. Drücken Sie dazu Strg/⌘+⇧+I, oder wählen Sie AUSWAHL • AUSWAHL UMKEHREN aus dem Menü. Die Folge: Alle Bildbereiche mit Ausnahme der Schnecke sind nun ausgewählt.

5 Hintergrund einfärben

Entscheiden Sie sich nun für BEARBEITEN • FLÄCHE FÜLLEN (alternativ drücken Sie ⇧+F5), und füllen Sie die Auswahl mit der Vordergrundfarbe. Rot dürfte ja noch eingestellt sein, sofern Sie den letzten Workshop durchgeführt haben. Zuletzt heben Sie die

Auswahl auf (⟨Strg⟩/⟨⌘⟩+⟨D⟩ bzw. AUSWAHL • AUSWAHL AUFHE-BEN). Hier sehen Sie das Ergebnis in der Vorher-nachher-Ansicht.

▲ **Abbildung 3.91**
Im Schneckentempo zum
roten Hintergrund

Zauberstab-Auswahlen

Eine Alternative zu Auswahlen mit dem Lasso stellt der Zauber-stab dar. Dieser befindet sich in einer Gruppe mit dem Schnellaus-wahlwerkzeug. Damit erzeugen Sie eine Auswahl in Abhängigkeit von der Pixelfarbe. Anders als mit einem Lasso, mit dem Sie das Auswahlobjekt umkreisen, werden mit dem Zauberstab Farbbe-reiche markiert.

Das Schnellauswahlwerkzeug

Das Schnellauswahlwerkzeug ist beim Finden von Kanten behilf-lich. Zeichnen Sie mit gedrückter Maustaste über den auszuwäh-lenden Bereich, werden Sie sehen, dass sich die Auswahl fast wie von selbst an Farbwerten und geeigneten Kanten orientiert. Im Workshop auf Seite 133 sehen Sie das Werkzeug im praktischen Einsatz. Zuvor sollten Sie sich jedoch noch mit der nachträglichen Korrektur einer einmal erstellten Auswahl beschäftigen.

3.9 Auswahlen nachträglich ändern

Sollten Sie bereits eine Auswahl aufgezogen haben und erst im Anschluss den Wert WEICHE KANTE in der Optionsleiste ändern, hat dies keinerlei Einfluss mehr auf die Auswahl. Dennoch besteht die Möglichkeit, bestehende Auswahlen nachträglich zu verändern und sogar eine weiche Kante zu vergeben.

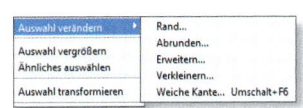

▲ **Abbildung 3.92**
Befehle im Menü Auswahl •
Auswahl verändern

- ▸ Auswahl • Alles auswählen: Erzeugen Sie aus der kompletten Bildfläche eine Auswahl.
- ▸ Auswahl • Auswahl umkehren (Strg/⌘+⇧+I): Ausgewählte und nicht ausgewählte Bereiche werden miteinander vertauscht. Wenn Sie eine Auswahl erzeugen und anschließend diese Option benutzen, sind alle Bereiche mit Ausnahme des zuvor selektierten Bereichs ausgewählt.
- ▸ Auswahl • Auswahl verändern • Rand: Außerhalb der erzeugten Auswahl wird ein Rahmen (ähnlich der Kontur) erzeugt, der als neue Auswahlfläche definiert ist. Die Bereiche innerhalb der ursprünglichen Auswahl sind nun abgewählt.

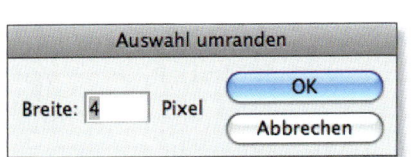 

◄ **Abbildung 3.93**
Die Auswahl erhält einen farbigen Rand

- ▸ Auswahl • Auswahl verändern • Abrunden: Die Ecken der Auswahl werden abgerundet. Dabei ändert sich der Wert der weichen Kante nicht.

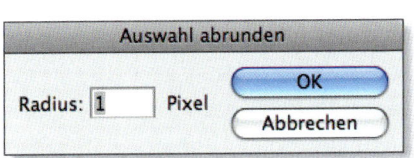 

◄ **Abbildung 3.94**
Runde Ecken für die Auswahl

- ▸ Auswahl • Auswahl verändern • Erweitern: Die bestehende Auswahl kann entsprechend der Eingabe vergrößert werden. Der Maximalwert ist dabei auf 100 Pixel beschränkt.
- ▸ Auswahl • Auswahl verändern • Verkleinern: Die bestehende Auswahl kann entsprechend der Eingabe verkleinert werden. Sollte der angegebene Wert größer sein als die eigentliche Auswahl, erscheint eine Fehlermeldung.

Abbildung 3.95 ►
Photoshop konnte den Befehl
nicht ausführen.

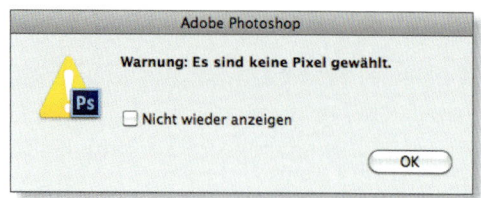

▸ AUSWAHL • AUSWAHL VERÄNDERN • WEICHE KANTE (Strg /
⌘ + ⌂ + D): Mit diesem Befehl vergeben Sie nachträglich
noch eine weiche Auswahlkante. Stellen Sie im Dialog die entsprechende Größe ein.

Abbildung 3.96 ►
So wirkt sich eine weiche
Auswahlkante aus.

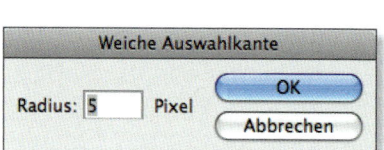

▸ AUSWAHL • AUSWAHL VERGRÖSSERN: Ähnliche (angrenzende)
Farbwerte werden in die bestehende Auswahl aufgenommen.
▸ AUSWAHL • AUSWAHL TRANSFORMIEREN: Die vorhandene Aus-
wahl wird um einen Skalierrahmen erweitert und kann an den
Anfassern nun nach Wunsch skaliert werden.

Auswahl manuell skalieren

Zuletzt darf ein wichtiger Hinweis nicht fehlen: Photoshop erlaubt
es nämlich auch, eine aktive Auswahl ganz individuell per Drag &
Drop zu verändern. Dazu müssen Sie lediglich erneut in das Menü
AUSWAHL gehen und dort AUSWAHL TRANSFORMIEREN einstellen.
Die Auswahlkante wird daraufhin mit einer zusätzlichen Umran-
dung versehen, die mit den bereits bekannten, quadratischen
Anfassern ausgestattet ist. Wenn Sie die Maus dort hineinstellen,
lässt sich das gute Stück prima hin und her schieben. Ja, und wenn
Sie daran ziehen, können Sie die Auswahl nach Wunsch strecken,
ziehen, stauchen, ja sogar drehen!

Da fragt man sich doch, wo denn wohl die Grenzen der Anwendung erreicht sein mögen, was? Gut, neigen bzw. kippen kann
man die Auswahl nicht. Oder doch? Verziehen Sie doch einmal
einen der Anfasser (am besten einen Eckpunkt), während Sie
Strg /⌘ gedrückt halten.

**Auswahl gleichmäßig
verziehen**

Im Transformationsstatus
lässt sich eine Auswahl
auch gleichmäßig verzie-
hen. Das funktioniert wie
beim Freistellungsrahmen.
Halten Sie ⌂ gedrückt,
bleiben die Proportionen
(Breite zu Höhe) beim Ziehen erhalten. Bei der Verwendung von Alt errei-
chen Sie, dass sich die
Auswahl gleichmäßig zu
allen Seiten ausdehnt,
sofern Sie einen der Eck-
anfasser betätigen. Ergreifen Sie stattdessen nur
einen Seitenanfasser, wird
lediglich die gegenüberlie-
gende Seite mit skaliert.
Denken Sie daran, dass Sie
am Schluss grundsätzlich
zuerst die Maustaste und
erst danach die Taste Ihrer
Tastatur loslassen dürfen.

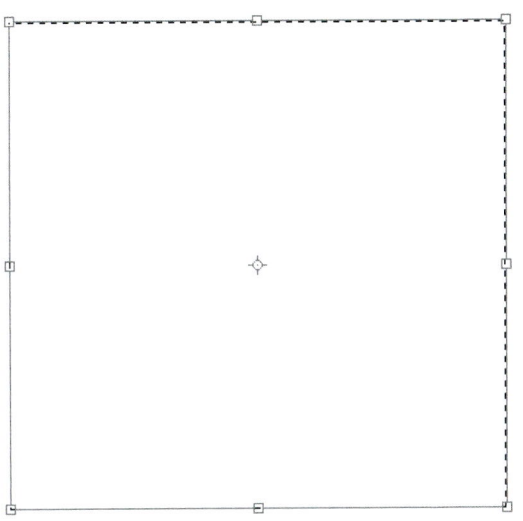

▲ Abbildung 3.97
Der Auswahlrahmen wird um einen Transformationsrahmen erweitert.

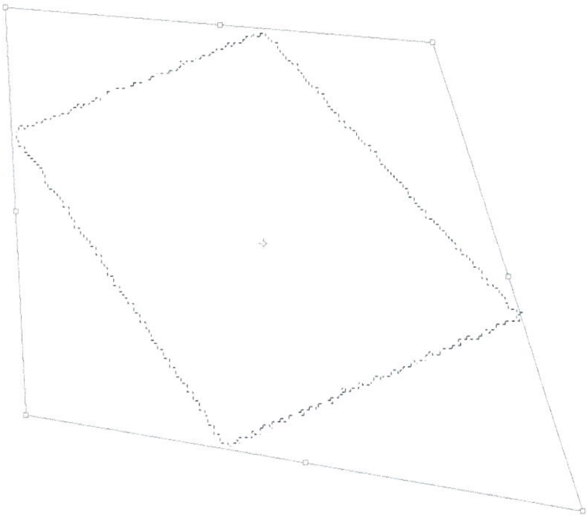

▲ Abbildung 3.98
Diese Auswahl wurde im ersten Arbeitsgang gedreht und im zweiten transformiert.

Kante verbessern

Auswahlbereiche lassen sich jederzeit noch individuell anpassen. Das ist vor allem dann interessant, wenn sich der Übergang zwischen ausgewähltem und nicht ausgewähltem Objekt schwierig gestaltet. Um die Funktion nutzen zu können, müssen zwei Bedingungen erfüllt sein:

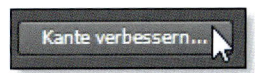

▲ Abbildung 3.99
Hier können Sie die Auswahl weiter verfeinern.

1. Es muss eine Auswahl bestehen und
2. innerhalb der Werkzeugleiste muss ein Auswahlwerkzeug aktiv sein.

Im Anschluss daran betätigen Sie die Schaltfläche KANTE VERBESSERN innerhalb der Optionsleiste.

❶ ANSICHTSMODUS: Lassen Sie die ausgewählten und nicht ausgewählten Bereiche des Fotos in unterschiedlichen Darstellungen erscheinen, um die Trennung beider Bereiche besser beurteilen zu können. Wenn Sie zudem RADIUS ANZEIGEN einschalten, wird der Bildbereich entlang der Auswahl sichtbar. Schalten Sie SMART-RADIUS ein, und erhöhen Sie den Wert RADIUS ein wenig. ORIGINAL ANZEIGEN präsentiert den ausgewählten Bereich wieder als geschlossene Form.

❷ Hinter diesem Button verbergen sich zwei Werkzeuge:
- RADIUS-VERBESSERN-WERKZEUG: Verbessert den Übergang besonders im Bereich feiner Linien, wie z. B. Haare.
- VERFEINERUNGEN-LÖSCHEN-WERKZEUG: Sollten Bereiche mit aufgenommen worden sein, die eigentlich nicht mit aufgenommen werden sollten, schalten Sie auf dieses Tool um. Danach wischen Sie erneut über die gewünschte Stelle. Bei aktiviertem Verbessern-Werkzeug können Sie auch kurzzeitig auf das Löschen-Tool umschalten, indem Sie [Alt] gedrückt halten.

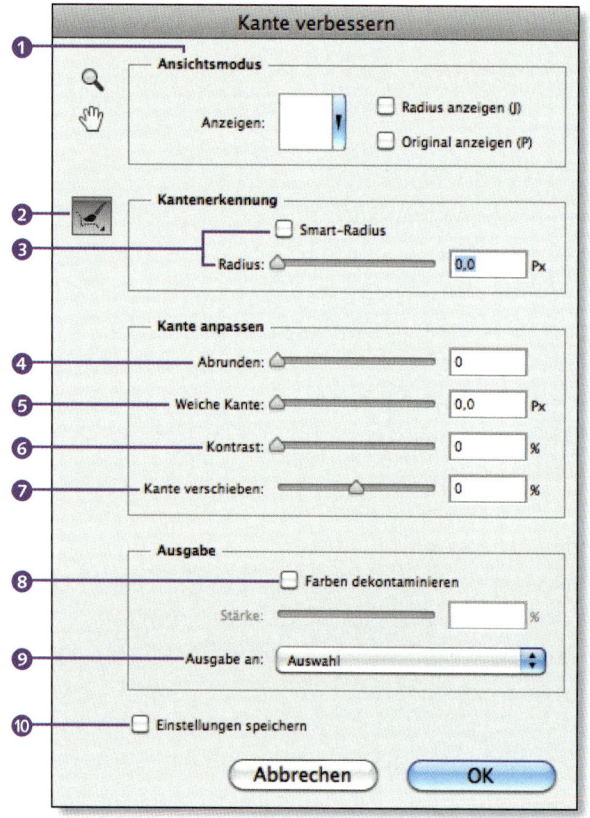

Abbildung 3.100 ►
Der Dialog KANTE VERBESSERN

❸ SMART-RADIUS und RADIUS: Lassen Sie sich bei der Optimierung der Auswahl von Photoshop unterstützen. Die Anwendung sucht nach Übergängen im Bereich der Auswahlkante und optimiert diese. Vergrößern Sie den Radius, wenn Sie es mit detailreichen oder weichen Übergängen zu tun haben.

④ ABRUNDEN: Die Auswahl wird an eckigen, ausgefransten Stellen rundlicher und erscheint damit mehr geglättet.

⑤ WEICHE KANTE: Der Übergang zwischen ausgewähltem und nicht ausgewähltem Bereich wird weicher dargestellt.

⑥ KONTRAST: Die Auswahlkante wird schärfer, und auftretende Störungen werden entfernt (insbesondere wenn Sie mit größeren Radien arbeiten).

⑦ KANTE VERSCHIEBEN: Wenn Sie den Schieber nach links bewegen, verschiebt sich die Auswahlkante nach innen, und der ausgewählte Bereich wird kleiner. Nach rechts hin wird der Auswahlbereich mehr und mehr ausgedehnt. Im Bereich von »0« ist die Auswahl unverändert.

⑧ FARBEN DEKONTAMINIEREN: Diese Checkbox sorgt dafür, dass Farbveränderungen (ausgefranste Farbbereiche) entlang der Auswahlkante durch jene Farben ersetzt werden, die sich etwas weiter innerhalb der Auswahl befinden. Dadurch wird Farbverfälschungen entlang der Kante entgegengewirkt. Nach der Anwahl der Checkbox kann der Grad der Beeinflussung mit Hilfe des unterhalb befindlichen Reglers eingestellt werden.

⑨ AUSGABE AN: Bestimmen Sie, was nach dem Klick auf OK mit dem ausgewählten Bereich geschehen soll. Dieser lässt sich beispielsweise als eigene Ebene, als Maskenebene oder sogar als neues Bilddokument ausgeben. (Beachten Sie zum Thema »Ebenen« auch das Kapitel 4.)

⑩ EINSTELLUNGEN SPEICHERN: Wenn Sie KANTE VERBESSERN zu einem anderen Zeitpunkt erneut ausführen, befinden sich sämtliche Schieberegler wieder in Ausgangsposition. Wenn Sie jedoch die aktuellen Werte beibehalten wollen, aktivieren Sie diese Checkbox, ehe Sie den Dialog verlassen.

Schritt für Schritt
Haare freistellen

Als Königsdisziplin in Sachen Freistellung gelten zweifellos Haare. Im Detail hilft nämlich keines der bekannten Auswahlwerkzeuge weiter. Der KANTE VERBESSERN-Dialog hingegen schon. Auch dessen Mittel sind jedoch beschränkt. Dennoch wollen wir in diesem Workshop versuchen, das Model vom ursprünglichen Hintergrund

Bilder/Haare_01.jpg,
Haare_02.jpg

zu lösen, um es anschließend auf das Blumen-Foto zu montieren. Die wehenden Haare sind dabei in der Tat das größte Problem.

Abbildung 3.101 ▶
Der Hintergrund des Model-Fotos soll verschwinden. Im nächsten Schritt wird das Model auf das Sonnen-blumen-Foto montiert.

1 **Grobe Auswahl erzeugen**

Stellen Sie das Model-Foto zunächst nach vorne. Aktivieren Sie das Schnellauswahlwerkzeug, und verpassen Sie ihm einen Pinsel-durchmesser von ca. 20 Px.

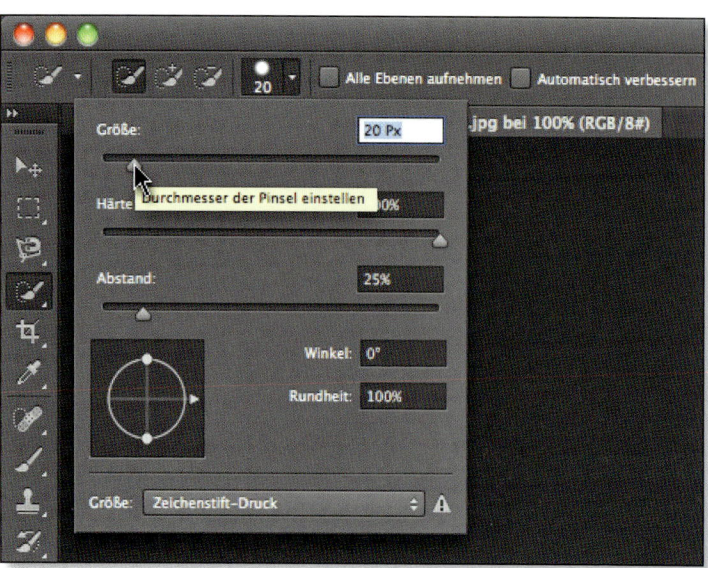

Abbildung 3.102 ▶
Zuerst muss der Pinsel defi-niert werden.

134

Danach fahren Sie mit gedrückter Maustaste über Gesicht, Haare und Körper des Models. Sie dürfen das gerne in mehreren Schritten machen, indem Sie die Maustaste zwischendurch loslassen und wieder neu ansetzen.

Dass dabei auch der Hintergrund mit aufgenommen wird, lässt sich kaum vermeiden. Entfernen Sie diese Teile, indem Sie ⎡Alt⎤ gedrückt halten und sie noch einmal überpinseln. Dabei wird wahrscheinlich der rechte Arm der Dame wieder abgewählt. Diesen müssen Sie dann abermals hinzufügen (ohne ⎡Alt⎤). Am Ende sollte Ihnen eine recht grobe Auswahl gelungen sein (siehe Abbildung 3.103).

◄ **Abbildung 3.103**
Die freundliche Lady ist im wahrsten Sinne des Wortes umgarnt worden – und zwar mit einer groben Auswahl.

2 Ansichtsmodus verändern

In der Optionsleiste klicken Sie nun auf KANTE VERBESSERN. Stellen Sie den Dialog neben das Foto, und öffnen Sie das Pulldown-Menü ANZEIGEN ❶. Entscheiden Sie sich für AUF SCHWARZ. Alternativ betätigen Sie ⎡B⎤.

Abbildung 3.104 ▸
Auf schwarzem Hintergrund
hebt sich die Auswahlkante
viel besser ab.

3 Pinselgröße korrigieren

Kontrollieren Sie die Pinselgröße in der Optionsleiste. Diese sollte
auch jetzt noch 20 betragen. Ist das nicht der Fall, korrigieren Sie
das mit Hilfe des Steuerelements GRÖSSE.

Abbildung 3.105 ▸
Die Spitze sollte auch jetzt
noch 20 Px betragen.

4 Auswahl bearbeiten

Konzentrieren Sie sich auf das Foto, und fahren Sie mit dem
Werkzeug bei gedrückter Maustaste langsam über die Bereiche,
an denen sich die Haare des Models befinden sollten. Sobald Sie
die Maustaste loslassen, »sucht« Photoshop nach den Haaren und
entfernt jene Bereiche, die offenbar nicht dazugehören.

Abbildung 3.106 ▸
Photoshop versucht,
die Haare selbständig freizustellen.

5 Auswahl verfeinern

Übermalen Sie auf diese Weise sämtliche Ränder entlang der Haare und des Körpers. Sollten Bereiche entfernt worden sein, die zur Person gehören, schalten Sie das Werkzeug durch einen langen Klick auf ❷ auf VERFEINERUNGEN LÖSCHEN um, und übermalen Sie die Stelle abermals (beim bildlinken Arm könnte das nötig sein).

▲ **Abbildung 3.107**
Was fälschlicherweise entfernt worden ist, wird mit dem Verfeinerungen-löschen-Werkzeug abermals überpinselt.

6 Letzte Einstellungen vornehmen

Erhöhen sie den KONTRAST ❸ etwas (auf ca. 12), damit sich die feinen Härchen besser vom Hintergrund abheben. Aktivieren Sie zudem FARBEN DEKONTAMINIEREN ❹, und ziehen Sie den Regler STÄRKE ❺ auf etwa 80 herauf. Das reduziert die Grünfärbung in den Haarspitzen. Bevor Sie mit OK bestätigen, stellen Sie AUSGABE AN ❻ noch auf NEUE EBENE.

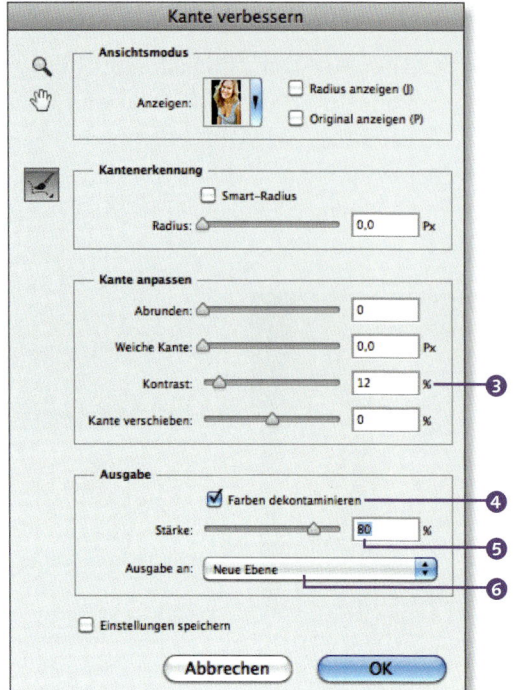

Abbildung 3.108 ▶
Nachdem Sie diese Einstellungen gewählt haben, können Sie den Dialog mit OK verlassen.

7 Ausschneiden und weichzeichnen

Damit ist das Model-Foto fertig und kann auf den neuen Hintergrund übertragen werden. Betätigen Sie ⌜Strg⌟/⌜⌘⌟+⌜A⌟, gefolgt von ⌜Strg⌟/⌜⌘⌟+⌜C⌟. Danach selektieren Sie das Sonnenblumen-Foto. Hier sollten Sie zunächst dafür sorgen, dass der Hintergrund ein wenig weicher wird. Betätigen Sie daher FILTER • WEICHZEICHNUNGSFILTER • GAUSSSCHER WEICHZEICHNER, und legen Sie einen RADIUS von ca. 1,8 Pixel fest. Danach fällt die Wahl erneut auf den OK-Schalter.

Abbildung 3.109 ▶
Der Hintergrund soll leicht unscharf werden.

8 Foto einfügen

Zuletzt drücken Sie $\boxed{\text{Strg}}$/$\boxed{\text{⌘}}$+$\boxed{\text{V}}$, aktivieren das Verschieben-Werkzeug $\boxed{\text{V}}$, halten $\boxed{\text{⇧}}$ gedrückt, klicken auf das Model und ziehen es mit gedrückter Maustaste bis zum rechten Bildrand herüber. Na, wie zufrieden sind Sie mit dem Ergebnis?

Das Ergebnis kann sich sehen lassen. Aber Sie können sich vorstellen: Je detailreicher der Hintergrund ist und vor allem je mehr er farblich den Haaren gleicht, desto schwieriger wird die Freistellung. Erwarten Sie also bitte keine Wunder. Aber der Einsatz lohnt sich – selbst wenn man das eine oder andere Mal vielleicht auf eine Strähne verzichten muss. Noch ein Tipp zum Schluss: Falls möglich, verwenden Sie Hintergründe, die sich farblich nicht allzu dramatisch vom Originalhintergrund unterscheiden.

▲ **Abbildung 3.110**
Tatsächlich. Die Haare sind wunschgemäß freigestellt.

Auswahlkante vorübergehend ausblenden

Mitunter ist es wirklich störend, wenn die Auswahlkanten fröhlich vor sich hin blinken. Sie können dann nämlich nicht zweifelsfrei erkennen, ob die Auswahl auch einen sauberen Übergang zum Hintergrund bildet. In diesem Fall empfiehlt es sich, die Auswahlkante vorübergehend unsichtbar zu machen, indem Sie ⌈Strg⌉/ ⌈⌘⌉+⌈H⌉ drücken. Bedenken Sie dabei aber unbedingt, dass die Auswahl immer noch aktiv ist – sie ist derzeit lediglich unsichtbar. Am Schluss Ihrer Arbeit sollten Sie die Tastenkombination erneut betätigen, um die Auswahl wieder sichtbar zu machen.

Auswahlen speichern

Falls Sie eine aufwändige Auswahl erzeugt haben, ist es immer ratsam, diese über AUSWAHL • AUSWAHL SPEICHERN zu sichern. Wenn sich später herausstellt, dass Sie doch noch Änderungen vornehmen müssen, ist die ursprüngliche Form gleich verfügbar, indem Sie AUSWAHL • AUSWAHL LADEN anwählen.

Darüber hinaus lassen sich viele Auswahlformate auf weitere Bilddateien anwenden. Die Auswahl selbst kann per Drag & Drop auf eine andere Datei übertragen werden. (Dabei muss NEUE AUSWAHL in der Optionsleiste aktiv sein.) Wichtig ist, dass Sie Dateien, die Auswahlen enthalten, immer als PSD- oder TIFF-Dokument sichern. Andere Formate (wie JPEG oder BMP) unterstützen diese Funktion nämlich nicht.

Auswahl verschwunden

Noch ein Tipp zum Schluss: Die Auswahl hat sich wie von selbst aufgelöst? Das passiert vielleicht unbeabsichtigt, nachdem Sie einen falschen Befehl ausgeführt haben. Öffnen Sie einfach das Menü AUSWAHL, und klicken Sie auf ERNEUT AUSWÄHLEN.

Ebenen

Das Fundament aller Bildmontagen

- ▸ Was sind Ebenen und wie wird mit Ebenen gearbeitet?

- ▸ Wie funktionieren Ebenenmasken?

- ▸ Wie werden Ebenenstile hinzugefügt und eingestellt?

- ▸ Was sind Füllmethoden?

- ▸ Wie arbeite ich mit Smartobjekt-Ebenen?

4 Ebenen

Ohne Ebenen geht gar nichts! Kaum eine andere Technik hat die elektronische Bildbearbeitung seinerzeit derart revolutioniert. Ebenenmasken, Ebenenstile und Füllmethoden sorgen heute für grenzenlose Vielfalt in der Pixelwelt.

4.1 Wie funktionieren Ebenen?

Masken

Besonders Einsteiger haben großen Respekt vor der Masken-Thematik. Das ist aber eigentlich unbegründet, da das Handling im Prinzip sehr einfach ist. Es wird in diesem Kapitel noch genauer erläutert. Bedenken Sie, dass Maskierungen für die effektvolle Bildbearbeitung elementar sind. Sie sollten nicht darauf verzichten!

Abbildung 4.1 ▶
Die übereinander angeordneten Folien ergeben das Gesamtbild.

Zuallererst müssen zwei Begriffe näher erläutert werden: *Ebenen* und *Masken*. Was hat es damit auf sich? Stellen Sie sich Ebenen wie übereinander angeordnete transparente Folien vor. Auf jede einzelne Folie lassen sich nun verschiedene Objekte aufkleben, mit einem Stift bemalen, beschreiben oder Ähnliches. Danach legen Sie alle Folien in einer bestimmten Reihenfolge übereinander. Wenn Sie jetzt von oben durchschauen, ergibt sich aus allen einzelnen Folien heraus ein Gesamtbild.

© Robert Klaßen

Außerdem ist es möglich, die einzelnen Folien zu bearbeiten. So lassen sich beispielsweise Bereiche einer bestimmten Folie ganz einfach verdecken, was Auswirkungen auf das Gesamtergebnis hätte. Das sind dann die so genannten Maskierungen. Doch das Beste ist: Sie bestimmen selbst, mit welcher Intensität die jeweilige Folie dargestellt wird, d. h., wie stark sie sichtbar wird und an welcher Stelle die einzelnen Elemente platziert werden sollen.

Bilder/Ebenen.tif

Das Ebenen-Bedienfeld im Detail

Öffnen Sie die Beispieldatei »Ebenen.tif«, und skalieren Sie das herausgelöste Ebenen-Bedienfeld, indem Sie am Anfasser der unteren rechten Ecke ziehen. Scrollen **11** Sie bis ganz nach unten.

▼ **Abbildung 4.2**
Die Beispieldatei besteht aus zahlreichen einzelnen Folien – den so genannten Ebenen.

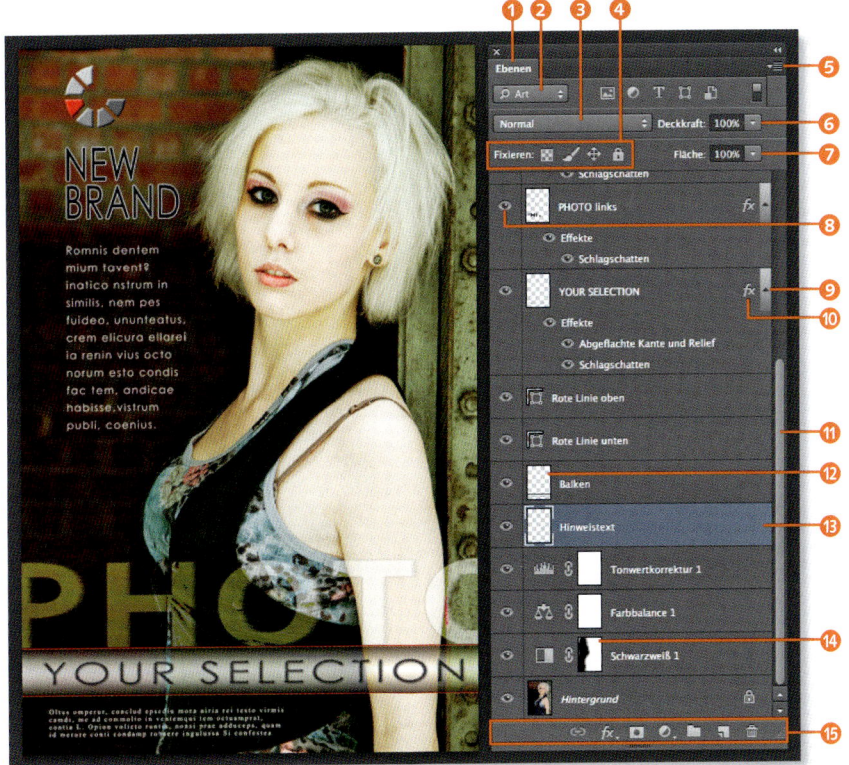

© Robert Klaßen

Die einzelnen Steuerelemente:

1. Registerkarte der Ebene
2. Filtertyp (Suchfunktionen – siehe auch nebenstehende Buttons)
3. Füllmethode der Ebene
4. Fixiermöglichkeiten (Sperren und vor unbeabsichtigter Bearbeitung schützen)

5. Bedienfeldmenü
6. Ebenendeckkraft
7. Flächendeckkraft der Ebene
8. Sichtbarkeit der Ebene (Ein- und Ausblenden)
9. Ebenenstile ein- und ausklappen
10. Zugewiesener Ebenenstil

11. Scrollbalken
12. Ebenenminiatur
13. Aktivierte Ebene (farbig hinterlegt)
14. Maskenminiatur
15. Fußleiste des Ebenen-Bedienfelds

Jede einzelne Zeile, die dort zu sehen ist, ist eine eigenständige Folie (sprich: Ebene) innerhalb der Gesamtkomposition. Auf dem Foto selbst stellen sich die einzelnen Ebenen auch als einzelne Elemente dar (z. B. das Logo, die Überschrift, der Fließtext – sogar die beiden dünnen roten Linien sind eigenständige Ebenen).

Ebenenbasierte Dateien speichern

Sie können selbstverständlich Fotos speichern, die aus mehreren Ebenen bestehen. Damit die Ebenen jedoch auch in Zukunft editierbar bleiben, müssen Sie das Ganze als TIFF oder PSD sichern. Andere Formate wie z. B. JPEG oder BMP unterstützen keine Ebenentechnologien. Da sich jedoch bei solchen Fotos die Dateigröße erhöht, gibt Photoshop vorsichtshalber beim Speichern eine Warnmeldung aus – und zwar jedes Mal! Das nervt! Deswegen sollten Sie NICHT WIEDER ANZEIGEN mit einem Häkchen versehen, ehe Sie mit OK bestätigen.

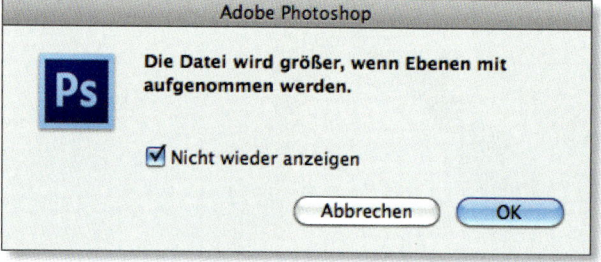

Abbildung 4.3 ▶
Wenn Sie hier kein Häkchen setzen, werden Sie immer wieder auf die erhöhten Dateigrößen aufmerksam gemacht.

4.2 Mit Ebenen arbeiten

Die vorangegangene Kompaktübersicht macht noch nicht wirklich Mut, sich auf Ebenen einzulassen, oder? Es existieren viele ungeklärte Begriffe, und die Bedienbarkeit dieses monströsen Bedienfelds ist auch noch nicht nachvollziehbar, oder? Schauen Sie also etwas genauer hin.

Ebenen filtern

Neu in Photoshop CS6 ist die Suchoption ❶. Umfangreiche Bilddokumente, die nicht selten aus 100 und mehr Ebenen bestehen, können so systematisch durchsucht werden. Wollen Sie beispielsweise nur die Einstellungsebenen sehen, markieren Sie zunächst die entsprechende Schaltfläche ❷. Auch mehrere Optionen sind möglich, wie z. B. neben den Einstellungsebenen noch die Formebenen ❸. Um das Suchergebnis anschließend zu löschen, reicht ein Klick auf ❹.

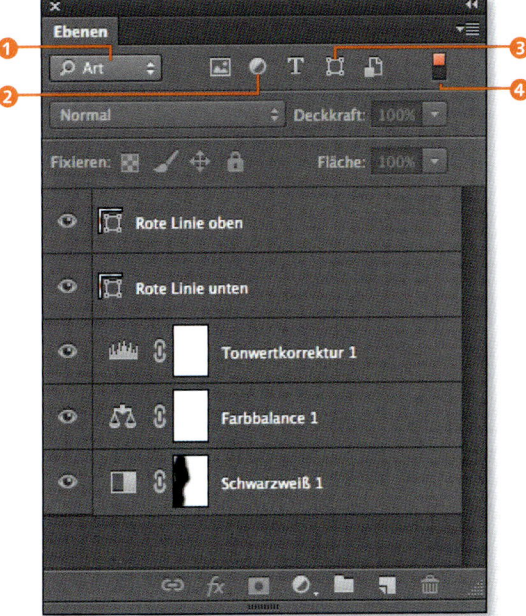

◄ **Abbildung 4.4**
Jetzt werden nur die zuvor ausgewählten Ebenenarten angezeigt.

Ebenen markieren

Grundsätzlich muss die Ebene, mit der Sie arbeiten wollen, innerhalb des Ebenen-Bedienfelds markiert sein. Dazu klicken Sie diese einfach an. Sie wird daraufhin blau hinterlegt. (Sollten Sie die Helligkeit der Arbeitsoberfläche zuvor angepasst haben, kann auch ein anderer Farbton als Blau zum Tragen kommen.)

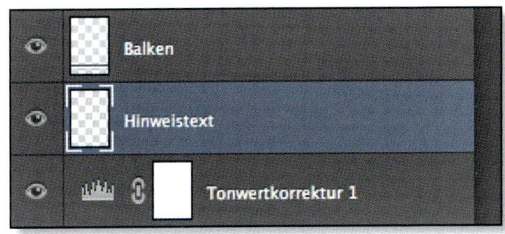

◄ **Abbildung 4.5**
Die Ebene HINWEISTEXT wurde per Mausklick ausgewählt.

Wenn Sie das Verschieben-Werkzeug aktiviert und in der Options-leiste zudem AUTOMATISCH AUSWÄHLEN ❶ angewählt haben, kön-nen Sie die Ebene auch auswählen, indem Sie deren Inhalt direkt im Foto markieren. Bei wenigen Ebenen ist das kein Problem. Im Beispielfoto könnte das jedoch schwierig werden, und Sie sollten grundsätzlich prüfen, ob die Ebene auch im Ebenen-Bedienfeld blau angezeigt wird.

▲ **Abbildung 4.6**
Danach lassen sich Ebenen auch direkt im Bild anwählen.

Bei aktivierter Funktion TRANSFORMATIONSSTEUERUNGEN ❷ wer-den um den Ebeneninhalt herum Rahmenlinien sowie Anfasser abgebildet. Hierüber ließe sich der Inhalt der Ebene dann direkt im Bild skalieren, wobei der Vorgang am Ende mit Klick auf das Häkchen in der Optionsleiste oder ⏎ bestätigt werden muss.

Ebenenreihenfolge verändern

Falls Sie einmal mehrere Ebenen markieren wollen (beispiels-weise, um diese gemeinsam auf der Bildfläche zu verschieben), klicken Sie die erste wie gewohnt mit der Maus an. Halten Sie jetzt Strg/⌘ gedrückt, und klicken Sie damit auf weitere Ebenen. Dadurch lassen sich zahlreiche Ebenen markieren, die nicht direkt übereinander angeordnet sind (Abbildung 4.7, links). Möchten Sie mehrere übereinanderliegende Ebenen markieren, reicht es, wenn Sie zunächst die oberste anklicken, dann ⇧ gedrückt halten und jetzt die unterste Ebene per Mausklick selektieren. In diesem Fall werden alle dazwischenliegenden Ebenen ebenfalls selektiert (Abbildung 4.7, rechts).

Sie müssen wissen, dass das Auswählen mehrerer Ebenen in der Regel nur zum Verschieben innerhalb der Ebenenhierarchie verwendet wird. Zur gemeinsamen Bearbeitung ist diese Funktion nicht vorgesehen. So ist es beispielsweise nicht möglich, mehrere Ebenen zu markieren und dann gleichzeitig zu bemalen.

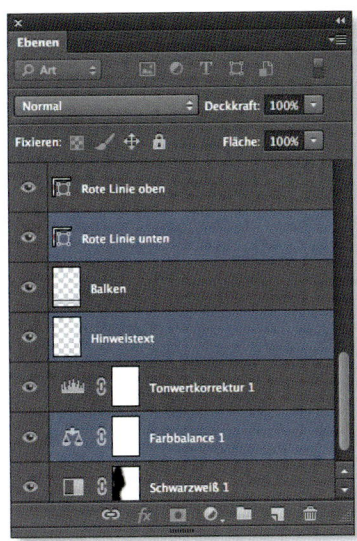 

◀ Abbildung 4.7
Sie dürfen auch durchaus mehrere Ebenen auswählen.

Viele Ebenen ein- und ausblenden

Wenn Sie es mit zahlreichen Ebenen zu tun haben, ist es recht mühsam, sämtliche Augen-Symbole anzuklicken. Hier können Sie aber die Maustaste nach dem Markieren des ersten Auges gedrückt halten und dann über die anderen fahren. So deaktivieren Sie zahlreiche Ebenen »mit einem Wisch«. Das Wiedereinschalten funktioniert genauso.

Ebenensichtbarkeit

Sind Ihnen schon die Augen-Symbole vor jeder Ebene aufgefallen? Hier können Sie eine Ebene sichtbar oder unsichtbar machen, ohne sie entfernen zu müssen. Vereinfacht gesagt: Auge = sichtbar; kein Auge = unsichtbar. Ein Mausklick auf das Symbol genügt.

▲ Abbildung 4.8
Die Ebenen können auch deaktiviert werden.

Ebenen löschen

Natürlich können Sie sich auch von nicht benötigten Ebenen trennen. Markieren Sie diese dazu, und klicken Sie anschließend auf das Papierkorb-Symbol unten rechts. Photoshop startet daraufhin eine Kontrollabfrage. Bestätigen Sie diese, ist die Ebene entfernt. Die Ebene HINTERGRUND ist allerdings von der Löschoption ausgenommen. Um sich von ihr zu trennen, muss sie vorab in eine Ebene umgewandelt werden.

Kontrollabfrage umgehen

Möchten Sie auf die Kontrollabfrage verzichten, halten Sie während des Löschvorgangs [Alt] gedrückt. Alternativ ziehen Sie die Ebene auf den Papierkorb.

Hintergrund umwandeln

Hintergrundebenen sind durch ein kleines Schloss-Symbol gekennzeichnet. Aus gutem Grund, denn sie können nur bedingt bearbeitet werden. Doppelklicken Sie die Ebene im Ebenen-Bedienfeld (nicht auf den Namen klicken!), um aus dem Hintergrund eine voll bearbeitbare Ebene zu machen.

Neue Ebenen erstellen

Links neben dem Papierkorb findet sich die Schaltfläche Neue Ebene erstellen, mit deren Hilfe es möglich ist, dem Bild eine neue Ebene mit transparentem Inhalt hinzuzufügen. Dabei ist zu beachten, dass die neue Ebene stets oberhalb der markierten eingefügt wird (im Beispiel oberhalb der Ebene Balken).

Abbildung 4.9 ▶
Die neue Ebene wird oberhalb der Ebene Balken erscheinen.

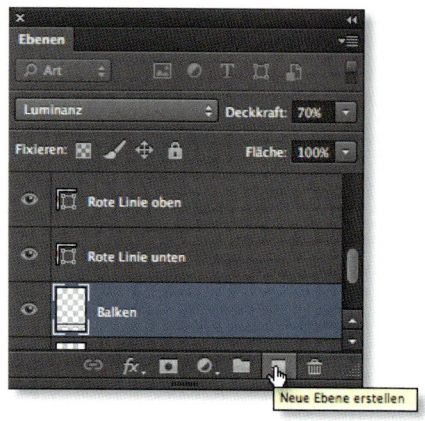

Ebenen benennen

Benennen Sie die Ebene gleich neu, sobald Sie sie erstellt haben. Ansonsten verlieren Sie schnell den Überblick. Dazu reicht ein Doppelklick auf den Namenszug. Beenden Sie die Eingabe mit der ⏎-Taste.

▲ **Abbildung 4.10**
Nach dem Doppelklick wird der Name via Tastatur eingegeben.

Ebenen aus anderen Bildern einfügen

Wenn Sie dem aktuellen Bilddokument eine Ebene aus einem anderen Foto hinzufügen wollen, können Sie das ganz fix per Drag & Drop erledigen. Stellen Sie dazu beide Fotos nebeneinander. Aktivieren Sie das Verschieben-Werkzeug, und klicken Sie damit im Quellfoto auf jene Ebene, die Sie in das Zielfoto integrieren wollen. Bevor Sie nun auf das Quellbild klicken und mit dem Ziehen beginnen, können Sie noch eine Ebene im Zielfoto markieren. Das bewirkt dann, dass die neu zu integrierende Ebene oberhalb der markierten eingefügt wird.

Auf diesem Wege lassen sich sogar Fotos als Ebene integrieren, die aktuell in Photoshop gar nicht geöffnet sind. Auch das funktioniert simpel per Drag & Drop, und zwar sowohl aus einem Ordner heraus als auch direkt vom Desktop/Schreibtisch. Ziehen Sie die Bilddatei mit gedrückter Maustaste auf das in Photoshop geöffnete Bild, und lassen Sie sie dort fallen. Schwups haben Sie das Foto als eigenständige Ebene integriert – und zwar als so genannte Smartobjekt-Ebene (was es damit auf sich hat, erfahren Sie in diesem Kapitel in Abschnitt 4.6.)

© Robert Klaßen

◀ **Abbildung 4.11**
Hier wurde eine Bilddatei (hier: IMG_4803 **❶**) vom Desktop aus auf ein in Photoshop geöffnetes Dokument gezogen. Das Erfreuliche: Übergeordnete Bildebenen sind erhalten geblieben.

Auswahl aus Ebeneninhalt erzeugen

Klicken Sie einmal, während Sie [Strg]/[⌘] gedrückt halten, auf die Miniatur einer Ebene. Achten Sie darauf, dass Sie unbedingt die Miniatur erwischen – also weder den Namen noch die graue Fläche daneben. Wenn Sie die richtige Position erreicht haben, wird der Mauszeiger (Hand) um ein kleines Rechteck erweitert. Mit einem Klick auf die Ebenenminiatur bei gedrückter Taste [Strg]/[⌘] werden daraufhin nämlich alle Pixel der Ebene, die nicht transparent sind, als Auswahl geladen.

So können Sie schnell komplexe Auswahlen aus Ebeneninhalten erzeugen. Nützlich, oder? Eine solche Auswahl heben Sie übrigens wieder auf, indem Sie ⌈Strg⌉/⌈⌘⌉+⌈D⌉ drücken – aber das wissen Sie ja längst.

Abbildung 4.12 ▸
Ein Klick auf die Ebenenminiatur mit ⌈Strg⌉/⌈⌘⌉ bewirkt, …

Abbildung 4.13 ▸▸
… dass die Inhalte der betreffenden Ebene als Auswahl geladen werden.

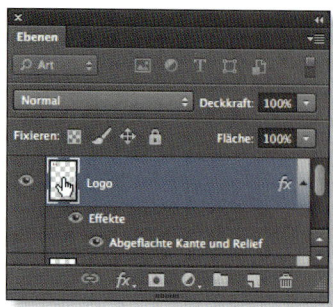

Ebenen verbinden

Nun kann es sein, dass Sie mehrere Ebenen generell miteinander verbinden möchten. Denkbar ist zum Beispiel, dass ab sofort nur noch beide Ebenen gemeinsam verschoben werden dürfen – auch dann, wenn nur eine der beiden Ebenen markiert wird. Dazu wählen Sie zunächst eine der gewünschten Ebenen aus. Halten Sie anschließend ⌈Strg⌉/⌈⌘⌉ bzw. ⌈⇧⌉ gedrückt (je nachdem, ob die Ebenen zusammenliegen oder nicht), und klicken Sie auf die Ebenen, die mit der zuerst ausgewählten verbunden werden sollen. Danach betätigen Sie die Kettensymbol-Schaltfläche unten links in der Fußleiste.

Auf Hintergrund reduzieren

Dateien, die aus mehreren Ebenen bestehen, beanspruchen mehr Speicherplatz. Daher ist es mitunter sinnvoll, Bilder zu reduzieren. Im Bedienfeldmenü schlummert die Funktion Auf Hintergrundebene reduzieren. Beachten Sie aber, dass Transparenzen der untersten Ebene dann zugunsten der aktuell eingestellten Hintergrundfarbe geschluckt werden. Außerdem sind die Ebenen dann miteinander verschmolzen und können nicht mehr separat bearbeitet werden.

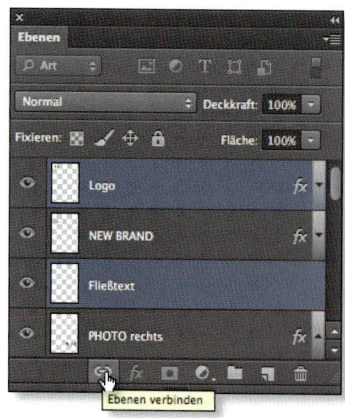

▲ **Abbildung 4.14**
Zuerst markieren, dann verbinden

▲ **Abbildung 4.15**
Die Verbindung wird durch Ketten-Symbole kenntlich gemacht.

Um derartige Verbindungen wieder aufzuheben, markieren Sie eine der verbundenen Ebenen und klicken im Anschluss erneut auf das Ketten-Symbol in der Fußleiste.

Ebenen gruppieren

Ebenen, so weit das Auge reicht. Irgendwann verliert auch der gewandteste Bildgestalter die Übersicht. Ordnen Sie daher Ihre Ebenen in Gruppen ein. Über NEUE GRUPPE ERSTELLEN (das Ordner-Symbol in der Fußleiste) ❶ erzeugen Sie einen Ordner, den Sie dann mit Ebenen füllen können, indem Sie sie einfach auf den neuen Ordner ziehen.

Über das kleine vorangestellte Dreieck kann der Ordner geöffnet bzw. geschlossen werden. Alternativ können Sie eine Ebenengruppe auch über ⌈Strg⌉/⌈⌘⌉+⌈G⌉ oder EBENE • EBENEN GRUPPIEREN anlegen, nachdem Sie diese markiert haben. Eine Ebenengruppe lässt sich übrigens auch wieder auflösen, und zwar über EBENE • EBENENGRUPPIERUNG AUFHEBEN.

Ebenen zusammenfügen

Wenn einzelne Ebenen nicht mehr separat bearbeitet werden müssen, bietet es sich an, Ebenen miteinander zu verbinden. Eine »kleine« Verbindung gehen dabei Ebenen ein, die direkt übereinander angeordnet sind. Markieren Sie die obere, und entscheiden Sie sich im Bedienfeldmenü für MIT DARUNTER LIEGENDER AUF EINE EBENE REDUZIEREN. ⌈Strg⌉/⌈⌘⌉+⌈E⌉ bewirkt das Gleiche, macht die Sache aber wesentlich einfacher, wie ich meine.

Wollen Sie mehrere Ebenen in einem Arbeitsgang verbinden, sollten Sie zunächst alle Ebenen unsichtbar schalten, die nicht verbunden werden sollen. Markieren Sie anschließend eine noch sichtbare Ebene, und entscheiden Sie sich für SICHTBARE AUF EINE EBENE REDUZIEREN. Alternativ können Sie auch lässig die Tasten ⌈Strg⌉/⌈⌘⌉+⌈⇧⌉+⌈E⌉ betätigen.

Ebenen fixieren

Beachten Sie die Möglichkeiten, Ebenen gegen unbeabsichtigte Bearbeitungen schützen zu können. Die Funktionen sind wirklich

Gruppen benennen

Wie auch bei Ebenen sollte bei Gruppen von Beginn an eine Namensvergabe erfolgen. Doppelklicken Sie dazu den Namen der Gruppe, und bestätigen Sie Ihre Eingabe mit ⌈↵⌉.

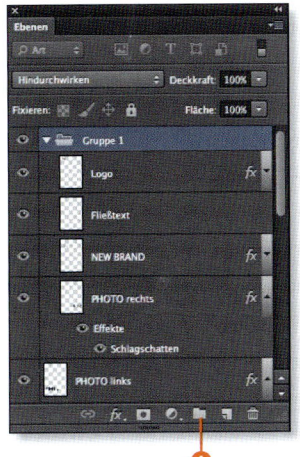

▲ **Abbildung 4.16**
Durch die Einrückung wird deutlich: Die ersten vier Ebenen gehören zur Gruppe. Die Ebene PHOTO LINKS ist jedoch nicht dabei.

sehr hilfreich und ersparen das Restaurieren unabsichtlich veränderter Bildbereiche.

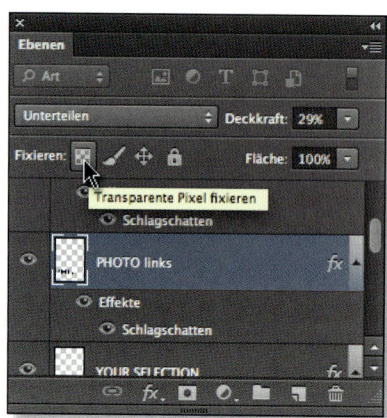

Ebenenkompositionen

Im Menü FENSTER finden
Sie ein Bedienfeld mit
dem schönen Namen
EBENENKOMP. Damit kön-
nen verschiedene Zustän-
de eines Bildes gesichert
werden. Dies ist vor
allem dann sinnvoll,
wenn Sie noch nicht
genau wissen, wie das
Endergebnis aussehen
soll oder Sie Ihrem Kun-
den mehrere Entwürfe
zeigen möchten. Für jede
Variante legen Sie eine
eigene Ebenenkompositi-
on an. Der Button zum
Speichern einer Komposi-
tion steht jedoch nur
dann zur Verfügung,
wenn Sie bereits Arbeiten
an Ihrem Bild vorgenom-
men haben.

▸ TRANSPARENTE PIXEL FIXIEREN: Alle transparenten Bereiche der
Ebene bleiben vor Bearbeitungen geschützt. Die Funktion ist
hilfreich, wenn Sie beispielsweise Farbe nur auf vorhandene
Objekte auftragen wollen.

▸ BILDPIXEL FIXIEREN: Die Ebene ist vor der Bearbeitung mit Malwerkzeugen geschützt. Optionen wie das Verschieben der
Ebene bleiben erhalten.

▸ POSITION SPERREN: In der Umkehrwirkung zu BILDPIXEL FIXIE-
REN kann die Ebene hier nicht bewegt, wohl aber mit Malwerkzeugen bearbeitet werden.

▸ ALLE SPERREN: Die Ebene ist gegen sämtliche Bearbeitungen
geschützt. Wenn Sie versuchen, eine fixierte Ebene zu bewegen, gibt Photoshop eine Warnmeldung aus.

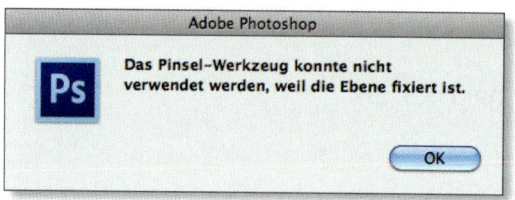

Beachten Sie, dass die Ebenen innerhalb des Ebenen-Bedienfelds
dennoch verschoben werden können – egal, welche Schutzfunk-
tion aktiv ist. Die Stapelreihenfolge der Ebenen lässt sich also
immer ändern.

4.3 Mit Ebenenmasken arbeiten

Im vorangegangenen Abschnitt haben Sie erfahren, wie sich Ebenen bedienen lassen. Allerdings sind die Möglichkeiten in Bezug auf das Gesamtergebnis aller Ebenen noch stark beschränkt. Was ist beispielsweise zu tun, wenn nur ein bestimmter Bereich einer Ebene sichtbar sein soll? Die Antwort: Sie müssen eine Ebenenmaske erzeugen.

Ebenenmasken anlegen

Um eine Ebene teilweise sichtbar bzw. unsichtbar machen zu können, bedarf es einer Maskierung. Dazu betätigen Sie nach Anwahl der betreffenden Ebene den Button EBENENMASKE HINZUFÜGEN ❶ in der Fußleiste des Ebenen-Bedienfelds. Bedenken Sie jedoch, dass die Maskierung eines Hintergrunds nicht möglich ist. Aktivieren Sie diesen dennoch und betätigen anschließend besagten Button, wandelt Photoshop den Hintergrund zunächst in eine Ebene um ❷.

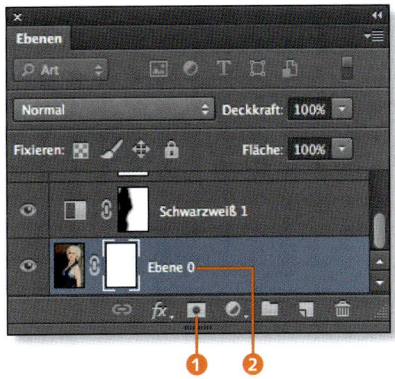

◀ **Abbildung 4.19**
Der Hintergrund wird vor Erzeugung einer Ebenenmaske zunächst in eine Ebene konvertiert.

Ebenenmasken bearbeiten

Sobald Sie eine Ebenenmaske hinzufügen, erscheint neben der Ebenenminiatur eine zweite, die so genannte Maskenminiatur. Diese ist zudem ausgewählt, was sich anhand der weißen Umrandung erkennen lässt. Das bedeutet: Alles was Sie nun machen, wird sich auf die Ebenenmaske auswirken. Sollten Sie zwischendurch eine andere Ebene aktivieren und danach weiter an der Maske arbeiten wollen, müssen Sie diese auch mit einem Maus-

Miniaturen vergrößern

Falls Ihnen die Miniaturen zu klein sind, öffnen Sie das Bedienfeldmenü des Ebenen-Bedienfelds und selektieren BEDIENFELDOPTIONEN. Dort lassen sich verschiedene MINIATURGRÖSSEN einstellen.

klick auswählen. Das normale Markieren der Ebene reicht nicht aus. Missachten Sie das, arbeiten Sie auf der Ebene – und nicht auf der Maske.

Abbildung 4.20 ▶
Hier wird der Unterschied deutlich. Links ist die Ebene aktiv, rechts die Ebenenmaske. Achten Sie auf die weißen Eckumrandungen.

Nun zur eigentlichen Bearbeitung von Masken: Sobald Sie eine Maske aktivieren, werden die Farben innerhalb der Werkzeugleiste auf Schwarz und Weiß eingestellt. Kontrollieren Sie das. Sollten hier andere Farben eingestellt sein, obwohl Sie eine Maskenminiatur angewählt haben, drücken Sie ⒟. Das macht Weiß zur Vordergrund- und Schwarz zur Hintergrundfarbe. Dabei gilt: Alles, was auf der Maske in Schwarz eingefärbt wird, ist unsichtbar, alles Weiße ist hingegen sichtbar.

Bilder/Ebenen.tif

Um also eine sichtbare Ebene teilweise maskieren zu können, müssen Sie Schwarz in den Vordergrund holen. Das gelingt mit ⒳. Wann immer Sie diese Taste betätigen, wechseln Vorder- und Hintergrundfarbe miteinander.

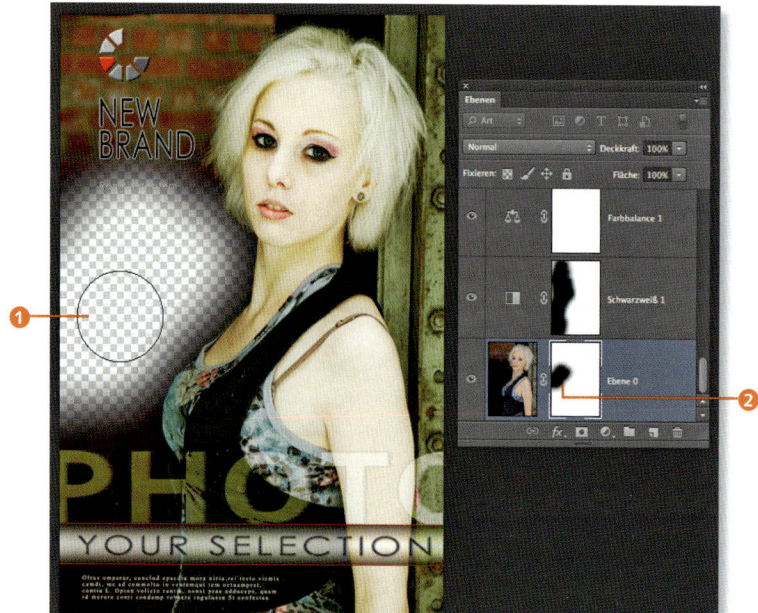

Abbildung 4.21 ▶
Die Ebene wird mit dem Pinsel und schwarzer Vordergrundfarbe maskiert.

Zum Maskieren eignen sich Malwerkzeuge und Verläufe. Aktivieren Sie doch einmal das Pinsel-Werkzeug $\boxed{B}$, und malen Sie mit Schwarz über die betreffende Ebene ❶ (hier den in eine Ebene umgewandelten Hintergrund der Beispieldatei »Ebenen.tif« mit anschließender Maskierung). Beachten Sie auch, wie sich die Maskenminiatur an diesen Stellen mit Schwarz füllt ❷. (Übrigens könnten Sie nach der Maskierung Weiß als Vordergrundfarbe wählen, also $\boxed{X}$ drücken und dann den maskierten Bereich abermals übermalen. Dann würde dieser Bereich wieder demaskiert.)

Das Eigenschaften-Bedienfeld

Mit Hilfe des so genannten Eigenschaften-Bedienfelds (FENSTER • EIGENSCHAFTEN oder Doppelklick auf eine Maskenminiatur im Ebenen-Bedienfeld) ist es zudem noch möglich, die Maske nachträglich zu bearbeiten.

Vektormaske hinzufügen

Hier ❸ lassen sich Masken mit Hilfe der Pfadwerkzeuge generieren. (Weitere Informationen zu Pfaden erhalten Sie in Kapitel 10, »Text, Texteffekte und Pfade«).

◀ **Abbildung 4.22**
Hier kann z. B. die Dichte heruntergesetzt werden, was die Sichtbarkeit des zuvor maskierten Bereichs wieder erhöhen würde.

▶ MASKENKANTE ❻: Hiermit lässt sich das Dialogfeld MASKE VERBESSERN öffnen. Es gestattet eine Optimierung der bisher erzeugten Maske. Die Steuerelemente sind identisch mit denen im bereits bekannten Dialog KANTE VERBESSERN (siehe Seite 131).

▶ FARBBEREICH ❼: Hierüber kann eine bestimmte Farbe oder ein Farbbereich per Pipette aus dem Bild aufgenommen und als Maske verwendet werden.

▸ UMKEHREN ❽: Eine Maske wird dahingehend umgekehrt, dass sichtbare Bereiche unsichtbar und unsichtbare Bereiche sichtbar werden. Prinzipiell werden hier Schwarz und Weiß miteinander vertauscht.

▸ AUSWAHL AUS MASKE LADEN ❾: Erzeugen Sie aus der aktuellen Maske (schwarze Bereiche) eine Auswahl.

▸ MASKE ANWENDEN ❿: Beim Klick auf diese Schaltfläche wird die Maske direkt auf die Ebene angewendet. Die Ebenenmaske selbst wird dabei aufgehoben.

▸ MASKE AKTIVIEREN/DEAKTIVIEREN ⓫: Lassen Sie die oberste Ebene vorübergehend unmaskiert anzeigen. Ein erneuter Klick auf das Auge macht die Maske wieder sichtbar.

▸ MASKE LÖSCHEN ⓬: MASKE LÖSCHEN verwirft die gesamte Maskierung und löscht zudem die Ebenenmaske selbst.

Maskendichte und Kantenschärfe ändern

Sie können die DICHTE ❹ der Maske verändern. Das wirkt dann so, als hätten Sie die Maske mit einem deckkraftverminderten Pinsel erzeugt. So lässt sich festlegen, dass die Maske nur zum Teil sichtbar ist – und dass somit Teiltransparenzen erzeugt werden.

Außerdem dürfen Sie jetzt auch nachträglich noch die Kantenschärfe der Maske ändern. Dazu ein Beispiel: Sie haben mit einer harten Pinselspitze gearbeitet und müssen jetzt feststellen, dass der Übergang eigentlich viel weicher sein müsste. Dann ziehen Sie einfach den Regler WEICHE KANTE ❺ nach rechts, bis Ihnen der Übergang gefällt.

Schritt für Schritt
Ebenen maskieren – eine einfache Montage

Bilder/Haende.jpg, Platine.jpg

Sie haben wieder einmal sehr viel Theorie über sich ergehen lassen müssen. Zur Entschädigung gibt es jetzt einen Workshop, der Ihnen gefallen wird. Öffnen Sie die beiden Beispielbilder. (Sollte die Datei »Ebenen.tif« noch geöffnet sein, schließen Sie das Foto – und zwar am besten, ohne die Änderungen zu speichern.)

▲ Abbildung 4.23
Dieses Bild dient als Grundlage.

▲ Abbildung 4.24
Dieses Foto wird auf das erste »montiert«.

1 Dateien verbinden

Stellen Sie das Bild »Platine.jpg« nach vorne. Betätigen Sie Strg/
⌘+A, gefolgt von Strg/⌘+C. Sie wissen ja: Der erste Befehl
wählt alles aus, während der zweite den Inhalt der Auswahl in die
Zwischenablage befördert. Stellen Sie nun »Haende.jpg« in den
Vordergrund, und betätigen Sie Strg/⌘+V. Danach dürfen Sie
das Platinen-Foto schließen.

**Ebene automatisch
ausgewählt**

Im nächsten Schritt ist
auf der obersten Ebene
zu arbeiten. Da diese
aber nach einer Einfü-
gung, wie Sie sie gerade
vollzogen haben, auto-
matisch aktiv ist, muss
die separate Anwahl nicht
mehr erfolgen.

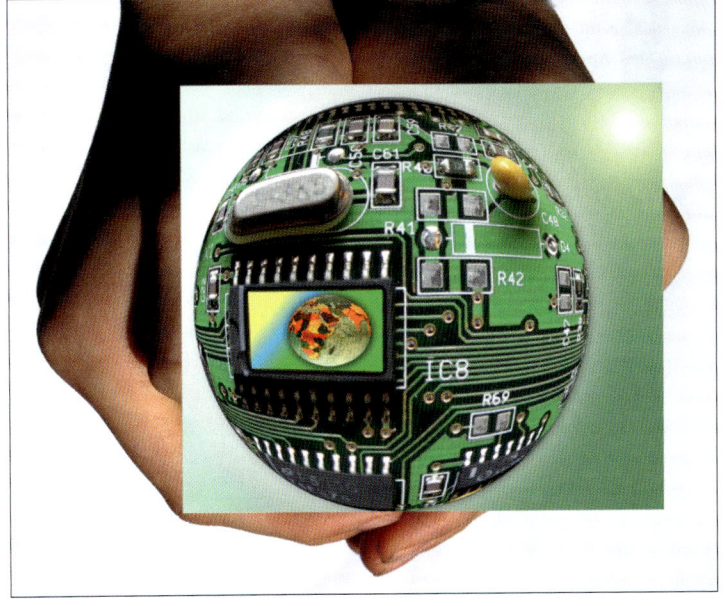

◄ Abbildung 4.25
Von jetzt an arbeiten Sie nur
noch auf dem Grundlagen-
Foto.

▲ **Abbildung 4.26**
Die Deckkraft der oberen
Ebene wurde hier auf 42 %
reduziert.

2 Deckkraft verringern

Sie müssen den Durchmesser der Platinen-Kugel noch auf den der Glaskugel anpassen. Da das obere Foto das untere jedoch verdeckt, sollten Sie zunächst die Deckkraft der oberen Ebene etwas absenken. Dazu stellen Sie den Mauszeiger auf den Begriff Deckkraft ❶ innerhalb des Ebenen-Bedienfelds, klicken mit der Maus darauf und schieben das Zeigegerät langsam nach links. Beobachten Sie dabei das nebenstehende Eingabefeld. Wenn es etwa 40 % zeigt, lassen Sie die Maustaste wieder los.

3 Obere Ebene transformieren

Damit ist der Weg frei, die eigentliche Größenanpassung vorzunehmen. Wählen Sie daher BEARBEITEN • FREI TRANSFORMIEREN aus dem Menü, oder drücken Sie Strg/⌘+T. Photoshop präsentiert daraufhin einen Transformationsrahmen mit den bereits bekannten, quadratischen Anfassern.

Ergreifen Sie einen der Eckanfasser. Bevor Sie diesen jedoch verschieben, halten Sie zusätzlich noch ⇧ gedrückt, damit sich die Proportionen des oberen Bildes nicht verändern können. Wenn Sie fertig sind oder unterbrechen wollen, lassen Sie stets zuerst die Maustaste los und erst im Anschluss ⇧.

Abbildung 4.27 ▶
Verkleinern Sie die obere
Bildebene, ohne dabei die
Proportionen zu verändern.

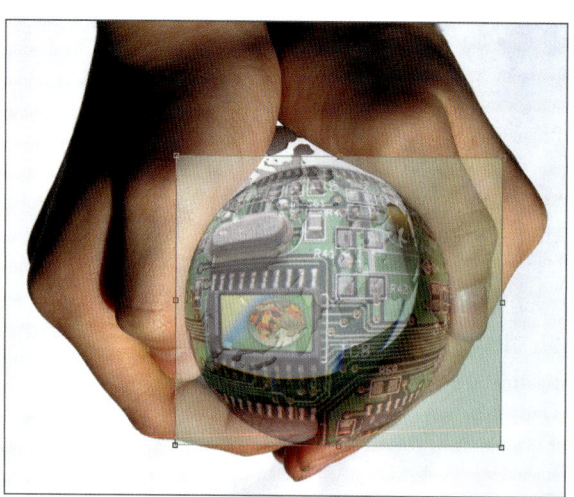

4 Ebene verschieben

Sicher müssen Sie die obere Bildebene (Platine) noch verschieben, damit sie auch wirklich mittig über der Glaskugel liegt. Das können Sie machen, indem Sie in den Transformationsrahmen hineinklicken und das Bild dann per Drag & Drop nach Wunsch bewegen.

Am Ende bestätigen Sie die Transformation mit einem Klick auf das Häkchen in der Optionsleiste oder indem Sie ⏎ betätigen. Übrigens müssen Sie nicht 100%ig exakt arbeiten, da der Rand nicht explizit bearbeitet wird. Wenn die obere Kugel also »in etwa« der unteren entspricht, haben Sie den Job optimal erledigt.

◄ **Abbildung 4.28**
So ist die Transformation durchaus in Ordnung.

5 Deckkraft erhöhen

Nachdem Sie die Transformation bestätigt haben, sollten Sie die Deckkraft der oberen Ebene wieder auf 100 % erhöhen. Setzen Sie die Maus also wieder auf die Bezeichnung DECKKRAFT im Ebenen-Bedienfeld, und ziehen Sie mit gedrückter Maustaste nach rechts. Die Platine deckt daraufhin die Glaskugel wieder vollständig ab.

6 Ebenenmaske anlegen

Jetzt müssen Sie die oberste Ebene mit einer Maske versehen. Dadurch haben Sie nämlich die Möglichkeit, bestimmte Bereiche dieser Ebene nachträglich zu entfernen. Würden Sie jetzt einfach auf das Masken-Symbol in der Fußleiste der Anwendung klicken, so entstünde eine weiße Maske. Die obere Ebene wäre voll deckend. Wir wollen jedoch mit einer schwarzen Maske beginnen, die zunächst die gesamte obere Ebene unsichtbar macht. Dazu halten Sie Alt gedrückt und betätigen EBENENMASKE HINZUFÜGEN.

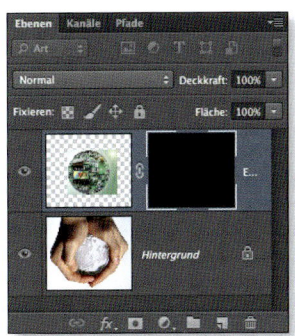

▲ **Abbildung 4.29**
Die Maskenminiatur ist pechschwarz. Die Folge: Die Ebene ist komplett unsichtbar.

Maske umkehren

Sollten Sie versehentlich eine weiße Maske erzeugt haben, ist das kein Beinbruch. Mit `Strg`/`⌘`+`I` lässt sich eine Maske nämlich jederzeit invertieren. Aus Schwarz wird Weiß – und umgekehrt.

Abbildung 4.30 ▶
So muss der Pinsel eingestellt sein.

7 Werkzeug einstellen

Jetzt müssen Sie noch das Werkzeug einstellen, mit dem Sie maskieren wollen. Wir benutzen dazu einen Pinsel. Drücken Sie `B`, und stellen Sie sicher, dass auch wirklich der Pinsel ausgewählt ist. Sollte ein anderes Tool gelistet sein, betätigen Sie so oft `⇧`+`B`, bis sich das gewünschte Tool in der Werkzeugleiste zeigt.

In der Optionsleiste wählen Sie zudem eine weiche Pinselspitze mit einem Durchmesser von etwa 180 Px. Die weiteren Einstellungen innerhalb der Optionsleiste lauten: Modus NORMAL sowie DECKKRAFT und FLUSS jeweils 100%.

8 Ebene demaskieren

Sorgen Sie zudem dafür, dass Weiß als Vordergrundfarbe gelistet ist, indem Sie `D` betätigen. Da die Ebene ja komplett unsichtbar ist, müssen Sie »demaskieren« – und zwar mit Weiß. Wischen Sie langsam über die Glaskugel. Das bewirkt, dass sich die Platine nach und nach zeigt.

Abbildung 4.31 ▶
Durch Auftragen von weißer Farbe wird die obere Ebene demaskiert.

9 Maske korrigieren

Wischen Sie die Platine nach und nach frei, wobei Sie aber darauf achten sollten, dass Sie nicht zu dicht an die Hände gelangen. Sollte das dennoch passieren, ist das kein Beinbruch. Drücken

Sie in diesem Fall einfach $\boxed{\text{X}}$ auf Ihrer Tastatur (daraufhin wird
Schwarz zur Vordergrundfarbe), und übermalen Sie den Bereich,
den Sie zuvor versehentlich freigelegt hatten. Danach drücken Sie
abermals $\boxed{\text{X}}$ (jetzt wird wieder Weiß als Vordergrundfarbe definiert), und legen Sie die Platine weiter frei. Und noch eine Info:
Dadurch, dass Sie zuvor eine weiche Pinselspitze eingestellt hatten, werden die Übergänge zwischen den beiden Ebenen weich
ineinanderfließen.

◄ **Abbildung 4.32**
Die obere Ebene liegt stellenweise frei.

10 Auf Hintergrundebene reduzieren

Gehen Sie jetzt noch einmal in das Bedienfeldmenü, und wählen
Sie den Eintrag AUF HINTERGRUNDEBENE REDUZIEREN. Das hat den
Vorteil, dass die Dateigröße geringer wird (je mehr Ebenen, desto
größer das Dateivolumen). Einen Nachteil hat das aber auch: Die
Maskierung wird dadurch aufgelöst, und Sie können sie danach
nicht weiter ausgestalten. Machen Sie diesen Schritt also bitte nur
dann, wenn Sie genau wissen, dass die Maskierung nicht noch
einmal korrigiert werden muss.

Ich habe die Ergebnisdatei »Haende-bearbeitet.tif«, die Sie wie
gewohnt im Ordner ERGEBNISSE finden, nicht auf die Hintergrundebene reduziert, damit Sie auch die Maske selbst noch begutachten können.

Maskierungsmodus

Bilder/Rauschen.tif

An dieser Stelle möchte ich Ihnen noch kurz eine weitere Maskierungsoption vorstellen. In Photoshop ist es nämlich möglich, eine Auswahl als Maske zu nutzen. So ließe sich beispielsweise ein schwierig zu maskierender Bereich zunächst mit einer Auswahl einfangen (hier: Bereich aus »Rauschen.tif« mit dem magnetischen Lasso eingefangen) und anschließend Ⓠ drücken. Stattdessen dürfen Sie aber auch auf den Maskierungsmodus-Button unten in der Toolbox klicken. Die Schaltfläche sieht aus wie ein Europafähnchen, gell?

▲ **Abbildung 4.33**
Schalten Sie nach Erstellung einer Auswahl den Maskierungsmodus ein.

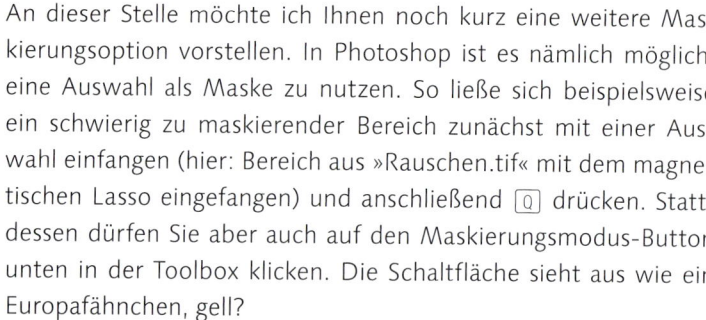

Abbildung 4.34 ▶
So sieht die Auswahl der Blüte bei aktiviertem Maskierungsmodus aus.

Sie sehen jetzt sämtliche ausgewählten Bereiche in Normalfarbe, während nicht ausgewählte Bereiche teiltransparent rot überlagert sind. Mit Hilfe des Pinsel-Werkzeugs lassen sich nun ausgewählte Bereiche durch bloßes Malen von der Auswahl abziehen. Voraussetzung dafür ist, dass Schwarz als Vordergrundfarbe eingestellt ist. Mit weißer Vordergrundfarbe hingegen ließen sich der Auswahl weitere Bereiche hinzufügen. Durch erneuten Klick auf das Eurofähnchen oder Ⓠ verlassen Sie den Maskierungsmodus und kehren zurück zur Auswahl.

Und was hat diese Auswahl nun mit Ebenenmasken zu tun? Nun, Sie wären nach der Erstellung der Auswahl imstande, durch bloßes Klicken auf das Ebenenmasken-Symbol der Ebene eine entsprechende Maske hinzuzufügen. Sollten Sie die Auswahl auf einem Hintergrund erstellt haben, wird diese beim Klick auf das Ebenenmasken-Symbol automatisch eine Ebene.

▲ **Abbildung 4.35**
Aus der zuvor erzeugten Auswahl wird eine präzise Maske.

4.4 Ebenenstile

Ebenenstile (auch Ebeneneffekte genannt) werden stets auf die gesamte Ebene angewendet. Dabei stehen dem Anwender mächtige Tools und umfangreiche Optionen zur Verfügung.

Wenden Sie zum Beispiel einen Schlagschatten auf eine Ebene an, sieht es so aus, als fiele der Schatten auf die unterhalb angeordneten Ebenen. In Wahrheit ist der Schatten aber Bestandteil der Ebene, auf die er angewendet wurde.

Ebenenstile hinzufügen

Um einen Ebenenstil zuzuweisen, gibt es folgende Möglichkeiten: Entweder Sie entscheiden sich im Menü EBENE • EBENENSTIL für einen der folgenden Einträge, oder Sie setzen einen Doppelklick auf die gewünschte Ebene innerhalb des Ebenen-Bedienfelds. Es erscheint ein umfangreiches Fenster, in dem Sie den gewünschten Effekt per Checkbox bestimmen. Prinzipiell dürfen das übrigens auch mehrere Effekte sein.

Wie wäre es, wenn Sie dazu einen Workshop absolvieren würden? Dann können Sie sich auch direkt mit den Erfordernissen für derartige Arbeitsschritte vertraut machen. Es ist nämlich z. B. nicht möglich, Ebenenstile auf Hintergrundebenen zu übertragen.

Hintergrund umwandeln

Durch das Duplizieren der Ebene ist eine Umwandlung des Hintergrunds nicht mehr erforderlich. Um jedoch Ebenenstile auf eine Hintergrundebene anwenden zu können, muss diese zunächst in eine normale Ebene konvertiert werden (EBENE • NEU • EBENE AUS HINTERGRUND oder Doppelklick auf die Hintergrundebene im Ebenen-Bedienfeld).

Schritt für Schritt
Plastische Wirkung erzielen

Öffnen Sie die Beispieldatei »Fisch.tif«. Diese einfache Skizze sieht zwar sehr nett, aber auch ziemlich platt aus. Das soll anhand zweier Stile geändert werden. Doch zunächst sind einige Vorkehrungen zu treffen.

1 Fisch trennen

Trennen Sie den Fisch von der Farbfläche. Dazu klicken Sie einmal kurz mit dem Zauberstab-Werkzeug $\boxed{\text{W}}$ auf den Hintergrund. Kehren Sie die Auswahl um (AUSWAHL • AUSWAHL UMKEHREN oder $\boxed{\text{Strg}}$/$\boxed{\text{⌘}}$+$\boxed{⇧}$+$\boxed{\text{I}}$), und betätigen Sie zuletzt $\boxed{\text{Strg}}$/$\boxed{\text{⌘}}$+$\boxed{\text{J}}$. Alternativ entscheiden Sie sich für EBENE • NEU • EBENE DURCH KOPIE.

Bilder/Fisch.tif

▲ **Abbildung 4.36**
Diesem Zeitgenossen wollen wir etwas mehr räumliche Struktur verleihen.

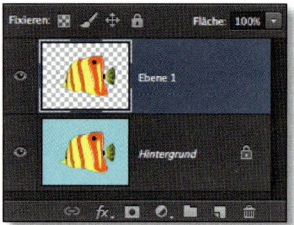

▲ Abbildung 4.37
Der Fisch liegt noch einmal
als separate Ebene vor.

2 Ebenenstile öffnen

Nun geht es an die Zuweisung der Ebenenstile. Dazu platzieren
Sie einen Doppelklick auf Ebene 1 (bitte nicht auf den Namen der
Ebene klicken) oder wählen EBENE • EBENENSTIL • FÜLLOPTIONEN.
Danach betätigen Sie ABGEFLACHTE KANTE UND RELIEF. Bitte kli-
cken Sie auf die Bezeichnung ❷. Wenn Sie nur die vorangestellte
Checkbox ❶ anwählen, wird der Effekt zwar ebenfalls zugewie-
sen, jedoch erscheinen in der Mitte des Dialogs nicht die erfor-
derlichen Steuerelemente.

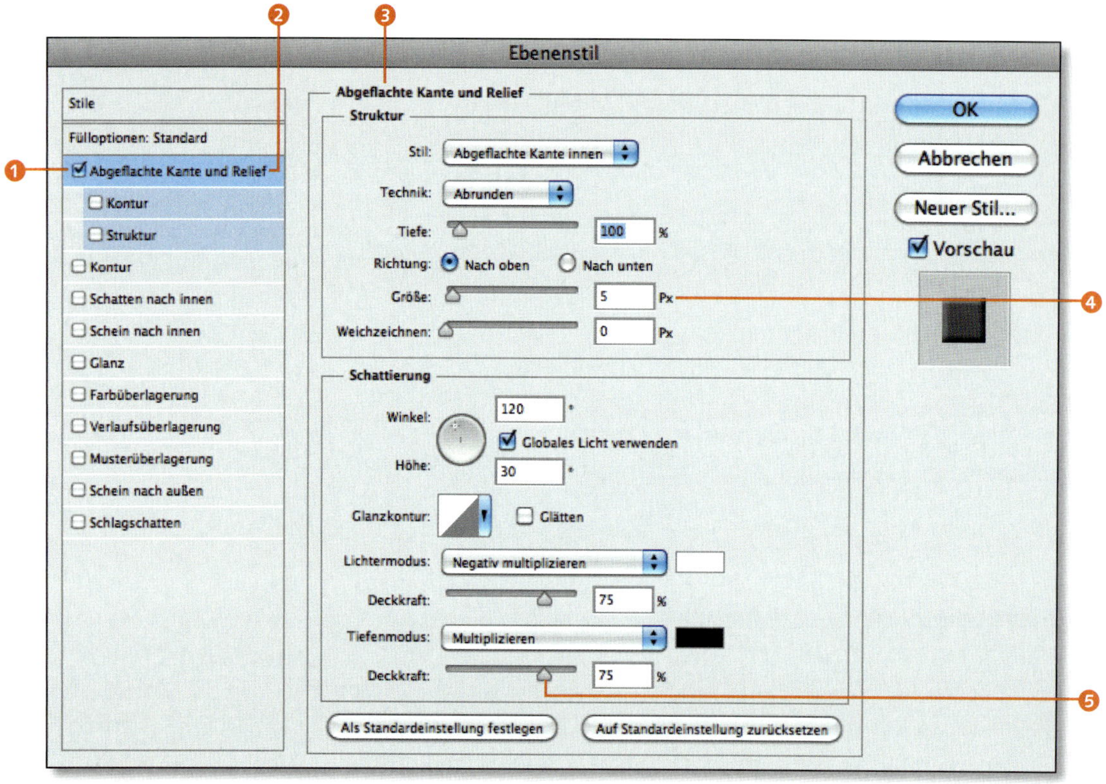

Ebenenstil

| Stile | Abgeflachte Kante und Relief | OK |

Fülloptionen: Standard

❶ ☑ Abgeflachte Kante und Relief

☐ Kontur
☐ Struktur

☐ Kontur
☐ Schatten nach innen
☐ Schein nach innen
☐ Glanz
☐ Farbüberlagerung
☐ Verlaufsüberlagerung
☐ Musterüberlagerung
☐ Schein nach außen
☐ Schlagschatten

Struktur

Stil: Abgeflachte Kante innen
Technik: Abrunden
Tiefe: 100 %
Richtung: ⦿ Nach oben   ○ Nach unten
Größe: 5 Px ──────── ❹
Weichzeichnen: 0 Px

Schattierung

Winkel: 120 °
☑ Globales Licht verwenden
Höhe: 30 °

Glanzkontur: ☐ Glätten

Lichtermodus: Negativ multiplizieren
Deckkraft: 75 %
Tiefenmodus: Multiplizieren
Deckkraft: 75 % ── ❺

OK
Abbrechen
Neuer Stil...
☑ Vorschau

(Als Standardeinstellung festlegen) (Auf Standardeinstellung zurücksetzen)

▲ Abbildung 4.38
Der Effekt lässt sich nur dann
einstellen, wenn die Dialogmitte mit ABGEFLACHTE KANTE
UND RELIEF betitelt ist ❸.

3 Kante und Relief einstellen

Ziehen Sie den Schieber GRÖSSE ❹ auf ca. 50 Px. Das sorgt für
eine rundliche Form am Rand der Grafik. Da diese aber noch ein
wenig zu dunkel erscheint, sollten Sie die DECKKRAFT im TIEFEN-
MODUS ❺ noch auf etwa 35 % zurückziehen. Danach betätigen Sie
die Zeile SCHLAGSCHATTEN ❻ (auch hier bitte die Bezeichnung und
nicht die Checkbox markieren, siehe Abbildung 4.39).

4 Schlagschatten einstellen

Jetzt bekommt die Grafik noch einen Schatten. Damit dieser nicht zu hart wird, verringern Sie die DECKKRAFT ➐ auf 50%. Der ABSTAND ➒ soll 11 Px und die GRÖSSE ➓ 16 Px betragen. Klicken Sie zuletzt noch auf die Linie im Steuerelement WINKEL ➑, und verschieben Sie diese mit gedrückter Maustaste so weit, dass im nebenstehenden Eingabefeld 135° angezeigt werden. Damit verleihen Sie dem Schatten die gewünschte Richtung. Bestätigen Sie mit OK.

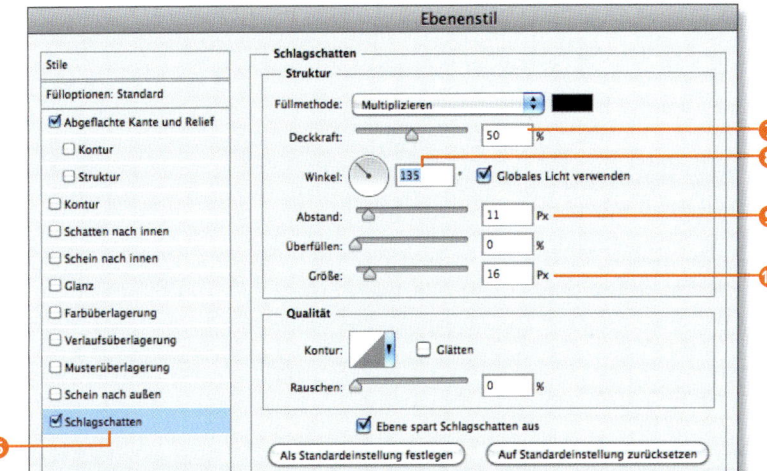

◄ **Abbildung 4.39**
Zuletzt wird der Schatten eingestellt.

◄ **Abbildung 4.40**
Der Plattfisch ist zum Kugelfisch angewachsen – und hat einen ganz schönen Schatten. Na ja, auf dem Bild zumindest.

▲ Abbildung 4.41
Ein Doppelklick auf FX bringt
Sie zurück zum Effekt-Dialog.

**Ebeneneffekte
deaktivieren**

Der Eintrag EBENENEFFEK-
TE DEAKTIVIEREN, der im
Kontextmenü ganz oben
steht, entfernt die Effekte
nicht, wie man vielleicht
annimmt. Vielmehr wird
dadurch lediglich eine
Ausblendung der Effekte
erreicht – so als wenn Sie
das Augen-Symbol betä-
tigten.

Ebenenstile nachträglich ändern

Wenn Sie erst einmal mit OK bestätigt haben, ist der Effekt zugewiesen. Dennoch lässt dieser sich jederzeit nachjustieren – und
zwar verlustfrei. Dazu reicht ein Doppelklick auf das FX-Symbol
der Ebene.

Zudem lassen sich die direkt unterhalb angeordneten Augen-
Symbole anklicken, wodurch einzelne Effekte oder alle (obers-
tes Auge) deaktiviert werden. Ein erneuter Klick auf diese Stelle
macht die Ebeneneffekte wieder sichtbar. – Sie möchten die
Effekte nachträglich doch wieder löschen? Nichts leichter als das.
Betätigen Sie dazu den FX-Schalter mit rechts, und entscheiden
Sie sich im Kontextmenü für EBENENSTIL LÖSCHEN.

4.5   Füllmethoden

Füllmethoden gehören sicherlich zu den anspruchsvolleren Themen rund um die Bildbearbeitung. Bei deren Anwendung werden
die Farb- und/oder Helligkeitsinformationen zweier oder mehrerer Ebenen miteinander verrechnet. Das hört sich kompliziert
an, oder? Und leider ist es das auch – zumindest auf den ersten
Blick. Einziger Trost: Ist Ihnen das System, das dahintersteckt, erst
einmal in Fleisch und Blut übergegangen, werden Sie mit Füllmethoden einzigartige Bildkompositionen erstellen. Dann macht
das Anwenden dieser befremdlich klingenden Ebenenvarianten
richtig Spaß.

Das Füllmethoden-Prinzip

Wenn zwei Ebenen übereinanderliegen, deckt die obere die untere
ab – zumindest an den Stellen, an denen die obere Ebene nicht
transparent ist. Dort, wo sich zu 100 % deckende Pixel befinden,
sind die Pixel der darunterliegenden Ebene im Bild nicht zu sehen.
Das ist ja nicht wirklich neu, oder? Neu ist aber, dass Sie meist die
Abdeckwirkung der oberen Ebene in dem Moment aufheben, in
dem Sie sich für eine andere Füllmethode als NORMAL entscheiden. Die obere Ebene bildet mit der darunterliegenden dann eine
Mischung – das Resultat ist ein »Gesamtbild« aus beiden Ebenen,

so wie beispielsweise die Ebene PHOTO RECHTS im Bild »Ebenen. tif«. Sie steht auf DIVIDIEREN.

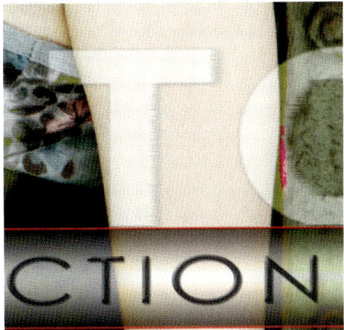 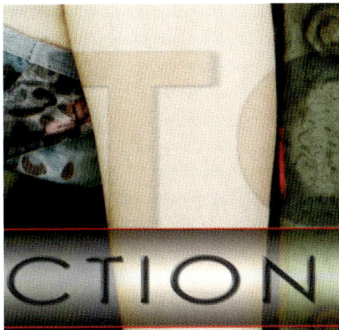

▲ **Abbildung 4.42**
Durch die Veränderung der Füllmethode verändert sich auch die Darstellung der darunter befindlichen Ebenen.

Füllmethode »Multiplizieren«

Grundsätzlich können Sie zwei beliebige RGB-Dateien miteinander verbinden, indem Sie das eine Bild per Drag & Drop auf das andere ziehen (mit einer einzelnen Ebene funktioniert das im Übrigen auch). Im folgenden Beispiel sehen Sie die Datei »Haende-bearbeitet.tif« aus dem ERGEBNISSE-Ordner. Ändern Sie die Füllmethode der oberen Ebene in MULTIPLIZIEREN. Sofort ist zu erkennen, dass die untere Ebene durchschimmert.

▲ **Abbildung 4.43**
Beim Ineinanderkopieren wirken andere Parameter als beim Unterteilen.

Bilder/Ergebnisse/
Haende-bearbeitet.tif

▲ **Abbildung 4.44**
Links: Füllmethode NORMAL, rechts: MULTIPLIZIEREN – die Hintergrundebene schimmert durch.

Deckkraft der Füllebene ändern

Nun erreichen Sie bereits durch bloßes Ändern der Füllmethode ein Resultat. Bedenken Sie aber, dass sich in diesem Zusammenhang auch die Deckkraft der oberen Ebene noch absenken lässt. Dadurch kann der Effekt gewissermaßen stufenlos eingestellt werden.

Diese interessante Konstellation ist nur möglich, weil die Farbwerte beider Ebenen miteinander verrechnet werden. Das Resultat ist bei dieser Methode übrigens immer dunkler als das Original. Dabei gilt auch: Beim Multiplizieren einer Farbe mit Schwarz bleibt Schwarz erhalten, und beim Multiplizieren mit Weiß bleibt die Ergebnisfarbe unverändert.

Füllmethode »Negativ multiplizieren«

Die Umkehrwirkung dieser Füllmethode wäre NEGATIV MULTIPLIZIEREN. Hier werden die Farben im Ergebnis stets heller sein. Und wie verhält sich das hier mit Schwarz und Weiß? Wenden Sie die umgekehrte Multiplikation auf Schwarz an, ist die Ergebnisfarbe heller. Und was passiert nun, wenn Sie eine Farbe mit Weiß negativ multiplizieren? – Richtig, das Ergebnis ist Weiß.

Abbildung 4.45 ▶
Hier wird der Unterschied besonders deutlich: Beim negativen Multiplizieren wirken beide Ebenen gemeinsam heller.

Füllmethode »Ineinanderkopieren«

Diese Füllmethode ist sehr interessant, da sie in Abhängigkeit von der Ausgangsfarbe eine Multiplikation oder Negativ-Multiplikation durchführt. Dabei bleiben die Tiefen und Lichter der Ausgangsfarbe (untere Ebene) erhalten, während die Farben (obere Ebene) überlagert werden.

Wozu Füllmethoden?

Wenn Sie jetzt die Frage stellen, wozu Füllmethoden überhaupt benötigt werden, sollten Sie unbedingt weiterlesen. In den kommenden Workshops werden diese nämlich angewendet, um interessante Kompositionen zu erzeugen. Selbst in der Beleuchtungskorrektur kann diese Art der Bildmanipulation Verwendung finden.

Welche Füllmethode für welches Ergebnis die bessere ist, kann aber nicht pauschal gesagt werden. Das hängt nämlich immer von den Farb- und Luminanzwerten der einzelnen Ebenen ab.

Effekt verstärken oder abschwächen

Bei vielen Füllmethoden lässt sich eine Verstärkung des Effekts erzielen, indem die Ebene, auf die die Füllmethode angewendet wurde, dupliziert wird (Strg/⌘+J). Zur Abschwächung des Effekts reicht oftmals das Herabsetzen der Deckkraft.

Weitere Füllmethoden im Überblick

▸ SPRENKELN: Bei dieser Methode wird per Zufall generiert, welche Pixel der oberen Ebene erhalten bleiben. So entsteht der Eindruck, als seien die Inhalte der Ebene »aufgesprüht« worden.

▸ ABDUNKELN: Anhand der Kanalinformationen wird die jeweils dunklere Farbe zur Ergebnisfarbe. Hellere Pixel werden dabei ersetzt, dunklere bleiben unverändert erhalten.

▸ AUFHELLEN: Anhand der Kanalinformationen wird die jeweils hellere Farbe zur Ergebnisfarbe. Dunklere Pixel werden ersetzt, hellere bleiben unverändert erhalten.

▸ WEICHES LICHT: Die Farben werden je nach Farbe der oberen Ebene aufgehellt oder abgedunkelt. Bei hellen Farben der oberen Ebene ist auch das Ergebnis heller, bei dunkleren Farben ist das Ergebnis dunkler.

▸ FARBTON: Hier sorgen Luminanz und Sättigung für die Farbgebung des Ergebnisses.

▸ SÄTTIGUNG: Die Luminanz der oberen sowie der Farbton der unteren Ebene sorgen für das Ergebnis.

4.6 Smartobjekt-Ebenen

Die Technik rund um Smartobjekte ist nicht nur sehr interessant, sondern bringt auch einen unverzichtbaren Nutzen in Sachen Individualität. Bevor es jedoch ins Detail geht, fassen wir noch einmal zusammen: Was passiert, wenn Sie Änderungen an einer Ebene vornehmen? Natürlich: Die Inhalte der Ebene werden entsprechend geändert. Wenn Sie später entscheiden (sagen wir einmal, so nach hundert weiteren Bearbeitungsschritten), eine an der Ebene durchgeführte Änderung noch einmal nachzustellen, geht das nicht mehr. Sie können nicht mehr so viele Schritte rückgängig machen. Und selbst wenn – dann hätten Sie alle dahinter liegenden Bearbeitungsschritte ebenfalls wieder verloren.

Genau hier kommen Smartobjekte ins Spiel. Smartobjekte sind nämlich keine festen Bestandteile des Fotos, sondern Referenzierungen (auf dateiinterne oder externe Inhalte).

Stellen Sie sich vor, Sie arbeiten an einem Bild, das aus fünf verschiedenen Fotos und somit aus fünf Ebenen besteht. Aber nur vier davon sind tatsächlich Bestandteil des Fotos. Beim fünften Foto verweisen Sie lediglich auf das Original. Da Sie damit stets den Zugriff auf das unveränderte Quellmaterial aufrechterhalten, können Sie die Reihenfolge oder die Einstellparameter jederzeit wieder ändern.

Auch Füllmethoden oder Filter lassen sich einzeln ein- oder ausblenden und sogar nachbearbeiten. Ein wenig Geduld noch. Sie werden gleich damit zu tun bekommen.

▼ **Abbildung 4.46**
Smartobjekte sind in der Ebenenminiatur entsprechend gekennzeichnet.

Smartobjekt erzeugen

Der Unterschied zum normalen Import von Ebenen ist der, dass Sie die Ebene im Regelfall bereits zu Beginn als Smartobjekt definieren. Sie können also statt des herkömmlichen Öffnen-Dialogs den Befehl DATEI • ALS SMARTOBJEKT ÖFFNEN anwählen.

Danach sollten Sie einen Blick auf das Ebenen-Bedienfeld werfen. Die untere rechte Ecke der Ebenenminiatur deutet nämlich darauf hin, dass es sich dabei nicht mehr um eine herkömmliche Ebene, sondern um ein Smartobjekt handelt.

Ebenen in Smartobjekt konvertieren

Das ist aber nicht die einzige Möglichkeit, um aus einer herkömmlichen Ebene ein Smartobjekt zu machen. Auch wenn das Bild bereits auf normalem Wege geöffnet wurde, können Sie es noch entsprechend umwandeln. Das machen Sie über EBENE • SMARTOBJEKTE • IN SMARTOBJEKT KONVERTIEREN.

Smartfilter

Richtig interessant wird die Arbeit mit Smartobjekten durch das Prinzip der Smartfilter. Dazu noch einmal ein kleines bisschen Theorie: Wenn Sie einen Filter anwenden, wirkt sich das (wie bei einem Ebenenstil) direkt auf eine Ebene aus. Sie können einen zweiten Filter hinzufügen, der dann aber auf Grundlage des ersten hinzugerechnet wird. Sie wenden den zweiten Filter also auf Grundlage des ersten an. Das ist mit den Smartfiltern anders. Es lassen sich nämlich mehrere Filter anwenden, in ihrer Reihenfolge tauschen und sogar editieren (auch noch nach Hunderten von Zwischenschritten). Das wäre ohne Smartfilter nicht möglich. So, genug Theorie gepaukt – jetzt sind Sie wieder dran.

Schritt für Schritt
Einen Blendenfleck hinzufügen

Dieser Workshop soll Ihnen nicht nur zeigen, wie effektiv das Arbeiten mit Smartobjekten in Bezug auf Filter ist, sondern auch direkte Vergleiche zu herkömmlichen Techniken liefern. Sie werden deutlich sehen, warum es so sinnvoll ist, eine Bildebene in ein Smartobjekt zu konvertieren.

Bilder/Bass.jpg

1 Neue Ebene erzeugen
Ziel des Workshops ist es, diesem Foto einen Blendenfleck hinzuzufügen. Sie kennen das vielleicht vom Fotografieren ins Gegenlicht. Der erste Schritt besteht darin, eine neue Ebene zu erzeugen. Erledigen Sie das doch diesmal mit einem Tastaturkürzel, nämlich [Strg]/[⌘]+[⇧]+[N].

Abbildung 4.47 ▶
Dieses Foto ist ein Fall für
Smartfilter.

Transparente Bereiche schützen

Aktivieren Sie diese Checkbox, wenn Sie erreichen wollen, dass nicht die gesamte Fläche einer Ebene mit Farbe versehen wird, sondern nur Bereiche, auf denen sich auch Bildinhalte befinden. Im Beispiel muss die Checkbox inaktiv bleiben, da ansonsten keine Farbe aufgetragen würde (die Ebene ist ja komplett transparent).

2 Fläche füllen

Im Anschluss drücken Sie ⌂ + F5 oder wählen BEARBEITEN • FLÄCHE FÜLLEN. Unter VERWENDEN stellen Sie SCHWARZ ein. Die übrigen Steuerelemente bleiben unangetastet (siehe Abbildung 4.48). Verlassen Sie den Dialog mit OK.

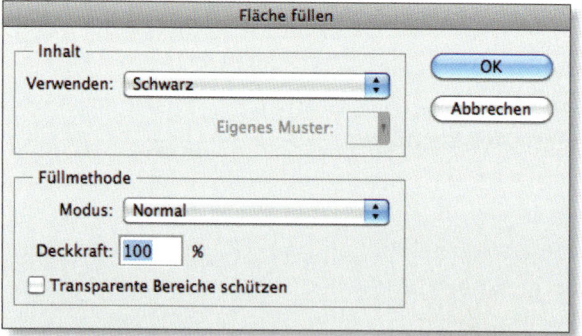

▲ **Abbildung 4.48**
Die Fläche der Ebene soll mit schwarzer Farbe versehen sein.

3 Füllmethode ändern

Zu dumm nur, dass jetzt das gesamte Foto schwarz ist. Stellen Sie daher die FÜLLMETHODE der obersten Ebene auf NEGATIV MULTIPLIZIEREN. Sie erinnern sich? Bei der Negativ-Multiplikation mit Schwarz ist die Ergebnisfarbe heller als die überlagernde Ebene. Und da auf der unteren Ebene so ziemlich alles heller ist als auf der oberen, wirkt sich das Schwarz nicht auf das Foto aus.

Frage: Wozu benötigen wir überhaupt eine Ebene, wenn sie doch gar nicht sichtbar ist? Antwort: Um dort einen Filter zu integrieren. Ein Filter auf transparenten Bildpixeln ist unnütz, da man ihn nicht sehen würde. Ein Filter auf einer multiplizierten Ebene ist hingegen sehr wohl sichtbar. Warten Sie bitte noch einen Moment, dann wird es deutlich.

4 | Bild duplizieren

Bevor Sie nun fortfahren, sollten Sie das Foto kopieren. Immerhin hatte ich Ihnen ja versprochen, die unmittelbaren Vorteile von Smartebenen zu präsentieren. Entscheiden Sie sich für BILD • DUPLIZIEREN, und klicken Sie den Folgedialog mit OK weg.

5 | Filter »Blendenflecke« direkt zuweisen

Auf der Kopie stellen Sie FILTER • RENDERFILTER • BLENDENFLECKE ein. Der Anschlussdialog interessiert uns noch nicht wirklich, weshalb Sie sich direkt für OK entscheiden können. Und schon prangt der angekündigte Blendenfleck auf unserem Foto. Das mit den Füllmethoden ist schon eine tolle Sache, was? Das Problem ist aber, dass dieser Blendenfleck sich nun nicht mehr neu positionieren lässt. Sie könnten zwar die obere Ebene mit dem Verschieben-Werkzeug bewegen, jedoch ließe sich beispielsweise die Intensität nicht mehr erhöhen. Warum nicht? Weil Sie den Filter nicht mehr erneut bedienen können. Schauen Sie auf die obere Ebene des Ebenen-Bedienfelds. Hier gibt es nur die Ebene – sonst nichts.

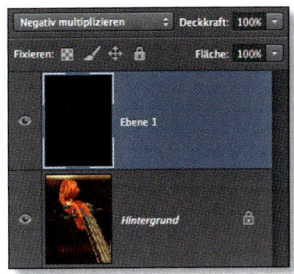

▲ **Abbildung 4.49**
Vom Schwarz der oberen Ebene ist bedingt durch die Negativ-Multiplikation nichts mehr zu sehen.

Alle Filter

Im Menü FILTER werden nicht alle Filter aufgelistet, die innerhalb von Photoshop zur Verfügung stehen. Einige lassen sich lediglich über FILTER • FILTERGALERIE aufspüren. Sofern Sie es befürworten, alle Filter auch im Menü zu sehen, gehen Sie auf BEARBEITEN/PHOTOSHOP • VOREINSTELLUNGEN • ZUSATZMODULE und aktivieren die Checkbox ALLE FILTERGALERIEGRUPPEN UND -NAMEN ANZEIGEN.

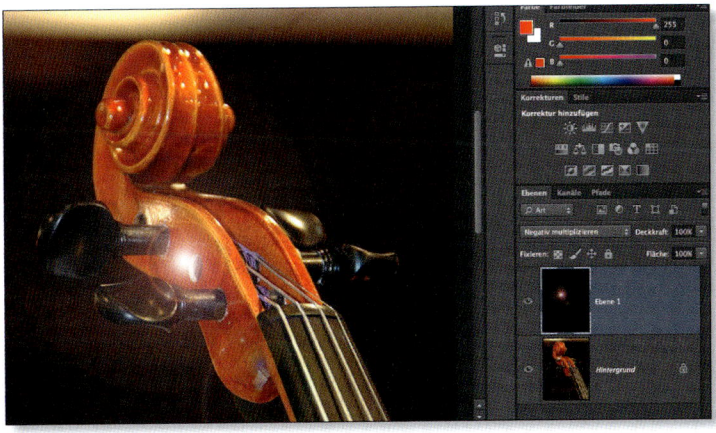

◄ **Abbildung 4.50**
Das Nachjustieren des Filters ist kaum noch möglich.

173

6 Ebene konvertieren

Also müssen wir einen anderen Weg gehen. Schließen Sie die Bildkopie, ohne diese zu speichern. Auf dem Originalfoto entscheiden Sie sich bitte zunächst für einen Rechtsklick auf der obersten Ebene. Im Kontextmenü wählen Sie In Smartobjekt konvertieren aus. Wer das nicht so mag, wählt den bereits bekannten Weg über Ebene • Smartobjekte • In Smartobjekt konvertieren.

7 Filter erneut anwenden

Fügen Sie abermals den vorangegangenen Filter hinzu. Da die Anwendung noch *weiß*, welches der zuletzt benutzte Filter war, dürfen Sie ⌈Strg⌉/⌈⌘⌉+⌈F⌉ betätigen. Normalerweise würde er direkt und ohne Zwischenfrage der Ebene zugewiesen. Da Sie jedoch eine Smartobjekt-Ebene benutzen, öffnet sich zeitgleich auch der Dialog Blendenflecke.

Sehen Sie das kleine Kreuz ❶ in der Mitte des kleinen Vorschaubildes? Klicken Sie einmal darauf, halten Sie die Maustaste gedrückt, und positionieren Sie den Fleck weiter nach rechts (siehe Abbildung). Bestätigen Sie mit OK, und schauen Sie sich das Ergebnis im Foto an.

> **Per Klick positionieren**
>
> Für schwierige Positionierungen dürfen Sie auch einfach kurz irgendwo in die Miniatur klicken. Das Kreuz wird dann automatisch dorthin verlagert.

Abbildung 4.51 ▶
Der Blendenfleck lässt sich per Drag & Drop positionieren.

8 Filter nachjustieren

Jetzt kommt einer der markanten Unterschiede zwischen Smartebenen und normalen Ebenen zum Tragen. Wenn Sie nämlich jetzt einen Doppelklick auf die Zeile Blendenflecke ❻ setzen, wird der

Filterdialog erneut geöffnet. Wiederholen Sie den vorangegangenen Schritt, und versuchen Sie, mit dem Zentrum des Blendenflecks genau auf dem oberen rechten Wirbel des Instruments ❷ auszukommen. Das passt, da sich dort ja bereits ein Lichtpunkt befindet. Es ist nicht schlimm, wenn Sie mehrere Anläufe nehmen. Den Dialog dürfen Sie ja so oft wie nötig öffnen. Probieren Sie, wenn Sie mögen, auch einmal eine andere HELLIGKEIT ❹ und OBJEKTIVART ❸ aus.

▼ **Abbildung 4.52**
Langsam passt der Blendenfleck zur Lichtstimmung.

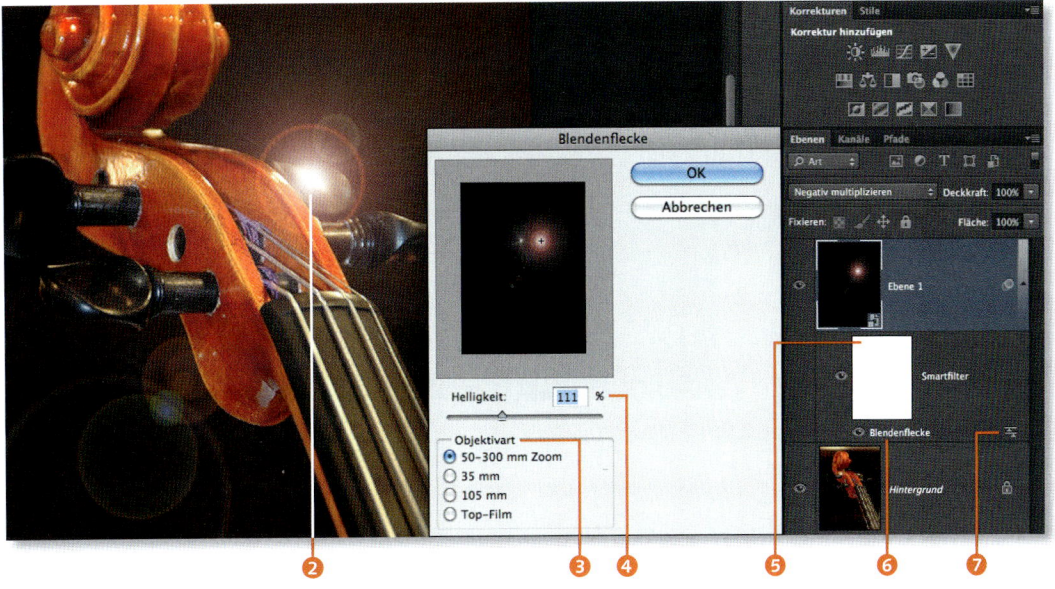

9 Optional: Ebene maskieren

Einen markanten Unterschied zur normalen Ebene haben Sie im vorangegangenen Schritt kennen gelernt. Hier ist der zweite: Wenn Sie mögen, können Sie nämlich die Smartobjekt-Ebene noch maskieren. Dazu müssen Sie aber unbedingt die Maskenminiatur ❺ anwählen.

Für meinen Geschmack sind die Linsenspiegelungen unten links (die kleinen Kreise) etwas zu stark. Aktivieren Sie daher einen Pinsel mit einer weichen Spitze und ca. 400–450 Px Durchmesser sowie einer Deckkraft von 50 %. Ernennen Sie Schwarz zur Vordergrundfarbe, und klicken Sie einmal auf die Kreise. Darüber hinaus dürfen Sie, falls erforderlich, auch die Ebenendeckkraft (im Ebenen-Bedienfeld) noch ein wenig reduzieren.

Modus und Deckkraft ändern

Falls Sie die Füllmethode der Ebene (Modus) und/oder die Deckkraft ändern wollen, setzen Sie einen Doppelklick auf ❼. Bedenken Sie jedoch, dass sich derartige Einstellungen auch im Ebenen-Bedienfeld vornehmen lassen.

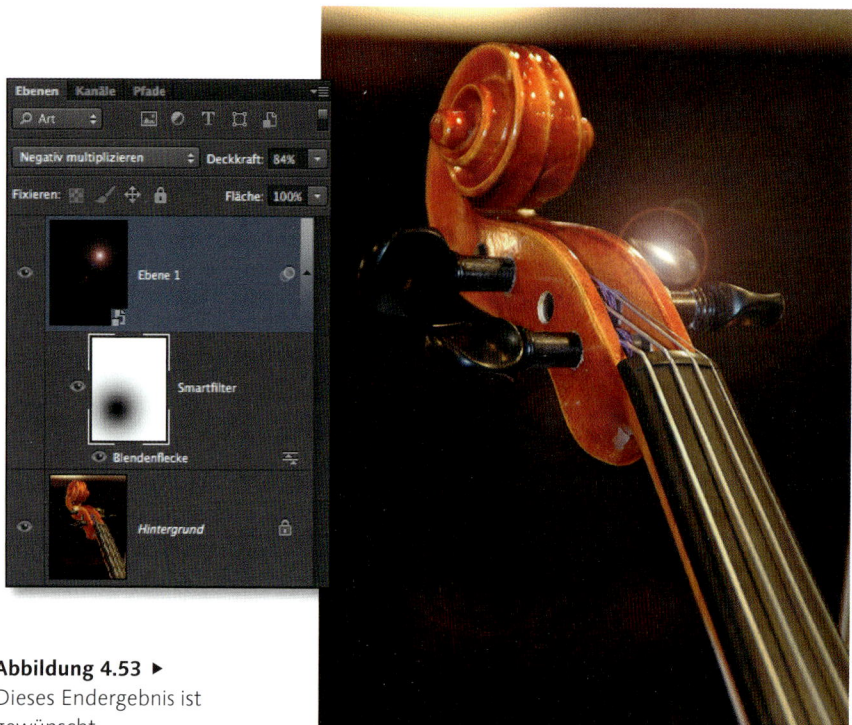

Abbildung 4.53 ▶
Dieses Endergebnis ist
gewünscht.

Smartobjekte umwandeln

Bleibt nur noch die Frage: Warum ist nicht jede Ebene automatisch
eine Smartobjekt-Ebene? Nun, das wäre schön. Nur leider können
Sie eine Smartobjekt-Ebene nicht grenzenlos weiter bearbeiten.
So stehen beispielsweise die gängigen Korrekturoptionen (BILD •
KORREKTUREN) bei Smartobjekt-Ebenen gar nicht zur Disposition.
Deswegen ist es mitunter nötig, Smartobjekt-Ebenen in normale
Ebenen zurückzukonvertieren. Dazu stellen Sie EBENE • SMART-
OBJEKTE • RASTERN oder EBENE • RASTERN • SMARTOBJEKT ein. Ein
Rechtsklick auf die Ebene, gefolgt von EBENE RASTERN funktioniert
ebenso.

Licht und Schatten korrigieren

Effektive Belichtungskorrekturen

- ▸ Wie werden Fotos richtig aufgehellt?
- ▸ Was verbirgt sich hinter Abwedeln und Nachbelichten?
- ▸ Wie funktioniert die Tonwertkorrektur?
- ▸ Wie funktionieren Einstellungsebenen?
- ▸ Was sind Schnittmasken?
- ▸ Wie wird mit Gradationskurven gearbeitet?
- ▸ Wie kann der Kontrast eines Bildes verbessert werden?

5 Licht und Schatten korrigieren

Mal ehrlich – zu dunkle Papierabzüge landen doch meist im Schuhkarton oder fristen ihr digitales Dasein im Bildordner VERSCHIEDENES. Lediglich der Bildinhalt (also das Motiv selbst) und die damit verbundene Erinnerung hat die Schnappschüsse bis heute vor dem »Tod durch Papierkorb« retten können.

Doch das Schattendasein hat ein jähes Ende. Geben Sie Ihren Bildern die Erleuchtung, die sie verdienen. Wie, das erfahren Sie in diesem Kapitel.

5.1 Klassische Korrekturen

Beginnen wollen wir mit effizienten Korrekturoptionen, die schnell zum gewünschten Ziel führen. Dass eine schnelle Korrektur nicht immer die beste ist, soll uns zunächst nicht stören. Denn die klassischen Korrekturmethoden erklären die Prinzipen einer Korrektur sehr deutlich. Sie bringen nämlich im wahrsten Sinne des Wortes Licht ins Dunkel.

Zum Nachlesen

Wer Genaueres über die Wirkungsweise der verschiedenen Füllmethoden erfahren möchte, schlägt auf Seite 166 nach. Dort werden auch die für die Belichtungskorrektur wichtigen Füllmethoden MULTIPLIZIEREN und NEGATIV MULTIPLIZIEREN vorgestellt.

Fotos mit Füllmethoden aufhellen

Bei klassischen Gegenlichtaufnahmen (z. B. von unten nach oben in Richtung Himmel fotografiert) sowie in dunklen Räumen und Ecken ist es oft so, dass der relevante Bildinhalt im Dunkel verschwindet. Trotzdem lassen sich aus diesen Fotos noch attraktive Aufnahmen machen.

Mit Füllmethoden kennen Sie sich ja seit dem vorangegangenen Kapitel bestens aus. Diese lassen sich auch zur Hell-Dunkel-Korrektur verwenden. Schauen Sie mal.

Schritt für Schritt
Dunkle Fotos schnell aufhellen

»Anna.jpg« ist am Morgen in einer Burgschleuse aufgenommen worden. Obwohl die Morgensonne seitlich einfällt und das Gesicht ein wenig erhellt, ist das Foto viel zu dunkel. Das kann so natürlich nicht bleiben. Wir wollen lieber dieses Resultat erzielen:

Bilder/Anna.jpg

◄ **Abbildung 5.1**
Das Original (links) ist viel zu dunkel. Das Ergebnis dieses Workshops sehen Sie rechts.

1 Ebene duplizieren

Der erste Schritt besteht darin, den Hintergrund zu duplizieren. So erhalten wir über der eigentlichen Bildebene ein Duplikat. Sie wissen ja: Das ist nötig, um zwei Ebenen ineinanderwirken zu lassen. Betätigen Sie Strg/⌘+J, oder gehen Sie über das Menü, indem Sie EBENE • NEU • EBENE DURCH KOPIE auswählen. Drag-&-Drop-Fans ziehen den Hintergrund im Ebenen-Bedienfeld auf den Button NEUE EBENE ERSTELLEN (das Blatt-Symbol) und lassen die Maustaste los, wenn der Button eingedrückt erscheint.

◄ **Abbildung 5.2**
Ziehen Sie den Hintergrund auf das Blatt-Symbol.

Je nachdem, für welche Methode Sie sich entschieden haben, heißt die übergeordnete Ebene jetzt »Hintergrund Kopie« oder »Ebene 1«, was aber für die weitere Vorgehensweise vollkommen unerheblich ist.

2 Füllmethode ändern

Ändern Sie danach die FÜLLMETHODE der oberen Ebene. Ihnen ist ja bereits geläufig, dass Sie dazu das Pulldown-Menü innerhalb des Ebenen-Bedienfelds öffnen und von NORMAL auf NEGATIV MULTIPLIZIEREN umschalten müssen.

Helle Fotos abdunkeln

Mitunter werden Sie es auch mit zu hellen Fotos zu tun bekommen. Die Vorgehensweise ist die gleiche, mit der Ausnahme, dass Sie MULTIPLIZIE-REN anstelle von NEGATIV MULTIPLIZIEREN einstellen müssen. Dann wird das Foto im Ergebnis dunkler.

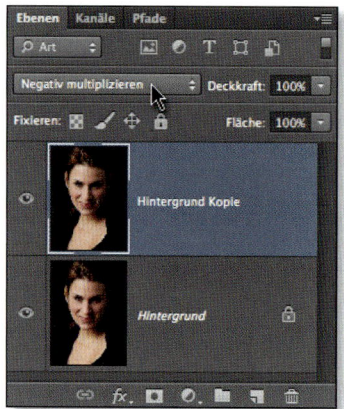

Abbildung 5.3 ▶
Schalten Sie auf NEGATIV MULTIPLIZIEREN um.

3 Pinsel vorbereiten

Sie sehen schon, dass das Foto merklich heller geworden ist. Gut, am Ziel sind wir noch nicht, aber bevor es nun noch weiter erhellt wird, sollten Sie sich die bildlinke Gesichtshälfte genauer ansehen. Sie ist fast schon zu hell, weshalb diese teilmaskiert werden sollte. Erzeugen Sie eine Ebenenmaske für die obere Ebene. Danach aktivieren Sie das Pinsel-Werkzeug, legen einen Durchmesser von etwa 200 Px fest und stellen die Deckkraft auf ca. 50% ein.

Abbildung 5.4 ▼
Mit diesen Voreinstellungen geht es an die Maskierung.

4 Ebene maskieren

Wischen Sie jeweils einmal über die zu helle Gesichtshälfte sowie das Dekolleté. Kleinere Korrekturen, wie z. B. am bildlinken Ohr, erledigen Sie mit einem entsprechend kleineren Pinsel.

▲ **Abbildung 5.5**
Die beiden Gesichtshälften sind
damit fast gleich hell.

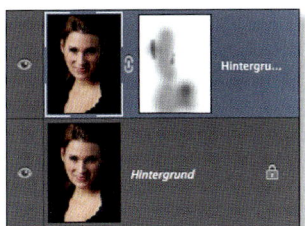

▲ **Abbildung 5.6**
Ursächlich dafür ist die Teil-
maskierung der oberen Ebene.

5 Ebene erneut duplizieren

Eingangs hatten wir ja erschüttert festgestellt, dass das Foto noch
nicht hell genug ist. Das sollten Sie jedoch nicht tatenlos hinnehmen. Duplizieren Sie die obere Ebene erneut, indem Sie abermals
Strg/⌘+J drücken. Dadurch wird die negativ multiplizierte
Ebene mit all ihren Eigenschaften noch einmal kopiert – und sorgt
automatisch für eine weitere Erhellung des Fotos.

Wenn Sie mögen, dürfen Sie übrigens die helle Gesichtshälfte
abermals mit dem Pinsel übermalen. Aber Vorsicht! Nach dem
Duplizieren der Ebene ist diese ausgewählt. Um maskieren zu
können, müssen Sie zunächst auf die Maskenminiatur im Ebenen-
Bedienfeld klicken. – Reicht die bisherige Arbeit aus? Ich denke,
die Ebene dürfte noch ein weiteres Mal kopiert werden.

6 Der Trick mit der halben Ebene

Vor diesem Problem werden Sie nur allzu oft stehen: Nach sagen
wir mal zwei Ebenenduplikaten ist das Bild noch immer zu dunkel,
aber nach dreien plötzlich zu hell. Eine halbe Ebene müsste her.
Nur die gibt es in Photoshop nicht. Jedoch dürfen Sie gerne die
Sichtbarkeit der obersten Ebene reduzieren. Bei 50 % DECKKRAFT
wäre genau eine halbe Ebene erreicht. Im Beispiel ist das aber zu
wenig, weshalb die oberste Ebene 60 % Deckkraft erhalten sollte.

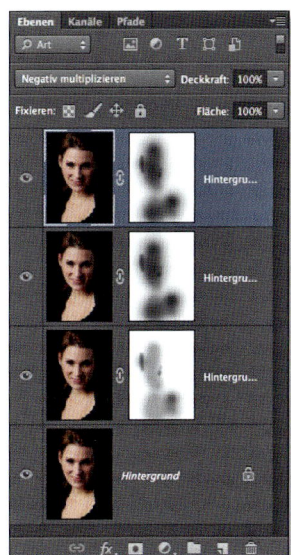

▲ **Abbildung 5.7**
Das zweifache Kopieren der
negativ multiplizierten Ebene
hat das Foto noch einmal
erhellt.

Abbildung 5.8 ▶
Jetzt passt es. Die Deckkraft
der obersten Ebene wurde
reduziert.

7 Ebenen reduzieren

Da die Dateigröße durch das permanente Hinzufügen von Ebenen mittlerweile beträchtlich angewachsen ist, wäre eine Ebenen-
reduktion anzuraten. Wählen Sie aus dem Bedienfeldmenü des
Ebenen- Bedienfelds den Eintrag Auf Hintergrundebene reduzieren, ehe Sie die Datei speichern.

Zum besseren Nachvollziehen der einzelnen Schritte ist das
Ergebnisfoto (im Ordner Ergebnisse) allerdings ebenenbasiert
geblieben. Einen Vorher-nachher-Vergleich erreichen Sie übrigens, indem Sie temporär alle Ebenen oberhalb des Hintergrunds
ausblenden.

Fotos individuell aufhellen (Tiefen/Lichter)

Der vorangegangene Workshop hat es gezeigt: Bei einer Änderung
der Füllmethode werden alle Bildinformationen erhellt (also auch
jene, die eigentlich gar nicht so stark angehoben werden müssen
wie der Rest des Fotos). Dem mussten wir mit einer Maskierung
begegnen, die aber im Foto von Anna recht simpel war. Was aber,
wenn die Bereiche derart komplex sind, dass sie nicht mal eben so
nachgewischt (sprich: maskiert) werden können?

Es müsste also eine Routine geben, mit der man dunkle Bildinformationen mehr erhellen kann als helle. Und die, Sie ahnen es,
gibt es natürlich. Technisch gesehen sind nämlich oft nur die dunklen Pixel (sie nennen sich »Tiefen«) zu dunkel, während die hellen
(die so genannten »Lichter«) völlig in Ordnung sind. Würden Sie
nun alle Pixel des Bildes gleichmäßig aufhellen, wären die Tiefen
zufriedenstellend, die Lichter aber viel zu hell. Photoshops Antwort darauf ist die Funktion Tiefen/Lichter.

Schauen Sie sich aber zunächst an, wo die zuvor beschriebene
Methode an ihre Grenzen stößt. Dazu öffnen Sie bitte »Rhein-

turm.jpg« und erzeugen ein Ebenenduplikat, das Sie auf NEGATIV MULTIPLIZIEREN stellen. Versuchen Sie, die Blätter im Vordergrund ausreichend hell darzustellen, indem Sie weitere Duplikate folgen lassen. So nach fünf oder sechs Duplikaten sollten dann endlich auch die Blätter hell genug sein.

Doch was ist mit dem Rest des Bildes passiert? Der Himmel ist weiß, und selbst der schöne Düsseldorfer Rheinturm ist kaum noch zu erkennen. Eine vorherige Maskierung wäre aufgrund der feinen Blattstrukturen vor dem Turm nur mit hohem Aufwand zu realisieren gewesen. Hier ist also das Ende der Fahnenstange deutlich erreicht – zumindest was die Füllmethoden betrifft.

▲ **Abbildung 5.9**
Was ist denn hier passiert?

Schritt für Schritt
Tiefen aufhellen

Falls die Beispieldatei noch geöffnet ist und Sie die zuvor beschriebenen Schritte bereits vollzogen haben, machen Sie doch bitte alles via Protokoll rückgängig. Alternativ schließen Sie das Foto, ohne es zu speichern, und öffnen es anschließend erneut.

Bilder/Rheinturm.jpg

◄ **Abbildung 5.10**
Eine schöne Perspektive. Die Belichtung des Rheinturms ist gut gelungen. Doch die Blätter im Vordergrund sind kaum noch zu erkennen.

1 Tiefen aufhellen
Öffnen Sie den Dialog TIEFEN/LICHTER, den Sie über BILD • KORREKTUREN erreichen. Betrachten Sie die Auswirkungen auf das

Bild, indem Sie mehrmals das Steuerelement Vorschau ❶ ab- und wieder anwählen. Standardmäßig bietet Photoshop nämlich eine Erhöhung der Tiefen (also der dunklen Bildbereiche) um 35% an. Das ist jedoch zu wenig. Ziehen Sie den oberen Regler STÄRKE (im Bereich TIEFEN) bis auf 70% hoch. Bitte noch nicht mit OK bestätigen!

2 Lichter abdunkeln

Der Himmel hat sich nicht merklich verändert; und selbst der Turm ist lediglich in den dunkleren Grautönen leicht erhellt worden. Ein klarer Vorteil also gegenüber den Füllmethoden. Trotzdem sollten Sie die LICHTER noch ein wenig abdunkeln. Das wirkt sich vor allem auf den Himmel aus, der dann ein wenig dunkler wird. Dazu ziehen Sie die STÄRKE der LICHTER auf ca. 3%. Schließen Sie das Dialogfeld mit Klick auf OK.

▲ **Abbildung 5.11**
Mit dieser Einstellung wird das Foto merklich heller.

▲ **Abbildung 5.12**
Der Himmel ist trotz der Aufhellung blau geblieben.

Tiefen/Lichter im Detail

In diesem Dialogfeld gibt es noch mehr Optionen. Photoshop offeriert jedoch freiwillig weit weniger. Wenn Sie jedoch bei geöffnetem Dialog unten links die Checkbox WEITERE OPTIONEN EINBLENDEN ❷ anwählen, erfährt das Dialogfenster eine umfangreiche Erweiterung.

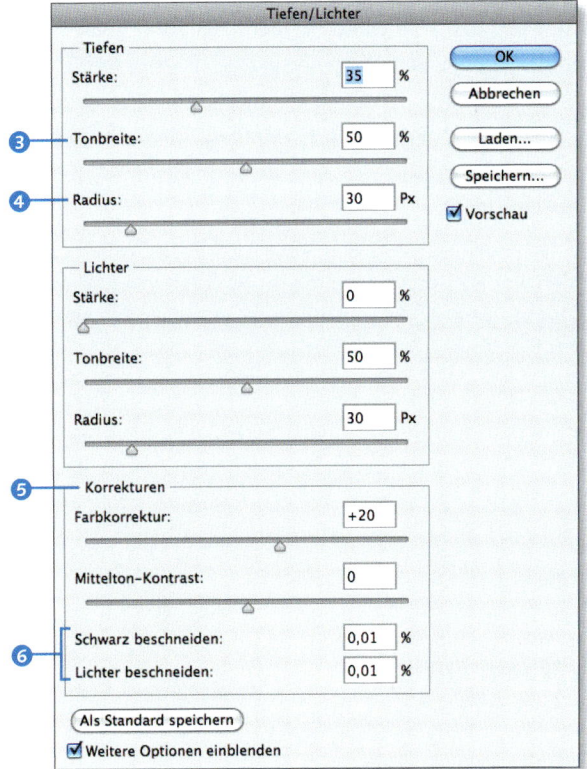

◀ **Abbildung 5.13**
Von wegen nur drei Schieberegler. Der Tiefen/Lichter-Dia-
log hat eine Menge mehr zu
bieten.

Sehen wir uns die Einstellungen im Dialog TIEFEN/LICHTER jetzt
noch einmal genauer an:

▶ TONBREITE ❸: Bestimmen Sie, wie stark sich die Tonwertver-
änderungen auf die Tiefen auswirken sollen. Je höher der Wert
ist, desto weniger werden die Veränderungen auf die wirklich
dunklen Pixel beschränkt. Halten Sie den Wert also klein, wenn
die Tiefen wirklich sehr dunkel sind; erhöhen Sie ihn, wenn die
Tiefen nicht sehr dunkel sind.

▶ RADIUS ❹: Hier stellen Sie ein, was als dunkel betrachtet werden soll und was nicht. Je größer der Wert ist, desto mehr wird
die Aufhellung auch auf hellere Bildpixel ausgedehnt.

▶ KORREKTUREN ❺: Hier ließen sich zusätzlich noch Farben im
Bereich der veränderten Tiefen korrigieren. Das Problem, dass
bei einer Lichter/Tiefen-Veränderung auch die Farben variie-
ren, kann damit ein Stück weit kompensiert werden.

▶ SCHWARZ BESCHNEIDEN und LICHTER BESCHNEIDEN ❻: Hier können Sie festlegen, wie stark die Tiefen und Lichter das durch

die Korrektur neu festgesetzte reine Schwarz und reine Weiß im Bild beschneiden sollen. Je höher der Wert ist, desto mehr Kontrast gibt es; je niedriger der Wert ist, desto geringer wird der Kontrast. Achten Sie jedoch darauf, keine zu hohen Werte einzugeben, da ansonsten Details in den Tiefen oder Lichtern abgeschnitten werden.

Veränderungen im Frame LICHTER wirken nach dem gleichen Prinzip, wobei sich die Werte auf die hellen Bildbereiche beziehen – und dann natürlich keine Aufhellung, sondern eine Abdunklung entsteht.

Ein wesentlicher Nachteil bleibt jedoch beim Korrigieren von Tiefen und Lichtern. Die Farbwerte verändern sich nämlich. In vielen Fällen ist das vertretbar, jedoch leider nicht immer. Mit den unteren beiden Reglern (im Frame KORREKTUREN) kann man dem zwar ein Stück entgegenwirken, jedoch leider nicht komplett.

Lichter abdunkeln

Gewissermaßen als Umkehrwirkung könnten zu helle Bereiche eines ansonsten gut ausgeleuchteten Bildes beeinflusst werden. Stellen Sie dazu die Stärke für die TIEFEN vorab auf 0. Nun bleiben dunkle Bereiche unverändert, und zu helle können über die Steuerelemente im Frame LICHTER abgedunkelt werden.

Abwedeln und Nachbelichten

Neben den klassischen Korrekturmöglichkeiten hält Photoshop auch Werkzeuge bereit, die sich direkt auf das Bild anwenden lassen. Damit können Sie die Belichtung ganz individuell steuern und geradezu auf das Bild »auftragen«.

Schritt für Schritt
Belichtung punktuell verbessern

Bilder/Dalben.jpg

Das Foto »Dalben.jpg« soll jetzt punktuell bearbeitet werden – genauer gesagt, dort erhellt werden, wo es zu dunkel ist, und dunkler werden, wo es zu hell ist.

1 Ebene duplizieren

Öffnen Sie das Beispielfoto, und stellen Sie ein Duplikat der Ebene her, indem Sie EBENE • NEU • EBENE DURCH KOPIE wählen. (Obwohl es ja eigentlich schneller über $\boxed{\text{Strg}}$/$\boxed{\mathbb{H}}$+$\boxed{\text{J}}$ ginge.) Die Kopie ist zwar für das Ergebnis nicht erforderlich, jedoch erhalten Sie so später einen komfortablen Vorher-nachher-Vergleich.

© Bernd Sterzl – pixelio.de

◄ **Abbildung 5.14**
Hier werden gleich Abwedler
und Nachbelichter wirken.

2 Nachbelichter aktivieren

Stellen Sie das Foto zunächst in 100 % Größe dar, damit Sie die
Details gut erkennen können. Sie erreichen das schnell über einen
Doppelklick auf das Zoom-Werkzeug. Suchen Sie in der Toolbox
das Nachbelichter-Werkzeug aus. Es befindet sich hinter dem
Abwedler ⓪.

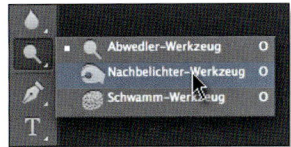

▲ **Abbildung 5.15**
Mit dem Nachbelichter geht
es weiter.

3 Werkzeug einstellen

Der Nachbelichter erlaubt es, Fotos stellenweise abzudunkeln.
Und genau das sollten Sie jetzt mit dem Moos machen. Zunächst
müssen Sie das Tool aber in der Optionsleiste einstellen. Nehmen Sie eine weiche Pinselspitze von etwa 100 Px. Stellen Sie
zudem die MITTELTÖNE ein, und verwenden Sie eine BELICHTUNG
von 50 % (dies regelt die Intensität des Werkzeugs). Achten Sie
darauf, dass TONWERTE SCHÜTZEN aktiv ist. Das sorgt dafür, dass
die Beschneidung von Tiefen und Lichtern bei der anschließenden
Korrektur möglichst gering gehalten wird. So bleiben die Strukturen bestehen.

▲ **Abbildung 5.16**
So sollte der Nachbelichter eingestellt sein.

4 Abwedeln und nachbelichten

Wischen Sie jetzt vorsichtig über das Moos (gerne auch mehrfach), das daraufhin dunkler wird. Wenn Sie das Holz im Gegenzug etwas aufhellen wollen, schalten Sie auf den Abwedler um und benutzen auch hier eine weiche Spitze. Allerdings sollten Sie die BELICHTUNG auf 30% heruntersetzen. Der Abwedler reagiert ansonsten zu stark. Wischen Sie damit mehrfach über die Kopffläche des Baumstamms.

Abbildung 5.17 ▼
Das Moos ist dunkler, die Oberfläche des Stumpfes hingegen heller geworden.

5 Bilder vergleichen

Einen Vorher-nachher-Vergleich erhalten Sie, indem Sie die oberste Ebene vorübergehend ausschalten. Der direkte Vergleich:

Die klassische Tonwertkorrektur

Bevor es weitergeht, greifen wir noch einmal die Begriffe *Tiefen* und *Lichter* auf. Tiefen sind die dunklen Bildbereiche, Lichter die hellen. Die neutralen Bereiche (also die dazwischen) werden als *Mitteltöne* bezeichnet. Die Spanne zwischen dem dunkelsten und dem hellsten Bereich eines Bildes stellt den *Tonwertumfang* dar.

Im Idealfall ist der dunkelste Ton Schwarz, der hellste erstrahlt in reinem Weiß.

Leider ist das die Theorie. Wenn der dunkelste Punkt nicht schwarz und der hellste nicht weiß ist, wirken Bilder oft flau und matt – ihnen fehlt die so genannte *Zeichnung* (also die Kontrastbildung entlang der Konturen). Doch Photoshop wäre nicht Photoshop, gäbe es nicht auch dagegen eine Lösung: die Tonwertkorrektur.

Schritt für Schritt
Eine einfache Tonwertkorrektur

Tonwertkorrekturen können Sie auch dann vornehmen, wenn ein Foto ausgewaschen, gräulich anmutet – so wie das in der Beispieldatei der Fall ist. Dieses Bild weist die typischen Beschränkungen in der Tonwertspreizung auf – und darum soll es nun gehen. Kitzeln wir doch etwas mehr Zeichnung aus dem Bild heraus.

Bilder/Koala.jpg

© Knud Ingenbrand

◄ **Abbildung 5.18**
Das Original (links) ist blassgrau. Mit Hilfe einer Tonwertkorrektur soll das Foto optimiert werden (rechts).

1 Dialog öffnen
Öffnen Sie den Dialog TONWERTKORREKTUR, indem Sie `Strg`/ `⌘`+`L` drücken. Nur der Ordnung halber muss noch erwähnt werden, dass Sie rein theoretisch auch den Weg über BILD • KORREKTUREN • TONWERTKORREKTUR gehen könnten.

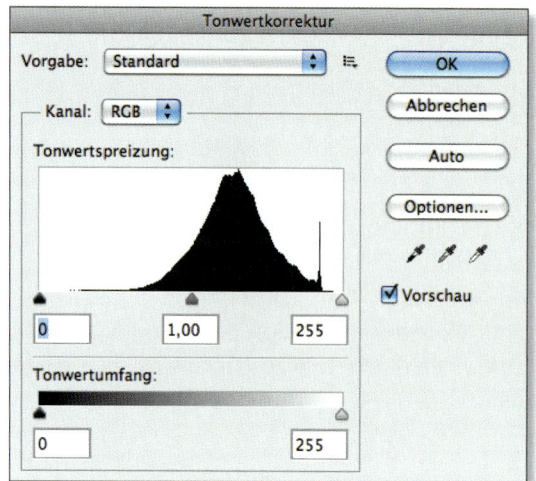

Abbildung 5.19 ▶
So sieht das Histogramm des Fotos aus. Links und rechts sind keinerlei Erhebungen auszumachen.

2 Histogramm interpretieren

Was da im Bereich Tonwertspreizung als schwarze Wellenlinie erscheint, ist ein Histogramm. Es zeigt, welche Tonwerte wie oft im Bild vorhanden sind. Je höher die Kurve an einer bestimmten Stelle nach oben ragt, desto öfter ist dieser Tonwert im Bild vorhanden. Die Tiefen befinden sich dabei ganz links; nach rechts hin finden sich zunehmend hellere Pixel – bis hin zu reinem Weiß ganz rechts. Damit sehen Sie nun auch grafisch, was Sie schon längst gesehen haben: Es sind keine wirklichen Tiefen im Bild vorhanden, und wirkliche Lichter finden sich auch nicht.

3 Tonwertspreizung vornehmen

Im Idealfall würde das Histogramm ganz links beginnen und ganz rechts enden. Zudem würde die Kurve noch von der rechten und linken Begrenzung aus langsam ansteigen. Das ist hier aber nicht so, also müssen wir selbst Hand anlegen.

Schauen Sie sich die kleinen »Häuschen« unterhalb des Histogramms an. Das sind Schieberegler. Bewegen Sie nun den linken (schwarzen) ❶ nach rechts. Stoppen Sie, wenn der Beginn der Histogrammerhebung erreicht ist. Das dürfte bei etwa 74 der Fall sein. Das linke der drei Eingabefelder unterhalb des Histogramms zeigt ja während des Verstellens permanent einen anderen Wert an, der jetzt repräsentiert, dass Sie die vorhandenen (grauen) Bildbereiche mehr und mehr in Richtung Schwarz verschieben.

Fassen Sie danach den rechten (weißen) Regler ❹ an, und ziehen Sie ihn nach links – ebenfalls bis zum Beginn der Erhebung, die bei 240 erreicht sein dürfte.

Den mittleren (grauen) Schieberegler ❷ stellen Sie etwas nach rechts. Behalten Sie dabei das mittlere Eingabefeld im Auge, und stoppen Sie, wenn Sie bei 0,90 sind. Das hat zur Folge, dass die Mitteltöne im Bild, die durch Verstellung des schwarzen Reglers mit abgedunkelt wurden, wieder etwas erhellt werden.

Falls die VORSCHAU ❸ rechts im Dialogfenster angewählt ist, sehen Sie die Auswirkungen direkt im Bild. Bestätigen Sie mit OK. Das sieht doch schon wesentlich besser aus, oder?

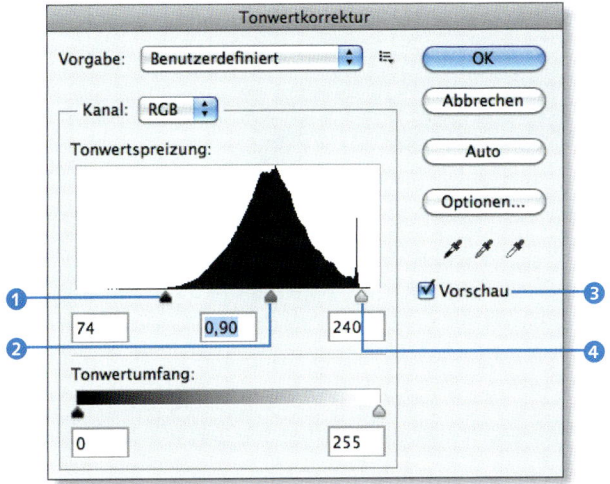

▲ **Abbildung 5.20**
Nachdem Sie die Regler so eingestellt haben, dürfen Sie den Dialog mit OK verlassen.

Mitteltöne anpassen

Durch das Verschieben des mittleren (grauen) Reglers haben Sie die Mitteltöne ausgerichtet. Als Faustregel sollte dabei gelten: Versuchen Sie immer, den grauen Regler so einzustellen, dass sich links und rechts von ihm eine gleich große schwarze Histogrammfläche befindet – sofern es sich um eine Aufnahme handelt, die nicht von besonderen Höhen oder Tiefen lebt. Nacht- oder Gegenlichtaufnahmen haben natürlich ihre eigenen Regeln. Verlassen Sie sich bei solchen Bildern lieber auf Ihr »Augenmaß«.

Schritt für Schritt
Eine Tonwertkorrektur mit Pipetten

Der letzte Schritt aus der vorangegangenen Schritt-für-Schritt-Anleitung war die Arbeit »fürs Grobe«. Oft reicht eine solche Korrektur schon aus. Wenn Sie es aber ganz genau wissen wollen und vielleicht noch analysieren möchten, wo denn der dunkelste oder hellste Punkt des Fotos zu finden ist, dann gehen Sie so vor:

Bilder/Downhill.tif

1 Aufnahme begutachten

Öffnen Sie »Downhill.tif«, und begutachten Sie das Bild. Zu wenig Zeichnung? Da schließe ich mich an. Die Farben leuchten nicht, das Foto hat einen Grauschleier.

Abbildung 5.21 ▶
Leider ist dieses Foto ziemlich grau.

© Lothar Wandtner – pixelio.de

Schwellenwert

Bei Anwendung der Schwellenwert-Methode werden alle im Bild befindlichen Pixel auf Schwarz und Weiß reduziert. Je mehr der Schieber unterhalb des Histogramms nun nach links verschoben wird, desto mehr Pixel werden nach Weiß umgewandelt. Eine Verstellung nach rechts bedeutet, dass zunehmend schwarze Pixel eingerechnet werden.

2 Schwellenwert benutzen

Zunächst muss der Schwarzpunkt (dunkelster Bereich der Tiefen) gefunden werden. Denn genau diesen Bereich wollen wir als Schwarz definieren. Aber welcher Bildbereich sollte das sein? Wenn der Schwarzpunkt wie hier nicht eindeutig zu ermitteln ist, bedienen Sie sich eines einfachen Tricks. Wählen Sie BILD • KORREKTUREN • SCHWELLENWERT. Der Schwellenwert legt fest, bei welcher Intensität die Schwelle zwischen Schwarz und Weiß läge, wenn dazwischen keine Graustufen vorhanden wären.

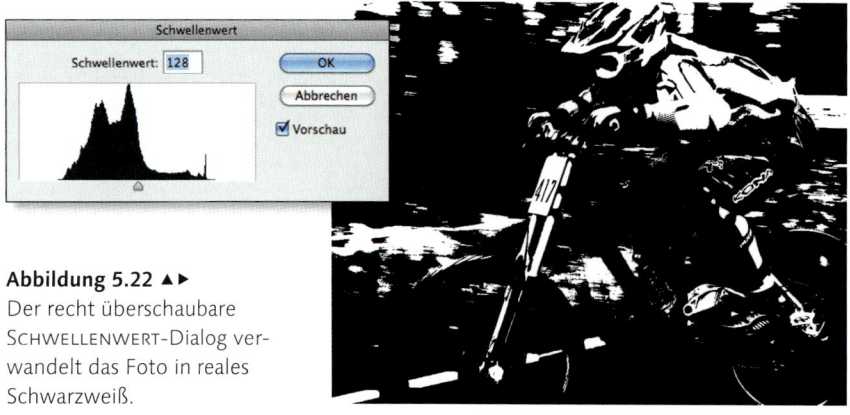

Abbildung 5.22 ▲ ▶
Der recht überschaubare SCHWELLENWERT-Dialog verwandelt das Foto in reales Schwarzweiß.

3 Schwarzpunkt ermitteln

Achten Sie auf das Histogramm im SCHWELLENWERT-Dialog. Dort stellen Sie nämlich den darunter befindlichen Schieber zunächst ganz nach links. Daraufhin dürfte das Foto komplett weiß sein. Regeln Sie nun vorsichtig zurück nach rechts. Stoppen Sie, sobald die ersten Konzentrationen schwarzer Bildelemente auftauchen.

Aber welche Stelle ist das nun? Anhand der wenigen Bildinformationen kann man das ja gar nicht genau sagen. Schalten Sie deshalb VORSCHAU im Dialogfeld mehrmals kurzzeitig aus. Aha, es handelt sich also um den Rahmen des Bikes (siehe Abbildung 5.23). Ohne temporäre Abschaltung der Vorschau hätte ich auf den Knieschoner getippt. Sie auch?

4 Weißpunkt ermitteln

Nachdem Sie nun wissen, wo der dunkelste Punkt des Bildes ist, ermitteln Sie den hellsten (den Weißpunkt). Dazu bewegen Sie den Schwellenwert-Schieber ganz nach rechts. Eine anschließende Feinjustierung (nach links zurück) fördert das Ergebnis zutage: das Trikot des Sportlers (siehe Abbildung 5.24). Merken wir uns diesen Punkt also. (Die Ecke oben links im Foto dürfen Sie vernachlässigen, da es sich hierbei um den überstrahlten Himmel handelt. Doch der bildet nicht den relevanten Inhalt des Fotos.)

Reflexionen ignorieren

Bei der Aufnahme des Weißpunktes soll ja immer der hellste Punkt des Bildes ermittelt werden. Dabei gilt aber: Lassen Sie stark reflektierende oder extreme Helligkeiten heraus. Das Innere einer hell erleuchteten Glühlampe sollten Sie ebenso wenig zum Weißpunkt-Abgleich heranziehen wie Sonnenreflexionen oder die chromblitzende Stoßstange eines Autos. Anderenfalls würde das Bild zu dunkel – und solche Punkte *sollen* ja überstrahlen.

▲ **Abbildung 5.23**
Hier sollten die ersten schwarzen Bildbereiche sichtbar werden.

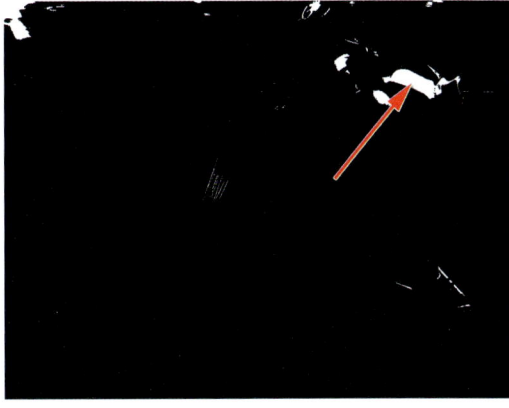

▲ **Abbildung 5.24**
Der hellste Punkt des Fotos

5 Schwellenwert-Dialog abbrechen

So seltsam es sich anhört: Der wichtigste Schritt ist nun, auf ABBRECHEN zu klicken. Ansonsten wäre eine Rückgewinnung der Bildinformationen im weiteren Verlauf ausgeschlossen. (Von Rückgängig-Funktionen einmal abgesehen.)

6 Schwarzpunkt setzen

▲ **Abbildung 5.25**
Die Pipetten in der Tonwertkorrektur

Öffnen Sie den Dialog TONWERTKORREKTUR ([Strg]/[⌘]+[L]). Rechts sehen Sie drei kleine Pipetten. Klicken Sie die linke (schwarz gefüllte) ❶ an, und markieren Sie den Punkt, der soeben als Schwarzpunkt definiert wurde (siehe Abbildung 5.26).

7 Weißpunkt setzen

Schalten Sie anschließend im TONWERTKORREKTUR-Dialog auf die rechte (weiß gefüllte) Pipette ❸ um, und klicken Sie auf den zuvor ermittelten Weißpunkt des Bildes, also das Shirt des Fahrers (siehe Abbildung 5.27).

▲ **Abbildung 5.26**
Dieser Mausklick wird das Foto enorm kräftigen.

▲ **Abbildung 5.27**
Setzen Sie einen Mausklick auf diese Stelle.

▲ **Abbildung 5.28**
Jetzt wird sogar noch die Farbe korrigiert.

8 Graupunkt setzen

Den folgenden Schritt sollten Sie nur dann machen, wenn Sie sicher sind, dass Sie eine Stelle im Foto ausfindig machen können, die exakt neutral grau ist. Wenn Sie nämlich hier statt eines neutralen Grautons eine Farbe erwischen, bringen Sie einen Farbstich ins Bild. Und das kann ja unmöglich Sinn und Zweck einer Korrektur sein.

Aktivieren Sie die mittlere Pipette ❷, und klicken Sie damit auf den Schoner am Ellenbogen des Fahrers. Schauen Sie sich dazu

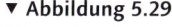

die Abbildung an. Bestätigen Sie anschließend mit OK. (Sollten Sie jetzt einen Farbstich herbeigeführt haben, wiederholen Sie den Mausklick an einer leicht versetzten Stelle.)

▼ Abbildung 5.29
Hier sehen Sie das Ergebnis im direkten Vorher-nachher-Vergleich.

5.2 Mit Einstellungsebenen arbeiten

Sie haben in den vorangegangenen Workshops erfahren, wie Sie Tonwerte, Tiefen und Lichter sowie Schwellenwerte direkt beeinflussen und Tonwertspreizungen vornehmen können. Das Problem ist aber, dass diese Korrekturen stets direkt auf das Bild einwirken.

Einstellungsebenen statt Direktkorrektur

Stellen Sie sich vor, Sie haben das Bild korrigiert, gespeichert und geschlossen. Später wollen Sie das Foto doch noch einmal nachkorrigieren. Vielleicht haben Sie etwas übersehen, oder Sie bearbeiten das Foto für einen Auftraggeber, der plötzlich einwendet, dass ihm die Korrektur doch ein wenig zu stark sei. Dann stehen Sie jetzt vor dem Problem, dass Sie eine erneute Korrektur am Foto nur noch auf Grundlage des bisherigen Ergebnisses vornehmen könnten – oder Sie müssten sich das Original vornehmen und noch einmal ganz von vorne beginnen.

Dazu ein Beispiel: Öffnen Sie doch einmal »Downhill.tif«. Drücken Sie ⌊Strg⌋/⌊⌘⌋+⌊L⌋, um den TONWERTKORREKTUR-Dialog zu öffnen, und betrachten Sie das Histogramm. Danach machen Sie

Punkte korrigieren

Falls Sie versehentlich einmal einen falschen Punkt angewählt haben, klicken Sie einfach erneut auf die richtige Stelle. Möchten Sie zum ursprünglichen Zustand zurückkehren, ohne den TONWERTKORREKTUR-Dialog verlassen zu müssen, halten Sie einfach ⌊Alt⌋ gedrückt. Dadurch wird die Schaltfläche ABBRECHEN zu ZURÜCK.

Bilder/Downhill.tif,
Bilder/Ergebnisse/
Downhill-bearbeitet.tif

das Gleiche mit »Downhill-bearbeitet.tif« aus dem ERGEBNISSE-Ordner.

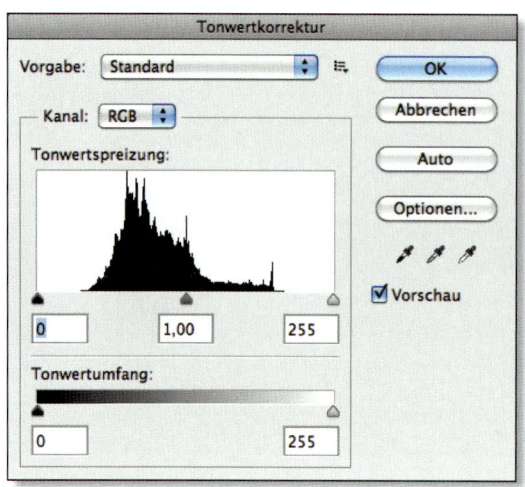 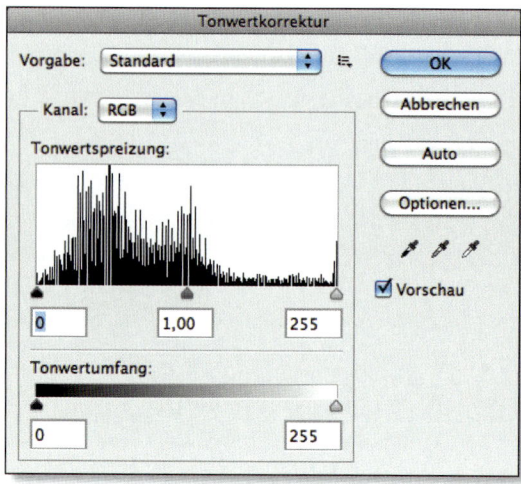

▲ **Abbildung 5.30**
Das Histogramm des Originals (links) und des nachbearbeiteten Fotos (rechts)

Nun sehen Sie im rechten Histogramm (es repräsentiert das nachbearbeitete Foto) vertikal verlaufende graue Linien. Diese sind Indiz dafür, dass es durch die Korrektur (die Tonwertspreizung) zu Bildverlusten gekommen ist. Das Histogramm ist gestreckt worden, und somit auch auseinandergerissen. Bildinformationen sind verloren gegangen. Und Sie können sich denken, was passiert, wenn Sie eine erneute Korrektur vornehmen: Es kommt abermals zu Verlusten. Und außerdem korrigieren Sie auf Grundlage des bereits beschädigten Histogramms. Man spricht hier auch von der »destruktiven« Bildkorrektur.

Genau an diesem Punkt setzen die so genannten Einstellungsebenen an. Diese schweben gewissermaßen wie eine eigene Ebene über dem Original und verändern das Gesamtbild – nicht jedoch die Originalebene. Hier haben Sie es dann mit der so genannten »nicht-destruktiven« Bildkorrektur zu tun. Allerdings funktioniert das nur bei Dateiformaten, die auch Ebenen unterstützen, nämlich PSD und TIFF.

Ebenen reduzieren

Prinzipiell lässt sich aber auch mit einer Einstellungsebene arbeiten und das Foto anschließend über das Bedienfeldmenü des Ebenen-Bedienfelds AUF HINTERGRUNDEBENE REDUZIEREN. Das löst die Einstellungsebene auf und übergibt die Werte direkt an das Foto.

Sie können Folgendes daraus ableiten: Wenn Sie noch nicht genau wissen, ob Sie das Foto noch einmal nachjustieren müssen, sollten Sie auf jeden Fall eine Einstellungsebene sowie ein ebenenbasiertes Dokumentformat verwenden. Wenn Sie das Foto hingegen definitiv nicht mehr nachkorrigieren werden, ist der direkte Weg über die Menükorrekturen durchaus gestattet.

Noch eine Tonwertkorrektur – diesmal mit Einstellungsebenen

Durch die Tatsache, dass die Einstelloptionen bei Verwendung von Einstellungsebenen nicht direkt an das Bild übergeben werden, sondern das Foto einfach nur überlagern, bleibt das Original unangetastet. Die Korrektur ist zudem verlustfrei.

Schritt für Schritt
Mit Einstellungsebenen korrigieren

Öffnen Sie das Beispielbild »Leguan.jpg«, und begutachten Sie es. Sicher interessiert es Sie, warum der Kollege so grimmig dreinschaut. Aber mal ehrlich; in diesem Waschküchen-Ambiente fühlt sich doch niemand richtig wohl. Am besten, Sie ändern das. Denn diese traumhafte Kulisse aus Hellgrau und nicht ganz so hellem Hellgrau schlägt gewaltig aufs Gemüt. Geben Sie dem Foto die Dynamik, die es verdient.

Bilder/Leguan.jpg

© Renate Klaßen

◄ **Abbildung 5.31**
Waschküchen-Atmosphäre – Hier muss eine Tonwertkorrektur her.

1 Einstellungsebene erstellen

Nun sind Einstellungsebenen in Photoshop ein alter Hut (aber unglaublich effektiv). Sie lassen sich einsetzen, indem das kleine

197

▲ Abbildung 5.32
Der schwarzweiße Kreis in der Fußleiste des Ebenen-Bedienfelds führt zu den Einstellungsebenen.

Icon Einstellungsebene erstellen in der Fußleiste des Ebenen-Bedienfelds markiert wird (das schwarzweiße Kreis-Symbol) **1**. In dem Menü könnten Sie sich nun für Tonwertkorrektur entscheiden. Ebenso steht das Bedienfeld Korrekturen (Fenster • Korrekturen) zur Verfügung. Dieses bietet die gleichen Optionen wie der Button in der Fußleiste. Klicken Sie doch einmal auf die zweite Schaltfläche **2**.

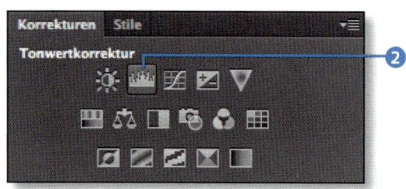

▲ Abbildung 5.33
Das Korrekturen-Bedienfeld präsentiert ebenfalls die Korrekturoptionen per Einstellungsebenen.

Werfen Sie auch mal einen Blick auf das Ebenen-Bedienfeld. Hier wurde jetzt eine neue Ebene **3** hinzugefügt, nämlich die Einstellungsebene mit der Eigenschaft Tonwertkorrektur. Diese ist markiert, so dass Sie gleich loslegen können.

▲ Abbildung 5.34
Die Einstellungsebene Tonwertkorrektur wurde hinzugefügt.

Histogramm aktualisieren

Das Histogramm repräsentiert die aktuellen Werte des Fotos. Allerdings sind diese nicht 100 % exakt. Wer es also ganz genau wissen will, betätigt vor der Tonwertspreizung **4**. Dadurch wird das Histogramm noch einmal exakt errechnet.

2 Tonwerte einstellen

Zudem ist das Eigenschaften-Bedienfeld aktiviert worden. Hier sehen Sie ebenfalls ein Histogramm sowie die drei bereits bekannten Schieberegler (Schwarz, Weiß und Grau) unterhalb. Damit lässt sich auch hier eine Tonwertspreizung vornehmen. Schieben Sie die äußeren Regler an das Histogramm heran. Für den Schwarzpunkt wären das etwa 24, während der Weißpunkt bei ca. 232 landen dürfte.

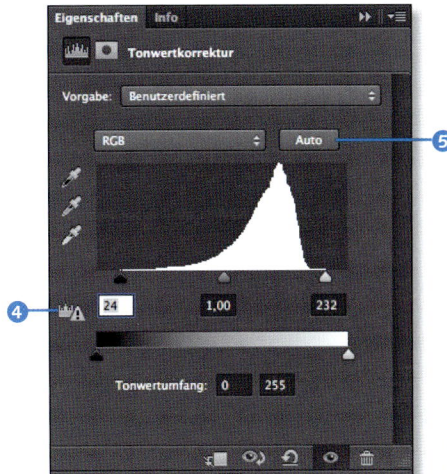

◄ **Abbildung 5.35**
Das Foto wird im Eigenschaften-
Bedienfeld eingestellt.

 Im Eigenschaf-
ten-Bedienfeld
finden Sie auch
den Schalter Auto ❺.
Wenn Sie diese Option
einsetzen, regelt Pho-
toshop die Tonwertkor-
rektur automatisch. Be-
denken Sie aber, dass
Auto-Funktionen nie-
mals das kritische Auge
des Betrachters erset-
zen können. Klicken Sie
mit Alt darauf, lässt
sich per Anwahl der
gleichnamigen Check-
box nun auch HELLIG-
KEIT UND KONTRAST VER-
BESSERN. Früher wurde
hier standardmäßig nur
der Kontrast verbessert
– und zwar kanalweise.

3 Graupunkt einstellen

Jetzt bewegen Sie noch den Graupunkt etwas nach rechts. Ein
Wert um 0,84 sollte ausreichen. Das war's schon. Einen Vorher-
nachher-Vergleich können Sie übrigens erhalten, indem Sie das
Augen-Symbol der Einstellungsebene kurzzeitig deaktivieren. In
der Fußleiste des Bedienfelds gibt es ebenfalls ein entsprechendes
Symbol ❻.

▲ **Abbildung 5.36**
So soll es sein: kräftige Kontraste für kräftige Reptilien.

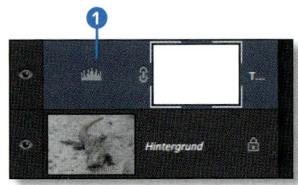

▲ **Abbildung 5.37**
Zum Nachkorrigieren klicken
Sie doppelt auf das Symbol in
der Einstellungsebene.

HDR-Belichtung

Normalerweise werden
die Belichtungswerte im
aktuell für das Foto gültigen Farbraum berechnet
(meist 8-Bit-Bilder mit
256 möglichen Abstu-
fungen). Bei der HDR-
Belichtung ist das anders.
Hier wird auf Grundlage
von bis zu 32 Bit korri-
giert, was eine sehr viel
feinere Abstimmung er-
möglicht. Zwar bleibt
das Beispielfoto im 8-Bit-
Modus, jedoch lassen
sich bei der Korrektur
dem HDR-Verfahren nahe
kommende Resultate
erzielen. HDR ist übri-
gens eine Abkürzung für
High **D**ynamic **R**ange und
steht für einen enorm
hohen Kontrastumfang.

Bilder/Ergebnisse/
Leguan-Tonwert.psd

---

4 Optional: Nachkorrigieren

Wie Sie sehen, ist das Histogramm trotz der Korrektur nicht auseinandergerissen worden. Das liegt daran, dass die Korrektur nicht
direkt auf der Bildebene stattgefunden hat, sondern darüber liegt.
Nachträgliches Korrigieren ist also jederzeit auf Grundlage des
Originals möglich (nicht-destruktiv) – selbst wenn das Eigenschaften-Bedienfeld zwischenzeitlich geschlossen worden ist. Setzen
Sie in diesem Fall einfach einen Doppelklick auf das linke Symbol
❶ der Ebene. Das gilt im Übrigen für alle Einstellungsebenen.

Einstellungsebene »Belichtung«

In Verbindung mit dem vorangegangenen Workshop möchte ich
Ihnen gerne noch eine weitere leistungsfähige Korrekturoption
präsentieren. Die Rede ist von der Einstellungsebene BELICHTUNG.
Genau genommen handelt es sich dabei um eine Korrektur der
HDR-Belichtung.

Schritt für Schritt
Belichtung korrigieren

Im vorangegangenen Workshop ist unser Leguan weitgehend aus
seinem gräulichen Dasein befreit worden. Mehr ist jedoch mit der
Tonwertkorrektur nicht möglich. Um die Lichtwirkung im Foto zu
erhöhen, müssen wir eine zweite Korrektur anwenden. Verwenden Sie bitte das Resultat der Tonwertkorrektur. Sollten Sie den
Workshop nicht durchgeführt haben, dürfen Sie gerne »Leguan-
Tonwert.psd« aus dem ERGEBNISSE-Ordner dazu verwenden.

1 Einstellungsebene hinzufügen

Nachdem Sie sich vergewissert haben, dass die Einstellungsebene
TONWERTKORREKTUR innerhalb des Ebenen-Bedienfelds markiert
ist, erzeugen Sie eine Einstellungsebene BELICHTUNG. Ob Sie
dazu über die Ebenen-Fußleiste oder das Korrekturen-Bedienfeld
gehen, bleibt natürlich Ihnen überlassen.

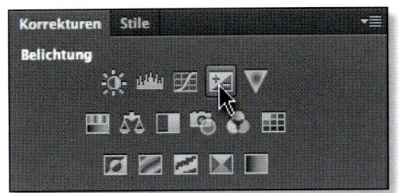

◄ **Abbildung 5.38**
Fotografen dürfte dieses Symbol bekannt vorkommen. Es regelt die Belichtung auch am Aufnahmegerät.

2   Belichtung korrigieren

Durch Verstellung des Graupunkt-Reglers während der Tonwertkorrektur ist es uns zwar gelungen, das Foto ein wenig zu erhellen, aber leider nur in den Mitteltönen. Ziehen Sie die BELICHTUNG deshalb jetzt im Eigenschaften-Bedienfeld ein wenig nach rechts (auf etwa +0,56). Sie werden sofort sehen, dass dem Bild die nötige Helligkeit zuteilwird.

Die Details gehen dabei nicht verloren. Leider zerrinnt dabei aber der Kontrast ein wenig. Das gleichen Sie aus, indem Sie den Regler GAMMAKORREKTUR vorsichtig nach rechts ziehen. Streben Sie einen Wert von etwa 0,70 an.

▲ **Abbildung 5.39**
Die Korrektur sorgt für mehr Licht, ohne dass Details oder gar Kontraste verloren gehen.

◄ **Abbildung 5.40**
Hier noch einmal der direkte Vergleich: das Foto im Originalzustand (vor der Tonwertkorrektur) sowie am Ende (nach der Belichtungskorrektur). Das Resultat heißt »Leguan-bearbeitet.tif«.

Funktion »Belichtung« im Überblick

▸ BELICHTUNG: Die Belichtung macht das Foto zunächst einmal heller oder dunkler. Die Besonderheit hierbei ist jedoch, dass die Tiefen dabei nicht verändert werden.

▸ SPREIZUNG: Bei einer Verschiebung nach links werden Tiefen und Mitteltöne abgedunkelt, wobei die Lichter weitgehend erhalten bleiben. Wird der Regler nach rechts gestellt, werden die Tiefen und Mitteltöne erhellt, wobei die Lichter bis zu einem gewissen Grad erhalten bleiben.

▶ GAMMAKORREKTUR: Optisch lässt sich durch Verstellung nach rechts erreichen, dass das Foto kontraststärker wirkt, während es bei einer Korrektur nach links an Kontrast verliert.

▲ **Abbildung 5.41**
Für die punktuelle Bearbeitung muss die Maske angewählt sein. Die Markierung wird durch die weißen Ecken verdeutlicht.

▲ **Abbildung 5.42**
So in etwa sähe die Maske aus, wenn der Steinboden von der Belichtungskorrektur ausgenommen bleiben sollte.

Einstellungsebenen maskieren

Mit Einstellungsebenen haben Sie noch eine weitere, herausragende Möglichkeit in petto. Sie können nämlich die Einstellungen im wahrsten Sinne des Wortes maskieren. Das bedeutet: Sie bestimmen, wo die Korrektur greifen soll und wo nicht. Dazu markieren Sie zunächst die weiße Fläche auf der Einstellungsebene (Maskenminiatur).

Jetzt aktivieren Sie einen Pinsel B und malen mit schwarzer Vordergrundfarbe (zuerst D, dann X) über alle Bereiche des Fotos, die nicht mit der soeben angewendeten Korrektur versehen werden sollen (z. B. der Steinboden). Sollten Sie einmal zu viel übermalt haben, wissen Sie ja, was zu tun ist: X drücken, die Stelle noch einmal übermalen, erneut X drücken und weiter maskieren.

Schnittmasken – Korrekturen auf eine Ebene begrenzen

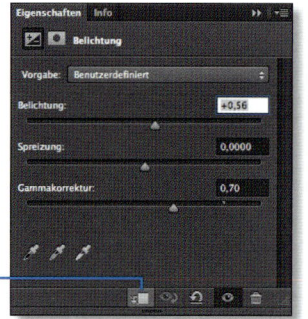

▲ **Abbildung 5.43**
Durch Betätigung des Buttons unten links wird die Einstellungsebene eingerückt. Sie wird zur Schnittmaske.

Wichtig ist noch zu wissen, dass sich eine Korrektur via Einstellungsebene grundsätzlich auf alle Ebenen auswirkt, die sich unterhalb befinden. Wenn Sie das unterbinden wollen und eine Einstellungsebene nur Gültigkeit für die *eine* darunter befindliche Ebene haben soll, dann müssen Sie folgendermaßen vorgehen: Klicken Sie auf das linke Symbol ❶ in der Fußleiste des Eigenschaften-Bedienfeldes. Im Ebenen-Bedienfeld wird daraufhin die Tonwertkorrektur-Ebene eingerückt – ein Indiz dafür, dass sie jetzt nur auf die direkt darunter befindliche Ebene wirken kann.

Es gibt noch eine Alternative, die ich Ihnen keinesfalls vorenthalten möchte. Sie ist besonders interessant, weil sie direkt im Ebenen-Bedienfeld zugewiesen werden kann. Stellen Sie die Maus genau auf die Begrenzung zwischen der Einstellungsebene und

der darunter befindlichen. Jetzt halten Sie ⏎Alt⏎ gedrückt. Wenn
Sie ein kleines Rad mit einem nach unten weisenden Pfeil sehen,
führen Sie einen Mausklick aus. Lassen Sie erst danach den Schalter auf der Tastatur wieder los. Auch hier wird die Einstellungsebene nach rechts gerückt, sprich: eine Schnittmaske erstellt.

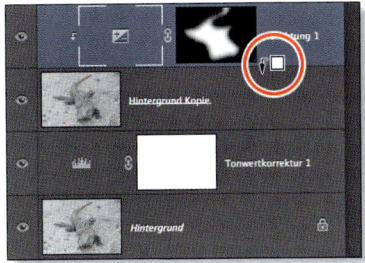

◀ **Abbildung 5.44**
So lässt sich direkt im Ebenen-Bedienfeld eine Schnittmaske erzeugen.

Gradationskurven

Bei Veränderungen in Form einer Tonwertkorrektur haben Sie
Einfluss auf zwei wesentliche Punkte eines Bildes – den Schwarz-
und den Weißpunkt. Falls neutrales Grau vorhanden ist, können Sie auch noch auf diesen Punkt einwirken. Das hat natürlich
intern Auswirkungen auf die Farbkanäle, da unser Foto ja nicht
aus einem Hell-Dunkel-Kanal, sondern aus den Farbkanälen Rot,
Grün, Blau besteht. Technisch gesehen ist also jede Belichtungskorrektur nichts anderes als eine Farbkorrektur.

Schauen Sie noch einmal in den Dialog Tonwertkorrektur,
werden Sie dort ein Steuerelement vorfinden, das mit Kanal: RGB
betitelt ist. Hier ließen sich die Tonwerte auf einzelne Grundfar-
benkanäle anwenden. Genauso verhält es sich mit der Gradation.
Da die Auswirkungen auf die Farbkanäle aber bei einer Korrektur
aller drei Kanäle gleichzeitig weit weniger sichtbar werden als die
Veränderungen im Hell-Dunkel-Bereich, gehören auch die Gradationskurven zweifellos mit in dieses Kapitel. Erst bei der Bearbeitung eines einzelnen Kanals wird die Arbeit sichtbar zur Farbkorrektur. Dennoch wollen wir in diesem Abschnitt (genauer gesagt
im übernächsten Workshop) dem Farbkapitel ein klitzekleines
Stückchen vorgreifen. Aber das ist durchaus zum Vorteil. So wird
nämlich ganz deutlich, wo der thematische Übergang zwischen
Licht und Schatten auf der einen Seite und Farben auf der anderen
erfolgt. Das wird interessant. Lassen Sie sich überraschen.

Bilder/Leguan.jpg

Schritt für Schritt
Automatische Gradationskurven-Korrektur

Weil das Beispiel so gut geeignet ist, sollten Sie noch ein weiteres Mal mit »Leguan.jpg« arbeiten. In diesem Mini-Workshop wollen wir das Gleiche erreichen wie bei der Tonwertkorrektur, allerdings mit einem anderen Dialog.

1 Einstellungsebene hinzufügen
Nachdem Sie das Originalfoto abermals geöffnet haben, erzeugen Sie eine Einstellungsebene GRADATIONSKURVEN. (Auch hier haben Sie wieder die Qual der Wahl, ob Sie über die Fußleiste des Ebenen-Bedienfelds oder das Korrekturen-Bedienfeld gehen und den dritten Button in der obersten Reihe betätigen.)

Auto-Gradation

 Im Eigenschaften-Bedienfeld finden Sie auch die Taste AUTO. Wenn Sie darauf klicken, regelt Photoshop die Gradation automatisch. Dabei wird neuerdings eine S-Kurve erzeugt. (Warum die so interessant ist, erfahren Sie im folgenden Workshop). Ebenfalls interessant: Klicken Sie auf den Button, während Sie [Alt] gedrückt halten. Das hat zur Folge, dass sich ein Dialog öffnet, indem Sie jetzt auch die Funktion HELLIGKEIT UND KONTRAST VERBESSERN finden, die für sehr gute Resultate sorgt.

2 Auto-Korrektur anwenden
Danach betätigen Sie ganz einfach AUTO ❶ und schauen sich an, was aus der weißen Diagonalen ❷ im darunter befindlichen Anzeigefeld wird.

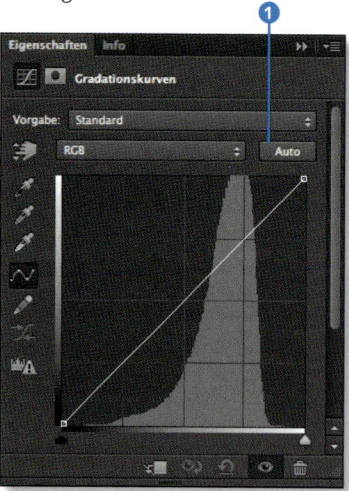 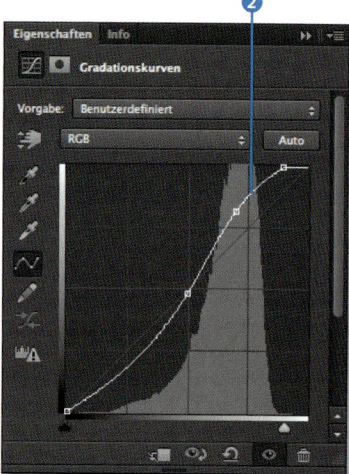

▲ **Abbildung 5.45**
Was ist denn da passiert? Die Diagonale hat sich in eine S-Kurve verändert.

3 Kurve verändern
Aus der Diagonalen ist nun eine Kurve geworden. Zusätzlich existieren auf ihr kleine quadratische Anfasser.

Lassen Sie uns noch einen Schritt weiter gehen und diese Anfasser verschieben. Klicken Sie auf ❸, und ziehen Sie das Quadrat per Drag & Drop ein wenig senkrecht nach unten. Beobachten Sie das Foto dabei. Sie werden feststellen, dass die etwas dunkleren Mitteltöne weiter abgedunkelt werden, was wiederum dem Bildergebnis zugutekommt.

▲ Abbildung 5.46
So schnell kann's gehen. Es kommen Kontraste ins Bild. Zum Vergleich liegt die Ergebnisdatei »Leguan-Gradation.tif« bei.

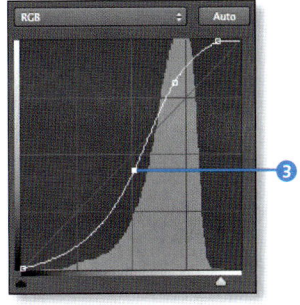

▲ Abbildung 5.47
Durch Verziehen des Anfassers in der Mitte werden die dunkleren Mitteltöne gekräftigt.

Gradation manuell anheben

Was innerhalb einer Tonwertkorrektur mittels Histogramm gesteuert wird, lässt sich innerhalb des GRADATIONSKURVEN-Dialogs mit der Diagonalen machen.

Um flaue Farben zu kräftigen, gibt es eine Vorgehensweise, die durchaus als Standard in der Bildbearbeitung bezeichnet werden kann. Eine S-Kurve sorgt nämlich meistens für richtig gute Ergebnisse. Schauen wir uns auch dazu ein Beispiel an.

Schritt für Schritt
Manuelle Gradationskurven-Korrektur

Die Beispieldatei »Gradation_01.tif« könnte ein wenig Aufarbeitung vertragen. Die Zeichnung fehlt, und es sieht alles ein wenig verwaschen aus. Dem wollen wir nun mit einer Korrektur der Gradationskurven begegnen.

Bilder/Gradation_01.tif

© Robert Klaßen

Abbildung 5.48 ▶
Hier sind kräftige Farben leider Fehlanzeige.

Raster verändern

Klicken Sie doch einmal,
während Sie ⌈Alt⌉ ge-
drückt halten, in das
große Feld in der Mitte
(jedoch nicht auf die Diagonale). Das Raster wird
dadurch verfeinert. Das
ist allerdings lediglich
eine Ansichtsoption, die
keine Auswirkungen auf
das Ergebnis hat. Führen
Sie den Schritt erneut
aus, um wieder zum gro-
ben Raster zu gelangen.

1 Einstellungsebene erzeugen

Entscheiden Sie sich deshalb für den dritten Button des Korrek-
turen-Bedienfelds, GRADATIONSKURVEN. Sollte das Korrekturen-
Bedienfeld nicht sichtbar sein, wählen Sie aus der Menüleiste
FENSTER • KORREKTUREN.

2 Kurve anlegen

Zunächst wollen wir uns Gedanken über die erwähnte Kurve
machen. Diese kommt durch Hinzufügen von Anfassern zustande.
Sie haben die kleinen Quadrate ja bereits kennen gelernt. Bei
automatischen Korrekturen werden diese selbständig hinzugefügt, bei manuellen müssen Sie das selbst erledigen. Klicken Sie
dazu etwa an Position ❶ auf die Diagonale, halten Sie die Maustaste gedrückt, und ziehen Sie etwas nach oben (bis Sie etwa bei
❷ angelangt sind). Danach setzen Sie etwas weiter unten erneut
an (an Position ❸) und ziehen diesen Punkt nach unten (bis zur
Position ❹). Na, was sagen Sie? Das Bild verändert sich drastisch,
oder?

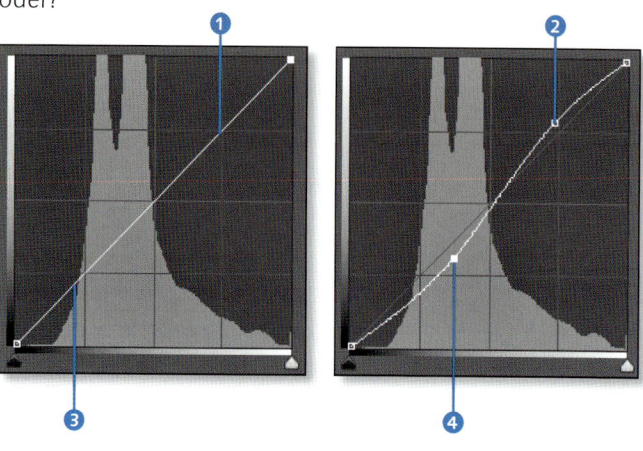

Abbildung 5.49 ▶
Formen Sie eine S-Kurve –
die klassische Methode, um
Gradationen merklich an-
zuheben.

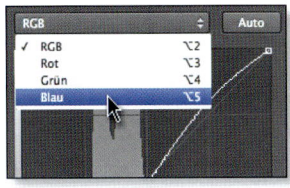

▲ **Abbildung 5.51**
Anstelle aller drei Grundfar-
ben wird jetzt nur der Blau-
Kanal bearbeitet.

3 Blau-Kanal öffnen

Bei genauerem Hinsehen lässt sich ein relativ starker Blauanteil
ausmachen. Das fällt vor allem im rechten Bilddrittel auf. Wie
gesagt: Jetzt greifen wir dem Farbkapitel etwas vor. Dazu betätigen Sie das Pulldown-Menü oberhalb der Kurve und stellen um
auf BLAU. Alternativ betätigen Sie ⎡Alt⎤+⎡5⎤.

4 Korrektur im Bild

Nun befinden wir uns zwar im Blau-Kanal, wissen aber noch nicht,
welche Blauanteile überhaupt verändert werden müssen. Sind es
eher die hellen oder die dunklen Anteile? Egal! Das soll Photoshop für uns herausfinden. Schalten Sie den Button ❺ ein. Dieser
ermöglicht die Änderung der Gradation auf dem Foto.

◄ **Abbildung 5.52**
Per Knopfdruck lassen sich
Korrekturen sogar direkt im
Bild vornehmen.

Kanal kräftigen

Um einem Kanal mehr Anteil zu verschaffen, müssen Sie die Maus nicht nach unten, sondern nach oben bewegen.

Als Nächstes klicken Sie auf eine Stelle im Bild, die den typischen Blaustich aufweist. Ich habe mich für ❼ entschieden. Halten Sie auch hier wieder die Maustaste gedrückt, und schieben Sie das Zeigegerät langsam nach unten. Beobachten Sie gleichzeitig die Diagonale ❻. Dort ist wieder ein Punkt hinzugefügt worden, der sich jetzt langsam nach unten bewegt. Mit dieser Aktion übernimmt der Grünanteil die Bildregie.

5 **Optional: Korrektur verwerfen**

Nun kann es ja durchaus einmal passieren, dass sich das gewünschte Ergebnis nicht einstellt – weil Sie beispielsweise eine falsche Position im Foto markiert haben. Meist wäre ein Farbstich die Folge. In diesem Fall klicken Sie einfach auf das kleine Quadrat, das der Gradationskurve hinzugefügt wurde, halten die Maustaste gedrückt und ziehen diese Markierung einfach aus dem Gradationskurven-Feld heraus. Wenn Sie die Maustaste außerhalb des Kurvenfelds loslassen, ist der Punkt verschwunden und die letzte Einstellung verworfen.

Einstellungsebene »Helligkeit/Kontrast«

▲ **Abbildung 5.53**
Nur in Ausnahmefällen zu empfehlen: HELLIGKEIT/KONTRAST

Als Kontrast bezeichnet man die Spanne zwischen dem hellsten und dem dunkelsten Punkt eines Bildes. Fotos mit hohem Kontrastumfang sind natürlich wesentlich ansprechender. Allerdings war es nicht immer unproblematisch, Helligkeits- und Kontrastveränderungen an einem Bild vorzunehmen. Gerade bei der Erhöhung von Kontrasten bestand oft die Gefahr, dass Details im Bild (wie z. B. dünne Äste und Ähnliches) verloren gingen. Da dem Ganzen aber mittlerweile ein veränderter Umrechnungsmodus zugrunde liegt, können Sie ruhig auch einmal mit HELLIGKEIT/KONTRAST nachhelfen – aber bitte nur dann, wenn der Korrekturbedarf insgesamt eher gering ist.

Die Vorgehensweise ist auch hier dieselbe. Zunächst weisen Sie eine Einstellungsebene zu (in diesem Fall HELLIGKEIT/KONTRAST) und versuchen, sofern Sie es mit flauen Bildern zu tun haben, den Regler KONTRAST nach rechts zu verschieben. Das reicht in den meisten Fällen schon aus. Sind Sie mit dem Ergebnis nicht zufrieden, verwerfen Sie die Korrektur und versuchen es lieber über die Tonwerte oder die Gradation.

Farbkorrekturen

Von knallbunt bis schwarzweiß

- ▸ Wie werden Farben kräftiger?
- ▸ Wie lassen sich Farben verändern?
- ▸ Wie korrigiere ich die Farbbalance?
- ▸ Wie erzeuge ich Schwarzweißfotos?
- ▸ Worauf muss ich achten, wenn ich Porträts in Schwarzweiß umwandle?

6 Farbkorrekturen

Dynamik? Sättigung? Farbbalance? Da kann einem ja schwindelig werden! Es besteht aber überhaupt kein Grund, vor diesen Begriffen zurückzuschrecken. Sie werden sehen, dass die Bezeichnungen selbst viel befremdlicher sind als die Anwendung dieser Funktionen. Wetten, dass Sie am Ende des Kapitels genauso denken? Mit diesen seltsam klingenden Techniken holen Sie nämlich aus Ihren Bildern das Allerletzte heraus – und erreichen Ergebnisse, die sich wirklich sehen lassen können.

6.1 Flaue Farben kräftigen

Wie flaue Fotos kontrastreicher gemacht werden können, haben Sie im vorangegangenen Kapitel erfahren. Zudem haben Sie bereits einen Vorgeschmack auf dieses Kapitel bekommen. Dort ist nämlich gezeigt worden, wie sich die Gradation kanalweise verbessern lässt (siehe letzten Workshop von Kapitel 5 ab Seite 205). An dieser Stelle sollen nun zwei weitere Einstellungsebenen ins Spiel kommen, die immer dann angezeigt sind, wenn Farben gekräftigt werden müssen.

Sättigung und Dynamik verändern

Eine der vielen in Photoshop zur Verfügung stehenden Einstellungsebenen ist geradezu prädestiniert, bei der Farbkräftigung schnelle Erfolge zu verzeichnen. Was dieses Thema angeht, sollten Sie am besten gleich mal in einen Workshop eintauchen.

Schritt für Schritt
Farben sättigen per Einstellungsebene

Bilder/Dynamik.jpg

Beginnen Sie das Kapitel mit einer Aufnahme aus der mexikanischen Karibik. »Dynamik.jpg« offenbart einen Traumstrand der

Halbinsel Yucatan. Nun werden Sie geneigt sein zu sagen: »Na, wo isser denn, der Traumstrand?« Und Recht haben Sie. Das sieht irgendwie gar nicht nach Caribbean Daydream aus.

© Renate Klaßen

◀ **Abbildung 6.1**
Harte Kontraste und wenig Farbe. Wer will das, wenn es um die Karibik geht?

1 Tonwerte korrigieren

Bevor Sie mit der Farbkorrektur beginnen, sollten Sie zunächst die Härte aus dem Bild nehmen. Die hoch stehende Sonne hat in diesem Foto für enorme Kontraste gesorgt. Erzeugen Sie eine Einstellungsebene TONWERTKORREKTUR, und ziehen Sie den Weißpunktregler ❹ bis auf 214. Um die Mitteltöne etwas heller zu gestalten, ziehen Sie den Graupunkt-Regler ❸ nach links (auf etwa 1,20).

◀ **Abbildung 6.2**
Die Tonwertkorrektur macht das Bild (im Gegensatz zu den vorangegangenen Bildern, die ja stets gekräftigt worden sind) ein wenig weicher.

Zuletzt kümmern Sie sich darum, dass die extrem schwarzen Bildbereiche etwas von ihrer Intensität verlieren, indem Sie den TONWERTUMFANG SCHWARZ ❶ minimal nach rechts schieben, bis im

Feld ❷ ein Wert von 5 ausgewiesen wird. Das macht aus kräftigem Schwarz dunkles Grau. Da jedoch noch eine weitere Korrektur folgen wird, ist das absolut in Ordnung.

2 Dynamik und Sättigung einstellen

Nachdem das erledigt ist, weisen Sie eine weitere Einstellungsebene zu. Entscheiden Sie sich diesmal für DYNAMIK. Im zugehörigen Eigenschaften-Bedienfeld gibt es nur zwei Schieberegler, die beide die Farben beeinflussen. In welcher Art und Weise das geschieht, erfahren Sie gleich im Anschluss an diesen Workshop.

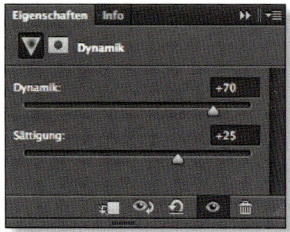

▲ **Abbildung 6.3**
Zwei Schieber, die die Farbe ins Bild transportieren.

Abbildung 6.4 ▶
Cool! Endlich Karibik-Feeling

Erst Dynamik, dann Sättigung

Einige sind womöglich schon von Beginn an ausreichend stark und würden bei einer gleichmäßigen Anhebung »übersättigt«. Mein Tipp also: Versuchen Sie es zunächst immer über die Dynamik. Nur wenn das nicht reicht, heben Sie die Sättigung vorsichtig noch etwas an.

Ziehen Sie den Slider DYNAMIK auf +70 hoch. Ah, da kommt schon Farbe ins Spiel. Da das aber noch nicht reicht, sollten Sie auch die SÄTTIGUNG anheben, indem Sie den gleichnamigen Regler bis auf +25 ziehen. Das ist zwar ein wenig zu viel des Guten, jedoch passt die geringfügige Übersättigung zum Motiv. Das war's bereits. Vergleichen Sie Ihr Ergebnis mit »Dynamik-bearbeitet.tif«.

Sättigung und Dynamik im Vergleich

Haben Sie festgestellt, dass bei Betätigung der beiden Slider die Farben jeweils gekräftigt worden sind? Natürlich haben Sie das. Bleibt die Frage: Wozu sind zwei Schieber erforderlich, wenn beide das gleiche machen? Nun, eigentlich machen sie lediglich etwas Ähnliches. Während die Sättigung nämlich die Leuchtkraft (also die Intensität) sämtlicher Farben zu gleichen Teilen anhebt, geht die Dynamik-Operation einen Schritt weiter. Diese erhöht weniger gesättigte Farben viel stärker als jene, die bereits über ausreichende Leuchtkraft verfügen. Das ist in den meisten Fällen genau die richtige Vorgehensweise, denn nur selten müssen alle Farben zu gleichen Teilen gesättigt werden.

6.2 Farben verändern

Sie haben bisher erfahren, wie Sie Farben aufwerten und kräftigen können. Nun ist es aber nicht selten angezeigt, eine bestimmte Farbe des Fotos gezielt zu verändern. Diese so genannte Farb-verfremdung ist glücklicherweise ebenfalls eine Stärke von Photoshop.

Bildbereiche umfärben

Prinzipiell ist es keine große Sache, sämtliche Farben innerhalb eines Fotos zu verändern. Dazu verwenden Sie schlicht eine Farbton/Sättigung-Einstellungsebene oder entscheiden sich für BILD • KORREKTUREN • FARBTON/SÄTTIGUNG. Im Dialog ziehen Sie dann den Schieberegler FARBTON in die gewünschte Richtung (hier: auf –97).

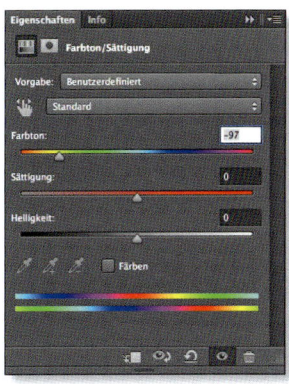

▲ **Abbildung 6.5**
Die Veränderung des Farbtons …

© Manuel Tennert / fotolia.com

◀ **Abbildung 6.6**
… bewirkt spektrale Verschie-bungen des gesamten Farb-bereichs. Keine schöne Sache.

213

Schritt für Schritt
Kleidung umfärben

Bilder/Kleidung.jpg

Finden Sie rote Jacken schön? Wenn ja, dann beglückwünsche ich Sie. Sie sind schon fertig mit dem Workshop. Wer es stattdessen mal mit einem dezenten Blau versuchen möchte, benötigt nur vier kleine Schritte. Denn in diesem Abschnitt geht es darum, die Farbe der Kleidung (und nur diese!) auf dem Beispielfoto zu verändern.

1 Farbe verändern

Erzeugen Sie zunächst eine Einstellungsebene FARBTON/SÄTTIGUNG. Ziehen Sie anschließend den Regler FARBTON nach links bis auf etwa –155. Sie erreichen damit einen ziemlich kräftigen Blauton. Da Blau von Hause aus aber immer etwas stärker erscheint als die anderen Grundfarben, sollten Sie die HELLIGKEIT minimal heraufsetzen (ca. +3). Dadurch kommt die Zeichnung innerhalb der Kleidung besser zum Ausdruck.

▲ **Abbildung 6.7**
Der Blauton wird eingestellt – und wirkt sich aktuell noch auf das ganze Bild aus.

2 Sättigung kanalweise anheben

Damit die Jacke mit frischen Farben glänzt, also weniger ausgewaschen wirkt, lassen Sie eine weitere Aktion folgen. Dazu wird die Sättigung erhöht.

Nun könnten Sie den gleichnamigen Regler einfach ein wenig nach rechts ziehen, jedoch möchte ich an dieser Stelle gern noch einmal auf die Möglichkeit zu sprechen kommen, Einstellungen direkt auf dem Bild vorzunehmen. Dabei passiert nämlich etwas sehr Interessantes. Aktivieren Sie zunächst den Button für die Korrektur im Bild ❶, und klicken Sie anschließend auf die Jacke. Halten Sie die Maustaste gedrückt, und beobachten Sie, wie sich das nebenstehende Pulldown-Menü verhält. Hier wird nämlich auf ROTTÖNE ❷ umgeschaltet. Warum denn das? Nun, weil die Jacke in Wahrheit rot ist. Schieben Sie die Maustaste auf dem Bild vorsichtig nach rechts, bis sich am Regler SÄTTIGUNG ein Wert von +6 bis +8 zeigt ❸. Danach lassen Sie los.

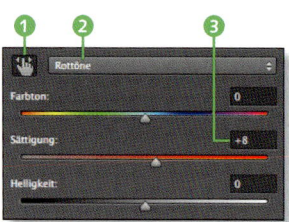

▲ **Abbildung 6.8**
Das Blau wird gesättigt, obwohl die Rottöne angewählt worden sind.

3 Maskierung vorbereiten

Der Rest ist Maskenarbeit. Sie wissen ja, dass Einstellungsebenen automatisch mit einer Maske daherkommen. Stellen sie sicher, dass diese im Ebenen-Bedienfeld auch tatsächlich aktiv ist. Das ist sie zwar von Beginn an automatisch, jedoch könnte ein unbedachter Mausklick sie während der Arbeit deaktiviert haben. Des Weiteren müssen Schwarz als Vordergrundfarbe sowie ein weicher Pinsel mit etwa 100 Px Durchmesser eingestellt sein.

▲ **Abbildung 6.9**
Die Maskenminiatur muss ausgewählt sein.

▲ **Abbildung 6.10**
Sie benötigen Schwarz.

◄ **Abbildung 6.11**
Mit einem weichen Pinsel geht es weiter.

Korrekturmöglichkeit bedacht?

An dieser Stelle sei noch einmal der Hinweis angebracht, dass Sie temporär auch auf weiße Vordergrundfarbe umstellen und dann fälschlicherweise maskierte Bereiche wieder demaskieren können.

4 **Ebene maskieren**

Fahren Sie jetzt über alle Bereiche, die von der Farbe ausgeschlossen werden sollen. Achten Sie aber bitte darauf, dass Sie der blauen Jacke nicht zu nahe kommen. Dort darf ja die Farbe nicht entfernt werden. Am Übergang zwischen Hals und Jacke empfiehlt sich die vorübergehende Verkleinerung der Pinselspitze. Ich habe mich hier für 20 Px entschieden.

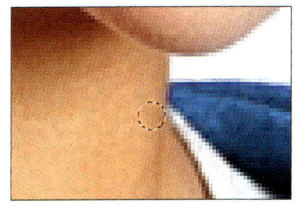

▲ **Abbildung 6.12**
Vorsicht an den Übergängen!

◄ **Abbildung 6.13**
Das gewünschte Resultat zeigt keinerlei Blaufärbung auf der Haut.

Ich möchte Ihnen gerne noch eine weitere Technik vorstellen. Diese bietet sich immer dann an, wenn die Auswahl des Zielfarbenbereichs schwieriger ist als im vorangegangenen Abschnitt.

Schritt für Schritt
Einen Schmetterling umfärben

Bilder/Admiral.jpg

Im zweiten Beispiel wird es etwas schwieriger. Die beiden Falter machen zwar eine gute Figur, doch kommen sie irgendwie nicht so recht zur Geltung. Das Blau des Himmels und besonders der Flieder stiehlt den beiden ein wenig die Show. Wir wollen ihnen deshalb eine auffälligere Farbe verpassen.

Abbildung 6.14 ▶
Jetzt werden die Falter
umgefärbt.

© Angelika Wolter – pixelio.de

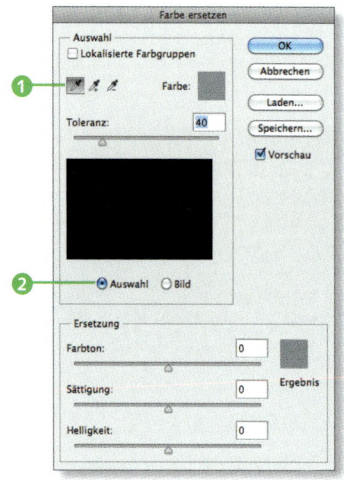

▲ **Abbildung 6.15**
Das Dialogfeld FARBE
ERSETZEN

1 Farbe-ersetzen-Dialog öffnen
Auch hier haben wir es wieder mit starken Schatten zu tun, um die wir uns aber erst am Ende dieses Workshops kümmern werden. Zunächst zu den Farben: Duplizieren Sie die Hintergrundebene mit ⌊Strg⌋/⌊⌘⌋+⌊J⌋, und betätigen Sie anschließend BILD • KORREKTUREN • FARBE ERSETZEN.

2 Grundfarbe aufnehmen
Werfen Sie einen Blick auf die drei Pipetten oben links. Sie benötigen jetzt zuerst die linke ❶, die Ihnen die Aufnahme der Grundfarbe gestattet. Sie ist auch schon aktiv. Klicken Sie mit der Pipettenspitze auf eine der orangefarbenen Flächen des vorderen

Falters – und zwar direkt auf dem Foto. Achten Sie anschließend auch einmal auf die Miniaturvorschau im FARBE ERSETZEN-Dialog. Während sie eben noch komplett schwarz war, tauchen jetzt weiße Bereiche darin auf. Erinnern Sie sich? Schwarz ist grundsätzlich maskiert, und Weiß ist ausgewählt.

3 Ähnliche Farben aufnehmen

Die Aufnahme der Grundfarbe können Sie auch hier nur ein einziges Mal machen. Wenn Sie nämlich mit der gleichen Pipette erneut auf einen anderen Bereich des Bildes klicken, wird dieser zwar ausgewählt, gleichzeitig jedoch der zuvor selektierte Bereich wieder abgewählt. Deshalb müssen Sie jetzt die Plus-Pipette ❸ auswählen. Mit dieser können Sie beliebig oft klicken. Dabei werden Sie feststellen, dass dem bisherigen Aufnahmebereich (Weiß) immer mehr Bereiche hinzugefügt werden. Sie müssen schon recht häufig auf das Orange klicken, damit die Maske immer weiter anwächst.

Sie sollten auch einmal auf besonders helle und besonders dunkle Orangetöne klicken. Vermeiden Sie jedoch dabei unbedingt schwarze und weiße Bereiche. Das würde zu komplett verfälschten Aufnahmebereichen führen.

4 Optional: Farben entfernen

Sie ahnen es schon: Hätten Sie jetzt Bereiche mit ausgewählt, die nicht umgefärbt werden sollen, könnten Sie die dritte Pipette ❹ aktivieren und damit auf die zu viel gewählten Bereiche klicken. Diese würden dann von der Auswahlmaske wieder abgezogen.

▲ **Abbildung 6.16**
Die ersten Aufnahmebereiche werden sichtbar.

Bild oder Auswahl?

Sollte sich in der Mitte des Dialogfensters anstelle der schwarzen Fläche eine Miniatur des Bildes zeigen, ist unterhalb der Radiobutton BILD anstelle von AUSWAHL ❷ aktiv. Schalten Sie in diesem Fall entsprechend um.

◄ **Abbildung 6.17**
Die Maske wächst und wächst.

Ort der Farbaufnahme

Falls die Grenzen der Farbbereiche im Bild nicht eindeutig zu erkennen sind, können Sie sich mit der Schwarzweiß-Vorschau innerhalb des Dialogs begnügen. Auch dort können Bereiche mit der Pipette aufgenommen werden.

5 Sättigung temporär entfernen

Nun lässt sich anhand der Maskenminiatur nicht zweifelsfrei erkennen, ob Sie nun wirklich alle Orange-Bereiche aufgenommen haben. Deshalb sollten Sie sich eines Tricks bedienen: Schieben Sie den Regler SÄTTIGUNG ganz nach links. Dadurch werden nämlich alle bereits aufgenommenen Bereiche innerhalb des Fotos in Graustufen dargestellt. Damit wissen Sie genau, was noch nicht aufgenommen wurde.

Einzoomen

Um die Stellen besser beurteilen zu können, empfiehlt es sich, ein wenig einzuzoomen. Das geht aber beim geöffneten Dialog nur noch über Strg/⌘+ + . Zum Auszoomen benutzen Sie Strg/⌘+ - .

Abbildung 6.18 ▶
Aufgenommene Bereiche werden in Graustufen dargestellt. Solange sich noch farbige Bereiche ausmachen lassen (oben links), müssen Sie noch nachlegen.

Wenn Sie diese Ränder nun noch einmal mit der Spitze der Hinzufügen-Pipette anklicken, wird die Entfärbung an diesen Stellen weiter voranschreiten. Geben Sie sich hierbei besondere Mühe. Und bedenken Sie, dass die Farbaufnahme stets an der Spitze der Pipette stattfindet. Zoomen Sie etwas ein. Erst wenn alle Orange-töne entfärbt sind, sollten Sie fortfahren.

6 Toleranz erhöhen

Mit TOLERANZ kommt man nicht nur im Leben, sondern auch in Photoshop weiter. Versuchen Sie daher, mit dem gleichnamigen Regler zu arbeiten. Die grundsätzliche Vorgehensweise: Schieben Sie den Slider nach links, wenn zu viele Hintergrundbereiche in der Maskierung sichtbar sind. Gehen Sie nach rechts, wenn noch Randbereiche der zu editierenden Farbe sichtbar sind.

Ich habe mich hier für eine Toleranz von 50 entschieden. Der richtige Wert hängt allerdings von der Präzision der Maske ab, weshalb er bei Ihnen noch differieren kann. Stören Sie sich bitte nicht an den Punkten entlang des Flieders. Die werden im Anschluss bearbeitet.

7 Bildbereiche umfärben

Schieben Sie die SÄTTIGUNG wieder auf 0. Die eigentliche Umfärbung nehmen Sie jetzt über den Schieberegler FARBTON vor. Natürlich können Sie hier die Farbe frei wählen. Sie sind ja stolzer Besitzer eines Buches, das Ihnen keine Entscheidungen diktieren möchte. Dennoch darf ich Ihnen mitteilen, dass ich mich für Gelb entschieden habe, das bei etwa +24 zu finden ist. Die SÄTTIGUNG habe ich zudem auf +30 und die Helligkeit auf +9 erhöht.

Wenn Sie Ihre Wunschfarbe eingestellt haben, bestätigen Sie mit OK. Das Teilresultat finden Sie im ERGEBNISSE-Ordner. Es heißt »Admiral-Teil1.tif«.

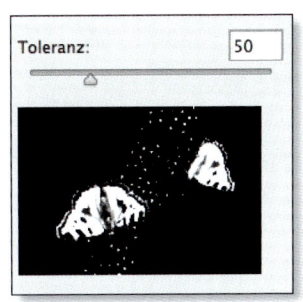

▲ **Abbildung 6.19**
Die Maske ist gut gelungen.

▲ **Abbildung 6.20**
Sie bestimmen, welche Farben die Schmetterlinge haben sollen.

▲ **Abbildung 6.21**
Die »Gleiter« sind gelb geworden und heben sich jetzt viel besser vom Flieder ab.

8 Ebene maskieren

Ich weiß ja nicht, wie es Ihnen geht, aber ich finde die Gelbfärbung in der Mitte der Fliederblüten gar nicht so schlimm. Wenn

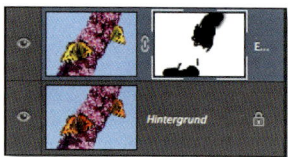

▲ **Abbildung 6.22**
Der Flieder gewinnt durch Maskierung seine ursprüngliche Farbe zurück.

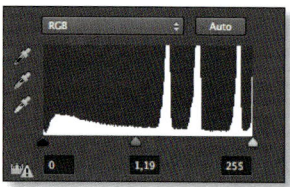

▲ **Abbildung 6.23**
Hier werden lediglich die Mitteltöne ein wenig angehoben. Das wirkt den harten Schatten entgegen.

Abbildung 6.24 ▶
Fertig ist die Umlackierung.

Sie jedoch der Meinung sind, dass diese nicht verändert werden dürfen, sollten Sie sie noch maskieren.

Dazu fügen Sie der oberen Ebene eine Ebenenmaske hinzu und übermalen die Blüten mit einer kleinen, relativ harten Spitze mit schwarzer Vordergrundfarbe. Warum eine harte Spitze wählen? Weil Sie sich den Faltern damit gefahrloser nähern können. Sie wissen ja, wie schreckhaft die sind. Nein, im Ernst. Bei weichen Spitzen laufen Sie Gefahr, unbemerkt Teile der Falter zu erwischen.

9 Tonwerte korrigieren

Am Ende führen Sie bitte noch eine Tonwertkorrektur durch, indem Sie eine entsprechende Einstellungsebene hinzufügen. Ziehen Sie den Graupunkt auf etwa 1,20.

Farben mit der Farbbalance einstellen

Wenn es um Korrekturen geht, ist die zuvor vorgestellte Funktion FARBE ERSETZEN meist ungeeignet. Man setzt diese Technik eher zur Farbverfremdung ein. Denn ob der Schmetterling am Ende rot, orange oder gelb ist – der Betrachter wird es hinnehmen. Wenn Sie ein Foto (z. B. ein Porträt) jedoch realitätsnah korrigieren wollen, sind die Freiheiten in Sachen Farbgestaltung stark eingeschränkt. Denn die Farbe des Teints muss am Ende realistisch sein – und nicht schön bunt.

Schritt für Schritt
Farben realistischer wirken lassen

Das Beispielfoto ist zwar ganz nett geworden, glänzt aber vor allem durch hohe Grünanteile und magere Belichtung. Beide Probleme machen das Bild flach. Also müssen Korrekturen her. Diese werden auch hier wieder miteinander kombiniert.

Bilder/Farbbalance.jpg

◄ **Abbildung 6.25**
Das Bild ist grünlich und wirkt wenig lebendig. Aber das ändert sich gleich.

▲ **Abbildung 6.26**
Schon jetzt besteht das Bilddokument aus drei Ebenen.

1 Tonwerte und Belichtung korrigieren

Beginnen Sie mit einer Einstellungsebene TONWERTKORREKTUR. Ziehen Sie den Weißpunkt-Slider auf 234. Allein dieser Schritt bewirkt schon einiges im Foto.

Gehen Sie aber dennoch einen Schritt weiter, indem Sie auch eine Einstellungsebene BELICHTUNG einfügen und den Schieber BELICHTUNG auf einen Wert von rund +0,34 stellen.

Luminanz erhalten

Achten Sie darauf, dass die Checkbox LUMINANZ ERHALTEN permanent aktiv ist. Ansonsten werden die hellen Bildbereiche zu stark eingefärbt. Das wiederum sieht dann unnatürlich aus.

Abbildung 6.27 ▲
Zur Reduktion des Grünanteils muss der mittlere Regler nach links gezogen werden.

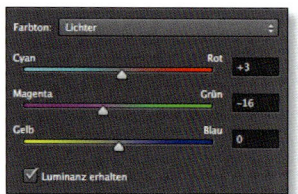

▲ **Abbildung 6.28**
Die Lichter-Korrektur wirkt sich ebenfalls positiv auf die Farben aus.

2 Grün reduzieren

Nachdem Belichtung und Tonwerte optimiert worden sind, geht es um die Farben. Dazu muss eine weitere Einstellungsebene her. Fügen Sie die FARBBALANCE hinzu. Mit Hilfe der drei Schieber lassen sich Farben zugunsten ihrer benachbarten Farbbereiche verschieben. So kann Rot beispielsweise in Richtung Cyan oder Gelb in Richtung Blau befördert werden. Was bedeutet das für unser Foto? Da wir den hohen Grünanteil bemängelt hatten, ist zunächst der mittlere Regler interessant. Schieben Sie diesen etwas nach links in Richtung MAGENTA (hier: –11).

3 Lichter korrigieren

Nun haben Sie diese Korrektur nur in den Mitteltönen wirken lassen. Denn ganz oben im Pulldown-Menü ist genau dieser Bereich ausgewählt. Die besonders hellen und dunklen Grünanteile sind noch vorhanden. Schalten Sie daher bitte zunächst auf die LICHTER. Dass die Slider nun wieder alle bei 0 stehen, ist korrekt, da die hellen Farbtöne ja noch nicht bearbeitet worden sind. Ziehen Sie den Grün/Magenta-Schieber auf –16. Erhöhen Sie auch ein wenig den Rotanteil, indem Sie den oberen Schieber auf +3 bringen.

4 Tiefen korrigieren

Zuletzt aktivieren Sie die TIEFEN und sorgen auch hier für einen Magenta/Grün-Anteil von –9. Verlegen Sie das Blau/Gelb-Verhältnis noch ein wenig in Richtung Blau (+3).

5 Gelbtöne bearbeiten

Zuletzt wechseln Sie wieder auf die Mitteltöne. Hier sorgen wir jetzt zusätzlich noch für eine kräftige Abdrift in Richtung Gelb. Das macht das Foto noch ein wenig lebendiger. Gehen Sie ruhigen Gewissens auf –36.

Einen Vorher-nachher-Vergleich erhalten Sie, indem Sie das Augen-Symbol der obersten Ebene temporär deaktivieren. Um einen kompletten Vorher-nachher-Vergleich zu ergattern (also inklusive der Tonwert- und Belichtungskorrektur), sollten Sie kurzzeitig sämtliche Einstellungsebenen deaktivieren.

▲ **Abbildung 6.29**
Die Korrektur hat dem Foto
sichtlich gut getan.

6.3 Schwarzweißbilder

Was ist, wenn Sie aus einem Farbfoto die Farbe verbannen möchten? Stimmungsvolle Graustufen-Aufnahmen haben ja nicht nur
in der Porträtfotografie etwas Besonderes an sich.

Herkömmliche Methoden der Farbentfernung

Hier bieten sich schon seit diversen Photoshop-Versionen folgende Möglichkeiten an:

▶ Zunächst können Sie natürlich den Modus ändern. In diesem
Fall stellen Sie BILD • MODUS • GRAUSTUFEN ein. Die anschließende Kontrollabfrage bestätigen Sie mit OK.

▶ Wählen Sie BILD • KORREKTUREN • SÄTTIGUNG VERRINGERN.

▶ Über BILD • KORREKTUREN • FARBTON/SÄTTIGUNG schieben Sie
den Regler für die Sättigung ganz nach links.

▶ Über BILD • KORREKTUREN • KANALMIXER aktivieren Sie die
Checkbox MONOCHROM.

Alle Methoden differieren minimal im Ergebnis. Welche dieser Vorgehensweisen die beste ist, kann nicht pauschal gesagt werden, weil das natürlich vom gewünschten Ergebnis abhängt. Falls die Dateigröße eine entscheidende Rolle spielt, sollten Sie die Modusumwandlung vorziehen, da diese die Farbkanäle verwirft und somit die Dateigröße schrumpft.

Abbildung 6.30 ▶
Besonders bei den helleren Stiften (gelb und orange) werden die Unterschiede deutlich. – Von oben links nach unten rechts: RGB-Farbe, Modus-Umwandlung, Verringerung der Sättigung, Monochrom.

© Ulistx – fotolia.com

Der Dialog »Schwarzweiß«

Sie ahnen es: Photoshop wäre nicht Photoshop, gäbe es nicht auch für diesen Zweck eine Einstellungsebene. Zwar gibt es auch die Möglichkeit, über BILD • KORREKTUREN • SCHWARZWEISS zu gehen; jedoch kennen Sie die Vorzüge von Einstellungsebenen ja zur Genüge.

Landschaften in Schwarzweiß

Um es gleich vorwegzunehmen: Es gibt keine allgemein gültige Regel, wie ein Schwarzweißfoto auszusehen hat. Das ist vom individuellen Empfinden, der Ästhetik und nicht zuletzt auch von der gewünschten Bildaussage abhängig. Was aber grundsätzlich berücksichtigt werden muss: Das Schwarzweißfoto kann nicht mehr durch seine Farbgebung überzeugen, sondern nur noch durch Tonwerte und Kontraste. Deswegen ist es interessant, für kräftige Unterschiede zwischen hell und dunkel zu sorgen.

Schritt für Schritt
Beeindruckende Landschaftsaufnahmen in Schwarzweiß

Im ersten Workshop geht es darum, der Aufnahme die Farbe zu entziehen und dabei wichtige Bildinhalte durch Hell-Dunkel-Abstufungen voneinander abzugrenzen. Die logische Konsequenz daraus: Farbenfrohe Fotos eignen sich wesentlich besser für die Schwarzweiß-Konvertierung als triste Knipsereien.

Bilder/Donau.jpg

© Adolf Riess – pixelio.de

◄ **Abbildung 6.31**
Eine derartige Aufnahme ist aufgrund ihrer Farben und Kontraste Gold wert, wenn es um Schwarzweiß geht.

1 In Schwarzweiß umwandeln
Nachdem Sie die Datei »Donau.jpg« geöffnet haben, entscheiden Sie sich für die Einstellungsebene SCHWARZWEISS. Allein das Aktivieren des Dialogs reicht schon, um Ihr Foto als Graustufenbild darzustellen, denn der Dialog präsentiert voreingestellte Schieberegler.

2 Vorgabe ändern
Wenn Sie sich ganz auf Photoshop verlassen wollen, gehen Sie doch einmal die Möglichkeiten des Pulldown-Menüs VORGABE durch. Vergleichen Sie vor allem GRÜNFILTER, MAXIMALES SCHWARZ und MAXIMALES WEISS miteinander. Wenn Sie zufrieden sind, ist dieser Workshop für Sie bereits erledigt. Wer mehr verlangt, stellt zuletzt bitte wieder auf STANDARD zurück.

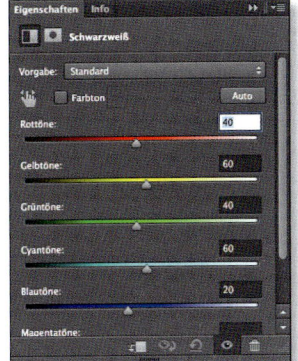

▲ **Abbildung 6.32**
Photoshop wartet mit Standardwerten auf.

▲ **Abbildung 6.33**
Jede Vorgabe bringt ein verändertes Resultat hervor.

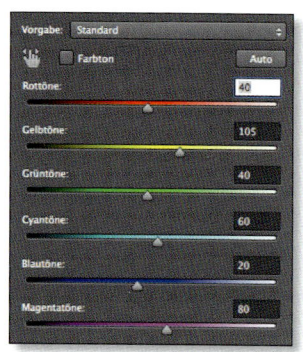

▲ **Abbildung 6.34**
Damit wird die Fassade, aber auch die Buschreihe neben den Bänken kräftig erhellt.

▲ **Abbildung 6.35**
Nach der Aktivierung dieses Buttons lässt sich die Korrektur direkt im Foto anwenden.

3 Gelbtöne verbessern

Die Gelbtöne entlang des Gemäuers kommen in Schwarzweiß am besten zur Geltung, wenn sie besonders hell sind. Deswegen ziehen Sie den Regler GELBTÖNE nach rechts auf 105. Das hat eine Erhellung dieses Farbbereichs zur Folge. (Wollten Sie Gelb abdunkeln, müssten Sie nach links ziehen.)

4 Grüntöne abdunkeln

Um nun mehr Augenmerk auf die Wiese vorne zu legen, positionieren Sie den Schieber GRÜNTÖNE mehr nach links (–68). So sticht der helle Turm noch mehr hervor.

5 Direktkorrektur aktivieren

Nun ist der Hintergrund (Himmel und Flusstal) an der Reihe. Leider lässt sich jedoch nicht mit Sicherheit sagen, welche Teile dieses Bereichs in den Blautönen und welche eher im Bereich Cyan zu finden sind. Selbst wenn Sie das Augen-Symbol in der Fußleiste des Eigenschaften-Bedienfelds kurz deaktivieren, um das Foto in Farbe zu sehen, wird es nicht eindeutig. In solchen Fällen sollten Sie sich von Photoshop unter die Arme greifen lassen. Aktivieren Sie zunächst die Taste ❶, die eine Korrektur direkt im Bild ermöglicht.

6 Blautöne abdunkeln

Klicken Sie auf einen mittelgrauen Bereich der Wolken (z. B. **2**), und halten Sie die Maustaste gedrückt. Wenn Sie sehen, dass daraufhin das Eingabefeld der BLAUTÖNE markiert wird **3**, wissen Sie, dass Sie an der richtigen Stelle sind. Halten Sie die Maustaste weiterhin gedrückt. (Sollte ein anderes Feld aktiv werden, lassen Sie zunächst los und versuchen es an einer benachbarten Stelle erneut.)

Mit der noch immer gedrückten Taste fahren Sie nun weit nach links. Behalten Sie das erwähnte Eingabefeld im Auge, und streben Sie einen Wert um −105 an.

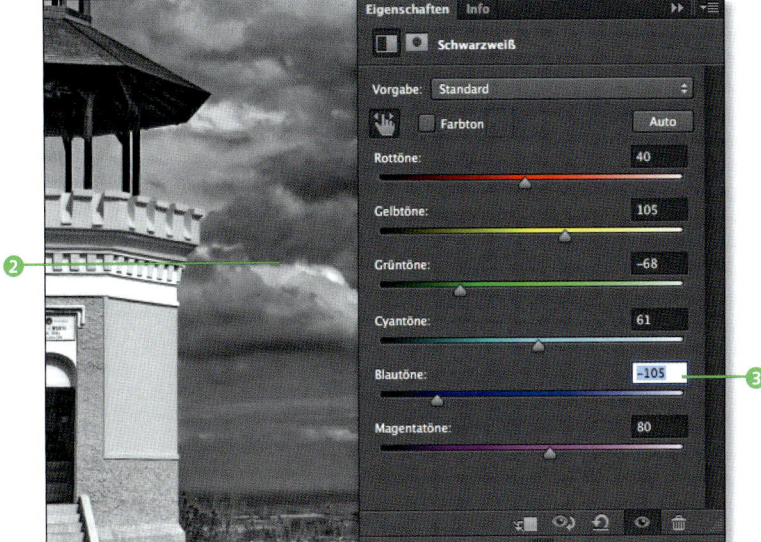

◄ **Abbildung 6.36**
Auch der Schwarzweiß-Dialog lässt sich direkt im Foto bedienen.

7 Cyantöne abdunkeln

Um noch mehr Kontrast in den Himmel zu befördern, suchen Sie sich einen Bereich knapp über der Horizontlinie aus. Sollte die Cyan-Anwahl dort Probleme bereiten, klicken Sie ganz einfach in den Fluss hinein. Ziehen Sie die Maus nach links, bis ein Wert von 19 erreicht ist.

8 Vorgaben speichern

Wenn Sie die getroffenen Einstellungen als Vorgabe sichern wollen, öffnen Sie das Bedienfeldmenü und selektieren SCHWARZ-WEISSVORGABE SPEICHERN. Die Parameter werden dann in einer

Vorgaben-Speicherorte

Die Vorgaben werden auf dem Windows-Rechner abgelegt unter: [Lauf-werksbuchstabe]/Benut-zer/[Name des Anwen-ders]/AppData/Roaming/Adobe/Adobe Photo-shop CS6/Presets. Dazu müssen die versteckten Ordner via Ordneroptio-nen des Betriebssystems sichtbar gemacht werden. Am Mac gehen Sie diesen Pfad: Mac/Benutzer/Lib-rary/Application Sup-port/Adobe/Adobe Pho-toshop CS6/Presets.

Datei mit der Endung ».blw« im Ordner Black and White der persönlichen Voreinstellungen abgelegt. Wenn Sie diese später wieder benötigen, gehen Sie abermals auf das Pulldown-Menü Vorgabe, das die gespeicherte Voreinstellung fortan enthält.

▲ **Abbildung 6.37**
Dieses Foto lebt von seinen Kontrasten.

Porträts in Schwarzweiß

Bei der Gestaltung von Personenaufnahmen sind Sie nicht ganz so frei wie bei den Landschaften. Hier müssen Sie vor allem auf den Teint aufpassen. Dieser setzt sich nämlich in der Regel aus Gelb und Rot zusammen. Regeln Sie diese Bereiche zu weit aus-einander, wird das Gesicht fleckig. Darüber hinaus darf der Teint natürlich weder zu hell noch zu dunkel werden.

Schritt für Schritt
Beeindruckende Porträts in Schwarzweiß

Bilder/Telefon.tif

Wir wollen versuchen, das Foto »Telefon.tif« in Schwarzweiß zu konvertieren. Wie bereits angesprochen, sollten Sie den Teint nicht aus den Augen verlieren.

1 Bild analysieren

Beginnen Sie abermals mit einer Einstellungsebene SCHWARZ-WEISS. Bei der Vorgabe STANDARD (im obersten Pulldown-Menü) bleibt die Haut recht neutral. Sie hat noch dunkle Elemente und überstrahlt nicht. Allerdings sieht sie gräulich aus; und dem sollten Sie entgegenwirken. Zusätzlich kann es sehr interessant sein, die Hauttöne bewusst etwas heller darzustellen. Besonders das weibliche Geschlecht wird sich darüber freuen.

▲ **Abbildung 6.38**
Vorsicht bei Porträts! Hier dürfen die Gesichter nicht fleckig werden. Das ist insbesondere bei pubertierenden Sprösslingen mitunter eine Herausforderung.

2 Farben einstellen

Sie können die Rottöne anheben, und/oder Sie versuchen es einmal mehr mit den Gelbtönen. Das würde auch gleichzeitig die Helligkeit der Haarfarbe etwas erhöhen. Wir benutzen in diesem Beispiel einfach beide Schieber. Ziehen Sie deshalb die ROTTÖNE ❶ hoch auf 75, während die GELBTÖNE ❷ bei 115 liegen sollten. Damit sich die junge Dame mehr vom Hintergrund abhebt, senken Sie die GRÜNTÖNE ❸ zudem noch auf –15 ab.

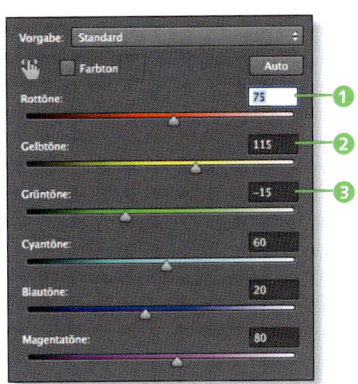

▲ **Abbildung 6.39**
Stellen Sie diese Werte ein.

▲ **Abbildung 6.40**
Das Gesicht ist hell, ohne jedoch zu überstrahlen.

3 Optional: Farbe zurückholen

Wer jetzt noch einen Schritt weiter gehen möchte, der verringert anschließend die Deckkraft der Einstellungsebene noch ein wenig. Dadurch wird nämlich wieder etwas von der Farbe der Original-

▲ **Abbildung 6.41**
Durch die Deckkraft-Reduktion schimmert das Originalfoto (das ja noch immer farbig ist) wieder ein wenig durch.

Abbildung 6.42 ▶
So gelangt ein Minimum an Farbe ins Bild zurück.

ebene zurückgebracht. Das macht sich bei diesem Foto ganz gut. Gehen Sie auf etwa 88 %.

4 Ebenen reduzieren

Bedenken Sie, dass Sie bei Erhalt der Einstellungsebene immer wieder nachkorrigieren können. Dazu müssen Sie diese nur wieder aktivieren. Aber bitte nicht vergessen: Einstellungsebenen bleiben nicht bei jedem Dateiformat erhalten. Speichern Sie das Dokument daher als PSD oder TIFF ab. – Einstellungsebenen haben aber leider auch zur Folge, dass die Dateigröße anschwillt. Wenn Sie mit Ihrer Arbeit definitiv fertig sind, ist deshalb zu empfehlen, die Ebenen aufzulösen. Dazu gehen Sie in das Bedienfeldmenü des Ebenen-Bedienfelds und entscheiden sich dort für den Eintrag Auf Hintergrundebene reduzieren. Alternativ selektieren Sie den gleichlautenden Eintrag über das Menü Ebene.

Retusche und Reparatur

Kopieren, reparieren, restaurieren

- ▶ Wie werden Bildbereiche repariert?
- ▶ Wie werden Objekte geklont?
- ▶ Wie wird ein Porträt effektiv korrigiert?
- ▶ Wie entferne ich den Rote-Augen-Effekt?
- ▶ Wie lässt sich Bildrauschen reduzieren?
- ▶ Wie kann ein Foto geschärft werden?
- ▶ Wie werden Fotos gezielt weichgezeichnet?

7 Retusche und Reparatur

Es gibt doch immer etwas zu tun! Kaum ein Bild, das auf Anhieb perfekt ist. Das niemals zufriedene Auge des Designers oder Fotografen findet ständig Verbesserungswürdiges und Stellen, die repariert oder aufgewertet werden müssen. Irgendwie nimmt das gar kein Ende. Da aber gerade für die Retusche der Grundsatz »Weniger ist mehr!« gilt, kann die Devise für eine Fehlerkorrektur nur lauten: Finden – wegmachen – fertig! Und Bereiche, die nicht korrigiert werden müssen, bleiben unangetastet. So macht die Umsetzung dann auch Spaß.

7.1 Bildbereiche entfernen, klonen und verschieben

In diesem Abschnitt lernen Sie die unterschiedlichen Korrekturarbeiten kennen. Hierbei ist zu entscheiden, ob etwas entfernt, reproduziert oder einfach nur verschoben werden soll. Bei der Reproduktion spricht man vom Klonen, in den beiden anderen Fällen von der Retusche.

Der Bereichsreparatur-Pinsel

Photoshop bietet mit dem Bereichsreparatur-Pinsel ein leicht und effektiv anzuwendendes Tool. Benutzen Sie ihn, um Bereiche innerhalb eines Bildes ganz intuitiv zu entfernen. Die Hauptarbeit übernimmt Photoshop dabei, da die Anwendung die zu retuschierende Stelle selbständig analysiert.

Schritt für Schritt
Objekte aus Bildern entfernen

Die Anwendung des Tools ist wirklich denkbar einfach. Kurz gesagt, wischen Sie einfach über den Bereich, der entfernt werden soll. Die Datei »Golf.jpg« zeigt ein potentielles Motiv. Dass an diesem schönen Fleckchen Erde gegolft wird, mag ja verständlich sein. Was aber, wenn Sie die Wiese gerade für sich alleine beanspruchen? Dann muss die Dame sprichwörtlich das Feld räumen.

Bilder/Golf.jpg

© Rainer Sturm – pixelio.de

◄ **Abbildung 7.1**
Auf unserem Rasen wird nicht gegolft!

1 Werkzeug einstellen
Zunächst sollten Sie stark auf die Stelle einzoomen, die Sie retuschieren wollen. Aktivieren Sie anschließend das Werkzeug Bereichsreparatur-Pinsel J, und stellen Sie in der Optionsleiste eine Pinselgröße von etwa 70 Px ❶ ein. Aktivieren Sie zudem INHALTSBASIERT ❷ in der Optionsleiste. (Was es damit auf sich hat, erfahren Sie im folgenden Abschnitt.)

▼ **Abbildung 7.2**
Bevor Sie das Werkzeug anwenden, stellen Sie es in der Optionsleiste ein.

2 Werkzeug anwenden
Platzieren Sie die Pinselspitze so, dass die Person mitsamt ihrem Schläger mit einem einzigen Wisch vollständig markiert werden kann. Orientieren Sie sich an Abbildung 7.3. Achten Sie darauf, dass Sie auch ein Stück des Rasens mit eingrenzen. Damit zeigen

▲ **Abbildung 7.3**
So wird die Retuschestelle
korrekt markiert.

Sie Photoshop, welche Strukturen an der jeweiligen Bildposition
zu retuschieren sind bzw. womit diese neu gefüllt werden muss.
Lassen Sie los, wenn Sie mit der Markierung zufrieden sind.

Abbildung 7.4 ▶
Himmlisch. Der Platz gehört
uns.

3   Baumkrone retuschieren

Wenn Sie mögen, dürfen Sie auch die kleine Baumkrone ❶ auf
der rechten Seite noch übermalen. Wischen Sie dabei aber bitte
waagerecht zum Seitenrand hin. Versuchen Sie es vom Seitenrand
aus in Richtung Bildmitte, besteht die Gefahr, dass ein gräulicher
Schatten entsteht. Diesen könnten Sie dann allerdings mit einem
zweiten Wisch flugs des Feldes verweisen.

Abbildung 7.5 ▶
Das Ergebnis ist mit »Golf-
bearbeitet.jpg« betitelt.

4   Optional: Reparatur wiederholen

Wenn die Stelle gut retuschiert wurde, sind Sie bereits fertig. Falls die Übergänge jedoch unsauber geworden sind, drücken Sie Strg/⌘+Z und versuchen es erneut. Des Weiteren kann es interessant sein, den Mausklick ein wenig versetzt noch einmal zu wiederholen. Damit wird abermals retuschiert, und der Übergang verbessert sich meist beträchtlich.

Wer jetzt Lust auf einen zweiten Workshop mit dem Bereichsreparatur-Pinsel hat, schaut auf *www.galileodesign.de* vorbei. Wenn Sie dort im Bereich »Bonus-Seite« den Code von der vorderen Innenklappe dieses Buchs eingeben, können Sie die Anleitung herunterladen und ausdrucken.

Inhaltsbasierte Retusche

Die Einstellung Inhaltsbasiert in der Optionsleiste des Bereichsreparatur-Pinsels ist in den meisten Fällen optimal, da hiermit die besten Resultate erzielt werden. Photoshop vergleicht nämlich bei dieser Einstellung Pixel, die sich in der Umgebung der markierten Stelle befinden, um diese optimal auszugleichen. Wichtige Details wie Kanten oder Schatten bleiben dabei erhalten. Aus diesem Grund war es wichtig, auch ein Stück des Rasens aufzunehmen.

Wählen Sie Näherungswert, werden die Ränder der zu retuschierenden Stelle zwar ebenfalls analysiert, jedoch nicht so sorgfältig wie bei der inhaltsbasierten Korrektur. Kleine Retuschestellen lassen sich dennoch prima damit bearbeiten. Struktur erstellen macht genau das, was der Name aussagt – eine Struktur erstellen. Mit Struktur ist jedoch ein mehr oder weniger regelmäßiges Muster gemeint. Deswegen eignet sich diese Vorgehensweise eher zur Abstraktion als zur Retusche.

Bildbereiche inhaltsbasiert verschieben

Ein uralter Wunsch der Menschheit ist es, Gegenstände mit bloßer Gedankenkraft von einem Punkt zum anderen zu befördern. Das geht natürlich nicht. Leider. Aber es kommt noch viel schlimmer.

Werkzeuge direkt auf dem Bild einstellen

In Photoshop ist es möglich, das jeweilige Tool, sofern es über eine Werkzeugspitze verfügt, direkt auf dem Foto einzustellen. Dazu müssen Sie nichts weiter tun, als mit rechts auf das Bild zu klicken. Im Kontextmenü werden dann die entsprechenden Einstelloptionen sichtbar.

Reparatur-Pinsel

Ursprünglich ist der Reparatur-Pinsel, der sich mit dem Bereichsreparatur-Pinsel in einer Gruppe befindet, einmal für die Retusche größerer Stellen verwendet worden. Durch die zunehmende Präzision des Bereichsreparatur-Pinsels verliert dieser jedoch etwas an Bedeutung. Wer dennoch mit ihm arbeiten möchte, sollte wissen, dass er genauso angewendet wird wie der Kopierstempel (siehe Seite 241).

Das geht noch nicht mal mit Photoshop – zumindest nicht kraft Ihrer Gedanken. Aber mit ein paar Mausklicks, wie der folgende Workshop beweist.

Schritt für Schritt

Ein Auto im Bild verschieben

Bilder/Verschieben.jpg

Bitte konzentrieren Sie sich. Nehmen Sie all Ihre Kraft zusammen. Die werden Sie benötigen. Denn jetzt sollen Sie einen Geländewagen verschieben. Doch, Sie schaffen das. Vertrauen Sie Ihrem Chakra. Oder nehmen Sie Photoshop und die Datei »Verschieben.jpg«.

© KAZMAT – fotolia.com

▲ **Abbildung 7.6**
Monument Valley – was für ein Anblick

Anpassung

Mit Hilfe der ANPASSUNG wird die Reproduktion der Pixel exakt (SEHR STRENG) bis SEHR UNGE-NAU. Grundsätzlich ist zu empfehlen, es zunächst mit der Einstellung MIT-TEL zu versuchen.

1 **Werkzeug einstellen**

Eine tolle Aufnahme. Allerdings ist die Position des Fahrzeugs nicht so prickelnd. Immerhin haben wir doch irgendwann einmal etwas von der Drittelregel gehört. Freistellen? Nein, da verlieren wir zu viel von der schönen Aufnahme. – Zoomen Sie stark auf den Geländewagen ein. Im ersten Schritt aktivieren Sie das INHALTSBA-SIERT VERSCHIEBEN-WERKZEUG (was für ein bedeutungsträchtiger Name) und stellen den Modus auf VERSCHIEBEN.

◄ **Abbildung 7.7**
Wie üblich, wird zunächst das
Werkzeug aktiviert …

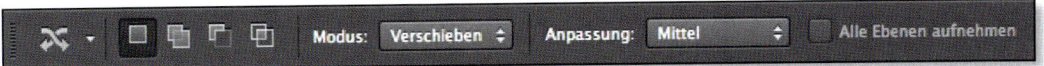

▲ **Abbildung 7.8**
… und danach in der Optionsleiste eingestellt.

2   Auswahl erzeugen

Setzen Sie nun einen Mausklick in geringer Entfernung des
Wagens an, halten Sie die Maustaste gedrückt, und umfahren Sie
das komplette Gefährt, wobei Sie durchaus etwas Platz zwischen
Auswahlkante und Fahrzeug lassen sollten. Vergessen Sie auch
den Schatten nicht.

▲ **Abbildung 7.9**
Der SUV befindet sich mitsamt Schatten innerhalb der Auswahl.

3   Objekt verschieben

Stellen Sie das Foto komplett dar (Strg / ⌘ + 0), und klicken Sie
anschließend mitten in die Auswahl hinein. Mit gehaltener Maustaste verschieben Sie das Gefährt nun nach hinten. Anschließend
lassen Sie los. Bei der Positionierung orientieren Sie sich bitte an
Abbildung 7.10.

Auswahl optimieren

Beachten Sie, dass die
Steuerelemente in der
Optionsleiste auch das
Hinzufügen oder Subtra-
hieren einer bestehenden
Auswahl ermöglichen. Sie
kennen das von den
anderen Auswahlwerk-
zeugen. Damit sollte es
gelingen, Fehler während
der Produktion der Aus-
wahl zu korrigieren. Eines
ist dabei aber zu beach-
ten: Sie müssen sich einer
bestehenden Auswahl bei
diesem Tool stets von
außen nähern. Klicken Sie
in die Auswahl hinein,
werden Sie diese ver-
schieben.

Abbildung 7.10 ▶
Aus eins mach zwei.

Abbildung 7.10 ▶
Aus eins mach zwei.

4 Optional: Bildbereiche ausbessern

Nun sollten Sie die Auswahl aufheben (Strg/⌘+D) und sich sowohl die reproduzierte als auch die ursprüngliche Stelle des Geländewagens ansehen. Falls es hier zu sichtbaren Verschiebungen gekommen ist, also Pixel-Anordnungen nicht zueinander passen, aktivieren Sie das Ausbessern-Werkzeug (es befindet sich in der gleichen Werkzeuggruppe) und wenden es an wie das INHALTSBASIERT VERSCHIEBEN-WERKZEUG. Also: Auswahl um die zu retuschierende Stelle ziehen, hineinklicken, Auswahl an eine andere Position ziehen, Maustaste loslassen. Das klappt prima.

Abbildung 7.11 ▼
Im konkreten Fall ist es besser, das Werkzeug auf dem Ausbessern-Modus NORMAL stehen zu lassen.

▲ **Abbildung 7.12**
Ziehen Sie die schadhafte Stelle an eine Position, an der Ihnen die Anordnung der Bildpixel besser gefällt.

5 Ergebnis begutachten

Bitte erwarten Sie von diesem Tool keine Wunder. In den meisten Fällen werden Sie nacharbeiten müssen. Hier bietet sich auch der Kopierstempel an, den Sie im nächsten Abschnitt kennen lernen. Aber dafür, dass das Werkzeug in der Version CS6 seinen Einstand gibt, funktioniert es schon recht gut.

Inhaltsbasiert ausbessern

 Im Steuerelement AUSBESSERN lässt sich die Funktionsweise des Ausbessern-Werkzeugs umstellen. Wählen Sie NORMAL, damit die auszubessernde Stelle automatisch anhand angrenzender Pixel angepasst wird. Wollen Sie stattdessen lieber den Inhalt des Auswahlbereichs mitziehen, wählen Sie zuvor INHALTSBASIERT.

◀ **Abbildung 7.13**
Der PKW befindet sich jetzt viel weiter hinten.

Schritt für Schritt
Eine Stretch-Limo erzeugen

Dieser kleine Workshop schließt nahtlos an den vorangegangenen an. Es geht nämlich darum, unseren zuvor verschobenen Geländewagen buchstäblich zur Stretch-Limousine umzufunktionieren. Das passiert mit dem gleichen Tool, nur im anderen Modus.

Sollten Sie den vorangegangenen Workshop nicht nachgeklickt haben, nutzen Sie die Datei »Verschieben-bearbeitet.jpg«.

Bilder/Ergebnisse/
Verschieben-bearbeitet.jpg

1 Werkzeug umstellen

Aktivieren Sie einmal mehr das INHALTSBASIERT VERSCHIEBEN-WERKZEUG. Bevor Sie es jedoch anwenden, stellen Sie dessen MODUS auf ERWEITERN.

▲ **Abbildung 7.14**
Nun lernen Sie den Erwei-
tern-Modus kennen.

2 Auswahl erzeugen

Erzeugen Sie nun, wie im vorangegangenen Workshop beschrieben, eine Auswahl. Diesmal nehmen Sie aber nur die vordere
Hälfte des Autos auf. Kurz hinter der Fahrertür sollte die Auswahl
enden.

Abbildung 7.15 ▶
Diesmal wird nur ein Teil des
SUV aufgenommen.

3 Auswahl verschieben

Klicken Sie in die Auswahl hinein, und halten Sie die Maustaste
auch diesmal wieder gedrückt. Allerdings bewegen Sie sich jetzt
nur ein kleines Stück nach links. Bevor Sie loslassen, achten Sie
auf den korrekten Sitz der verschobenen Stelle. Wenn Sie zu weit
unten oder oben loslassen, wird die Karosserie treppenförmig. In
diesem Fall machen Sie den letzten Schritt rückgängig und versuchen es erneut.

Abbildung 7.16 ▶
Noch sieht man es kaum,
aber das Fahrzeug ist jetzt
schon ein bisschen länger
geworden.

4 Fahrzeug weiter verlängern

Fahren Sie wie beschrieben fort: In die Auswahl hineinklicken, nach links ziehen, auf korrekten Sitz der Karosserie achten, loslassen. Das können Sie nun unentwegt fortsetzen – bis die Karosserie Ihren eventuell recht extravaganten Wünschen entspricht. Zuletzt heben Sie die Auswahl wieder auf. Das Endergebnis ist unter dem Namen »Stretch-Limo.jpg« im ERGEBNISSE-Ordner zu finden.

▲ **Abbildung 7.17**
Verglichen mit einer Stretch-Limo ist so ein SUV doch recht klein, gell?

Bildbereiche mit dem Kopierstempel duplizieren

Wie Sie Gegenstände aus einem Foto verschwinden lassen können und sie im Bild verschieben, haben Sie soeben erfahren. Was aber, wenn es darum geht, einem Bild Objekte hinzuzufügen, die in der Realität gar nicht existieren? Dann sollte der Kopierstempel zum Einsatz kommen. Sie aktivieren es, indem Sie in der Werkzeugleiste auf das Werkzeug mit dem Stempel-Icon klicken oder [S] auf Ihrer Tastatur drücken.

Schritt für Schritt
Objekte mit dem Kopierstempel klonen

Werfen Sie einmal einen Blick auf die Beispieldatei »Feld.jpg«. Das Ziel dieser Übung soll es nun sein, den rechten Baum zu klonen und ein wenig weiter nach rechts versetzt abermals zu platzieren. Das hört sich schwieriger an, als es ist.

Bilder/Feld.jpg

Abbildung 7.18 ▶
Ein Baum mehr kann nicht
schaden.

© Claudia Hautumm – pixelio.de

1 Pinsel einstellen

Zoomen Sie zunächst etwas auf den rechten Baum ein. Danach
wählen Sie den Kopierstempel ⏢S⏢ und stellen eine weiche Werkzeugspitze mit einem Durchmesser von etwa 50 Px im MODUS:
NORMAL ❷ bei je 100 % DECKKRAFT und FLUSS ❸ ein. Den Regler
für die Größe erreichen Sie über die kleine Dreieck-Schaltfläche
im Bereich PINSEL ❶.

Option: Ausgerichtet

Wenn Sie die Checkbox
AUSGERICHTET deaktivie-
ren, wird während der
Reproduktion die Auf-
nahmestelle bei jedem
Mausklick wieder an die
ursprüngliche Aufnahme-
stelle gesetzt. Aktivieren
Sie die Option, »wan-
dert« die Aufnahmestelle
jedoch mit. Zur Repro-
duktion komplexer
Objekte, die in mehreren
Schritten erzeugt werden
müssen, ist dies zwin-
gend erforderlich.

Durch die weiche Spitze werden die Übergänge zwischen dem
gestempelten Bereich und dem Original fließender. Achten Sie
darauf, dass AUSGERICHTET ❹ aktiviert ist. Mit der Funktion ALLE
EBENEN im Pulldown-Menü AUFNEHMEN ❺ könnten Sie, wie der
Name schon sagt, Pixel aus allen im Bild vorhandenen Ebenen
aufnehmen. Da dies aber für die Beispieldatei unerheblich ist (das
Bild besteht nur aus dem Hintergrund), müssen Sie hier keine
Änderungen vornehmen. Es darf also ruhig AKTUELLE EBENE stehen bleiben. (Bei mehreren Bildebenen würde nur die aktivierte
bei der Bearbeitung berücksichtigt, während alle anderen Ebenen
von der Aufnahme verschont blieben.)

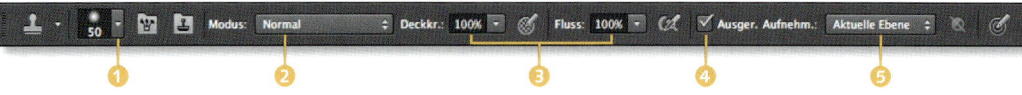

▲ **Abbildung 7.19**
Zunächst muss der Kopier-
stempel bestimmungsgemäß
ausgestattet werden.

2 Kopierstempel laden

Jetzt geht es darum, den Aufnahmebereich zu definieren, also jene
Stelle, die reproduziert werden soll. Dazu ist es sinnvoll, am Über-
gang zwischen Baum und Gerstenfeld zu beginnen. Positionieren
Sie die Maus also bitte so, wie es in der Abbildung zu sehen ist.

◄ **Abbildung 7.20**
Hier entsteht die Aufnahme
der Pixel.

Klicken Sie nun, während Sie `Alt` gedrückt halten, einmal auf diese Stelle des Fotos. Damit ist der Aufnahmebereich definiert, und der Kopierstempel ist gewissermaßen »geladen«.

3 Reproduzieren

Nun setzen Sie den Kreis des Mauszeigers nach rechts. Dadurch, dass sich ein Overlay der geklonten Stelle zeigt, sind Sie nun imstande, die obere Begrenzung des Gerstenfeldes genau an das Bild anzupassen. Mit einem Mausklick reproduzieren Sie jetzt diesen Aufnahmepunkt. Dort, wo Sie hinklicken, wird der zuvor aufgenommene Bereich eingefügt.

Da die Funktion Ausgerichtet aktiv ist, wird nun ein weiterer, etwas versetzter Mausklick bewirken, dass die Aufnahmestelle in derselben Richtung mitläuft.

▲ **Abbildung 7.21**
Die Grundposition des Klons wird festgelegt.

▲ **Abbildung 7.22**
Hier »wächst« ein Baum.

Abbildung 7.23 ▼
Die finale Datei heißt »Feld-bearbeitet.jpg«.

Sie können nun ganz entspannt stempeln, bis der zweite Baum fertig ist. Bewegen Sie die Maus dazu etwas nach oben, und lassen Sie dabei zahlreiche Mausklicks folgen.

Das Bedienfeld »Kopierquelle«

Photoshop hält ein interessantes Bedienfeld bereit: das Kopier-quelle-Bedienfeld. Dieses öffnen Sie über FENSTER • KOPIER-QUELLE.

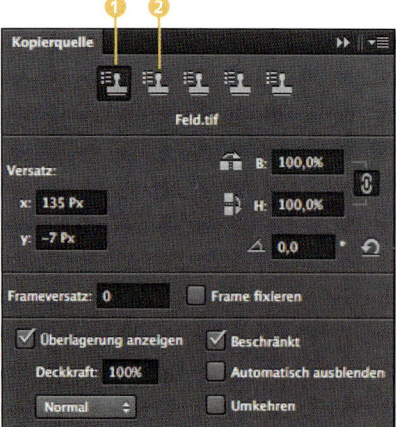

Abbildung 7.24 ▶
Ein interessantes Feature – das Kopierquelle-Bedienfeld

Zunächst einmal haben Sie die Möglichkeit, mehrere unterschied-liche Kopierquellen zu definieren und die damit verbundenen Parameter an einen der fünf Buttons in der obersten Reihe zu übergeben. Sie können also die Pixelaufnahme jetzt von unter-schiedlichen Aufnahmepositionen realisieren. Das funktioniert sogar bildübergreifend, was bedeutet, dass Sie den Aufnahmebereich des Kopierstempels ❶ auf Bild A legen, während der Stempel ❷ seine Pixel aus Bild B bezieht. Das Ganze vervielfältigen Sie dann auf Bild C.

Und so funktioniert die Zuweisung der Kopierquelle: Aktivieren Sie im Bedienfeld den Kopierquelle-Button, den Sie programmieren möchten. Danach klicken Sie mit Alt an die Position, an der im Folgenden Pixel aufgenommen werden sollen. Aktivieren Sie jetzt den zweiten Kopierquelle-Button, und klicken Sie (erneut mit Alt) auf die Aufnahmestelle des anderen Bildes. Danach können Sie beginnen, auf dem Zielbild zu stempeln.

Das Kopierquelle-Bedienfeld ist aber noch mit weiteren interessanten Funktionen ausgestattet:

▶ Frameversatz: Mit den hier zur Verfügung stehenden Steuerelementen können Sie die Aufnahmestelle horizontal und vertikal zur Stempelstelle versetzen, skalieren oder drehen.

▶ Überlagerung anzeigen: Bei aktivierter Funktion können Sie das Quellbild während der Reproduktion leicht transparent anzeigen lassen (Overlay), wenn diese Funktion aktiviert ist. Kleiner Tipp: Auch bei inaktiver Funktion können Sie das Overlay-Bild kurzzeitig sichtbar machen, indem Sie Alt + ⇧ gedrückt halten.

▶ Deckkraft: Deckkraft des Overlay-Bilds (siehe Überlagerung anzeigen)

▶ Beschränkt: Die Overlays werden damit auf den aktuell ausgewählten Pinsel beschränkt.

▶ Automatisch ausblenden: Unterdrückt das Overlay-Bild, solange der Mauszeiger auf dem Zielbild gedrückt ist und der eigentliche Kopiervorgang stattfindet.

▶ Umkehren und Normal: Kehrt die Farben des Qverlay-Bilds um und stellt die Füllmethode des Overlay-Bilds ein.

Video und Animation

Das Kopierquelle-Bedienfeld kann innerhalb der Einzelbildbearbeitung sehr nützlich sein, jedoch wird das größte und effektivste Einsatzgebiet wohl im Bereich der Bearbeitung von Video- und Animationsframes liegen.

Kopierquellen auch für Reparatur-Pinsel

Die Funktionen der Kopierquellen sind nicht auf den eigentlichen Kopierstempel beschränkt. Die gleichen Möglichkeiten stehen Ihnen nämlich auch bei der Nutzung des Reparatur-Pinsels zur Verfügung.

7.2 Porträtretusche

Porträts sind so etwas wie die Königsklasse, wenn es um Nachbearbeitung und Retusche geht. Bei Einsteigern ist die Besorgnis zu Beginn oft groß, dass etwas schiefgehen könnte. Doch eigentlich ist das unbegründet – zumindest wenn man systematisch vorgeht.

Die folgenden Abschnitte zeigen Ihnen Stück für Stück, wie Sie People-Aufnahmen schön herausputzen können.

Hautkorrekturen

Die viel zitierte und ebenso oft beworbene Epidermis des Menschen steht im Mittelpunkt des ersten Teils unserer Porträtretusche. Glauben Sie mir, es gibt kein Foto, auf dem die Haut nicht zumindest ein wenig optimiert werden könnte. Das gilt nicht nur für Partner, Familie und Freunde, sondern auch für die Topmodels dieser Welt. Da ist nämlich weiß Gott nicht alles Gold, was glänzt.

Schritt für Schritt
Die Haut retuschieren

Bilder/Portraet.jpg

Die Datei »Portraet.jpg« soll in mehreren Schritten aufgebessert werden. Hierbei werden meist nur Kleinigkeiten verbessert, die aber im Gesamtergebnis drastisch auffallen. Los geht's.

© Robert Klaßen

Abbildung 7.25 ►
Das Ausgangsfoto wird Stück für Stück optimiert.

1 Ebene duplizieren

Duplizieren Sie die Hintergrundebene zunächst, damit Sie das Original nicht verlieren. Wenn Sie auf der Kopie arbeiten, können

Sie das Resultat zwischendurch immer wieder mit dem Original vergleichen. Zoomen Sie das Bild etwas auf, um die Stellen besser einsehen zu können, die bearbeitet werden sollen. Wir wollen mit der Stirn beginnen.

2 Male entfernen

Bringen Sie die Größe des Bereichsreparatur-Pinsels auf etwa 15 Px. Danach klicken Sie kurz auf die größeren Muttermale. Die Narbe überfahren Sie mit gedrückter Maustaste.

Bearbeiten Sie auf diese Weise das gesamte Gesicht, wobei Sie die Sommersprossen auf der Nase bitte erhalten. Lediglich die dunklen Pünktchen sollten Sie retuschieren. Dazu reicht eine Pinselgröße von 7–8. Vergessen Sie auch Hals und Dekolleté nicht.

3 Größere Stellen bearbeiten

Der bildrechte Bereich neben der Nase weist ein paar kleine (ich glaube, man nennt es) Hautirritationen auf. Diesen rücken wir nun mit dem Reparatur-Pinsel bei einer Größe von 25 zu Leibe. Halten Sie [Alt] gedrückt, und klicken Sie damit auf die bildrechte Wange. Lassen Sie die Taste anschließend los, und überfahren Sie die besagten Stellen. Vermeiden Sie dabei jedoch unbedingt den Kontakt mit der Nase, da sich auf der Haut ansonsten unschöne Muster bilden. Überfahren Sie zusätzlich auch die kleinen Fältchen neben dem Mund.

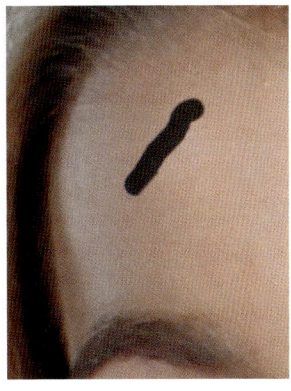

▲ **Abbildung 7.26**
Halten Sie die Maustaste gedrückt, wenn es um längliche Stellen geht. Die Muttermale lassen sich hingegen mit kurzen Klicks entfernen.

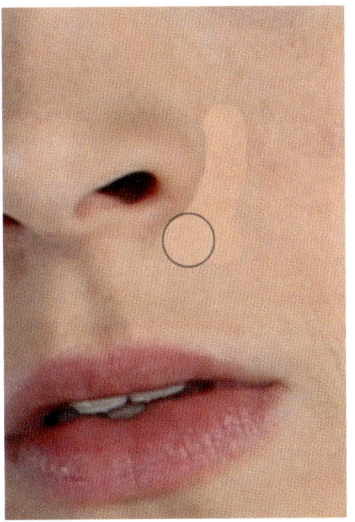 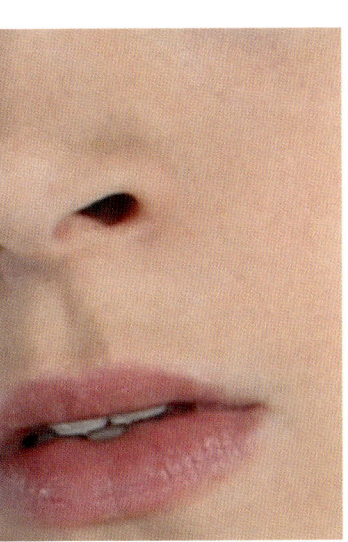

◀ **Abbildung 7.27**
Halten Sie bitte Abstand vom Nasenflügel, da es ansonsten zu einer unschönen Musterbildung kommen kann.

4 Dunkle Hautstellen aufhellen

Als Nächstes sind die dunklen Bereiche unterhalb der Augen an der Reihe. Dazu stellen Sie bitte um auf das Ausbessern-Werkzeug, das zunächst einmal genauso bedient wird wie das Lasso. Bevor es weitergeht, stellen Sie AUSBESSERN in der Optionsleiste auf NORMAL. Klicken Sie etwas außerhalb der dunklen Stelle auf das Foto, halten Sie die Maustaste gedrückt, und umfahren Sie die Abdunklung großzügig. Wenn Sie am Ausgangspunkt angelangt sind, lassen Sie los.

Abbildung 7.28 ▶
So sollte das Ausbessern-Werkzeug eingestellt sein.

Klicken Sie danach in die Auswahl hinein, halten Sie die Maustaste weiterhin gedrückt, und ziehen Sie den Bereich an eine Stelle des Fotos, an der die Helligkeit der Haut in Ordnung ist (etwas weiter unten sowie rechts der Nase). Dort lassen Sie los.

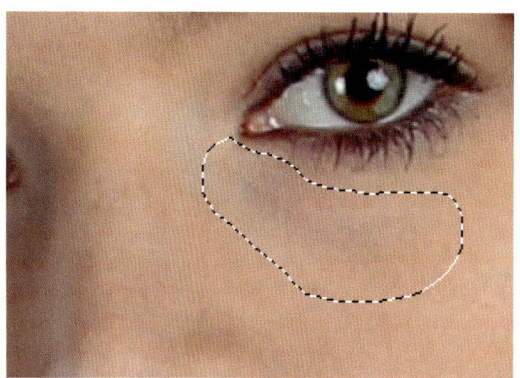

▲ **Abbildung 7.29**
Diese dunkle Stelle muss ein wenig erhellt werden.

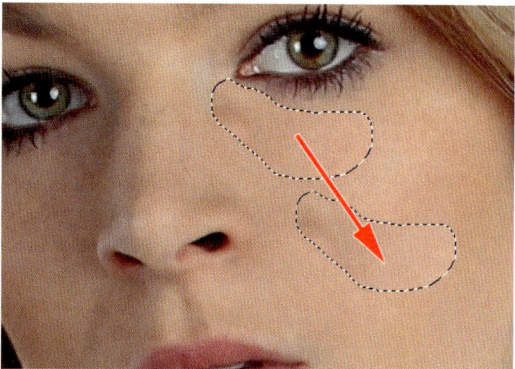

▲ **Abbildung 7.30**
Die dunklen Schatten verschwinden.

Sollte die Hautstelle anschließend nicht zufriedenstellend ausgebessert worden sein, ziehen Sie den Auswahlbereich an eine andere Position. Wiederholen Sie den Schritt auch unter dem bildlinken Auge.

So weit, so gut. Die Retuschierarbeiten sind damit erledigt. Gestatten Sie sich einen Vorher-nachher-Vergleich, indem Sie die oberste Ebene kurz ausschalten. Im nächsten Workshop geht es dann mit den Augen weiter.

▲ **Abbildung 7.31**
Eine dermatologisch getestete
Retusche

Augen korrigieren

Zu einer professionellen Porträtretusche gehört auch immer die Korrektur der Augen. Hier geht es darum, sie zum Leuchten zu bringen, Farben zu intensivieren und die Kontraste zu erhöhen.

Schritt für Schritt
Augen zum Leuchten bringen

Bilder/Ergebnisse/
Portraet-Teil1.tif

Nach der Hautretusche des vorangegangenen Workshops sind jetzt die Augen an der Reihe. Wer (aus welchen Gründen auch immer) die Hautretusche nicht gemacht hat (oder mit seinem eigenen Resultat noch nicht ganz zufrieden ist), der greift auf »Portraet-Teil1.tif« aus dem ERGEBNISSE-Ordner zurück.

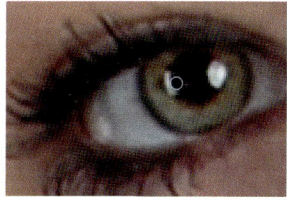

1 Reflexe entfernen

Was am ehesten auffällt, sind die beiden Reflexe in den Pupillen. Daran ist zu erkennen, dass mehrere Studiolichter verwendet worden sind. Das ist zwar ebenfalls ein geringer Makel, der

▲ **Abbildung 7.32**
Geben Sie sich bei den Augen
viel Mühe.

allerdings ausgemerzt werden sollte. Wählen Sie den Kopier-stempel mit einem kleinen Durchmesser (8–9), und nehmen Sie zunächst schwarze Farbe aus der Mitte der Pupille auf. Wischen Sie anschließend über den rechten Teil des kleineren Reflexes. Hier müssen sie sehr umsichtig arbeiten.

Im Anschluss versuchen Sie, durch ständige Neuaufnahme von Pixeln den bräunlichen und grünen Bereich des Auges zu repro-duzieren. Machen Sie das so lange, bis der Reflex komplett ver-schwunden ist. Danach ist das andere Auge dran.

2 Musterbildung vermeiden

Sollte es zur unerwünschten Musterbildung kommen, müssen Sie versuchen, die Stellen abermals zu überstempeln. Dabei ist es aber vonnöten, vorab neue Pixel von einer anderen (ähnlich strukturierten) Stelle aufzunehmen.

Wenn alle Stricke reißen, schalten Sie um auf den Wischfinger und wählen eine STÄRKE von 15–20% im MODUS: NORMAL. Fah-ren Sie damit vorsichtig über die schadhafte Stelle.

Abbildung 7.33 ▶
Auf der linken Seite ist die Pixel-Wiederholung deutlich erkennbar.

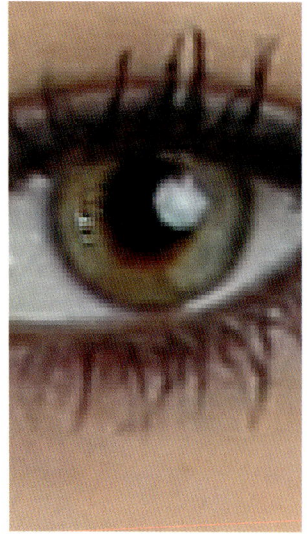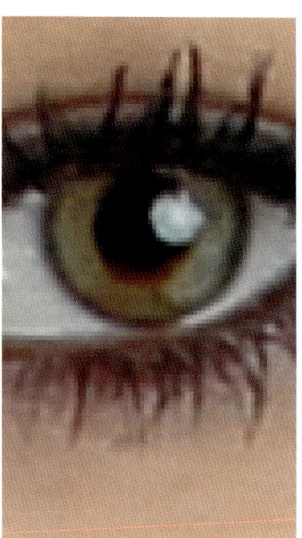

Zähne weiß machen

Mit der hier beschriebe-nen Methode des Abwe-delns lassen sich übrigens nicht nur Augen erhellen, sondern auch Zähne. Sollte das Model aller-dings viel rauchen, hilft hier eher der Schwamm im MODUS: SÄTTIGUNG VERRINGERN weiter.

3 Augen aufhellen

Stellen Sie um auf den Abwedler ⓞ, und verpassen Sie ihm eine BELICHTUNG von 15% im BEREICH: MITTELTÖNE, wobei der Pinsel etwa 10 Px groß sein sollte.

Wischen Sie jetzt vorsichtig über das Weiß der Augen. Sie dürfen das ruhig mehrfach machen. Aber bitte übertreiben Sie nicht.
Absolut reines Weiß ist unnatürlich. Am besten, Sie korrigieren
zunächst *ein* Auge und vergleichen es dann mit dem anderen. Erst
wenn Sie zufrieden sind, widmen Sie sich dem zweiten Auge. Übrigens dürfen Sie auch gern einmal über Iris und Pupille wischen.
Machen Sie hier aber deutlich weniger als beim Weiß.

▲ **Abbildung 7.34**
Der Abwedler sollte nicht zu
stark reagieren. Deshalb ist
eine Verringerung der Belichtung vonnöten.

◄ **Abbildung 7.35**
Der direkte Vergleich zeigt,
ob Sie zu viel gemacht haben.
Das bildlinke Auge ist noch
nicht korrigiert worden.

4 Wimpern und Brauen abdunkeln

Wo wir gerade mal beim Abwedler sind, der ja bestimmte Bereiche erhellt, liegt der Einsatz des Nachbelichters ebenfalls auf der
Hand. Dieser dunkelt nämlich ab und sorgt so für schöne Kontraste der Augenbrauen und Wimpern. Die Brauen überfahren Sie
bitte mit einer Pinselgröße von 20 im MODUS: MITTELTÖNE bei
einer BELICHTUNG von etwa 20 %. So müssen Sie zwar mehrfach
über die Augenbrauen fahren, können die Abdunklung aber viel
sensibler steuern.

Adern entfernen

Falls der Augapfel von
feinen Äderchen durch-
zogen wird, lassen diese
sich mit einem kleinen
Bereichsreparatur-Pinsel
meist prima entfernen.

Zuletzt wischen Sie jeweils einmal über die Wimpern, wobei
sich der Nachbelichter im MODUS: TIEFEN sowie einer BELICHTUNG
von maximal 15 % befinden sollte. Bleiben Sie dabei aber dicht am
Augapfel, da sich ansonsten die Haut unter den unteren Wimpern
färben könnte.

5 Augenfarbe bestimmen

Nun werden Sie erfahren, wie Sie die Augen im wahrsten Sinne
zum Leuchten bringen. Dazu müssen Sie zunächst einmal die

Farbe der Augen definieren. Aktivieren Sie die Pipette ⓘ, und selektieren Sie in der Optionsleiste einen AUFNAHMEBEREICH von 5×5 Pixel. Danach klicken Sie mit der Pipettenspitze auf eine eher helle, grünliche Stelle des Auges.

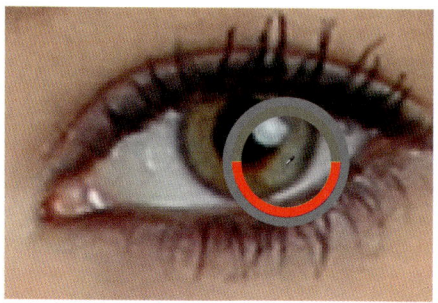

Abbildung 7.36 ▶
Ich habe mich für Kimberleys linkes Auge entschieden.

6 Augenfarbe erzeugen

Erzeugen Sie eine neue Ebene. Danach aktivieren Sie den Pinsel Ⓑ, wobei Sie eine weiche Spitze mit 15 Px Durchmesser im MODUS: NORMAL und einer DECKKRAFT von 100 % wählen. Malen Sie jetzt über die Iris. Schauen Sie sich vorab Abbildung 7.37 an. Zur deutlicheren Ansicht ist der Hintergrund temporär ausgeblendet und EBENE 1 auf etwa 90 % Deckkraft reduziert worden. Das Malen muss aber unbedingt auf EBENE 2 erfolgen!

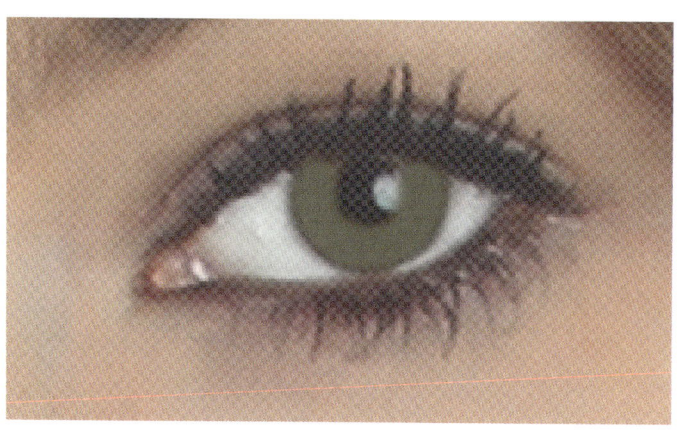

Abbildung 7.37 ▶
Übermalen Sie weder das Weiß des Augapfels noch die Pupille. Die Wimpern bleiben ebenfalls außen vor. Sie zeichnen also keinen vollständigen Kreis.

So wie es jetzt aussieht, kann es natürlich nicht bleiben. Reduzieren Sie die DECKKRAFT der obersten Ebene auf 80 %, und stellen Sie die FÜLLMETHODE auf STRAHLENDES LICHT. Somit ist das zweite Teilergebnis auf dem Weg zum fertigen Porträt bewerkstelligt.

▲ **Abbildung 7.38**
Das Foto wird besser und
besser.

Porträt finalisieren

Sind Haut, Augen und gegebenenfalls Zähne korrigiert, geht es an
den Feinschliff. Gerade bei Frauenporträts ist ein leichter Weich-
zeichnungseffekt oft erwünscht.

Bilder/Ergebnisse/
Portraet-Teil2.tif

Schritt für Schritt
Porträt mit einem weichen Effekt ausstatten

Auf zur letzten Etappe. Es folgen noch ein paar kleine, aber feine
Änderungen. Falls Sie die ersten beiden Workshops nicht ausgeführt haben, dürfen Sie »Portraet-Teil2.tif« benutzen.

1 Ebene reduzieren

Lösen Sie zunächst Ebene 2 auf (die Farbe der Augen), indem Sie
zunächst sicherstellen, dass diese im Ebenen-Bedienfeld angewählt ist. Danach betätigen Sie ⌈Strg⌉/⌈⌘⌉+⌈E⌉ oder entscheiden
sich für Ebene • Mit darunter liegender auf eine Ebene reduzieren. Anschließend duplizieren Sie Ebene 1 mit ⌈Strg⌉/⌈⌘⌉+⌈J⌉.
Alternativ gehen Sie über Ebene • Ebene duplizieren • OK.

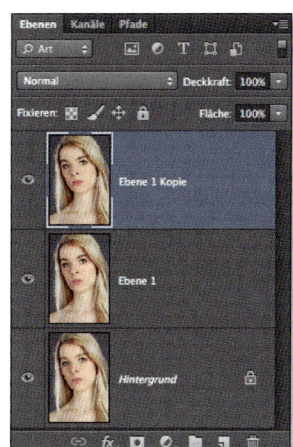

▲ **Abbildung 7.39**
Das Dokument besteht aus
drei Ebenen.

▲ **Abbildung 7.40**
Weiße Hintergrundfarbe ist
jetzt Pflicht.

2   Hintergrundfarbe einstellen

Jetzt werden Sie einen Effekt kennen lernen, der sich ausschließlich für Frauenporträts eignet. Da bei diesem Effekt stets die Hintergrundfarbe verwendet wird, müssen Sie zunächst kontrollieren,
ob dort Weiß gelistet ist. Falls nicht, betätigen Sie D.

Gehen Sie auf FILTER • FILTERGALERIE, und sorgen Sie dafür, dass
zumindest das Gesicht vollständig sichtbar ist, indem Sie es ent-
sprechend verkleinern ❶. Öffnen Sie anschließend die Liste VER-
ZERRUNGSFILTER, wozu Sie einen Mausklick auf die gleichnamige
Zeile ❷ setzen. Markieren Sie danach die Schaltfläche WEICHES
LICHT ❸.

![Screenshot der Filtergalerie mit dem Effekt Weiches Licht]

▲ **Abbildung 7.41**
Das sieht zunächst befremdlich aus. Der Effekt muss
jedoch noch eingestellt werden.

3   Effekt zurücksetzen

Das Resultat ist zunächst erschreckend, oder? Ziehen Sie bitte die
Regler KÖRNUNG ❹ (sorgt für Störungen im Foto) und LICHTMENGE
❺ (Intensität der Weißfärbung) ganz nach links. Den KONTRAST ❻

(was das ist, wissen Sie ja längst) stellen Sie mittig ein (10). Somit erstrahlt unser Model wieder im ursprünglichen Glanz.

4   Effekt einstellen

Mit der LICHTMENGE gehen Sie jetzt bitte wieder hoch bis auf 5. Der KONTRAST soll 13 entsprechen. Gönnen Sie sich eine Begutachtung des Effekts, indem Sie kurzzeitig das Auge ❼ deaktivieren. Zuletzt bestätigen Sie mit OK.

5   Deckkraft reduzieren

Vielleicht sind Sie der Meinung, dass weniger durchaus besser gewesen wäre. Da stimme ich Ihnen zu. Um das Ergebnis jedoch noch exakt anpassen zu können, ist es sinnvoll, zunächst etwas mehr zu machen als nötig. Auf dem dunklen Hintergrund der Photoshop-Oberfläche kann man das Resultat nämlich viel besser beurteilen als im Filter-Dialog. Außerdem lässt sich die DECKKRAFT der obersten Ebene ja noch reduzieren. Gehen Sie auf 50 % herunter. Jetzt wissen Sie, warum das Ebenenduplikat so wichtig gewesen ist. »Porträt-Teil3.tif« zeigt noch einmal das Endergebnis.

Weitere Effekte

Die Filtergalerie erlaubt grundsätzlich die Kombination von mehreren Effekten. So ließe sich ein weiterer hinzufügen, indem Sie zunächst auf das Blatt-Symbol ❽ klicken. Wollen Sie den Effekt durch einen anderen ersetzen, wählen Sie ihn stattdessen einfach neu aus.

▼ **Abbildung 7.42**
Das Original (links) und die fertige Bearbeitung

Rote Augen korrigieren

Photoshop bringt auch ein so genanntes Rote-Augen-Werkzeug mit. Der Name legt den Verdacht nahe, dass man damit wunderschöne rote Augen erzeugen könnte. Das wäre aber recht albern, oder was meinen Sie? Für rote Augen sorgt nämlich der Kamerablitz – und zwar bereits zur Entstehungszeit des Fotos. Das Blitzlicht wird dabei von der Netzhaut reflektiert. Genau dieser Effekt kann aber korrigiert werden.

Schritt für Schritt
Rote-Augen-Effekt korrigieren

Bilder/Augen.tif

Das Rote-Augen-Werkzeug ist so einfach und intuitiv anzuwenden, dass es nur weniger Erklärungen bedarf. Aber zunächst sollten Sie das Beispielfoto ansehen. Solche Augen sind doch eher etwas für einen Vampir-Thriller – aber nicht fürs Fotoalbum, oder?

© Marina Dyakova – fotolia.com

▲ **Abbildung 7.43**
Der Rote-Augen-Effekt soll entfernt werden.

1 **Pupillengröße einstellen**

Aktivieren Sie zunächst das Rote-Augen-Werkzeug J. In der Optionsleiste finden Sie nur zwei Steuerelemente. Mit der PUPILLENGRÖSSE legen Sie – wer hätte das gedacht – die Größe der Pupille fest. Hier ist natürlich ein Schätzwert gefragt. Da die Iris hier ebenfalls geröret ist, müssen Sie diese in die Schätzung miteinbeziehen. Das Werkzeug wird jedoch in den allermeisten Fällen ein zufriedenstellendes Ergebnis liefern – auch wenn Sie diesen Wert nicht verändern. Justieren Sie erst nach, wenn das Ergebnis nicht Ihren Wünschen entspricht.

2 **Verdunklungsbetrag einstellen**

Der VERDUNKLUNGSBETRAG spielt hier schon eine wesentlich größere Rolle. Anstelle des Rotbereichs wird nach Anwendung des Tools nämlich ein neutrales Grau verwendet. Wie dunkel dieses Grau interpretiert wird, legen Sie über dieses Steuerelement fest. Ein Wert von 1 % liefert ein sehr helles Grau, während 100 % für Dunkelgrau sorgt.

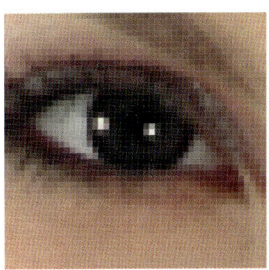 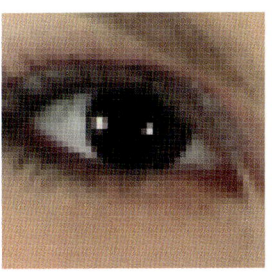

◄ **Abbildung 7.44**
Unterschiedliche Verdunklungsbeträge (links 1 %, rechts 100 %)

3   Werkzeug anwenden

Die Verwendung des Tools ist nun wirklich ganz einfach. Klicken Sie auf jede der rot gefärbten Bereiche, und der Rote-Augen-Effekt ist Geschichte.

Funktionsweise

Möchten Sie wissen, nach welchem Muster das Tool arbeitet? Dann klicken Sie doch einfach einmal auf den roten Schal.

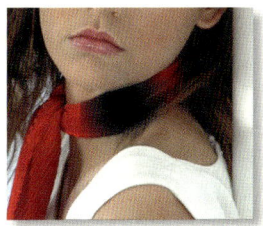

▲ **Abbildung 7.45**
Rote Bereiche im Foto werden kreisrund entfärbt.

◄ **Abbildung 7.46**
Das Ergebnis heißt »Augen-bearbeitet.tif«.

7.3   Bildstörungen reduzieren

Im vorletzten Workshops haben Sie es bereits mit Störungen zu tun bekommen. Innerhalb des Verzerren-Filters WEICHES LICHT waren Sie imstande, eine Körnung hinzuzufügen. Dieses Stilmittel ist weit verbreitet. In den meisten Fällen will man die Störungen jedoch eher nicht sehen. Denn glatte, saubere Flächen zeugen von guter Qualität und ordentlicher Lichtführung. Deswegen erfahren Sie jetzt, wie Störungen im Foto reduziert werden.

Rauschen reduzieren

Einzelne, scheinbar willkürlich angeordnete Farbpixel innerhalb einer Digitalfotografie werden als *Rauschen* bzw. *Bildrauschen* bezeichnet. Diese Störungen treten dann auf, wenn die Lichtverhältnisse schwach waren und Sie sich für eine hohe ASA-Zahl entscheiden mussten. Die Korrekturmöglichkeiten sind zwar begrenzt, jedoch lassen sich Verbesserungen meist dennoch erzielen.

Schritt für Schritt
Störungen aus Bildern entfernen

Bilder/Rauschen.tif

Störungen innerhalb eines Bildes können unterschiedliche Ursachen haben. Meist ist aber die bereits erwähnte geringe Beleuchtung dafür verantwortlich, dass Farbrauschen auftritt. Der Filter RAUSCHEN REDUZIEREN vereint hier bewährte Techniken in einem Dialog. Anhand der Beispieldatei lässt sich das gut nachvollziehen.

Abbildung 7.47 ▶
Hier kommt es zu unschönen Störungen.

© Leszek Schluter

Korrektur bei 100 %

Korrigieren Sie zu schärfende Fotos grundsätzlich bei 100 % Ansichtsgröße. Kleinere oder größere Darstellungen führen dazu, dass sich das Motiv nicht mehr zuverlässig beurteilen lässt.

1 Störungen in Augenschein nehmen

Zunächst einmal sollten Sie herauszufinden versuchen, welcher Art die vorliegenden Störungen sind. Das können Sie am besten, indem Sie das Bild auf mindestens 200 % vergrößern. Stimmen Sie mir zu, dass es sich um Farbrauschen handelt?

2 Optional: Rauschen entfernen

Gehen Sie danach zurück auf 100 % (Doppelklick auf das Zoom-Werkzeug), und wählen Sie den Eintrag RAUSCHEN ENTFERNEN über FILTER • RAUSCHFILTER. Das Rauschen ist damit ein Stück weit eliminiert worden – aber längst nicht genug. Zudem hat das Foto sehr an Schärfe verloren.

3   Rauschen reduzieren

Bei der Methode RAUSCHEN ENTFERNEN überlassen Sie es der Anwendung, wie und in welchem Umfang die Störungen entfernt werden – ohne dass Sie selbst Einfluss nehmen können. Keine durchweg geeignete Methode also. Machen Sie den letzten Schritt rückgängig (Strg/⌘+Z), und stellen Sie FILTER • RAUSCHFILTER • RAUSCHEN REDUZIEREN ein.

4   Reduktion ausschalten

Stellen Sie zunächst den Regler STÄRKE ❺ auf »0«. Er sagt aus, wie stark die Reduktion insgesamt angewendet werden soll. Wenn Sie jetzt auch noch die Regler FARBRAUSCHEN REDUZIEREN ❼ und DETAILS SCHARFZEICHNEN ❽ bis auf »0« zurückregeln, bedeutet das, dass am Bild prinzipiell keine Veränderungen vorgenommen werden. Aus dieser Position heraus lassen sich die Einstellungen jetzt besser begutachten. Dass der Regler DETAILS ERHALTEN mittlerweile vollständig verschwunden ist, sollte Sie nicht beunruhigen.

Vorschau ansehen

Über die Checkbox VOR-SCHAU ❶ haben Sie die Möglichkeit, das Ergebnis Ihrer Korrektur gleich im Originalbild anzeigen zu lassen. Durch mehrmaliges Ein- und Ausschalten können die Änderungen sehr gut beurteilt werden.

◀ **Abbildung 7.48**
Diese Parameter verhelfen dem Foto zur Störungs-reduktion.

5   Details erhalten

Stellen Sie jetzt die STÄRKE (also die Intensität der Rauschentfernung) auf »8«. Je höher Sie danach DETAILS ERHALTEN ❻ einstellen, desto geringer fällt die Weichzeichnung aus. Leider werden dann aber auch die Störungen nicht so brillant reduziert. 30 % sollten bei diesem Foto für einen guten Kompromiss zwischen Reduktion und Restschärfe sorgen.

6   Farbstörung reduzieren

Die eigentliche Intensität der Reduktion regeln Sie jetzt über FARBRAUSCHEN REDUZIEREN. Das Bild hat eine erhebliche Aufwertung nötig, weshalb hier ein Wert von bis zu 90 % eingestellt werden sollte.

7   Details scharfzeichnen

Zuletzt sorgen Sie noch dafür, dass die Details im Bild nicht zu schwammig werden, indem Sie diese mit DETAILS SCHARFZEICHNEN etwas klarer konturieren. Legen Sie hier etwa 35 % fest.

8   JPEG-Artefakt entfernen

Bei der JPEG-Kompression von Bildern kommt es häufig zu so genannten Artefakten. Diese unschönen, schwammigen Pixelanordnungen können generell durch das Aktivieren der Checkbox ❾ kompensiert werden. Im Bildbeispiel wollen wir jedoch darauf verzichten, da derartige Beeinträchtigungen in unserem Beispiel nicht auszumachen sind.

9   Optional: Einstellungen speichern

Über den kleinen SPEICHERN-Button ❹ lassen sich die aktuellen Einstellungen für künftige Anwendungen sichern. Vergeben Sie im folgenden Dialogfeld einen aussagekräftigen Namen, und bestätigen Sie mit OK.

Abbildung 7.49 ▶
Die Einstellungen lassen sich
auch speichern.

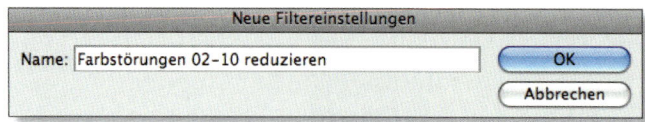

Im Flyout-Menü EINSTELLUNGEN ❸ wird der Eintrag fortan gelistet und kann durch Selektion schnell auf andere Bilder übertragen werden.

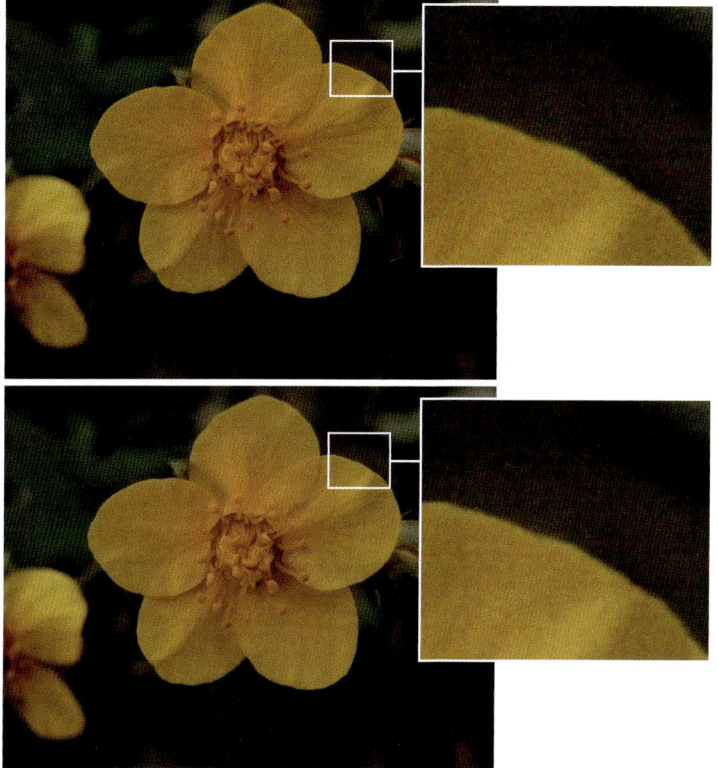

◄ **Abbildung 7.50**
Die Störungen auf den glatten Flächen sind weitgehend verschwunden.

Rauschen kanalweise reduzieren

Wenn Sie im Dialog RAUSCHEN REDUZIEREN einmal den Radiobutton ERWEITERT ❷ betätigen (siehe Abbildung 7.48), erscheinen oberhalb der Schieberegler zwei Registerkarten. Die erste Registerkarte (GESAMT) zeigt das Dialogfeld so, wie Sie es im vorangegangenen Workshop vorgefunden haben. Wenn Sie aber jetzt PRO KANAL anklicken, haben Sie Gelegenheit, die einzelnen Farbkanäle (Rot, Grün und Blau) separiert voneinander zu bearbeiten.

Klicken Sie dazu im Pulldown-Menü KANAL auf den Bereich, in dem Sie die meisten Störungen vermuten (im Bildbeispiel Rot), und regeln Sie anschließend STÄRKE und DETAILS ERHALTEN nach Wunsch. Die Einstellungen wirken sich jetzt ausschließlich auf den

selektierten Farbkanal aus. Stellen Sie doch die Maus anschließend einmal auf die Graustufen-Miniatur, und verschieben Sie
diese leicht mit gehaltener Maustaste. Dann sehen Sie (so lange,
wie Sie die Maustaste festhalten), wie umfangreich die Störungen
in diesem Kanal tatsächlich waren.

Abbildung 7.51 ▶
Der Rot-Kanal wird noch einmal zusätzlich entstört.

7.4 Schärfen und weichzeichnen

Die vielleicht beste Methode zur Schärfung ergibt sich durch das
so genannte Hochpass-Schärfen. Es eignet sich prinzipiell für jedes
Motiv, entfaltet aber so richtig beeindruckende Leistungen, wenn
sich das Foto durch viele Konturen auszeichnet. Auch in der Por-
trät-Bearbeitung ist es sehr beliebt (für Haare, Augenbrauen und
Wimpern).

Schritt für Schritt
Kanten schärfen

Bilder/Portal.jpg

Auf den ersten Blick werden Sie mit der Beispieldatei ganz zufrieden sein. Ich behaupte aber, dass da noch viel mehr geht. Nicht

nur die gusseisernen Verzierungen lassen sich in der Schärfe optimieren, sondern auch das Mauerwerk und die Statue.

1 Ebene duplizieren

Bevor Sie weitermachen, stellen Sie das Foto in 100 % Größe dar. Anschließend duplizieren Sie die Ebene.

2 Filter hinzufügen

Entscheiden Sie sich jetzt für FILTER • SONSTIGE FILTER • HOCHPASS. Ziehen Sie den Schieberegler anschließend ganz nach links. Dadurch mutiert das schöne Foto zu einer einzigen grauen Fläche.

3 Filter einstellen

Das macht aber nichts, denn wenn Sie den Regler vorsichtig nach rechts bewegen, werden Sie feststellen, dass sich langsam wieder Strukturen im Bild zeigen. Stoppen Sie, wenn Sie sich etwa bei 0,8 befinden. Das ist der Punkt, an dem die Konturen klar erkennbar sind, ohne dass Farben sichtbar werden. Das sollten Sie grundsätzlich beherzigen. Sobald die ersten Farben auftauchen, gehen Sie wieder etwas zurück. Bedienen Sie die OK-Schaltfläche.

▲ **Abbildung 7.52**
Dieses Foto soll geschärft werden.

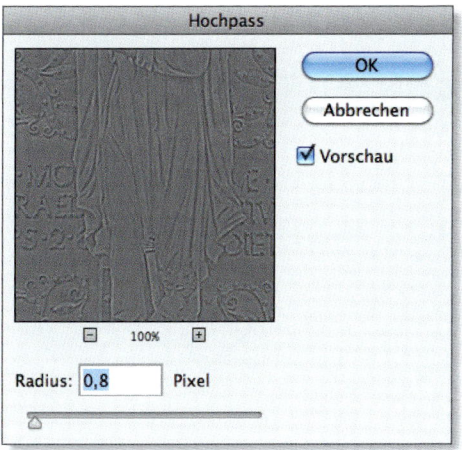

◀ **Abbildung 7.53**
Die Konturen lassen sich erkennen, ohne dass Farbe sichtbar wird.

4 Füllmethode ändern

Zuletzt stellen Sie die Füllmethode der obersten Ebene auf INEINANDERKOPIEREN. Den Vorher-nachher-Vergleich gibt's durch kurzzeitiges Ausschalten der obersten Ebene.

5 Optional: Manuell korrigieren

Falls Ihnen die Schärfung einmal zu stark sein sollte, dürfen Sie gerne die Deckkraft der oberen Ebene reduzieren. Wer hingegen mehr möchte, kann die oberste Ebene noch einmal duplizieren. Das verstärkt die Schärfung drastisch.

Falls Sie nur einzelne Stellen des Bildes schärfer abbilden worden, aktivieren Sie das Scharfzeichner-Werkzeug und wischen an der relevanten Stelle vorsichtig über das Foto. Achten Sie darauf, dass die oberste Ebene dabei aktiv ist.

Wo ist der Scharfzeichner?

Leider gibt es weder für ihn noch für seine Mitstreiter in der Gruppe (Weichzeichner und Wischfinger) Tastaturkürzel. Das Werkzeug befindet sich jedoch direkt über dem Abwedler und Nachbelichter (bei zweizeiliger Toolbox links daneben).

Abbildung 7.54 ▶
Werfen Sie einen Blick auf die Ausschnitte rechts. Die Schärfung (oben) im Vergleich zum Original (unten) ist deutlich.

Unscharf maskieren

Den Scharfzeichnungsfilter Unscharf maskieren finden Sie, wenn Sie über Filter • Scharfzeichnungsfilter gehen. Dieser ist ebenfalls sehr gut zur Schärfung geeignet. Er ist zwar nicht so einsteigergerecht wie der Hochpass-Filter, dafür erlaubt er jedoch individuellere Abstimmungen.

Die drei dort angebrachten Regler haben folgende Bedeutung:
- ▶ Stärke: Umfang (Intensität) der Schärfung
- ▶ Radius: Hier wird der Bereich festgelegt, der zur Bildung der Schärfe herangezogen wird. Je größer der Wert, desto härter fällt die Schärfung aus.

▸ SCHWELLENWERT: Dieser Schieber legt fest, was überhaupt erst als Kante zur Schärfung herangezogen wird. Sind die Unterschiede bei benachbarten Pixeln eher gering, wird das eventuell gar nicht als Kante interpretiert – folglich auch nicht geschärft. Hier gilt jedoch: Je höher der Wert, desto geringer fällt die Kontrastbildung aus – und desto einheitlicher werden die ebenen Flächen.

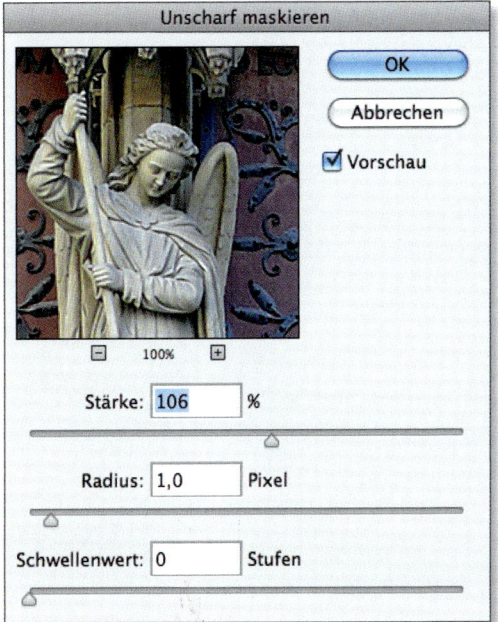

Prinzip des Schärfens

Unschärfen fallen meist nur an Konturen, also an farbigen Übergängen auf. Eine ebenmäßige Fläche mit gleichen Farbwerten lässt keine Unschärfen zu. Hier gibt es ja keine Unterschiede (also Kanten), an denen diese auszumachen wären. Deshalb »suchen« Schärfe-Filter nach diesen kontrastierenden Kanten und erhöhen dort die Farbunterschiede.

◂ **Abbildung 7.55**
Unscharf maskieren ist ein idealer Schärfe-Filter.

Weichzeichnen

Was die Weichzeichnung angeht, möchte ich gerne noch einmal auf die People-Fotografie zurückkommen, da sie dort sehr häufig zum Einsatz kommt. In Porträts weiblicher Models ist es nämlich nicht selten der Fall, dass eine extrem glatte Haut gerade nicht in Sichtweite ist. Gut, das ist Geschmacksache. Ich persönlich mag am liebsten, wenn die feinen Strukturen der Haut (z.B. die Poren) möglichst ursprünglich erhalten bleiben. Wenn der Kunde es jedoch verlangt oder wenn winzige Mondkrater das Gesicht zieren, muss eine Weichzeichnung her.

Schritt für Schritt
Haut weichzeichnen

Bilder/Weichzeichnen.jpg

Öffnen Sie das Beispielfoto »Weichzeichnen.jpg«, und begutachten Sie es. Es gibt nur wenig daran auszusetzen. Dennoch lässt sich wohl noch das eine oder andere »herauskitzeln«.

1 Haut retuschieren

Zunächst sollten Sie die Ebene duplizieren. Retuschieren Sie anschließend auffällige Pickel, Flecken und Narben mit dem Bereichsreparatur-Pinsel wie zuvor beschrieben (siehe Seite 247). Kleinere Unebenheiten lassen Sie einfach zurück.

▲ **Abbildung 7.56**
Noch einmal wird die Bearbeitung von Model-Fotos thematisiert.

2 Schatten aufhellen

Im nächsten Schritt sind die Schattierungen und Fältchen unter den Augen dran. Dazu aktivieren Sie den Kopierstempel bei einer GRÖSSE von rund 45 Px. Den MODUS stellen Sie auf AUFHELLEN und die DECKKRAFT auf maximal 15 %.

Beginnen Sie mit dem bildrechten Auge. Nehmen Sie Pixel aus einem besonders hellen Bereich der Haut auf (z. B. Wange), und reproduzieren Sie diese durch mehrfaches Hin- und Herwischen unter dem Auge. Sie werden sehen, wie sich die Schattierungen langsam verringern. Bevor Sie das bildlinke Auge korrigieren, nehmen Sie noch einmal neue Pixel auf – und zwar ebenfalls von der bildrechten Wange, da dort die Haut etwas heller ist.

Modus: Aufhellen

Der Modus AUFHELLEN eignet sich (bei geringer Deckkraft) besonders zur Retusche dunkler Hautpartien. Beim Aufhellen werden nämlich nur Pixel erhellt, die dunkler sind als die aufgenommenen. Die helleren bleiben erhalten.

Abbildung 7.57 ▶
Damit ist die Vorarbeit abgeschlossen.

3 Filter hinzufügen

Kommen wir nun zur eigentlichen Korrektur. Versierte Bildbe-
arbeiter verwenden hier die unterschiedlichsten Methoden. Ich
möchte Ihnen gerne die intuitivste und zugleich am besten anzuwenden vorstellen. Dazu duplizieren Sie die oberste Ebene
zunächst und wählen dann FILTER • WEICHZEICHNUNGSFILTER •
GAUSSSCHER WEICHZEICHNER.

4 Filter einstellen

Ziehen Sie den Regler zunächst ganz nach links (0,1), und gehen
Sie danach wieder vorsichtig nach rechts. Beobachten Sie nur die
Haut. Wenn Sie der Meinung sind, dass diese glatt genug ist, stop-
pen Sie. Was halten Sie von 1,0? Bestätigen Sie mit OK.

**Es geht nur um
die Haut!**

Bei der Beurteilung soll-
ten Sie ausschließlich die
Haut in Betracht ziehen.
Dass dadurch auch die
Augen, Haare, Lippen
usw. unscharf werden,
spielt keine Rolle. Das
korrigieren Sie später.

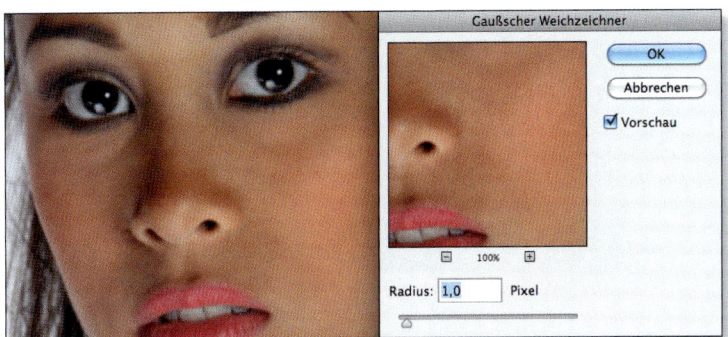

◄ **Abbildung 7.58**
Bei diesem Weichzeichnungs-
radius passt die Korrektur.

5 Ebenenmaske hinzufügen

Da nun alle Bereiche unscharf sind, bedarf es einer Maskierung.
Klicken Sie bitte, während Sie [Alt] gedrückt halten, auf den
Button EBENENMASKE HINZUFÜGEN in der Fußleiste des Ebenen-
Bedienfelds. Das hat zur Folge, dass Sie nicht wie üblich eine
weiße, sondern eine schwarze Maske erzeugen. Dadurch wird die
komplette obere Ebene unsichtbar.

6 Ebene maskieren

Zuletzt stellen Sie einen weichen Pinsel ein (70 Px, MODUS: NOR-
MAL, DECKKRAFT: 100%, weiße Vordergrundfarbe) und malen
damit vorsichtig über die Hautbereiche, die einer Weichzeichnung
bedürfen. Lassen Sie Augen, Augenbrauen, Haare, Mund sowie
die Übergänge zwischen Haut und Nasenflügel jedoch aus. Ebenso
sollte der Übergang zwischen Kinn und Hals geschärft bleiben.

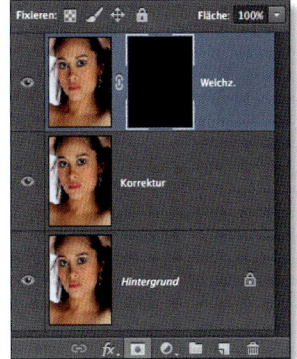

▲ **Abbildung 7.59**
Die Maske ist komplett mit
Schwarz gefüllt.

Ebenen benennen

Um die Ebenen besser zuordnen zu können, sollten diese benannt werden. Die Bezeichnungen entnehmen Sie bitte Abbildung 7.59.

Falls Sie dennoch einen der Bereiche überpinseln, korrigieren Sie das durch neuerliches Übermalen mit Schwarz. Um zwischen Augen und Augenbrauen sowie zwischen Nase und Mund zu arbeiten, verkleinern Sie die Spitze vorab. Zoomen Sie gegebenenfalls stark ein.

7 **Weichzeichung verringern**

Betrachten Sie das Ergebnis bei 100%. Sind Sie zufrieden, oder teilen Sie meine Meinung, dass die Schärfung doch ein wenig intensiv ausgefallen ist? In diesem Falle sollten Sie die DECKKRAFT der obersten Ebene reduzieren (75%).

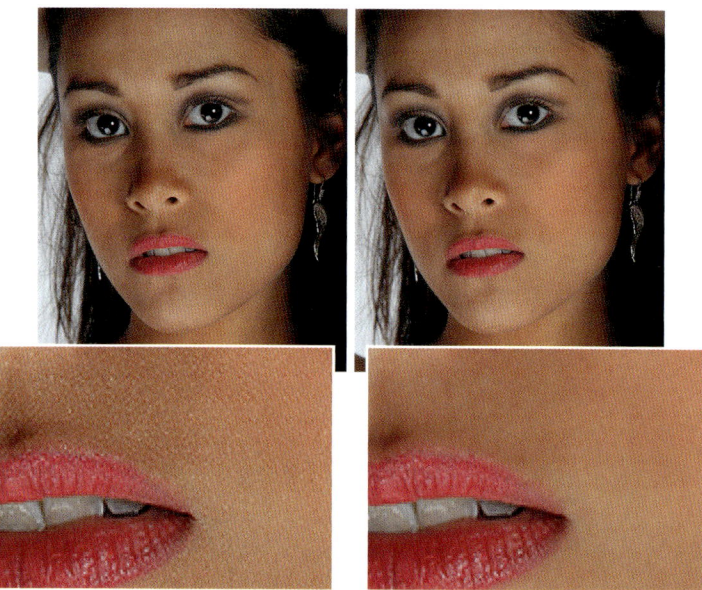

Abbildung 7.60 ▶
Das ist Babyhaut vom Allerfeinsten.

Schärfentiefe abmildern

Was das Thema Weichzeichnung betrifft, darf natürlich die Tiefenunschärfe nicht fehlen. Damit gemeint sind unterschiedliche Schärfezustände innerhalb eines Fotos. Wenn beispielsweise das gewünschte Objekt gestochen scharf abgebildet wird, der Hintergrund hingegen sehr unscharf ist, spricht man von einer hohen Tiefenunschärfe bzw. einer geringen Schärfentiefe (beide Begriffe sind gebräuchlich).

So etwas wird normalerweise schon während der Aufnahme berücksichtigt. Der Fotograf verwendet beispielsweise eine große Blendenöffnung, um geringere Schärfentiefen zu erreichen. Wer sich jedoch beim Ablichten auf seine Automatik verlässt, wird häufig eine zu hohe Schärfentiefe erreichen. Es ist zwar prinzipiell schön, wenn Fotos knackig scharf sind, aber oft hebt sich das Objekt der Begierde dadurch nicht in ausreichendem Maße vom Hintergrund ab. Aber was soll's? Sie haben ja Photoshop.

Schritt für Schritt
Schärfentiefe einstellen

Photoshop CS6 kommt mit insgesamt drei neuen Weichzeichnungsfiltern daher, wobei sich diese Übung nur mit einem davon befasst. Infos zu den beiden anderen finden Sie im Anschluss.

Bilder/Oldtimer.jpg

1 Foto begutachten
Zunächst einmal sollten Sie einen Blick auf das Ausgangsfoto werfen. Zentraler Mittelpunkt sollte eigentlich der Oldtimer sein. Bedingt durch die wenig differenzierten Farben und die Tatsache, dass eine hohe Schärfentiefe vorliegt, geht diese Wirkung jedoch weitgehend verloren.

© Carola Langer – pixelio.de

◄ **Abbildung 7.61**
So richtig kann sich das Fahrzeug nicht vom Hintergrund abheben.

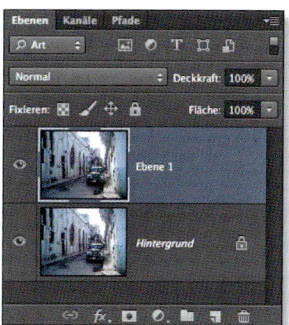

▲ **Abbildung 7.62**
Wie so oft, beginnt alles mit einem Ebenenduplikat.

2 Ebene duplizieren
Damit sich später die Möglichkeit eines Vorher-nachher-Vergleichs ergibt, sollten Sie zunächst die Ebene duplizieren (Strg/⌘+J). Außerdem erhalten Sie so anschließend eine zusätzliche Korrekturmöglichkeit. Und das ist noch viel wichtiger.

Abbildung 7.63 ▼
Ob der User damit zum
gewünschten Ergebnis
kommt?

3 Filter öffnen

Wir entscheiden uns im konkreten Fall für die Iris-Weichzeich-nung, die Sie unter Filter • Weichzeichnungsfilter finden. Der erste Eindruck ist ziemlich befremdlich, oder? Eine Ellipse, viele Punkte und ein einziger Schieberegler auf der rechten Seite.

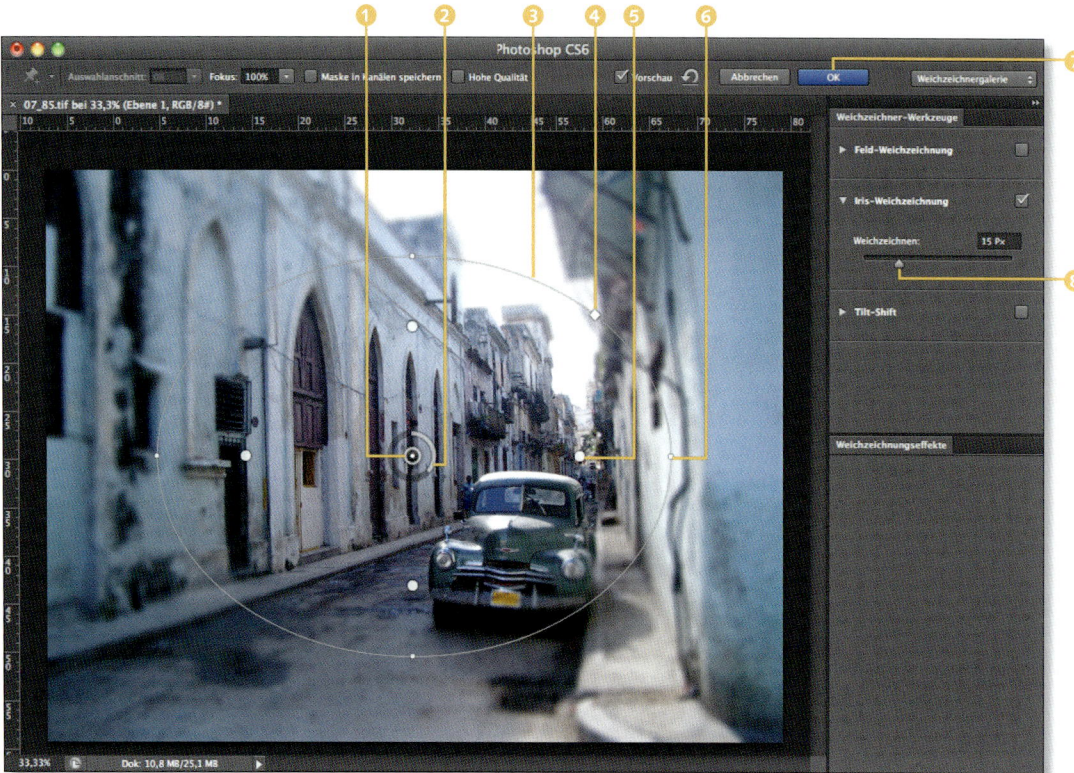

4 Mittelpunkt und Intensität einstellen

Der erste Schritt sollte darin bestehen, den Mittelpunkt ❶ anzu-klicken und diesen mit gedrückter Maustaste mitten auf dem Fahrzeug zu platzieren. Mit dem kleinen Kreis, der sich um den Mittelpunkt schlängelt ❷ kann nun die Intensität der Weichzeich-nung verstellt werden. Dazu klicken Sie schlicht auf den hellgrauen Balken und verziehen diesen.

In der kleinen Overlay-Info wird der Grad der Weichzeichnung angezeigt. Gehen Sie hier zunächst auf etwa 44, um die Weich-zeichnung deutlicher zu sehen. Der Wert wird später noch nach unten korrigiert.

▲ Abbildung 7.64
Je mehr der Kreis geschlossen wird, desto intensiver fällt die
Weichzeichnung aus.

**Keine Smartobjekt-
Ebene möglich**

Im Zusammenhang mit
Korrekturen bietet es sich
ja oftmals an, die Ebene
vorab in ein Smartobjekt
zu konvertieren. Leider
lassen sich aber die hier
benutzten Weichzeich-
nungsfilter nur auf eine
reguläre Ebene anwen-
den. Daher scheidet diese
Lösung aus.

5   Radien einstellen

Nun klicken Sie irgendwo auf den Kreis ❸ (bitte nicht auf einen
Punkt oder ein Quadrat klicken) und ziehen diesen in Richtung
Pkw. Dadurch wird der Weichzeichnungsbereich vergrößert,
sprich: näher an das Auto herangeführt.

Zuletzt betätigen Sie einen der großen inneren Punkte ❺ und
ziehen ihn ebenfalls etwas näher an das Fahrzeug heran. Hiermit
wird der Übergangsbereich zwischen Schärfe und Weichzeichnung definiert.

Radien drehen

Bei schräg angeordneten
Objekten kann es erfor-
derlich werden, die Ellipse zu verdrehen. Dazu
setzen Sie einen Maus-
klick auf die kleinen
Punkte ❻ und ziehen
diese in die gewünschte
Richtung.

◄ Abbildung 7.65
Die Weichzeichnung wird
immer präziser.

6 Form einstellen

Markieren Sie nun das kleine Quadrat ❹, und ziehen Sie es ein wenig nach außen. Dadurch lässt sich die Form der Ellipse noch verändern. Möglicherweise müssen anschließend die Radien noch einmal geringfügig nachkorrigiert werden.

Zuletzt muss die Intensität der Weichzeichnung noch reduziert werden. Das gelingt ja, wie Sie wissen, mithilfe des Rades ❷. Alternativ benutzen Sie den Schieberegler ❽. Bei etwa 11 Pixel sollte die Weichzeichnung zunächst in Ordnung sein. Bestätigen Sie mit OK ❼.

Abbildung 7.66 ▼
Fertig ist die Tiefenunschärfe.

7 Deckkraft senken

Wie üblich, kann man bei der Intensität der Deckkraft lieber etwas mehr als zu wenig machen, so wie auch im letzten Schritt. Mir persönlich gefällt die Weichzeichnung am besten, wenn die Deckkraft der obersten Ebene jetzt noch auf rund 65 % gesenkt wird.

8 Weichzeichnung punktuell nachbearbeiten

Das Einzige, was mir derzeit noch nicht so recht zusagt, ist der Bordstein direkt rechts neben dem Fahrzeug. Dieser ist nämlich noch sehr scharf. Das ist zwar fotorealistisch, da der Bordstein immerhin den gleichen Abstand zur Kamera hat wie das Fahrzeug, fällt hier jedoch leider sehr stark ins Auge. Aktivieren Sie daher das Weichzeichner-Werkzeug (gleich unterhalb des Verlaufs), und wischen Sie mehrmals mit einer großen weichen Pinselspitze (150 Px) darüber.

◄ **Abbildung 7.67**
Hier kann manuell noch etwas verbessert werden.

9 Arbeiten beenden

Nun ließe sich das Ergebnis noch weiter optimieren. Dort, wo der Weichzeichner nicht stark genug ist, arbeiten Sie mit dem Weichzeichner-Werkzeug nach. Sollte hingegen irgendwo etwas zu viel gemacht worden sein, ließe sich die obere Ebene immerhin noch maskieren.

▼ **Abbildung 7.68**
Der Schärfefokus liegt jetzt ganz klar auf dem Oldtimer.

Die neuen Weichzeichner

Es lassen sich an jeder gewünschten Bildposition zusätzliche Schärferegionen hinzufügen. Dabei mutiert der Mauszeiger zum Pin.

Die Iris-Weichzeichnung ist immer dann zu empfehlen, wenn Sie es mit einem einzelnen Objekt zu tun haben. Immerhin lässt sich durch die Platzierung des Kreises bzw. der Ellipse eine Unschärfe zu allen Seiten hin erreichen.

Sollte hingegen ein komplettes Foto unscharf gemacht werden, bietet sich die *Feld-Weichzeichnung* an. Hier gibt es nämlich nur den Mittelpunkt sowie den Kreis, der die Intensität der Weichzeichnung regelt.

Für alle anderen Arten von Weichzeichnung, insbesondere wenn sich die gewünschten Schärfebereiche horizontal, diagonal oder vertikal über das gesamte Bild ziehen (z. B. bei Straßenzügen), ist *Tilt-Shift* die erste Wahl. Hier funktionieren die Steuerelemente genauso wie zuvor beschrieben, wobei die inneren Punkte durch durchgezogene Linien ersetzt werden. Der äußere Schärfebereich wird zudem nicht über die Ellipse, sondern über eine gestrichelte Linie festgelegt.

Abbildung 7.69 ▼
Beim dritten Filter werden Linien angeboten.

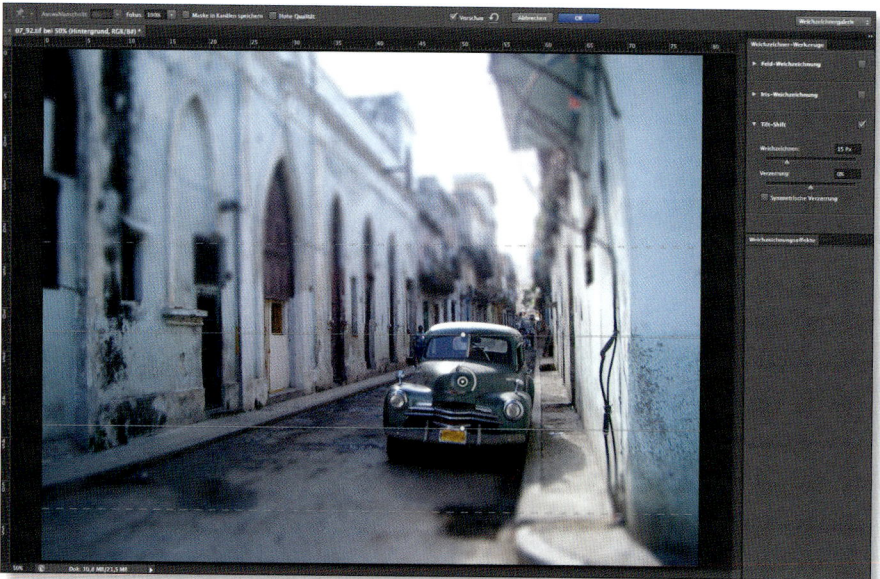

Noch ein Tipp zum Schluss: Bedenken Sie, dass sich die unterschiedlichen Weichzeichner auch mischen lassen. Beachten Sie die entsprechenden Checkboxen auf der rechten Seite, die zusätzlich zum derzeit verwendeten Filter hinzugefügt werden können.

Montage

Fotos sprichwörtlich in Form bringen

8

- ▶ Wie wird die Perspektive korrigiert?
- ▶ Wie kann ich ein Bild verzerren?
- ▶ Was ist eine Objektivkorrektur?
- ▶ Was ist eine adaptive Weitwinkelkorrektur?
- ▶ Wie wird ein Objekt verformt?
- ▶ Wie können Ebenen automatisch ausgerichtet werden?
- ▶ Wie wird ein Panorama erzeugt?

8 Montage

Kompanie! ... Richt' euch! ... So leicht geht es, wenn der Haupt-feldwebel der Bundeswehr das Bedürfnis verspürt, die gesamte Kompanie in null Komma nichts in eine geometrisch perfekte Auf-stellung zu bringen. Aber Schreien bringt ja bekanntlich nichts; deshalb sollten Sie zur Verzerrung, Verformung und Montage Ihrer Fotos lieber auf die zahlreichen Anwendungstools zurück-greifen, die für jedes Pixelproblem eine adäquate Lösung bieten.

8.1 Verzerren

Weitere Verzerrungsfilter

Zu den Verzerrungsfil-tern gehören auch GLAS, OZEANWELLEN und WEI-CHES LICHT. (Letzteren haben Sie ja bereits auf Seite 254 benutzt.) Diese sind im Filter-Menü je-doch nicht präsent. Um sie dennoch aktivieren zu können, müssen Sie über die FILTERGALERIE (Menü: FILTER) gehen.

Im Bereich Verzerrung (FILTER • VERZERRUNGSFILTER) bietet Pho-toshop eine Menge interessanter Tools an. Da diese aber meist eher zur Verfremdung dienen, müssen zur Korrektur andere Wege beschritten werden.

Perspektive korrigieren

Ein markanter Schwachpunkt bei der Fotografie von Gebäuden ist die Perspektive. Was das menschliche Auge gar nicht mehr bewusst registriert, wird von der Kamera gnadenlos dargestellt. Gemeint sind so genannte »stürzende Kanten«, bei denen die Bauwerke zu kippen drohen.

Schritt für Schritt
Gebäude zurechtrücken

Bilder/Perspektive.jpg

Die Datei »Perspektive.jpg« zeigt ganz eindeutig, was mit stürzen-den Kanten gemeint ist. In der Nähe der Kamera Befindliches ist groß und weiter Entferntes logischerweise kleiner. So auch hier. Von unten nach oben geknipst, weisen die Gebäude klare Haltungsschäden auf. Sie sind extrem zur Bildmitte hin verzerrt. Diese Schwachstellen lassen sich aber korrigieren.

© Katharina Wieland Müller – pixelio.de

◄ **Abbildung 8.1**
Wie sieht das denn aus? Da kippt gleich die gesamte Häuserfront.

1   Lineale einschalten

Im ersten Schritt geht es darum, Hilfslinien hinzuzufügen, die die spätere Beurteilung der Ausrichtung erleichtern. Da diese sich während der Ausrichtung jedoch nicht zuweisen lassen, müssen Sie sie bereits jetzt hinzufügen. Solche Hilfslinien werden übrigens nicht Bestandteil des Fotos, sondern dienen lediglich zur Ansicht. – Zunächst benötigen Sie oberhalb und links des Fotos Lineale. Sie aktivieren diese mit ⌨Strg/⌘+⌨R oder über ANSICHT • LINEALE.

Warum kein Raster?

Anstelle von Hilfslinien könnten Sie auch ein Raster hinzufügen (ANSICHT • EINBLENDEN • RASTER). Jedoch ist dies meist sehr engmaschig und würde das Foto somit relativ stark verdecken. Man kann das Raster zwar in den Voreinstellungen definieren (BEARBEITEN/ PHOTOSHOP • VOREINSTEL- LUNGEN • HILFSLINIEN, RASTER UND SLICES), doch das ist in diesem Fall viel zu viel Aufwand.

◄ **Abbildung 8.2**
Oben und links des Fotos zeigen sich Lineale.

Nullpunkt ändern

Bitte klicken Sie *nicht* oben links auf das kleine Quadrat ❶, das das horizontale und vertikale Lineal voneinander trennt. Damit lässt sich nämlich ein neuer Nullpunkt festlegen, der standardmäßig in der oberen linken Ecke des Bildes zu finden ist.

Abbildung 8.3 ▶
Um die Position der Hilfslinien besser beurteilen zu können, haben wir den Hintergrund hier ein wenig schwächer dargestellt. Das kommt im Workshop jedoch nicht zum Tragen.

▲ **Abbildung 8.4**
Der Hintergrund muss vorab in eine Ebene konvertiert werden.

2 Hilfslinien hinzufügen

Um nun eine vertikale Hilfslinie hinzuzufügen, klicken Sie irgendwo auf das linke Lineal und ziehen mit gedrückter Maustaste ins Bild hinein. Lassen Sie los, wenn Sie sich über dem Obelisken befinden. Die zweite Linie positionieren Sie kurz vor dem Ende der linken Häuserreihe.

3 Hintergrund umwandeln

Die Bilddatei besteht nur aus einem Hintergrund, wie das Ebenen-Bedienfeld zeigt. Hintergründe können aber nicht verzerrt werden, so dass Sie diesen zunächst in eine Ebene umwandeln müssen. Machen Sie das doch diesmal per Rechtsklick auf die Ebene im Ebenen-Bedienfeld, gefolgt von Ebene aus Hintergrund, und bestätigen Sie mit OK. (Für Menü-Fans: Ebene • Neu • Ebene aus Hintergrund.)

4 Arbeitsumgebung vorbereiten

Sie müssen jetzt dafür sorgen, dass sich um die Arbeitsfläche herum noch ausreichend viel Montagerahmen befindet. Das geht so: Lassen Sie das gesamte Foto anzeigen (Strg/⌘ + 0). Danach wird zweimal F auf der Tastatur betätigt. Alternativ dazu schalten Sie im untersten Steuerelement der Werkzeugleiste auf Vollbildmodus gefolgt von Vollbildmodus.

5 Transformationsart wählen

Da jetzt weder Werkzeuge noch Menüleiste sichtbar sind, geht es nur noch mit Tastaturkürzeln weiter. Dennoch sollen die Befehle nicht unerwähnt bleiben, die bei normal eingestellter Oberfläche in Anwendung gebracht würden. Sie stehen daher in Klammern hinter dem Befehl.

Drücken Sie ⟨Strg⟩/⟨⌘⟩+⟨T⟩ (BEARBEITEN • TRANSFORMIEREN), was die Anzeige eines Transformationsrahmens um das Foto zur Folge hat. Danach klicken Sie mit rechts auf das Bild und entscheiden sich für die Option PERSPEKTIVISCH (BEARBEITEN • TRANSFORMIEREN • PERSPEKTIVISCH).

6 Erste Verzerrung ausführen

Mit dieser Transformationsart werden im Gegensatz zur Transformationsart VERZERREN beide gegenüberliegenden Seiten in einem Arbeitsgang bewegt. Wenn der Auswahlrahmen sichtbar geworden ist, greifen Sie den oberen linken Anfasser des Rahmens und ziehen ihn so weit nach außen, bis Sie mit der Fassade links zufrieden sind. Hierbei unterstützt Sie ja die linke Hilfslinie.

Werkzeuge wieder einblenden

Falls Sie auf die Werkzeuge zurückgreifen müssten, könnten Sie ⟨🔲⟩ betätigen. Ein erneuter Druck auf diese Taste würde die Tools wieder ausblenden.

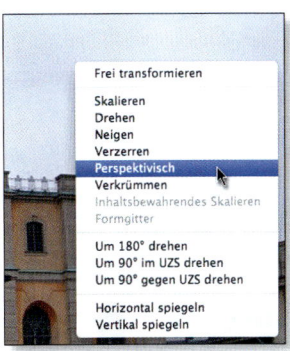

▲ **Abbildung 8.5**
Die benötigten Werkzeuge werden direkt auf dem Foto ausgewählt.

◀ **Abbildung 8.6**
Glück gehabt! Die Fassade links konnte wieder aufgerichtet werden.

7 Einseitig verzerren

Auf der rechten Seite müssen Sie noch ein wenig mehr machen als links. Da Sie aber derzeit nur beide Seiten gleichzeitig ziehen können, ist ein weiterer Werkzeugwechsel erforderlich. Klicken Sie abermals mit rechts auf das Foto, und entscheiden Sie sich für VERZERREN. Danach ziehen Sie die obere rechte Ecke noch mini-

Verzerrung verwerfen

Sie sind nicht zufrieden mit dem Ergebnis und möchten lieber noch einmal von vorne beginnen? Dann drücken Sie [Esc]. Die aktuelle Verzerrung wird in diesem Fall verworfen, und Sie können es noch einmal versuchen.

mal weiter nach rechts. (Da die Fassade links sich damit ebenfalls ein wenig neigt, müssen Sie oben links eventuell noch einmal nachkorrigieren.)

8 Verzerrung abschließen

Nun ist das Foto insgesamt gewaltig gestaucht worden. Sie sehen das gut an der Turmuhr, die mittlerweile zum Oval mutiert ist. Aus diesem Grund müssen Sie den mittleren Anfasser ganz oben noch hochziehen – und zwar beträchtlich. Stoppen Sie erst, wenn das Zifferblatt wieder schön rund ist. Dass dadurch sogar die Spitze des Obelisken verloren geht, sollte Sie aktuell nicht stören. Wenn Sie zufrieden sind, schließen Sie die Aktion mit [↵] endgültig ab.

▲ **Abbildung 8.7**
Bei dieser Aktion wird das Bild vertikal gestreckt.

9 Optional: Ausrichtung einseitig begrenzen

Wenn Sie einzelne Anfasser-Quadrate senkrecht verziehen, ergibt sich möglicherweise auch eine Änderung in der Waagerechten. Möchten Sie dies unterbinden, müssen Sie während des Verzerrens [⇧] drücken. So lassen sich die Bilder nur in eine Richtung ziehen.

10   Ansicht wiederherstellen

Klarer Fall – Sie wollen künftig nicht gänzlich auf Werkzeuge und Menüs verzichten, oder? Betätigen Sie daher noch einmal $\boxed{\text{F}}$. ($\boxed{\text{Esc}}$ geht übrigens auch.) Dann ist alles wieder wie vorher. Verkleinern Sie die Ansicht, damit Sie wieder das gesamte Foto sehen können.

11   Arbeitsfläche erweitern

Durch die Verzerrung sind viele Details am Bildrand verloren gegangen. Unser letzter Schritt ist daher das Erweitern der Arbeitsfläche. Sie wissen ja, dass auch der außerhalb des Bildes liegende Bereich nicht verloren ist. Machen Sie ihn über BILD • ALLES EINBLENDEN komplett sichtbar.

◄ **Abbildung 8.8**
Da ist ja der Rest des Bildes.

12   Bild freistellen

Der Rest wäre eine normale Freistellung ($\boxed{\text{C}}$), die ja mittlerweile Routine sein dürfte. Versuchen Sie auf diese Weise, die überflüssigen Ränder zu entfernen. Aus ästhetischen Gründen wäre es zudem interessant, wenn Sie den Rest des Daches auf der rechten Seite sowie ein Stück des Himmels ebenfalls abschneiden würden. Die Hilfslinien werden Sie los, indem Sie ANSICHT • HILFSLINIEN LÖSCHEN einstellen. Wer auch die Lineale anschließend nicht mehr haben möchte, betätigt abermals $\boxed{\text{Strg}}$/$\boxed{\text{⌘}}$+$\boxed{\text{R}}$.

▲ **Abbildung 8.9**
Alles wieder im Lot.

Objektivkorrektur

Die Objektivkorrektur ist zwar nicht neu, jedoch um einige sehr intuitive Funktionen erweitert worden. Sie war lange Zeit das Maß aller Dinge, wenn es darum ging, objektivbedingte Verzerrungen auszugleichen. Durch die in CS6 neu hinzugekommene *adaptive Weitwinkelkorrektur* jedoch (siehe den Abschnitt ab Seite 285) wird die Funktion der Objektivkorrektur künftig wahrscheinlich nicht mehr ganz so häufig frequentiert werden. Dennoch sollten Sie sich mit diesem Thema kurz befassen.

Schritt für Schritt
Objektivkorrektur durchführen

Bilder/Objektiv.jpg

Im ersten Teil dieses Workshops soll das Foto auf herkömmliche Art und Weise korrigiert werden. Immerhin ist es verzerrt. Linien, die eigentlich gerade sein sollten, wirken hier unnatürlich stark nach innen gebogen.

◄ Abbildung 8.10
Das Motiv wirkt fast schon surrealistisch – so stark sind die Verzerrungen.

Verzerrungen

Wenn sich die Linien nach innen verbiegen, spricht man von einer *Kissenverzerrung* (siehe Beispielfoto). Wirkt das Motiv hingegen bauchig mit nach außen gewölbten Linien, haben Sie es mit einer *Tonnenverzerrung* zu tun.

1 Korrektur-Dialog öffnen

Über ⌨Strg/⌘+⇧+R oder FILTER • OBJEKTIVKORREKTUR erreichen Sie den Dialog, der Ihnen bei der schnellen Optimierung von Objektivverzerrungen behilflich ist. Meist zeigen sich unten links im Fenster Daten zum Kamera- und Objektivmodell ①, die zur Ausrichtung erheblich beitragen würden. Das ist in unserem Beispielfoto allerdings nicht der Fall.

▼ Abbildung 8.11
Es können keine Angaben zum Kameramodell oder zum Objektiv gemacht werden.

2 Daten manuell eingeben

Nun hätten Sie die Möglichkeit, im Register AUTO-KORREKTUR
❷ sämtliche Daten nachzutragen – so Sie denn wissen, welches
Equipment benutzt worden ist. Doch das ist keine einfache Sache.
Selbst wenn Sie das Foto in der Bridge anzeigen lassen, werden Sie
keine entsprechenden Infos mehr vorfinden.

3 Benutzerdefiniert korrigieren

Sie könnten auf das Register BENUTZERDEFINIERT ❸ wechseln und
dort die Korrektur mit Hilfe der Schieberegler manuell durchführen. Noch einfacher wird es allerdings, wenn Sie mitten auf das
Bild klicken, die Maustaste gedrückt halten und die Maus ganz
vorsichtig nach links und rechts sowie nach oben und unten
bewegen. Da tut sich doch etwas. Wenn Sie mit dem Resultat
zufrieden sind, bestätigen Sie mit OK.

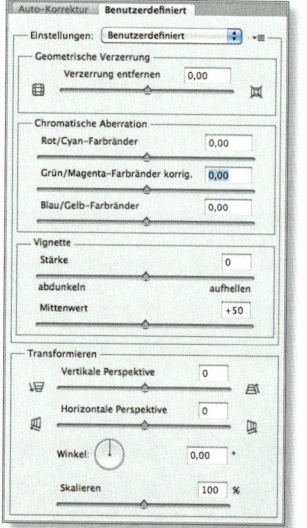

▲ **Abbildung 8.12**
Die soeben angewendete Verzerrung ließe sich auch durch
Betätigen des obersten Schie-
bereglers beseitigen.

▲ **Abbildung 8.13**
Das ging ja schnell.

Die benutzerdefinierte Objektivkorrektur bietet noch zahlreiche
Möglichkeiten, die sich zum Ausrichten des Fotos eignen. Da es
aber, wie bereits erwähnt, ein ganz neues Tool gibt, mit dem sich
sogar schwerst verzerrte Fotos wie von Geisterhand reparieren
lassen, wollen wir es dabei bewenden lassen.

Adaptive Weitwinkelkorrektur

Die Funktion ADAPTIVE WEITWINKELKORREKTUR ist ein Novum in Photoshop CS6, das Sie unbedingt kennen lernen müssen. Damit lassen sich sogar extrem verzerrte Fotos wieder in Einklang bringen. Das geht zwar leider nur durch sehr viel Verschnitt, macht aber aus verwinkelten Schnappschüssen geometrisch ansehnliche Bilddokumente.

Schritt für Schritt
Linien im Bild gerade ausrichten

Zugegeben: Sie finden hier nicht gerade eine Augenweide an Bildmaterial vor. Dennoch habe ich mich für dieses Foto entschieden, weil es starke Verzerrungen aufweist und deren Korrektur schon eine kleine Herausforderung darstellt.

Bilder/Weitwinkel.jpg

© Robert Klaßen

◄ **Abbildung 8.14**
Du liebe Zeit, was für eine grässliche Verzerrung.

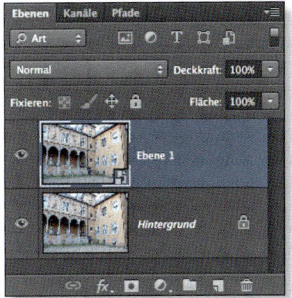

▲ **Abbildung 8.15**
Ebene 1 ist nun ein Smartobjekt.

1 Smartobjekt erzeugen

Im Gegensatz zu den in Kapitel 7 vorgestellten neuen Weichzeichnungsfiltern lassen sich bei der adaptiven Weitwinkelkorrektur Smartobjekt-Ebenen verarbeiten. Eine Smartobjekt-Ebene ist zwar nicht zwingend erforderlich, macht jedoch eine jederzeitige Korrektur möglich. Duplizieren Sie deshalb die Ebene zunächst, nachdem Sie EBENE • SMARTOBJEKTE • IN SMARTOBJEKT KONVERTIEREN angewählt haben.

2 Darstellung optimieren

Entscheiden Sie sich nun für FILTER • ADAPTIVE WEITWINKEL-
KORREKTUR bzw. $\boxed{\text{Strg}}$/$\boxed{⌘}$+$\boxed{⇧}$+$\boxed{\text{A}}$. Als Erstes schalten Sie im
Pulldown-Menü KORREKTUR um auf AUTOMATISCH **①**. Alle ande-
ren Einstellungen würden das Foto tonnenförmig verzerren. Der
Dialog skaliert das Foto automatisch auf 100 %. Das ist aber im
konkreten Fall gar nicht so günstig, da Sie das gesamte Bild nicht
einsehen können. Ziehen Sie deswegen den Slider SKALIEREN **②** so
weit nach links, bis das Foto komplett auf transparentem Hintergrund sichtbar ist.

Abbildung 8.16 ▾
Zunächst wird die Ansicht
optimiert.

3 Vertikale einzeichnen

Lassen Sie uns mit den vertikalen Linien beginnen. Setzen Sie
dazu einen Mausklick an **③**, und lassen Sie einen weiteren an **④**
folgen. Damit haben Sie zwar sichergestellt, dass diese Linie zu
einer Geraden wird, jedoch fehlt ihr noch eine besondere Eigenschaft. Sie soll nämlich eine Vertikale werden. Deswegen müssen
Sie noch mit rechts auf die Linie klicken und sich im Kontextmenü
für VERTIKAL entscheiden.

◄ **Abbildung 8.17**
Nach einem Klick auf diesen
Eintrag wird die Linie exakt
vertikal ausgerichtet.

4 Weitere Vertikalen einzeichnen

Eine Vertikale kann übrigens auch ohne Zuhilfenahme des Kon-
textmenüs erstellt werden. Dazu halten Sie so lange ⌂ gedrückt,
bis Sie den Endpunkt der Linie gesetzt haben. Praktisch, oder?
Lassen Sie auf diese Weise weitere Vertikalen folgen.

▲ **Abbildung 8.18**
Die Gebäudeecke ganz rechts wurde in
einem Arbeitsgang ins Lot gebracht.
Vertikalen sind rosa eingefärbt.

▲ **Abbildung 8.19**
Nach der Platzierung dieser sechs Senkrechten sollte die Vertikal-
Korrektur abgeschlossen sein.

5 Ausrichtung beenden

Wenn Sie eine Horizontale einzeichnen wollten, können Sie das ebenfalls mit ⌂ erledigen. Die Linie sowie der entsprechende Bereich des Fotos würden dann exakt waagerecht ausgerichtet. Das ist jedoch im konkreten Beispiel nicht zu empfehlen, da das Bauwerk dann zu sehr auf die Seite kippen würde.

Lassen Sie die ⌂-Taste daher weg, und fahren Sie die eher leicht diagonal verlaufenden Linien ab. Dabei wird zunächst eine Kurve erzeugt. Diese wird aber begradigt, sobald der Endpunkt platziert worden ist. Richten Sie auf diese Weise weitere Fluchten aus, die im Foto gerade sein sollen, und schließen Sie die Aktionen mit Klick auf OK ab.

▲ **Abbildung 8.20**
Die gebogenen, grünen Linien richten sich gerade aus, sobald der Endpunkt platziert ist.

▲ **Abbildung 8.21**
Nachträgliche Korrekturen auf Grundlage des Originals sind jederzeit möglich.

6 Bild freistellen

Deaktivieren Sie die unterste Ebene (HINTERGRUND), und werfen Sie einen Blick auf das Meisterwerk. Was noch fehlt, ist eine Freistellung.

Betätigen Sie ⓒ, und passen Sie den Freistellungsrahmen so an, wie in der Abbildung zu sehen. Unten links und unten rechts dürfen ruhig inhaltslose Bereiche übrig bleiben. Lassen Sie diese aber bitte nicht zu groß werden. Am Schluss bestätigen Sie die Freistellung.

◄ **Abbildung 8.22**
Unten links und rechts sind
kleinere, inhaltslose Bereiche
auszumachen. Diese werden
gleich noch korrigiert.

7 Ecken ausbessern

Erzeugen Sie eine neue Ebene, und aktivieren Sie den Bereichsreparatur-Pinsel. Platzieren Sie zudem ein Häkchen in der Checkbox ALLE EBENEN AUFNEHMEN in der Optionsleiste. Danach fahren Sie mit gedrückter Maustaste über die beiden inhaltslosen Bereiche unten links und unten rechts. Nach kurzer Rechenzeit werden die fehlenden Bereiche ganz automatisch von Photoshop hinzugefügt.

Wenn Sie jetzt noch eine Einstellungsebene DYNAMIK hinzufügen und die DYNAMIK auf +32 sowie die SÄTTIGUNG auf +24 stellen, erhalten Sie am Ende doch noch ein ansehnliches Resultat. Da es sich bei dem Foto um eine 18 Megapixel große Datei handelt, ist das Resultat, das Sie im ERGEBNISSE-Ordner finden, als verkleinertes JPEG ausgegeben worden.

Sinn der Smart-Ebenen

Mitunter fällt erst nach der Bestätigung des Dialogs auf, dass an irgendeiner Stelle doch noch nachkorrigiert werden muss. Da Sie zuvor eine Ebene als Smartobjekt generiert haben, können Sie nun jederzeit auf den Eintrag ADAPTIVE WEITWINKELKORREKTUR innerhalb des Ebenen-Bedienfelds klicken, um wieder in den Dialog zurückzukehren.

◄ **Abbildung 8.23**
Na, also. Geht doch!

8.2 Verformen

Sie haben jetzt schon einige Fotos gebogen, ausgerichtet und zurechtgerückt. Jetzt ist es an der Zeit, ganz individuelle Verformungen vorzunehmen. Schauen Sie sich an, wie Sie (ich traue mich kaum, es zu sagen) Menschen buchstäblich verbiegen können. Nein, das ist nicht schön. Außer vielleicht in Photoshop. Im Anschluss lernen Sie dann noch den leistungsfähigen Verflüssigen-Dialog kennen.

Formgitter

Zunächst müssen Sie das Formgitter kennen lernen. Damit können Sie dann Ihre Fotos im wahrsten Sinne des Wortes »zurechtbiegen«. Und das haben wir doch schon immer gewollt, oder? – Aber damit noch nicht genug, werden Sie in den folgenden beiden Workshops noch eine Fülle von weiteren Informationen erhalten: Sie werden die Kante verbessern, erfahren in der Praxis, was es mit Smart-Radius & Co. auf sich hat, und werden zudem noch Unschärfen korrigieren und Objekte verflüssigen. Auf geht's …

Schritt für Schritt
Einen Körper verbiegen I (Vorbereitungen)

Bilder/Marionette.tif

© Studio-54 – fotolia.com

▲ **Abbildung 8.24**
Die junge Dame wird sogleich verbogen!

Bevor Sie loslegen, noch ein Hinweis: Sollten Sie keine Lust auf die hier zunächst beschriebenen Vorbereitungen haben, können Sie gleich zum nächsten Workshop auf Seite 295 springen. Dort geht es dann nur um die eigentliche Verbiegung. – Wenn Sie jedoch von Anfang an mitmachen wollen, dann sind Sie hier genau richtig: Öffnen Sie die Beispieldatei »Marionette.tif«. Wir wollen der Dame auf dem Foto einige Leibesübungen zuteilwerden lassen. Das ist auch gut für den Rücken.

Im ersten Teil werden wir dafür sorgen, dass Vorder- und Hintergrund voneinander getrennt werden. Das ermöglicht das Drehen des Körpers vor dem weißen Hintergrund. Das Formgitter funktioniert nämlich nur bei Ebenen, nicht jedoch bei Hintergründen.

1 Auswahl erzeugen

Da der Hintergrund ebenmäßig weiß ist, bietet es sich an, diesen zunächst aufzunehmen. Aktivieren Sie daher das Zauberstab-Werkzeug. Sorgen Sie dafür, dass die TOLERANZ auf etwa 24 und der AUFNAHMEBEREICH bei 5 × 5 steht, und aktivieren Sie zudem BENACHBART. Jetzt klicken Sie einmal auf den weißen Hintergrund. Nun fehlen noch die Bereiche zwischen den Armen. Deshalb ist es jetzt erforderlich, auf DER AUSWAHL HINZUFÜGEN zu klicken, ehe Sie beide weißen Bereiche, die noch fehlen, mit jeweils einem Mausklick selektieren.

Zuletzt drücken Sie ⌈Strg⌉/⌈⌘⌉+⌈⌂⌉+⌈I⌉ oder entscheiden sich im Menü für AUSWAHL • AUSWAHL UMKEHREN, damit statt des Hintergrunds die Person gewählt ist.

▲ **Abbildung 8.25**
Vor dem zweiten Mausklick muss das Werkzeug neu eingestellt werden.

◄ **Abbildung 8.26**
Die Auswahllinien sitzen schon recht gut.

2 Kante verbessern

Betätigen Sie jetzt die Schaltfläche KANTE VERBESSERN in der Optionsleiste. Öffnen Sie doch einmal das oberste Pulldown-Menü (das mit der Bildminiatur), und entscheiden Sie sich hier für SCHWARZWEISS. Alternativ drücken Sie ⌈K⌉.

▲ **Abbildung 8.27**
Photoshop kommt mit einer
Fülle von Ansichten daher.

▲ **Abbildung 8.28**
Im Foto sollte es jetzt nur noch Schwarzweiß geben.

3 Smart-Radius anzeigen

Führen Sie nacheinander folgende Schritte durch: ⬛ drücken
oder Checkbox RADIUS ANZEIGEN ❶ aktivieren – Checkbox SMART-
RADIUS ❷ aktivieren – darunter befindlichen Schieberegler ❸ auf
etwa 1,5 ziehen.

▲ **Abbildung 8.29**
So lässt sich die aktuell ausgewählte Kante darstellen.

▲ **Abbildung 8.30**
Im Foto stellt sich der Radius als Outline dar.

4 Auswahl optimieren

Damit Sie nun besser sehen können, an welchen Stellen die Maske eventuell noch nachgearbeitet werden muss, empfiehlt es sich, zunächst den Radius wieder auszublenden (oberste Checkbox, oder J drücken). Aktivieren Sie zudem das Radius-verbessern-Werkzeug ④. Damit können Sie jetzt über den ausgewählten (weißen) Bereich wischen, wobei Sie ruhigen Gewissens auch den schwarzen Hintergrund berühren dürfen. Dadurch werden auch feinere Details, wie zum Beispiel die Haare, besser vom Hintergrund getrennt. Entscheiden Sie sich in der Optionsleiste zuvor für eine GRÖSSE von etwa 15.

▲ **Abbildung 8.31**
Die Spitze sollte nicht zu groß sein.

◄ **Abbildung 8.32**
Verbessern Sie die Details im Foto.

5 Aufnahme kontrollieren

Die Aufnahmebereiche lassen sich in der Schwarzweiß-Ansicht nicht immer zuverlässig beurteilen. Deswegen ist es vor dem nächsten Schritt sinnvoll, den Ansichtsmodus AUF SCHWARZ B zu wählen. Sollten Sie feststellen, dass Bereiche des Models nicht oder nur unvollständig sichtbar sind, befolgen Sie bitte die Anweisungen im Kasten.

6 Ausgabe festlegen

Bevor Sie nun mit OK bestätigen, aktivieren Sie bitte die Checkbox FARBEN DEKONTAMINIEREN, und erhöhen Sie die STÄRKE auf

Bereiche entfernen

Feine Bereiche lassen sich editieren, indem Sie zunächst einen langen Mausklick auf das Radius-verbessern-Werkzeug setzen. Im Pulldown-Menü, das sich daraufhin zeigt, wählen Sie das unterste der beiden Tools und fahren dann so fort, wie nebenstehend beschrieben. Dabei werden dann feine Bereiche wieder aus der Auswahl herausgenommen.

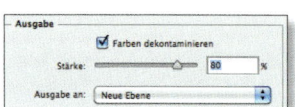

▲ **Abbildung 8.33**
Die Farben am Rand werden
dekontaminiert.

etwa 80 %. Das sorgt dafür, dass die Hintergrundfarbe am Rand
der Auswahl mehr in Richtung Farbe des Aufnahmebereichs
umgewandelt wird. So werden die weißen Säume weitgehend eliminiert.

Schalten Sie zudem das darunter befindliche Pulldown-Menü
Ausgabe an um auf Neue Ebene. Das sorgt dann dafür, dass sämtliche Bereiche, die sich zuvor innerhalb der Auswahl befunden
haben, anschließend auf einer eigenen Ebene platziert werden.
Zudem wird der Hintergrund automatisch ausgeblendet. Bestätigen Sie mit OK, und achten Sie in diesem Zusammenhang bitte
auch auf das Ebenen-Bedienfeld.

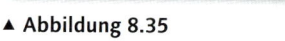

▲ **Abbildung 8.34**
Der Auswahlbereich befindet
sich auf einer eigenen Ebene.
Die darunter befindliche ist
ausgeblendet.

▲ **Abbildung 8.35**
Der Hintergrund ist komplett verschwunden.

7 Hintergrund füllen

Bevor es nun an die eigentliche Verkrümmung geht, müssen wir
noch einen letzten Schritt erledigen. Immerhin befindet sich die
Person nicht nur auf der oberen Ebene, sondern zusätzlich immer
noch auf dem Hintergrund. Würden wir die obere Ebene anschließend verbiegen, käme der Körper auf der unteren zum Vorschein.

Damit das nicht passiert, deaktivieren Sie zunächst das Augen-Symbol der obersten Ebene.

Aktivieren Sie anschließend das Augen-Symbol der Hintergrundebene. Klicken Sie auf die Hintergrundminiatur, damit diese ausgewählt wird. Entscheiden Sie sich im Menü für Bearbeiten • Fläche füllen, und stellen Sie im Pulldown-Menü Verwenden den Listeneintrag Weiss ein, ehe Sie mit OK bestätigen. Zuletzt wählen Sie die oberste Ebene per Mausklick aus und aktivieren auch das dazugehörige Augen-Symbol wieder.

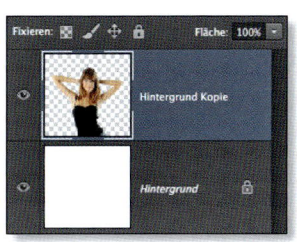

▲ **Abbildung 8.36**
Die oberste Ebene ist aktiv.

Schritt für Schritt
Einen Körper verbiegen II

So viel zu den Vorbereitungen. Jetzt können wir uns der Verkrümmung widmen. Wer den vorangegangenen Workshop nicht erledigt hat, kann jetzt im Ergebnisse-Ordner auf die Datei »Marionette-Teil1.tif« zurückgreifen. Was für ein Service, gell?

Bilder/Ergebnisse/
Marionette-Teil1.tif

1 **Formgitter deaktivieren**
Es ist ganz besonders wichtig, dass jetzt die oberste Ebene aktiviert ist (ansonsten funktioniert dieser Schritt nicht). Gehen Sie in das Menü Bearbeiten, und entscheiden Sie sich dort für Formgitter.

Wenn Sie diesen Befehl erstmals aktivieren, werden Sie ein Gitternetz vorfinden, das sich über den gesamten Inhalt der obersten Ebene erstreckt. Dieses Gitternetz ist jedoch nicht erforderlich, weshalb Sie die Checkbox Formgitter in der Optionsleiste deaktivieren sollten.

2 **Fixpunkte setzen**
Sie müssen jetzt Gelenkpunkte hinzufügen, an denen eine Verbiegung bzw. Verkrümmung ermöglicht werden soll. Klicken Sie deshalb zunächst einmal mit dem Werkzeug auf den Bauchnabel der Frau. Das ist unser erster Fixpunkt. Platzieren Sie nun zwei weitere Punkte links und rechts daneben – und zwar ziemlich weit an der Außenkante der Kleidung. Diese drei Punkte bilden eine Linie, die dafür sorgt, dass sich diese Achse nicht verformen kann. Was es damit auf sich hat, wird gleich deutlicher.

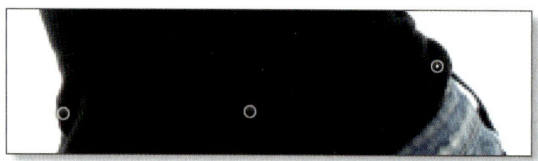

Abbildung 8.37 ▶
Die Punkte bilden eine
»schützende« Achse.

3 Drehpunkt hinzufügen

Als Nächstes wird der Punkt platziert, um den sich das Objekt verbiegen soll. Setzen Sie diesen oberhalb des derzeit mittleren Punktes an, und zwar auf den Solarplexus des Models. Keine Angst! Das tut gar nicht weh. Orientieren Sie sich an der folgenden Abbildung.

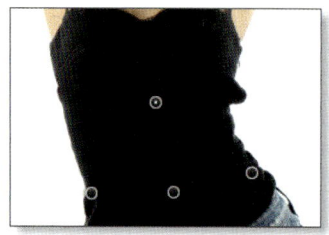

Abbildung 8.38 ▶
Der oberste Punkt wird im wahrsten Sinne des Wortes Dreh- und Angelpunkt.

4 Ziehpunkt setzen

Zuletzt platzieren Sie einen Punkt auf dem Hals (etwa in Höhe des Kettchens). Achten Sie darauf, den Punkt wirklich auf die Haut zu setzen und nicht etwa auf die Haare, die den Hals an dieser Stelle teilweise verdecken.

Abbildung 8.39 ▶
Alle Punkte sind gesetzt.

5 Person verkrümmen

Die Verkrümmung nehmen Sie jetzt folgendermaßen vor: Klicken Sie den zuletzt gesetzten Punkt noch einmal an, und schieben Sie diesen Punkt weit nach links sowie ein wenig nach unten. Stoppen Sie, wenn Sie eine Position erreicht haben, die der folgenden Abbildung nahekommt. Dass der rechte Ellenbogen des Mädchens nun aus dem Bild hinausläuft, soll uns zum gegenwärtigen Zeitpunkt nicht ernsthaft belasten.

◀ **Abbildung 8.40**
Neigen Sie den Körper nach links.

6 Verkrümmung korrigieren

Trotz der drei zuerst platzierten Fixpunkte ist die Hüfte ein wenig nach oben gewandert. Korrigieren Sie das, indem Sie den mittleren und den rechten Punkt vorsichtig nach unten ziehen. Wenn kein weißer Hintergrund mehr vorhanden ist, sind Sie am Ziel. Anschließend betätigen Sie ⏎ oder klicken auf das Häkchen in der Optionsleiste.

7 Alles einblenden

Da der Ellenbogen derzeit nicht sichtbar ist, gehen Sie auf BILD • ALLES EINBLENDEN. Sollte der rechte Arm des Mädchens jetzt etwas zu lang erscheinen, schieben Sie ihn ganz einfach zurück. Dazu wählen Sie abermals BEARBEITEN • FORMGITTER und platzieren zunächst zwei Punkte auf Achsel und Handgelenk. Einen dritten setzen Sie auf den Ellenbogen. Diesen schieben Sie dann etwas nach rechts.

Abbildung 8.41 ▶
Die letzte Verformung findet am Ellenbogen statt.

8 Foto freistellen

Am Schluss müssen Sie erneut mit ⏎ bestätigen. Da durch die komplette Einblendung nun am unteren Rand weiße Bereiche sichtbar geworden sind, müssen Sie das Bild freistellen und diesen Bereich abschneiden. Entfernen Sie oben und rechts ebenfalls einen Teil. Vielleicht versuchen Sie, dabei den Grundlagen der Drittelregel zu entsprechen.

Abbildung 8.42 ▶
So erreichen Sie eine optimale Bildaufteilung.

9 Ebene scharfzeichnen

Sicher hat das Foto insgesamt an Schärfe eingebüßt. Kein Wunder – bei diesen drastischen Verzerrungen. Dem lässt sich jedoch entgegenwirken, indem Sie FILTER • SCHARFZEICHNUNGSFILTER • UNSCHARF MASKIEREN wählen. Im Folgedialog entscheiden Sie sich für eine STÄRKE von etwa 100 % und einen RADIUS von ungefähr 1,0. Den SCHWELLENWERT belassen Sie bei »0«. Verlassen Sie den Dialog mit OK.

10 Verflüssigen

Schauen Sie sich einmal die linke (von Ihnen aus rechte) Kontur des Mädchens an. Da stippt noch eine Stelle aus der Bekleidung, die bei der neuen Körperhaltung eigentlich unrealistisch ist. Diese Stelle soll nachbearbeitet werden. Dazu stellen Sie FILTER • VER- FLÜSSIGEN ein.

Vergrößern Sie die Ansicht zunächst, indem Sie mit dem Zoom- Werkzeug mehrfach auf das Bild klicken (Z). Danach stellen Sie auf das Vorwärts-verkrümmen-Werkzeug (W) um und geben die PINSELGRÖSSE mit ca. 35 an. Schieben Sie den überstehenden Stoff schrittweise zurück ❶. Sie sollten das nicht in einem Arbeitsgang, sondern lieber in mehreren kleinen Schiebebewegungen versu- chen. Auch hier bestätigen Sie am Schluss mit OK.

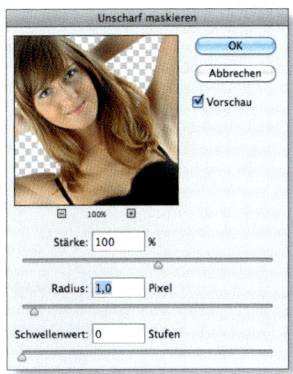

▲ **Abbildung 8.43**
Holen Sie die Schärfe zurück ins Bild.

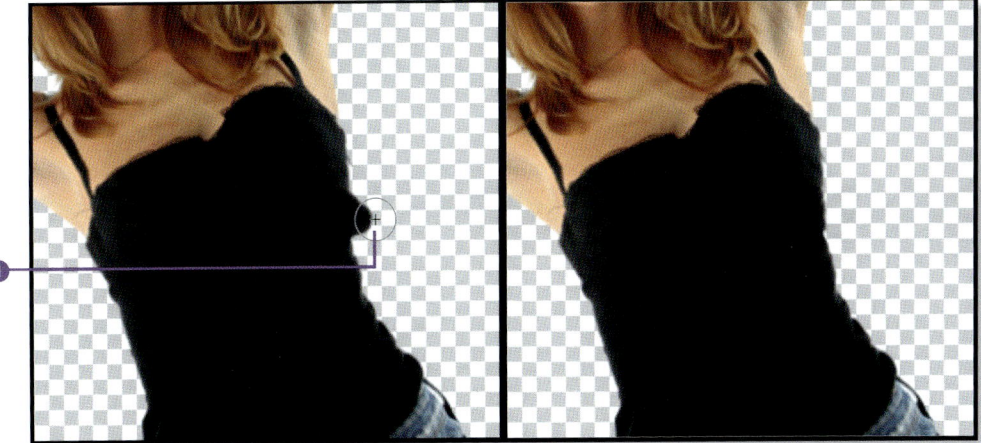

▲ **Abbildung 8.44**
Der überstehende Stoff (links) wird ganz einfach zurückge- schoben, bis er nicht mehr sichtbar ist (rechts).

Haben Sie eine Vorstellung davon, wie die Profis mit dem »Hüft- gold« der Prominenz umgehen? Genauso werden nämlich kleine bis mittlere Rettungsreifen und sonstige »Silhouetten-Unebenhei- ten« bearbeitet. Es ist eben nichts, wie es scheint – Photoshop sei Dank. Bevor Sie das Ergebnis speichern, sollten Sie das Foto über das Menü EBENE noch AUF HINTERGRUNDEBENE REDUZIEREN. Das »Beweisfoto« im ERGEBNISSE-Ordner ist zur besseren Ansicht jedoch ebenenbasiert geblieben.

▲ **Abbildung 8.45**
Der Vorher-nachher-Vergleich

Formgitter in der Übersicht

Abbildung 8.46 ▼
Die Optionsleiste des Form-
gitters

Nachdem Sie BEARBEITEN • FORMGITTER angewählt haben, sollten
Sie einen Blick auf die Optionsleiste werfen. Dort stehen nämlich noch einige Einstellmöglichkeiten bereit, die einer Erwähnung
wert sind.

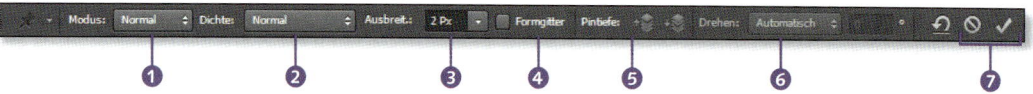

❶ MODUS: Dieses Steuerelement nimmt Einfluss auf die Art
der Biegung. Damit gemeint ist die Elastizität des Verkrüm-
mungsgitters (GITTER EINBL.). STARR führt eine starre Biegung
aus, während NORMAL für eine weichere, rundlichere Kurve
sorgt. VERZERREN erzeugt eine recht freizügige Verformung. Im
Bereich der Endpunkte wird der Körper dadurch aufgebläht.

❷ DICHTE: Die Funktion ist bei eingeschaltetem Gitter sehr viel
besser nachzuvollziehen. Das Formgitter wird dichter (die
Abstände der Gitterpunkte kleiner), wenn Sie MEHR PUNKTE
aktivieren. Die Umkehrwirkung, also größere Maschen, wird
mit WENIGER PUNKTE erzielt.

❸ Ausbreitung: Hiermit lassen sich die Außenkanten des Gitters zusammenziehen (kleiner Wert) oder nach außen dehnen (größerer Wert).

❹ Formgitter: Diese Checkbox macht das Verkrümmungsgitter sichtbar bzw. unsichtbar.

❺ Pintiefe: Diese beiden Steuerelemente kommen generell dann zum Einsatz, wenn Gitterteile durch Verschiebung einzelner Pins übereinanderliegen. Mit dem linken Button werden verdeckte Maschen nach oben gestellt (Button mehrmals betätigen). Der rechte Button hingegen bewegt die Maschen Stück für Stück nach unten.

❻ Drehen: Diese Steuerelemente werden interessant, wenn Sie beabsichtigen, Maschen des Gitters rund um einen Pin zu verdrehen. Sie erreichen so besonders enge Biegungen. Sie können so etwas aber auch wesentlich komfortabler direkt auf dem Foto machen. Dazu müssen Sie ⌥Alt gedrückt halten und ein wenig neben den Pin klicken. Ein Drehkreis verdeutlicht, wo Sie anfassen müssen. Doch Vorsicht: Wenn Sie während dieser Aktion versehentlich auf den Pin klicken, wird dieser gelöscht. Halten Sie also stets ein wenig Abstand.

❼ Bestätigen oder Verwerfen: Die drei kleinen Steuerelemente ganz rechts sind nur dann zu sehen, wenn Sie sich in einer aktiven Verkrümmung befinden. Mit dem linken Button entfernen Sie alle zuvor platzierten Punkte, wobei der Verkrümmungsvorgang geöffnet bleibt. Betätigen Sie das Halt-Symbol, oder drücken Sie Esc, wird die aktuelle Marionettenverkrümmung abgebrochen. Um den Verkrümmungsvorgang zu bestätigen, klicken Sie auf das Häkchen oder drücken ↵.

Verflüssigen

Im vorangegangenen Workshop haben Sie die Verflüssigen-Funktionen bereits kurz kennen gelernt. Nun wollen wir darauf etwas genauer eingehen, denn damit sind Sie in der Lage, Bilder im wahrsten Sinne des Wortes zu verformen und Pixel zu modellieren. Schieben und ziehen Sie die Bildinhalte in Form, und legen Sie in Sachen Gestaltung noch einen Schritt zu.

Schritt für Schritt
Am Anfang war das Feuer – brennende Buchstaben

Bilder/Feuer.tif

Dieser Workshop ist wirklich »heiß«! Setzen Sie Ihre Lettern unter Feuer. Sie benötigen keine Beispieldateien, sondern werden das Bild komplett in Photoshop erzeugen. Das hört sich doch gut an, oder?

Falls Sie mit der Erstellung von Texten lieber warten, bis das Text-Kapitel an der Reihe ist, benutzen Sie jetzt die Datei »Feuer.tif« als Ausgangsmaterial. Dort sind die ersten Schritte schon vorbereitet. Fahren Sie in diesem Fall mit Schritt 5, »Ebene duplizieren«, fort. Wer es sich nicht nehmen lassen möchte, alles von Anfang an selbst zu erledigen, beginnt natürlich gleich hier.

1 Farben einstellen

Drücken Sie zunächst $\boxed{D}$, um die Standardfarben für Vordergrund und Hintergrund einzustellen (Schwarz und Weiß). Danach drücken Sie $\boxed{X}$, um beide Farben miteinander zu vertauschen (Schwarz im Hintergrund).

2 Datei erstellen

Erzeugen Sie eine neue Datei (DATEI • NEU bzw. $\boxed{Strg}$/$\boxed{⌘}$+$\boxed{N}$), und wählen Sie unter VORGABE den Eintrag WEB aus. Im Pulldown-Menü GRÖSSE entscheiden Sie sich anschließend für 800 × 600. Die Auflösung soll bei 72 ppi im Modus RGB liegen. Als HINTERGRUNDINHALT wird HINTERGRUNDFARBE eingestellt.

Ebeneninhalte umkehren

Sollten Sie zuvor Schwarz und Weiß nicht miteinander vertauscht haben, lässt sich das mit einer Tastenkombination ruck, zuck nachholen. Mit $\boxed{Strg}$/$\boxed{⌘}$+$\boxed{I}$ wandeln Sie schwarze Inhalte einer Ebene in weiße und weiße in schwarze um.

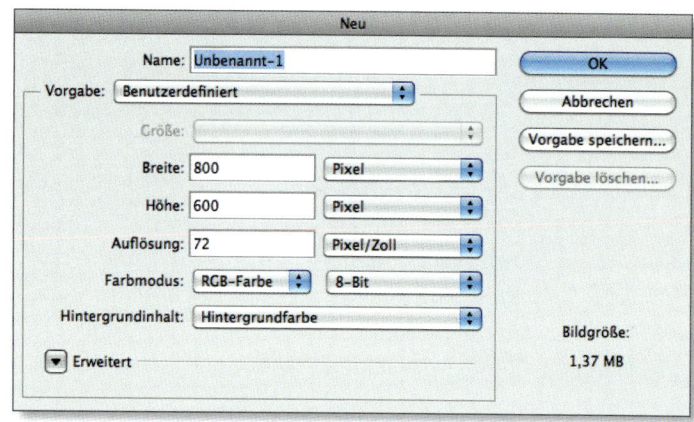

Abbildung 8.47 ▶
Die neue Datei wird angelegt.

3 Ebene umwandeln

Wandeln Sie den Hintergrund in eine Ebene um (Doppelklick auf
die Ebene im Ebenen-Bedienfeld, gefolgt von OK).

4 Text eingeben

Danach wechseln Sie auf das Horizontale Text-Werkzeug ⓣ,
stellen Weiß als Schriftfarbe ein und schreiben »FEUER«. Wählen
Sie eine Serifen-Schrift wie z. B. Times New Roman in ca. 180 pt.
Drücken Sie, nachdem Sie mit ⏎ bestätigt haben, auf Ihrer Tastatur ⓥ, und platzieren Sie den Text in der Bildmitte.

◀ **Abbildung 8.48**
So sieht die Datei »Feuer.tif«
aus.

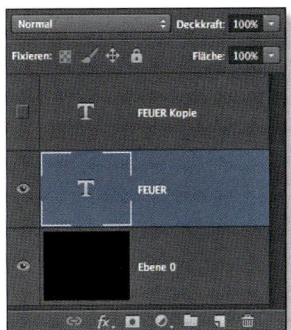

5 Ebene duplizieren

Anschließend duplizieren Sie die Textebene (Strg/⌘+ⱼ),
schalten die oberste Ebene über das Augen-Symbol des Ebenen-
Bedienfelds aus und markieren die darunter befindliche Ebene.

▲ **Abbildung 8.49**
Die mittlere Ebene muss markiert werden.

6 Arbeitsfläche drehen

Nun muss die Arbeitsfläche um 90° gedreht werden. Wählen Sie
Bild • Bilddrehung • 90° im UZS. Warum das? Sind Sie damit
einverstanden, dass ich die Erklärung für diesen Schritt nachlie-
fere?

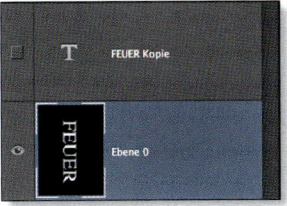

▲ **Abbildung 8.50**
Die untere Textebene ist mit
dem schwarzen Hintergrund
verschmolzen.

7 Ebene reduzieren

Reduzieren Sie diese Textebene, indem Sie im Bedienfeldmenü
des Ebenen-Bedienfelds den Eintrag Mit darunter liegender auf

Alternative zur Reduzierung

Es soll nicht verschwiegen werden, dass SICHT-BARE AUF EINE EBENE REDUZIEREN (bzw. ⌃Strg/ ⌘+⇧+E) das gleiche Ergebnis brächte, da die oberste Ebene ja ausgeblendet ist. Einziger Unterschied: Die Ebene trüge dann nicht mehr den Namen EBENE 0, sondern FEUER.

EINE EBENE REDUZIEREN (alternativ: ⌃Strg/⌘+E) wählen. Damit ersparen Sie sich auch das Rastern des Textes. Was aber viel entscheidender für diesen Schritt ist: Wir benötigen auch jenseits der Schrift die schwarzen Pixel der untersten Ebene, um den folgenden Filter wirkungsvoll anbringen zu können.

8 Windeffekt-Filter anwenden

Ohne Sauerstoff gibt es kein Feuer! Sorgen wir also für ausreichend Luft. Stellen Sie FILTER • STILISIERUNGSFILTER • WINDEFFEKT ein. Kontrollieren Sie, ob die METHODE: WIND und die RICHTUNG mit LINKS angegeben ist. Falls nicht, ändern Sie das entsprechend.

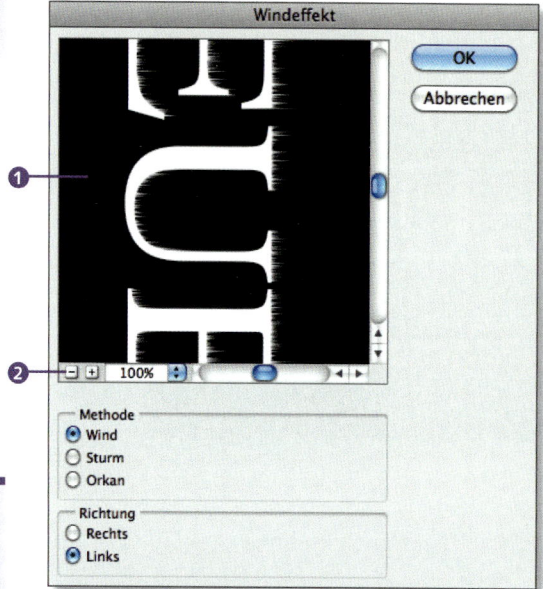

▲ **Abbildung 8.51**
Ganz schön windig – einer der zahlreichen Photoshop-Effekte

Miniatur skalieren

Oben im Dialogfenster ist eine Miniatur der Bildebene zu sehen. Dort können Sie die Wirkungsweise des Effekts begutachten. Falls gewünscht, skalieren Sie die Ansicht ❶ mit Hilfe der unterhalb befindlichen Tasten + und – ❷. Skalierte Ausschnitte lassen sich per Drag & Drop verschieben. Stellen Sie den Mauszeiger dazu auf die Miniatur.

Das einmalige Zuweisen des Effekts ist aber noch nicht genug. Wiederholen Sie den Windeffekt noch dreimal. Danach wählen Sie BILD • BILDDREHUNG • 90° GEGEN UZS aus, und das Bild ist wieder korrekt eingestellt. – Ach ja: Ich schulde Ihnen ja noch die Erklärung für das Drehen der Arbeitsfläche. Aber sicher wissen Sie es schon: Der Windeffekt lässt sich ausschließlich in horizontaler Richtung anwenden. Dies machte das vorherige Drehen der Textebene erforderlich.

9 Weichzeichnen

Im nächsten Schritt soll die Ebene weicher werden. Dies erreichen Sie über FILTER • WEICHZEICHNUNGSFILTER • GAUSSSCHER WEICHZEICHNER. Verstellen Sie den Schieber, bis ein RADIUS von etwa 5,0 Pixel angezeigt wird, und bestätigen Sie mit OK.

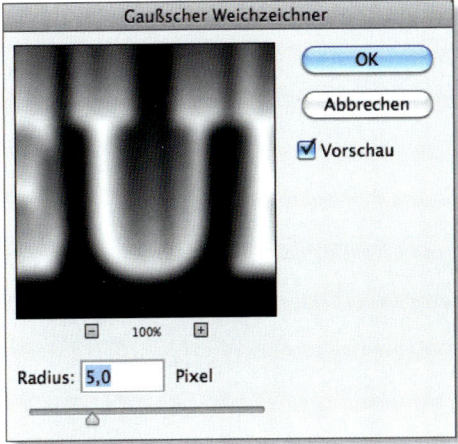

Filter wiederholt anwenden

Nach einmaligem Anwenden eines Filters wird dieser in der Liste FILTER zuoberst gelistet. Mit diesem Eintrag kann der gleiche Filter nun erneut angewendet werden. Noch einfacher geht es über die Tastenkombination ⌸Strg⌸/⌘+⌸F⌸. Zuvor eingestellte Parameter werden dabei übernommen.

◄ **Abbildung 8.52**
Der Gaußsche Weichzeichner sorgt für drastische Unschärfen auf der Ebene.

10 Färben

Mit BILD • KORREKTUREN • FARBTON/SÄTTIGUNG aktivieren Sie zunächst das Ankreuzkästchen FÄRBEN ❺, ehe Sie den FARBTON auf 40 ❸ und die SÄTTIGUNG ❹ auf 100 stellen. Bestätigen Sie auch hier mit OK.

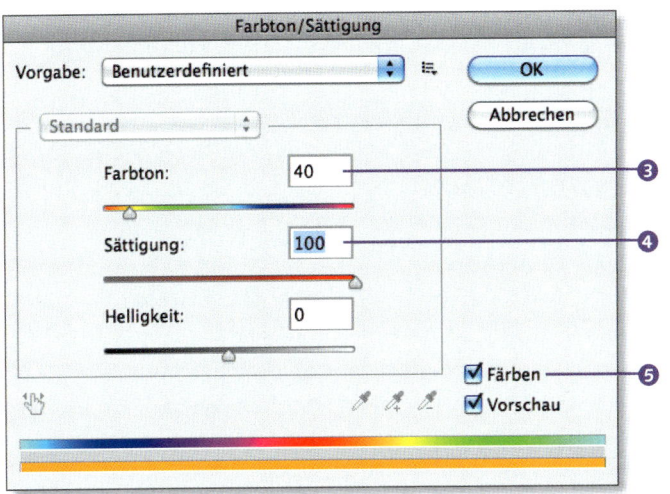

Flammenfarbe verändern

Wünschen Sie eher rötliche Flammen, dann sollten Sie den Schieber FARBTON noch etwas weiter nach links stellen.

◄ **Abbildung 8.53**
Jetzt bringen Sie Farbe ins Spiel.

11 Ebene erneut duplizieren

Duplizieren Sie die Ebene ([Strg]/[⌘]+[J]), und stellen Sie für das Duplikat im Ebenen-Bedienfeld die Füllmethode FARBIG ABWE-DELN ein.

12 Ebenen verbinden

Reduzieren Sie die Deckkraft der aktiven Ebene (EBENE 0 KOPIE) über das Ebenen-Bedienfeld auf 75 %, und verschmelzen Sie diese Ebene mit der darunterliegenden ([Strg]/[⌘]+[E]). Danach erfolgt der wirklich kreative Teil dieser Übung. Es geht darum, die Flammen zu modellieren.

Abbildung 8.54 ▶
So sieht die Datei an dieser Stelle des Workshops aus.

13 Verflüssigen

Über FILTER • VERFLÜSSIGEN erreichen Sie das Dialogfenster. Rechts finden Sie die Werkzeugoptionen. Stellen Sie dort eine PINSEL-GRÖSSE ❸ von ca. 50 und einen PINSELDRUCK ❹ von etwa 80 ein.

Erforderlichenfalls aktivieren Sie in der Toolbox auf der linken Seite zunächst das Zoom-Werkzeug ❷, um damit die Schrift näher heranzuholen. Danach wechseln Sie zum obersten Tool, dem Vorwärts-krümmen-Werkzeug ❶. Ziehen Sie mit gedrückter Maustaste von den Lettern aus nach oben, wobei Sie die Maus leicht hin und her bewegen. »Modellieren« Sie auf diese Weise die Flammen. Wenn Sie mit Ihrem Ergebnis zufrieden sind, klicken Sie auf OK.

Pinseldruck einstellen

Je höher der Pinseldruck eingestellt ist, desto mehr Auswirkungen haben die Mausbewegungen auch auf die Verformung der Elemente. Wenn Sie also nur Nuancen bearbeiten möchten, regeln Sie den Druck zuvor entsprechend herunter.

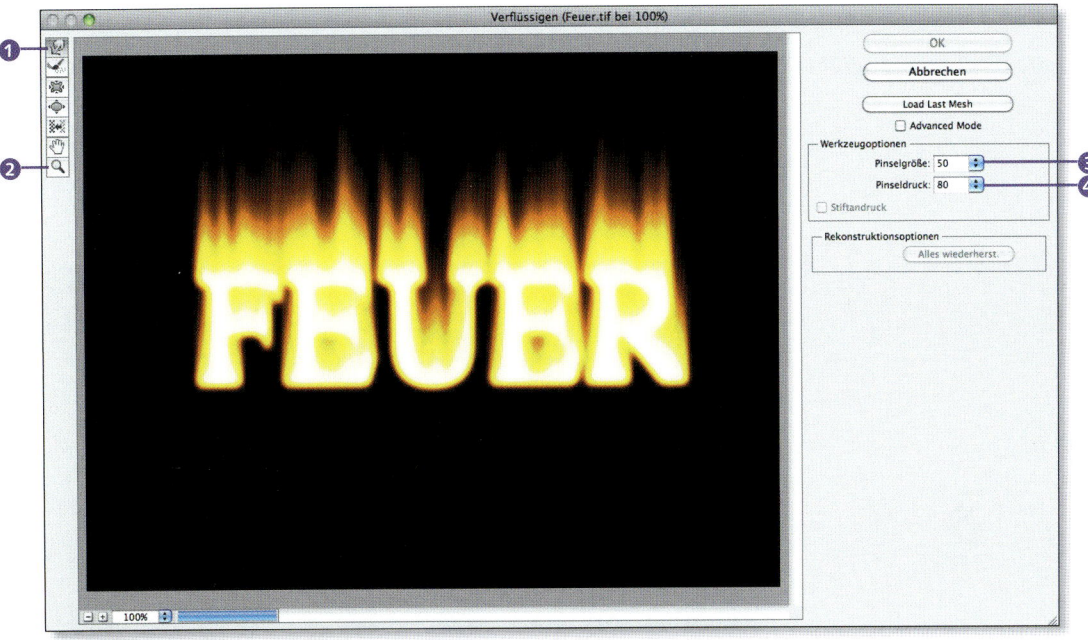

▲ **Abbildung 8.55**
Das Werkzeug wird auf der rechten Seite eingestellt.

◄ **Abbildung 8.56**
Die Flammen werden nach Wunsch geformt.

14 Textfarbe ändern

Markieren Sie die oberste Textebene innerhalb des Ebenen-Bedienfelds, und machen Sie diese zudem sichtbar, indem Sie das vorangestellte Auge wieder einschalten. Färben Sie die Lettern schwarz. Und das geht so:

▸ Möglichkeit 1: Wählen Sie BEARBEITEN • FLÄCHE FÜLLEN, nachdem Sie EBENE • RASTERN • TEXT eingestellt haben. Achten Sie aber darauf, dass Sie TRANSPARENTE BEREICHE SCHÜTZEN, da ansonsten die komplette Ebene geschwärzt würde.

▸ Möglichkeit 2: Drücken Sie ⊤, um das TEXT-WERKZEUG zu aktivieren, und stellen Sie die TEXTFARBE auf Schwarz. Dazu müssen Sie ja lediglich auf die Farbfläche in der Optionsleiste klicken und den Farbwähler entsprechend einstellen.

Abbildung 8.57 ▸
Mittlerweile ist auch die schwarze Schrift wieder sichtbar.

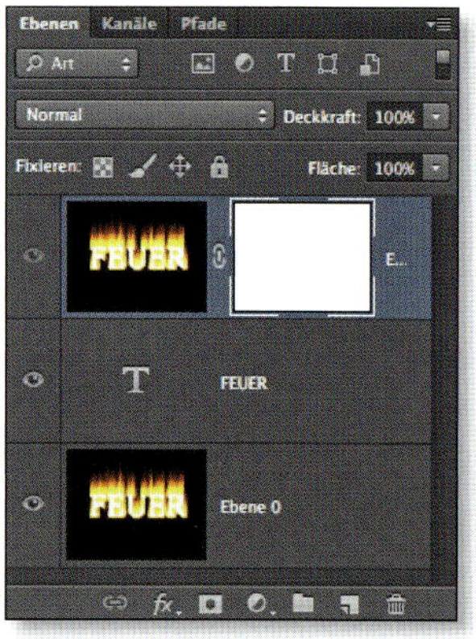

▲ Abbildung 8.58
In diesem Schritt wird eine Ebenenmaske erstellt.

Aktivieren Sie die Feuer-Ebene, und duplizieren Sie diese, indem Sie ⌊Strg⌋/⌘+⌊J⌋ drücken. Stellen Sie die Kopie an die oberste Stelle innerhalb des Ebenen-Bedienfelds. Danach erzeugen Sie eine Ebenenmaske.

Aktivieren Sie den Pinsel ⌊B⌋, und versehen Sie ihn mit einer weichen Spitze in der Größe von etwa 45 Px. Übermalen Sie nun den unteren Bereich der Ebene, und ziehen Sie den Pinsel an den Stegen der Buchstaben etwas nach oben. Die Textebene wird dadurch am Fuß der Schrift wieder sichtbar.

Falls Sie es wünschen, können Sie am Schluss noch auf die mittlere Textebene umschalten und diese nach Aktivierung des Verschieben-Werkzeugs mit den Pfeiltasten etwas nach unten bewegen. So verschwinden die gelben Flammen unterhalb der Buchstaben. Das sieht dann noch etwas realistischer aus.

Falls Sie es wünschen, verfeinern Sie doch das Bild ein wenig. Es bringt einen zusätzlichen Effekt, wenn Sie die oberste Ebene abermals verflüssigen. Ziehen Sie die weißen Bereiche noch etwas herauf.

▲ **Abbildung 8.59**
Die Ebenenmaske sorgt für eine stellenweise
Freilegung der Textebene.

▲ **Abbildung 8.60**
Damit ist der erste Teil des Workshops beendet. Sie
finden die Datei im ERGEBNISSE-Ordner.

Das war das ganze Geheimnis in Sachen Feuermachen. Wenn
Sie Spaß daran gefunden haben und nun den Effekt noch etwas
erweitern möchten, ist der folgende Workshop ebenfalls dringend
zu empfehlen.

Schritt für Schritt
Effektvolle Textspiegelung realisieren

Wie wäre es, wenn sich die brennenden Buchstaben im Boden
spiegeln würden? Das ist keine große Kunst, sondern ein ganz
schnell realisierter Effekt.

Bilder/Ergebnisse/
Feuer-bearbeitet.tif

1 **Ebenen reduzieren**
Stellen Sie SICHTBARE AUF EINE EBENE REDUZIEREN ein. Natürlich
verwenden Sie für solche Kleinigkeiten Tastaturkürzel: ⌨Strg/
⌨⌘+⌨⇧+⌨E.

2 **Auswahl anlegen**
Ziehen Sie eine Rechteckauswahl über den oberen Teil des Bildes. Lassen Sie die Auswahl geringfügig unterhalb der Buchstaben enden, und achten Sie darauf, dass alle relevanten Bildinhalte
eingeschlossen sind. Die Auswahl muss zudem scharfkantig sein.
Achten Sie also vorab darauf, dass die WEICHE KANTE in der Optionsleiste auf »0« steht.

Abbildung 8.61 ▸
So sollte die Auswahl
»sitzen«.

3 Auswahl duplizieren

Duplizieren Sie die Ebene über ⌈Strg⌉/⌈⌘⌉+⌈J⌉. Verwenden Sie hier auf keinen Fall die Option EBENE • EBENE DUPLIZIEREN, da Sie ansonsten die komplette Ebene und nicht nur den zuvor ausgewählten Bereich duplizieren würden. Die Alternative über das Menü wäre: EBENE • NEU • EBENE DURCH KOPIE.

4 Ebene spiegeln

Nun muss die Ebene noch gespiegelt werden. BEARBEITEN • TRANSFORMIEREN • VERTIKAL SPIEGELN sorgt dafür, dass unser Duplikat im wahrsten Sinne des Wortes kopfsteht.

Abbildung 8.62 ▸
Einen Moment noch; der
»Kopfstand« wird gleich
korrigiert.

5 Spiegelung verschieben

Ziehen Sie die Spiegelung nun noch mit dem Verschieben-Tool an die richtige Position (halten Sie ⌈⇧⌉ gedrückt, damit Sie die Ebene nicht horizontal verschieben), und fertig ist das gute Stück. Oder wollen Sie die Deckkraft noch etwas reduzieren? 30 % sollten auf jeden Fall reichen, was meinen Sie?

6 Ebene maskieren

Zuletzt möchte ich Ihnen noch empfehlen, die Spiegelung zu maskieren. Immerhin nimmt die Kraft einer Spiegelung ja natürlicherweise nach unten hin ab. Aus diesem kühlen Grunde erzeugen Sie zunächst eine Ebenenmaske und stellen danach um auf das Verlaufswerkzeug. Entscheiden Sie sich für einen Verlauf von Schwarz nach Weiß im MODUS: NORMAL bei 100 % DECKKRAFT.

◄ **Abbildung 8.63**
Für die Maskierung wird erstmals ein Verlauf verwendet.

7 Maske erzeugen

Platzieren Sie nun an ❶ einen Mausklick. Die Maustaste muss gedrückt bleiben. Zusätzlich halten Sie auch ⌂ fest, damit Sie eine exakte Vertikale erzeugen können. Zuletzt ziehen Sie die Maus hoch bis etwa ❷ und lassen dann los. Fertig ist der Verlauf. Was meinen Sie? Sollte die Deckkraft der obersten Ebene noch auf etwa 25 % gesenkt werden?

▲ **Abbildung 8.64**
Der Verlauf wird von unten nach oben gezogen.

▲ **Abbildung 8.65**
So sieht das gut aus (»Feuer-gespiegelt.tif«).

8.3 Fotos miteinander kombinieren

Wie Sie Fotos miteinander kombinieren, wissen Sie nun sicher schon, schließlich wurde die Technik bereits in vielen Workshops angewendet (zum Beispiel auf Seite 139 oder im Workshop auf Seite 156). Hier soll es nun aber um einen besonderen Fall gehen – nämlich das Kombinieren zweier Fotos mit demselben Motiv. So können Sie sich das Beste aus jeder Aufnahme heraussuchen.

Ebenen automatisch ausrichten

Eine interessante Form der Bildmanipulation wird mit EBENEN AUTOMATISCH AUSRICHTEN erreicht. Mit Hilfe dieser Vorgehensweise gelingt es jetzt nämlich mit wenigen Handgriffen, aus zwei Fotos eines zu machen – und dabei auch noch den interessantesten Ausschnitten aus beiden Fotos den Vorzug zu geben. Aber bevor ich ins Schwärmen gerate: Wie wäre es, wenn Sie sich das gleich einmal anhand eines Beispiels ansehen würden?

Schritt für Schritt
Gesichter austauschen

Bilder/Gesicht-01.jpg,
Gesicht-02.jpg

Jetzt wird's magisch! Öffnen Sie die beiden Beispielfotos, und stellen Sie sie nebeneinander. Das linke Foto ist, wie ich finde, etwas besser gelungen. Beim rechten ist das Knie nicht mit drauf. Dafür gefällt mir dort der direkte Blick in die Kamera besser. Außerdem ist das Gesicht schärfer abgebildet als auf dem linken Foto. Ach, man müsste beides miteinander kombinieren können. Aber wie sollen wir die Gesichter deckungsgleich übereinander bekommen? Zumal sie ja auch noch unterschiedlich groß sind. Das ist wirklich keine leichte Aufgabe – oder doch? »Schaun mer mal ...«

1 Bilder verbinden
Als Grundlage soll die Datei »Gesicht-01.jpg« herhalten. Gehen Sie daher zunächst auf »Gesicht-02.jpg«. Nun ließe sich prinzipiell die gesamte Bilddatei auf das andere Foto ziehen. Da wir aber nur einen Ausschnitt benötigen, legen Sie zunächst eine großzügige

Auswahl um das Gesicht des Bildes 02. Befördern Sie die Auswahl in die Zwischenablage (⌃Strg⌄/⌘+C⌄).

© Robert Klaßen

◄ **Abbildung 8.66**
Rechts wurde das Knie »angesägt«. Dafür ist das Gesicht auf diesem Foto schöner.

Die Datei 02 kann jetzt bereits (ohne zu speichern) geschlossen werden. Gehen Sie auf Bild 01, und fügen Sie den Inhalt der Zwischenablage ein (⌃Strg⌄/⌘+V⌄). Wo genau das überlagernde Bild liegt, ist wirklich schnurzpiepegal.

▲ **Abbildung 8.67**
Dieser Ausschnitt reicht zur Montage.

2 Ebenen markieren

Jetzt müssen Sie Photoshop mitteilen, welche Ebenen aneinander ausgerichtet werden sollen. Daher sind beide Ebenen gemeinsam auszuwählen. Aktuell ist aber nur eine Ebene markiert, weshalb Sie jetzt ⌂ gedrückt halten und auf die noch nicht markierte Ebene klicken müssen. Daraufhin werden beide Ebenen blau hinterlegt angezeigt.

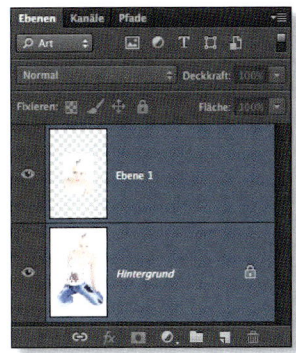

3 Ebenen ausrichten

Das eigentliche Ausrichten der Ebenen, also die Suche nach identischen Strukturen, übernimmt Photoshop für Sie. Gehen Sie in das Menü BEARBEITEN, und entscheiden Sie sich dort für den Eintrag EBENEN AUTOMATISCH AUSRICHTEN. Im Folgedialog müssen Sie zunächst sicherstellen, dass AUTO aktiv ist. Schließen Sie die Aktion mit einem Klick auf OK ab.

▲ **Abbildung 8.68**
Beide Ebenen sind ausgewählt.

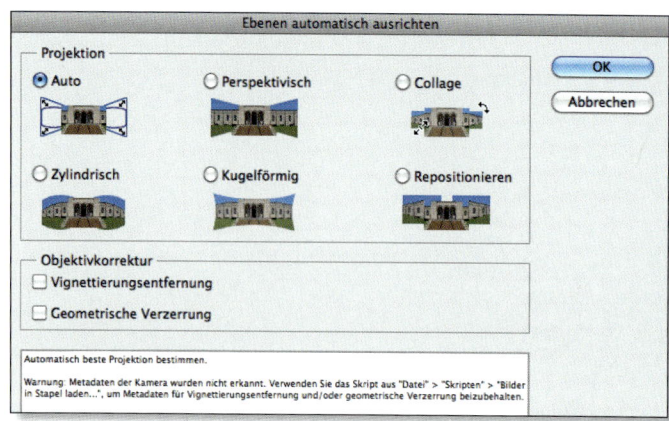

Weitere Projektions-möglichkeiten

Grundsätzlich lässt sich EBENEN AUTOMATISCH AUSRICHTEN auch für Panoramafotos und ähnliche Bilder verwenden. Dabei benötigen Sie Fotos, die sich zum Teil überschneiden. Verwenden Sie PERSPEKTIVISCH, um eine Wölbung nach innen zu erzeugen, während ZYLINDRISCH für eine Wölbung nach außen sorgt. Und REPOSITIONIEREN beispielsweise bringt die verwendeten Fotos lediglich zusammen, ohne eine Verformung zu erzeugen.

Das »Wunder« ist vollbracht. Photoshop hat die Gemeinsamkeiten in beiden Ebenen erkannt und diese übereinander angeordnet. Dabei wurde auch gleich die Arbeitsfläche erweitert, was Sie am Karomuster ❶ (Transparenz im Hintergrund) ganz oben erkennen können.

Falls Sie weniger weiße Fläche aus dem Quellbild aufgenommen haben, ist das bei Ihnen eventuell nicht der Fall. Wie dem auch sei: Durch mehrmaliges Ein- und Ausschalten der obersten Ebene (Augen-Symbol im Ebenen-Bedienfeld) können Sie sich davon überzeugen, dass die Gesichter tatsächlich exakt übereinanderliegen.

4 Ebenenmaskierung einrichten

Der Rest ist Masken-Arbeit. Markieren Sie die oberste Ebene alleine. Danach fügen Sie der oberen Ebene eine schwarze Maske hinzu (beim Klick auf EBENENMASKE HINZUFÜGEN in der Fußleiste des Ebenen-Bedienfelds [Alt] gedrückt halten).

5 Obere Ebene maskieren

Nehmen Sie einen Pinsel [B] mit weicher Spitze und einer GRÖSSE von etwa 60 Px im MODUS: NORMAL bei 100% DECKKRAFT und FLUSS. Malen Sie mit weißer Vordergrundfarbe über das Gesicht des Models. Haare und Schultern lassen Sie einfach weg. Zoomen Sie dazu stark auf das Gesicht ein.

6 Bild korrigieren

Zuletzt soll noch etwas Korrekturarbeit her. Selektieren Sie EBENE • AUF HINTERGRUNDEBENE REDUZIEREN (das ist für die folgende Korrektur erforderlich und eliminiert zugleich die Transparenzen). Fügen Sie eine Dynamik-Einstellungsebene hinzu, und stellen Sie die DYNAMIK auf +58 sowie die SÄTTIGUNG auf +7. Das kräftigt das Foto etwas.

▲ **Abbildung 8.71**
Die oberste Ebene muss maskiert werden.

◄ **Abbildung 8.72**
So geht der Blick direkt in die Kamera.

8.4 Photomerge: Panoramafotos erzeugen

Panoramabilder erfreuen sich schon seit Langem großer Beliebtheit. Sogar auf Webseiten hält das Panorama mehr und mehr Einzug. Um ein Breitbild zu erzeugen, werden mehrere überlappende Fotomotive nachträglich zu einem Einzelfoto verschmolzen. Photomerge heißt diese nicht mehr ganz neue, aber dennoch wirkungsvolle Technik.

Aufnahmebedingungen

Vorab muss ganz klar Folgendes gesagt werden: Wenn die Voraussetzungen nicht gegeben sind, wird es einfach nichts mit dem Panorama-Genuss. Deshalb müssen Sie schon zur Entstehungszeit auf eine ordnungsgemäße Aufnahmetechnik achten. Beherzigen Sie unbedingt folgende Hinweise:

▸ Fotografieren Sie immer vom Stativ aus.
▸ Verändern Sie zwischen den Aufnahmen niemals die Position des Stativs.
▸ Drehen Sie den Stativkopf in horizontaler, nicht jedoch in vertikaler Richtung.
▸ Fertigen Sie die Einzelaufnahmen zügig hintereinander an. Bereits minimale Unterschiede der Lichtverhältnisse werden später sichtbar.
▸ Achten Sie darauf, dass sich die Bildbereiche um 15–40 % überlappen.
▸ Verändern Sie nicht die Brennweite (Zoom).
▸ Schalten Sie automatische Belichtungsfunktionen zuvor aus.
▸ Verwenden Sie keine Verzerrungslinsen.

Schritt für Schritt
Ein Landschaftspanorama erstellen

Bilder/Panorama 01/
01.jpg – 06.jpg

Sie werden in diesem Workshop insgesamt sechs Bilder ineinandermontieren. Nach ein paar kleinen Voreinstellungen dürfen Sie genüsslich beobachten, wie Photoshop für Sie »ackert«.

1 Layout wählen

Bei der Panorama-Erzeugung müssen Sie die Bilder vorab noch nicht einmal öffnen. Schließen Sie daher alle geöffneten Fotos, und gehen Sie direkt auf den entsprechenden Menübefehl DATEI • AUTOMATISIEREN • PHOTOMERGE.

Auf der linken Seite (LAYOUT) sollte der Radiobutton AUTO aktiv sein. In diesem Fall entscheidet Photoshop nämlich selbständig, wie das Panorama ausgerichtet wird – je nachdem, was besser passt. (Weitere Hinweise hierzu finden Sie im Anschluss an diesen Workshop.) Klicken Sie noch nicht auf OK!

2 Fotos hinzufügen

Klicken Sie jetzt auf die Schaltfläche DURCHSUCHEN, und navigieren Sie zum Ordner PANORAMA 01, den Sie in den Beispieldateien finden. Selektieren Sie alle sechs darin enthaltenen Fotos, und klicken Sie auf den ÖFFNEN-Button. Daraufhin sollten die Bilder »01. tif« bis »06.tif« in der Dialogmitte aufgelistet werden.

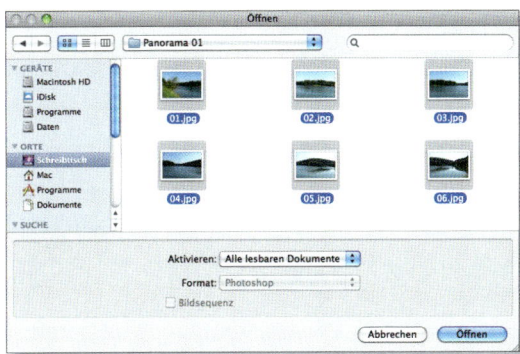

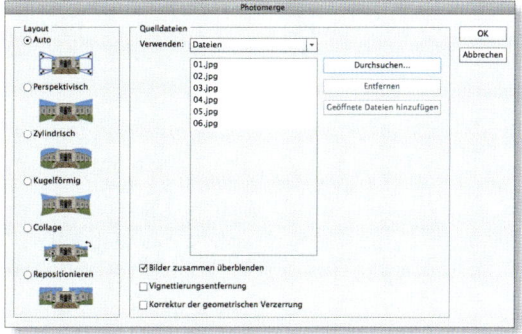

▲ **Abbildung 8.73**
Wichtig ist, dass alle im Ordner PANORAMA 01 enthaltenen Fotos markiert sind.

▲ **Abbildung 8.74**
Die Liste wird anschließend erzeugt.

3 Weitere Optionen festlegen

Schauen Sie einmal auf die Checkboxen weiter unten. Hier sollte auf jeden Fall BILDER ZUSAMMEN ÜBERBLENDEN angewählt sein. Die beiden anderen Schaltflächen können Sie inaktiv lassen. (Weitere Hinweise hierzu finden Sie im Anschluss an diesen Workshop.) Danach bestätigen Sie mit OK. Jetzt müssen Sie die Anwendung ein wenig rechnen lassen, ehe das zusammengesetzte Breitformatfoto präsentiert wird.

◄ **Abbildung 8.75**
Gedulden Sie sich einen Augenblick, während Photoshop das Bild anfertigt.

▲ **Abbildung 8.76**
Das Panorama ist bereits nach kurzer »Entwicklungszeit« fertiggestellt.

4 Foto freistellen

Im letzten Schritt wäre das Foto noch freizustellen. Immerhin sind durch die neue Anordnung der Einzelbilder transparente Bereiche am Rand entstanden. Die sollten Sie noch abschneiden. Da Sie allerdings mit dem Freistellungswerkzeug C ziemlich dicht an die Ränder heranmüssen, gibt es ein Problem: Der Freistellungsrahmen wird nämlich »magisch« an den Rahmen herangezogen – »Snapping« nennt sich diese Technik. Wenn dadurch die Erzeugung des Freistellungsrahmens schwierig wird, schalten Sie diese Funktion kurz aus, indem Sie ANSICHT • AUSRICHTEN AN • DOKUMENTBEGRENZUNGEN wählen. Danach lässt sich der Freistellungsrahmen auch dicht am Bildrahmen noch frei positionieren.

Denken Sie nur daran, dass Sie das ansonsten sehr nützliche Snapping am Schluss wieder aktivieren. Dazu wählen Sie einfach noch einmal den zuletzt beschriebenen Menüeintrag. Die Alternative: Halten Sie während des Ziehens Strg/Ctrl gedrückt. Das Ergebnis nennt sich »Panorama-01-bearbeitet.jpg«.

▲ **Abbildung 8.77**
Das auf den Hintergrund reduzierte Ergebnis finden Sie im ERGEBNISSE-Ordner.

5 Optional: Bereiche füllen

Eine Alternative zur Freistellung gibt es noch. Möglicherweise gefällt Ihnen diese noch viel besser. Machen Sie dazu bitte die Freistellung rückgängig, und kontrollieren Sie, dass alle sechs Ebenen innerhalb des Ebenen-Bedienfelds markiert sind (standardmäßig ist das bereits der Fall).

Wählen Sie anschließend EBENE • AUF EINE EBENE REDUZIEREN, und aktivieren Sie den Bereichsreparatur-Pinsel in der ART: INHALTSBASIERT. Stellen Sie eine Spitze von etwa 80 Px ein, und überfahren Sie großzügig in mehreren kleinen Etappen alle Bereiche, die mit Transparenzen versehen sind. Arbeiten Sie zunächst oben, dann unten. Zuletzt versuchen Sie es mit den Seiten. Nicht immer wird das zu 100 % gelingen, aber einen Versuch ist es allemal wert. Und selbst wenn Sie am Ende doch freistellen müssen, weil die Strukturen am Bildrand nicht richtig passen, so können Sie insgesamt mit erheblich weniger Verschnitt rechnen als bei der direkten Freistellung. »Panorama-01-komplett.jpg« finden Sie im ERGEBNISSE-Ordner. Das Resultat ist nicht fehlerfrei, aber dennoch eine Alternative.

Keine Flächenfüllung

Zum Zweck der Rekonstruktion gibt es die Möglichkeit, nach Auswahl der gesamten Arbeitsfläche ([Strg]/[⌘]+[A]) den Befehl BEARBEITEN • FLÄCHE FÜLLEN • INHALTSBASIERT zu wählen. Daraufhin werden kleinere Lücken im Foto geschlossen. Versuchen Sie es jedoch bei diesem Panorama, wird die Aktion nicht von Erfolg gekrönt sein. Photoshop gibt hier den Hinweis aus, dass nicht ausreichend deckende Quellpixel vorhanden seien.

Die Photomerge-Layouts

Wie Sie gesehen haben, werden im Photomerge-Dialog verschiedene Optionen angeboten:

▶ AUTO: Hier überlassen Sie es Photoshop, zu entscheiden, ob ein Panorama perspektivisch, zylindrisch oder kugelförmig angeordnet wird. Entscheidend dafür ist das bessere Kompositionsergebnis nach einer entsprechenden Analyse der Einzelbilder.

▶ PERSPEKTIVISCH: Eines der in der Mitte liegenden Einzelbilder wird als Referenzfoto verwendet. Alle anderen Fotos werden entsprechend verzerrt und positioniert.

▲ **Abbildung 8.78**
Unten ist die Rekonstruktion nicht ganz gelungen. Entscheiden Sie selbst, ob Sie diesen Bereich lieber noch abschneiden.

▶ Zylindrisch: Die Fotos sehen so aus, als seien sie auf einen Zylinder aufgebracht (siehe dazu auch den Workshop auf der Bonus-Seite des Buchs).

▶ Kugelförmig: Die Fotos wirken, als seien sie auf der Innenseite einer Kugel angebracht. Diese Methode ist vor allem für 360°-Panoramen geeignet.

▶ Collage: Die Einzelbilder werden aneinander ausgerichtet, wobei aber nur *eines* der Fotos als Quellbild angesehen und auch nur dieses transformiert wird.

▶ Repositionieren: Die Fotos werden aneinander ausgerichtet, ohne dass es zu Transformationen kommt.

Die Photomerge-Quelldatei-Optionen

In Photoshop werden außerdem noch drei Quelldatei-Optionen angeboten:

▶ Bilder zusammen überblenden: Die Übergänge zwischen den Einzelfotos werden individuell anhand der Bildinformationen erzeugt (individuelle Ebenenmasken). Zudem werden die Bilder farblich aufeinander abgestimmt.

▶ Vignettierungsentfernung: Falls die Ecken der Fotos dunkler sind (Vignettierung), wird dies bei der Panorama-Erstellung automatisch korrigiert.

▶ Korrektur der geometrischen Verzerrung: Tonnen-, Kissen- und Fischaugen-Verzerrungen werden automatisch korrigiert.

Architektur-Panoramen

Beliebt sind auch Panoramas von Gebäuden. Einen Workshop zu diesem Thema finden Sie auf der Bonus-Seite zum Buch. Einfach unter *www.galileodesign.de* den Code von der vorderen Innenklappe des Buchs eingeben und Zusatzangebot herunterladen.

Camera Raw

Professionelle Bildbearbeitung

- ▸ Was sind Raw und DNG?
- ▸ Wie werden Fotos in Camera Raw verarbeitet?
- ▸ Wie kann ich Beleuchtung mit Camera Raw bearbeiten?
- ▸ Wie werden bestimmte Bereiche im Raw-Foto bearbeitet?
- ▸ Wie werden die Farben in Camera Raw optimiert?
- ▸ Wie wird eine Raw-Objektivkorrektur durchgeführt?

9 Camera Raw

In der professionellen Fotografie ist »Raw« längst ein unverzicht-barer Standard geworden. Bei diesem Verfahren speichert die Fotokamera Rohdaten (englisch »raw« = roh). Diese können ohne Qualitätsverluste in Camera Raw nachbearbeitet und konvertiert werden.

9.1 Raw und DNG

Im weiteren Verlauf dieses Abschnitts werden wir es vor allem mit zwei Dateiformaten zu tun bekommen – Camera Raw und DNG. Zunächst sollen Sie ergründen, was es damit auf sich hat, warum diese Formate in der digitalen Bildbearbeitung so wichtig sind, welche Vorteile, aber auch Tücken hier vorherrschen und was es zu beachten gilt. Danach stürzen Sie sich in die Praxis.

Was ist Raw?

Mit der Weiterentwicklung digitaler Fotokameras wächst auch der Wunsch nach immer größeren Bildern. Derzeit befinden wir uns in einem Stadium, in dem einige Aufnahmegeräte bereits die 20-Megapixel-Marke reißen. Dabei muss man sich vergegenwär-tigen, dass die Daten, die auf das Speichergerät einer Kamera geschrieben werden, ebenfalls immer üppiger werden. Aber selbst geringere Auflösungen benötigen im Prinzip riesige Speichermen-gen. Damit der Chip nun nicht ruck, zuck aus allen Nähten platzt, werden die Fotos von Hause aus komprimiert.

Schon vor vielen Jahren hat sich hierbei das JPEG-Verfah-ren als Standard durchgesetzt. Es erzeugt sehr kleine Dateimen-gen bei vergleichsweise guter Qualität. Eine derartige Kompres-sion gelingt allerdings nicht verlustfrei. Im Gegenteil: Durch das »Zusammenstauchen« von Daten gehen Bildinformationen ver-loren. Und der zweite Nachteil: Es findet eine Art automatische

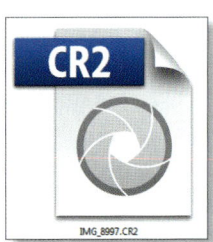

▲ **Abbildung 9.1**
Raw-Fotos sehen auf der Festplatte so (oder ähnlich) aus.

Entwicklung des Fotos statt. So sorgt das JPEG-Format zum Beispiel für die Farbentwicklung und die Schärfe. Hierauf haben Sie zwar auch während des Fotografierens Einfluss, nicht aber bei der Erzeugung der Datei.

Genau an diesem Punkt hat sich schon vor vielen Jahren der Wunsch herauskristallisiert, ein Format ins Leben zu rufen, das die Qualität an die allererste Stelle setzt. Gesagt, getan – heraus kam Raw. Der Gedanke dahinter: Als Grundlage für ein Raw-Foto wird genau das genommen, was die Kamera »sieht«. Das Foto wird allerdings beim Schreiben auf den Chip nicht automatisch geschärft oder Ähnliches. Es bleibt sogar weitgehend unbearbeitet – wie der Name Raw schon sagt, im Rohzustand. Und genau das macht es dem Fotografen möglich, die eigentliche Entwicklungsarbeit später zuhause zu erledigen, also wie früher in der Dunkelkammer. Und das Tollste dabei ist: Die Entwicklung ist absolut verlustfrei.

Vorteile von Raw

Nun bleibt unter dem Strich festzuhalten, dass Raw das Maß aller Dinge ist. Fehler während des Fotografierens (wie zum Beispiel eine falsche Belichtung, schlechter Weißabgleich, flaue Farben, wenig Kontrast usw.) können kurzerhand später am Rechner korrigiert werden. Und selbst im Anschluss an die Korrektur werden die Bildinformationen nicht einfach überschrieben. Denn die Daten, die Sie während der Korrektur erzeugen, werden (wie bei einer Einstellungsebene) nicht direkt an das Foto übergeben. Die Raw-Korrektur ist nämlich ebenfalls nicht-destruktiv.

Nachteile von Raw

Wo gehobelt wird, fallen auch Späne. So bringt das ehrenwerte Raw-Format leider auch ein paar Knackpunkte mit sich. Beispielsweise gibt es keinen einheitlichen Standard. Jeder Kamerahersteller verwendet sein eigenes Raw-Verfahren. Entsprechend sind auch die Dateiendungen unterschiedlich. So erzeugt eine Canon-Kamera beispielsweise Dateien mit den Endungen .crw oder .cr2, während Nikon .nef oder .nrw einsetzt. Fuji wiederum schreibt .raf und Olympus .orf – um nur einige zu nennen. Genau an dieser

Raw und JPEG

Nicht nur Profi-Kameras beherrschen das Raw-Format. Selbst Einsteigerkameras bieten diese Funktion vielfach an. Nun muss man nicht auf JPEGs verzichten, da es den meisten Aufnahmegeräten auch möglich ist, ein einzelnes Foto sowohl im Raw- als auch im JPEG-Format zu speichern. Dies setzt zwar große Speicherchips voraus, ist jedoch unbedingt zu empfehlen.

Stelle kommt der große Auftritt des DNG-Formats. (Dazu gleich mehr.)

Von Camera Raw und Lightroom unterstützte Kameras

Die Unterstützung für folgende Kameramodelle ist in Camera Raw 7 und Lightroom 4 integriert. Camera Raw 7 ist nicht mit Photoshop CS5 kompatibel.

Canon	Kodak	Olympus	Ricoh
EOS-1D	DCS 14n	E-1	GXR, GR-Objektiv A12 28 mm
EOS-1Ds	DCS Pro 14nx	E-3	F2.5
EOS-1D Mark II	DCS760	E-5	GXR MOUNT A12
EOS-1D Mark II N	DCS Pro SLR/n	E-10	
EOS-1Ds Mark II	EasyShare P712	E-20	**Samsung**
EOS-1D Mark III	EasyShare P850	E-30	GX-1S
EOS-1Ds Mark III	EasyShare P880	E-420	GX-1L
EOS-1D Mark IV	EasyShare Z980	E-450	NX5
EOS-1D X	EasyShare Z1015 IS	E-520	NX10
EOS 5D	EasyShare Z981	E-600	NX100
EOS 5D Mark II	EasyShare Z990	E-620	NX200
EOS 7D	DCS720x	E-P1	NX11
EOS 10D		E-P2	TL350 (WB2000)
EOS 20D	**Konica Minolta**	E-PL1	TL500 (EX1)
EOS 20Da	DiMAGE A1	E-PL1s	
EOS 30D	DiMAGE A2	E-PL2	**Sigma**
EOS 40D	DiMAGE A200	E-P3	DP1
EOS 50D	DiMAGE 5	E-PL3	DP1s
EOS 60D	DiMAGE 7	E-PM1	DP2
EOS D30	DiMAGE 7i	EVOLT E-300	SD9
EOS D60	DiMAGE 7Hi	EVOLT E-330	SD10
EOS 300D (Digital Rebel/Kiss Digital)	Maxxum 7D / DYNAX 7D	EVOLT E-400	SD14
EOS 350D (Digital Rebel XT/EOS Kiss Digital N)	ALPHA SWEET DIGITAL (Japan)	EVOLT E-410	**Sony**
EOS 400D (Digital Rebel XTi/EOS Kiss Digital X)	ALPHA-5 DIGITAL (China)	EVOLT E-500	A100
EOS 450D (Digital Rebel XSi/EOS Kiss X2)	MAXXUM 5D (USA)	EVOLT E-510	A200
EOS 500D (Digital Rebel T1i/EOS Kiss X3 Digital)	DYNAX 5D (Europa)	C-5050 Zoom	A230
EOS 550D (Digital Rebel T2i/EOS Kiss X4 Digital)	**Leaf**	C-5060 Zoom	A290
EOS 600D (Rebel T3i / Kiss X5	AFi II 6	C-7070 Wide Zoom	A300
	AFi II 7	C-8080 Wide Zoom	A330
	Aptus II 5	SP-310	A350
	Aptus II 6	SP-320	A380
	Aptus II 7	SP-350	A390
	Aptus II 12	SP-500 UZ	A500
		SP-510 UZ	A450

Abbildung 9.2 ▶
Dies ist nur ein Teil der riesigen Liste von Kameras, die durch das Photoshop-Raw-Plugin unterstützt werden.

Als weiteres Manko kann man die Dateigrößen nennen, da diese Daten ein Vielfaches an Speicherplatz-Mehrbedarf haben als ihre JPEG-Kollegen. Außerdem ist es mit der Kompatibilität noch nicht so weit her. Noch lange nicht jede Software kann mit diesem Format umgehen. Das Gleiche gilt im Übrigen für Drucker. Ein Raw-Foto also mal eben an den Tintenstrahler zu schicken, könnte schwierig werden. Eine Konvertierung in ein populäreres Format ist vor dem Druck somit erforderlich.

Zuletzt muss leider noch erwähnt werden, dass der in Photoshop integrierte Raw-Konverter zwar mit jeder Menge Kameraformaten zurechtkommt, jedoch leider nicht mit allen. Deswegen sollten Sie, insbesondere vor der Anschaffung eines neuen Aufnahmegeräts, entsprechende Informationen einholen. Die Seite *http://www.adobe.com/de/products/photoshop/extend.html* hilft hier weiter.

© Nancy Tubb – fotolia.com

◄ **Abbildung 9.3**
Die interessantesten Augen-
blicke sollten im Rohdaten-
Format festgehalten werden.

Das DNG-Format

Kommen wir zurück zu den unterschiedlichen Speicherforma-
ten der jeweiligen Hersteller: Die Antwort darauf heißt nämlich
DNG. DNG ist von der Begrifflichkeit her ein digitales Negativ und
außerdem ein kostenlos erhältlicher Konverter, der von Adobe
bereitgestellt wird. Er lässt sich über *http://www.adobe.com/de/
products/dng/* herunterladen.

Sinn und Zweck dieses Konverters ist es, der Flut unterschiedlicher Raw-Formate entgegenzuwirken. Außerdem benötigen Sie
zum Bearbeiten von Raw-Fotos auch eine entsprechende Software. Und die wiederum bekommen Sie entweder separat vom
Kamerahersteller, oder Sie haben Photoshop installiert. Was tun
Sie aber, wenn Sie ein solches Foto einmal weitergeben wollen?
Dann benötigt der Empfänger lediglich noch den DNG-Konverter. Der zweite Vorteil beim Einsatz dieses Formats: Adobe verspricht, hier auf dem Laufenden zu bleiben. Wörtlich heißt es dort
zum DNG-Format:

*»Das Format gewährleistet, dass die archivierten Dateien auch nach
mehreren Jahren noch zugänglich sind.«*

Denn es ist theoretisch möglich, dass alte Raw-Formate irgendwann vom Raw-Konverter nicht mehr verarbeitet werden können,
beispielsweise wenn sie vom Kamerahersteller nicht weiterentwickelt werden.

DNG-Kameras

Bislang kommt das von
Adobe entwickelte For-
mat bei den Kameraher-
stellern noch nicht so
richtig an. Schade. Denn
es ist möglich, direkt in
der Kamera DNGs zu
erzeugen. Bisher gibt es
das jedoch nur bei
Samsung, Ricoh, Leica
und Pentax.

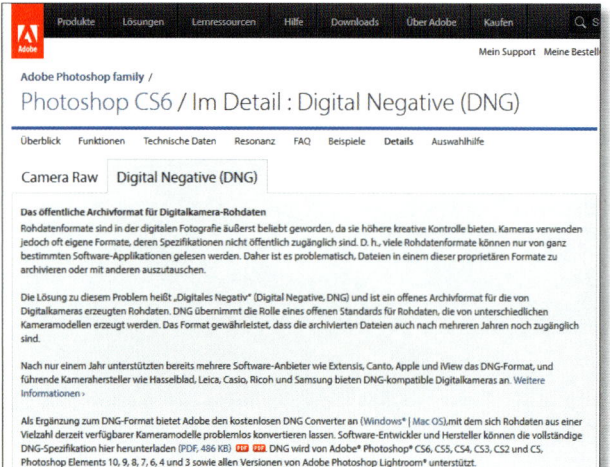

Abbildung 9.4 ▶
Der DNG-Konverter ist kostenlos erhältlich.

9.2 Der Raw-Workflow

Nun geht es bei der Bearbeitung von Raw-Fotos in der Regel so, dass Sie die Datei zunächst einmal an Photoshop übergeben müssen. Die Anwendung erkennt, dass es sich um ein Rohdaten-Foto handelt, und öffnet das Raw-Plugin ganz automatisch. Danach wird es korrigiert. Zuletzt haben Sie die Wahl, ob Sie dem Raw-Foto die Korrekturen beilegen wollen oder nicht.

Fotos in Camera Raw öffnen

Um Rohdaten-Aufnahmen zu öffnen, gibt es verschiedene Möglichkeiten. Entweder Sie klicken eine derartige Datei mit rechts an und entscheiden sich anschließend für ÖFFNEN MIT. Oder Sie machen das direkt aus der Bridge heraus. Hier reicht nämlich ein Doppelklick. Da die Anwendung erkennt, um welches Format es sich handelt, wird das Rohdaten-Foto gleich an den Raw-Konverter weitergeleitet.

Auch Drag & Drop ist eine Möglichkeit. Ziehen Sie ein Raw-Foto einfach auf das Photoshop-Icon oder in die Arbeitsumgebung. Genauso gut lassen sich von der Bridge aus auch mehrere Raw-Fotos auf einmal öffnen. Dazu müssen Sie nichts weiter tun, als alle Raw-Fotos nacheinander zu markieren, während [Strg]/[⌘] gehalten wird. Am Schluss setzten Sie einen Doppelklick auf eines der markierten Bilder oder betätigen $\boxed{\text{Strg}}$/$\boxed{\text{⌘}}$+$\boxed{\text{R}}$. Und jetzt hätte ich fast noch den herkömmlichen Weg aus Photoshop heraus über DATEI • ÖFFNEN vergessen.

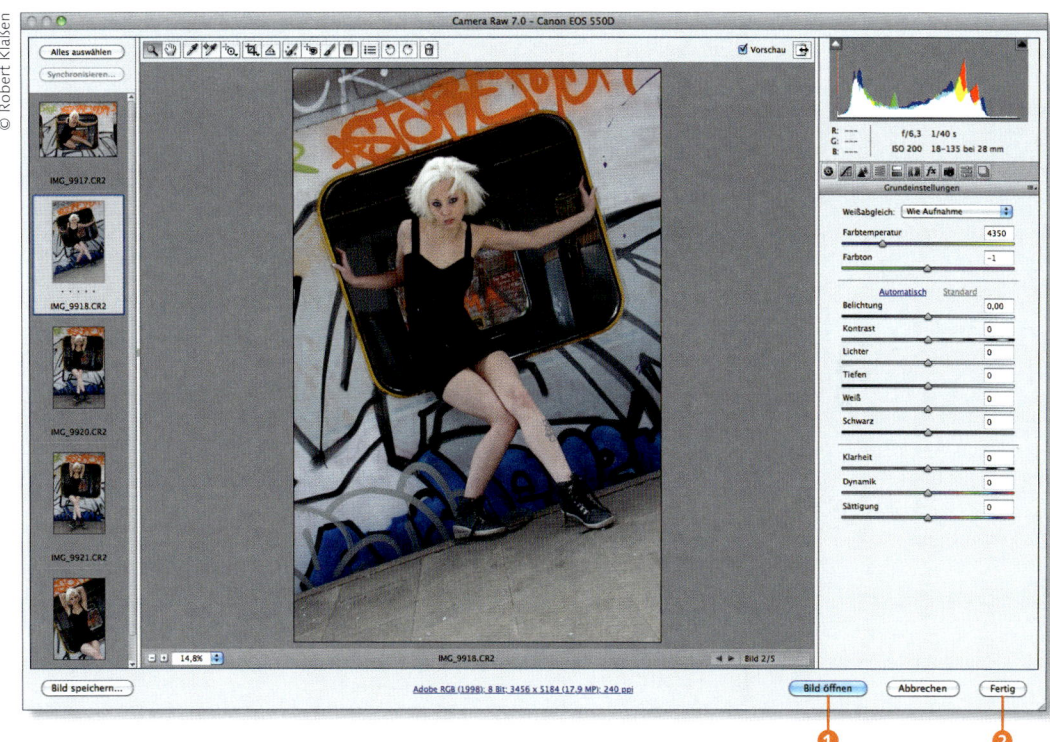

Nicht-Raw-Fotos in Raw öffnen

Setzen Sie innerhalb der Bridge einen Doppelklick auf ein JPEG-Foto, öffnet sich dieses normalerweise in der direkten Arbeitsumgebung von Photoshop. Wer die Einstelloptionen im Raw-Konverter jedoch lieb gewonnen hat, der kann auch normale Fotos dort bearbeiten. Dazu markieren Sie das Foto in der Bridge und drücken anschließend $\boxed{\text{Strg}}$/$\boxed{\text{⌘}}$+$\boxed{\text{R}}$, oder Sie entscheiden sich nach einem Rechtsklick auf die Vorschauminiatur für IN CAMERA RAW ÖFFNEN.

Raw-Fotos weiterverarbeiten

Machen Sie sich zum gegenwärtigen Zeitpunkt bitte noch keine Gedanken über die eigentliche Nachbearbeitung. Darum küm-

▲ **Abbildung 9.5**
Die zuvor selektierten Fotos erscheinen in der Spalte ganz links und können dort per Mausklick angewählt werden.

mern wir uns gleich noch. Vorab sollten Sie jedoch wissen, dass Sie am Ende einer Raw-Nachbearbeitung folgende Möglichkeiten haben.

Sie können unten rechts auf BILD ÖFFNEN klicken (siehe Abbildung 9.5). Das hat dann zur Folge, dass die Einstellungen innerhalb der Raw-Datei gespeichert werden, was nicht-destruktiv, also verlustfrei und jederzeit editierbar erfolgt. Darüber hinaus wird das Foto an die Standard-Arbeitsumgebung von Photoshop übergeben. Hier stehen dann sämtliche weiteren Bearbeitungsmöglichkeiten zur Verfügung. Allerdings befinden Sie sich ab dem Zeitpunkt der Übergabe nicht mehr im Rohdaten-Modus! Demzufolge lässt sich die weitere Bearbeitung auch nicht mehr an das *Rohdaten*-Bild übergeben. Sie haben es jetzt mit einem normalen Foto zu tun, das Sie dann als TIFF oder PSD speichern können. Das Rohdaten-Bild bleibt von diesen Änderungen natürlich verschont.

Was in diesem Zusammenhang ebenfalls noch wichtig ist: Schauen Sie einmal auf die blaue Beschriftung unterhalb des Fotos. Hier lesen Sie ab, wie groß das Dokument ist. Aber nicht nur das. Denn ein Klick darauf lässt Einstellungen zur Dateigröße, Auflösung sowie zum Farbsystem zu, die bei der Weiterleitung an die Photoshop-Umgebung gelten sollen.

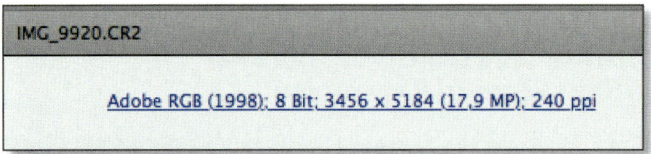

▲ **Abbildung 9.6**
Die Info fungiert auch als Button.

Abbildung 9.7 ▶
Daraufhin werden die Arbeitsablauf-Optionen präsentiert.

Wollen Sie das Foto anschließend nicht in Photoshop nachbearbeiten, die Änderungen allerdings dennoch an die Raw-Datei übergeben, klicken Sie einfach auf FERTIG ❷ (siehe Abbildung 9.5).

Sicher haben Sie schon geahnt, dass es auch noch eine dritte Alternative gibt. Was ist nämlich, wenn Sie das Foto nach der Korrektur zwar an Photoshop übergeben, nicht jedoch die Einstellungen zum Original packen wollen? Dann halten Sie ganz einfach [Alt] gedrückt, was zur Folge hat, dass der Button BILD ÖFFNEN ZU KOPIE ÖFFNEN wird.

Und es gibt tatsächlich noch eine weitere Option. Halten Sie [⇧] gedrückt, lässt sich die Datei sogar als Smartobjekt an Photoshop übergeben. Dann nennt sich der Button nämlich OBJEKT ÖFFNEN.

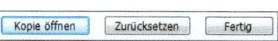

▲ **Abbildung 9.8**
Eine Kopie in Photoshop öffnen

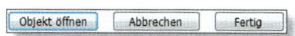

▲ **Abbildung 9.9**
Jetzt wird ein Smartobjekt in Photoshop angelegt.

Als DNG speichern

Wie das Speichern abläuft, wenn das Foto im Rohdaten-Format bleiben soll, haben Sie ja soeben erfahren. Was jedoch zu tun ist, um es in DNG zu konvertieren, entnehmen Sie dem folgenden Workshop.

Schritt für Schritt
Foto korrigieren und als digitales Negativ speichern

In diesem Workshop sollen Sie einige wichtige Steuerelemente kennen lernen. Danach wird das Foto korrigiert. Am Schluss erfahren Sie noch, wie Sie das Bild im Austauschformat DNG (Digitales Negativ) speichern können.

Bilder/Raw_01.raw

1 Raw-Fotos öffnen
Zunächst sollten Sie eine Raw-Datei Ihrer Digitalkamera auf den Rechner übertragen und sie in Photoshop öffnen. Klicken Sie die Datei mit der rechten Maustaste an, und entscheiden Sie sich im Kontextmenü für ÖFFNEN MIT, gefolgt von Adobe PHOTOSHOP CS6. Sollten Sie gerade keine Datei zur Hand haben, verwenden Sie »Raw_01.raw« aus den Beispieldateien.

▲ **Abbildung 9.10**
Das Foto wird nicht in der herkömmlichen Arbeitsumgebung, sondern im Raw-Plugin geöffnet.

Einstellungen verwerfen

Um bereits angewendete Einstellungen widerrufen zu können, halten Sie ⟨Alt⟩ gedrückt. Der Button ABBRECHEN wird dadurch zur ZURÜCKSETZEN-Schaltfläche. Wenn Sie darauf klicken, bevor Sie ⟨Alt⟩ wieder loslassen, werden alle vorgenommenen Änderungen verworfen.

2 Bild skalieren

Die Ansicht der Datei können Sie verändern, indem Sie die Steuerelemente + und – sowie die Prozentangabe ❹ unterhalb des Bildes nutzen. Danach werden Sie nur noch einen Ausschnitt des Bildes sehen. Auch hier funktioniert übrigens der viel zitierte Doppelklick auf das Zoom-Werkzeug zur 100-%-Darstellung.

3 Vorschau aktivieren

Wenn Sie eine Vorschau des Raw-Bildes wünschen, markieren Sie den Button VORSCHAU ❶. Sie sollte zum Zeitpunkt der Bearbeitung natürlich stets aktiv sein, damit Sie die Veränderungen gleich im Bild begutachten können. Sie können das Häkchen von Zeit zu Zeit kurz deaktivieren, um sich einen Vorher-nachher-Vergleich zu genehmigen.

4 Weißabgleich einstellen

Zunächst einmal ist das Steuerelement WEISSABGLEICH ❸ innerhalb der Grundeinstellungen erwähnenswert. Sollte dieser Bereich nicht angezeigt werden, klicken Sie bitte auf das Register GRUND-

EINSTELLUNGEN ❷. Lassen Sie WIE AUFNAHME stehen, werden die Einstellungen verwendet, die zum Zeitpunkt der Aufnahme gültig waren – also die Originaldaten. Eine Veränderung können Sie jedoch herbeiführen, indem Sie auf TAGESLICHT umstellen. Sie werden dadurch erste markante Unterschiede feststellen, nämlich dahingehend, dass die Farben viel wärmer werden.

Betrachten Sie dieses Steuerelement als Voreinstellung in Sachen Farbtemperatur. Schalten Sie mehrfach hin und her, und beobachten Sie, wie sich die unterhalb befindlichen Regler FARB-TEMPERATUR und FARBTON dabei verändern. Die Werte sind hier übrigens in Kelvin angegeben und können unabhängig von der gewählten Einstellung beim Weißabgleich noch verstellt werden. Grundsätzlich werden die Farben nach rechts hin wärmer, während sie sich nach links hin abkühlen.

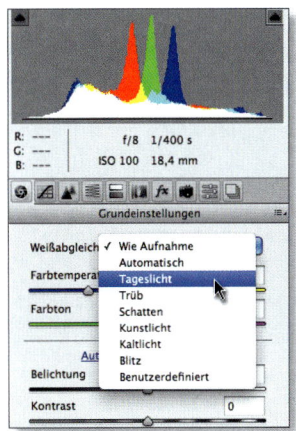

▲ **Abbildung 9.11**
Schalten Sie auf TAGESLICHT um.

5 Belichtung erhöhen

Nun könnte das Foto etwas aufgehellt werden. Widmen Sie sich deshalb dem Schieberegler BELICHTUNG. Ziehen Sie ihn auf etwa +0,65.

6 Kontrast erhöhen

Die Aufnahme zeichnet sich ja nicht gerade durch Kontrastreichtum aus. Deshalb müssen Sie hier noch ein wenig nachhelfen. Gehen Sie mit dem KONTRAST auf +36 und mit den LICHTERN auf –80. Die TIEFEN pendeln Sie auf –20 ein, und WEISS nehmen Sie zurück bis auf –34. SCHWARZ soll –41 betragen. Damit verschieben Sie dunkle Bildinformationen mehr in Richtung Schwarz. Je weiter Sie mit dem Regler nach rechts gehen, desto mehr werden auch Bildpixel, die nicht sehr dunkel sind, in Richtung Schwarz verschoben. Beim Weiß haben Sie damit erreicht, dass die besonders hellen Bildanteile ein wenig abgedunkelt werden.

7 Dynamik erhöhen

Zuletzt ziehen Sie die KLARHEIT auf +36 (das macht die Konturen deutlicher) und die DYNAMIK auf +27. Schwach gesättigte Farben werden so etwas mehr gesättigt als Farben, die bereits über ausreichende Leuchtkraft verfügen. Runden Sie die Aktion ab, indem Sie die SÄTTIGUNG auf +10 hochziehen.

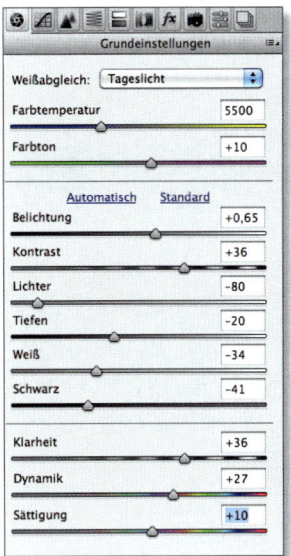

▲ **Abbildung 9.12**
Jetzt ist das Raw-Foto ansehnlich.

▲ **Abbildung 9.13**
Hier lohnt sich der Vorher-nachher-Vergleich. Das Foto ist kaum wiederzuerkennen.

8 Datei speichern

Ihr nächster Schritt sollte sein, die Datei zu speichern. Klicken Sie deshalb auf den Button BILD SPEICHERN unten links (siehe Abbildung 9.5). Entscheiden Sie sich für den Button ORDNER AUSWÄHLEN ❶, und bestimmen Sie danach, in welchem Verzeichnis das Negativ abgelegt werden soll. Wenn Sie hingegen wollen, dass es den gleichen Speicherort wie das Raw-Original einnimmt, müssen Sie hier nichts ändern.

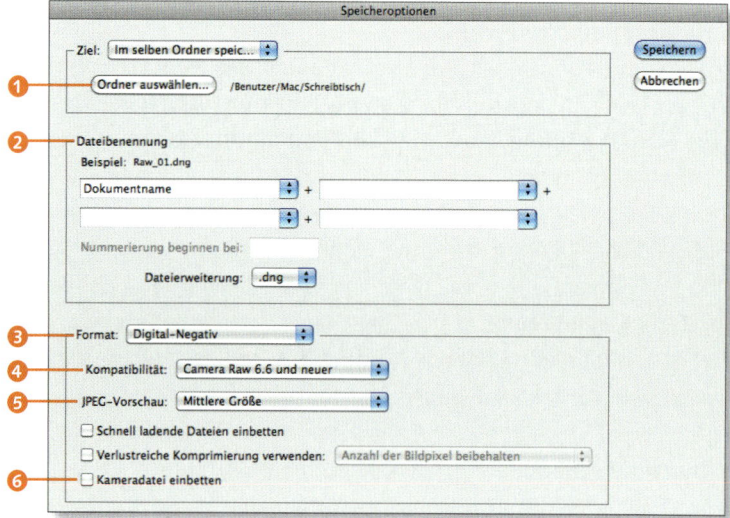

Abbildung 9.14 ▶
Die Speicheroptionen des DNG-Dialogs

9 Datei benennen

Nun haben Sie die Möglichkeit, einen Namen zu vergeben. Das machen Sie über das erste Pulldown-Menü im Frame DATEIBENENNUNG ❷. Wenn Sie die Liste allerdings öffnen, werden Sie feststellen, dass lediglich der Dokumentname, die Seriennummer, Folgebuchstaben oder das Datum festgelegt werden können. Allerdings können Sie das Feld (in dem standardmäßig Doku-mentname steht) auch direkt überschreiben und dann Ihre bevor-zugte Bezeichnung eingeben.

10 Format festlegen

Im untersten Frame, Format ❸, belassen Sie es bei Digital-Negativ. Das war ja das erklärte Ziel. Im Pulldown-Menü Kompa-tibilität ❹ kann zudem noch festgelegt werden, dass auch Benut-zer älterer Plugin-Versionen mit der Datei noch arbeiten können. Auch hier müssen Sie in der Regel nichts ändern, es sei denn, Sie wollen das Foto an jemanden weitergeben, der noch mit einer veralteten Raw-Version unterwegs ist.

Kameradatei einbetten ❻ sorgt dafür, dass die Ursprungsda-tei (also das Raw-Bild) mit in die DNG-Datei eingebettet wird. Im konkreten Beispiel lassen wir das aber weg, da ja lediglich ein DNG ausgegeben werden soll.

11 JPEG-Vorschau erzeugen

Damit Sie auch in anderen Anwendungen sehen, um welches Bild es sich handelt, sollten Sie eine JPEG-Vorschau integrieren ❺. Das hat keinen Einfluss auf die Qualität der eigentlichen Datei, son-dern liefert lediglich ein Bild zur Ansicht mit. Stellen Sie hier Ohne ein, wird keine Vorschau abgespeichert.

Das fertige Dokument finden Sie auf der Buch-DVD im Ordner Ergebnisse unter dem Namen »Raw_01.dng«.

▲ **Abbildung 9.15**
Die Datei wird als DNG im Zielordner abgelegt.

12 Dialog schließen

Der Raw-Dialog bleibt übrigens geöffnet. Das bedeutet: Sie könn-ten das Foto jetzt noch weiter bearbeiten. Für diesen Workshop klicken Sie allerdings auf Abbrechen, damit das Foto geschlossen wird und die Einstellungen des Originals nicht verändert werden.

Einstellungen der Raw-Bilder speichern

Wenn Sie eine Raw-Datei im Format Raw belassen wollen, kli-cken Sie im Anschluss an die Nachbearbeitung auf Fertig (unten rechts im Raw-Dialog). Dann werden die geänderten Einstellungen übernommen und separat zum Bild gesichert. Öffnen Sie das Bild später erneut, präsentiert sich das Foto mit den aktualisierten Einstellungen, wobei diese dann abermals angeglichen werden könnten – und zwar jedes Mal verlustfrei.

Dabei ist allerdings von Bedeutung, wo Sie die Einstellungen ablegen wollen. Hier gibt es nämlich zwei Möglichkeiten. Sie können dem Bild ein XMP-Dokument mitgeben oder es in der Camera-Raw-Datenbank ablegen. Um eine entsprechende Auswahl treffen zu können, klicken Sie in der Symbolleiste des Raw-Dialogs auf VOREINSTELLUNGEN-DIALOGFELD ÖFFNEN und öffnen anschließend das Pulldown-Menü BILDEINSTELLUNGEN SPEICHERN IN. Welche Wahl Sie hier treffen, ist für das Ergebnis irrelevant. Ich persönlich bevorzuge das XMP-Dokument. Dadurch wird mein Raw-Foto zwar um eine weitere Datei ergänzt – allerdings kann ich die Einstellungen durch bloßes Entsorgen der XMP-Datei verwerfen. Zudem habe ich die Wahl: Will ich beispielsweise das korrigierte Foto weitergeben, verwende ich dazu beide Dateien. Soll es lediglich das Original sein, lasse ich die XMP-Datei außen vor. Bei Verwendung der Datenbank habe ich diese Option nicht.

Abbildung 9.16 ▶
Öffnen Sie zunächst die Voreinstellungen.

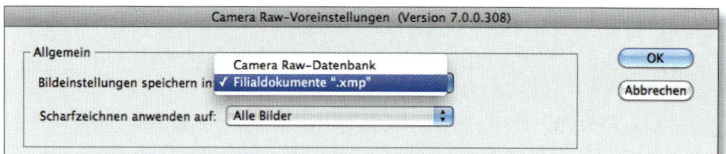

Abbildung 9.17 ▶
Danach bestimmen Sie, ob eine XMP-Datei hinzugefügt werden soll.

9.3 Fotos im Raw-Dialog einstellen

Natürlich ist Ihnen nicht entgangen, dass der Raw-Dialog ein mächtiges Tool ist. Jedoch haben Sie eigentlich nur einen geringen Teil bereits bedient – nämlich die Grundeinstellungen. Bevor es mit anderen Optionen weitergeht, wollen wir hier noch einmal etwas genauer hinschauen.

Grundeinstellungen vornehmen

Wer Umsteiger von einer Vorgängerversion ist, der wird über die Anordnung und die Bezeichnungen der einzelnen Slider verwundert sein. Diese sind jetzt jedoch viel logischer angebracht. Außerdem lassen sich die Schieber nun alle aus der Mitte heraus bewegen – also in beide Richtungen –, ebenfalls ein Novum in der CS6-Version. Hier zunächst die wichtigsten Raw-Grundeinstellungen im Überblick:

▶ Belichtung: Verändert nachträglich die Blendenöffnung, um die Belichtung des Bildes anzupassen.

▶ Kontrast: Verändert das Gefälle zwischen hellen und dunklen Bereichen des Bildes. Die Einstellungen wirken sich somit vorwiegend auf die Mitten aus.

▶ Lichter: Hiermit wird versucht, verschwindende Details in hellen Bereichen zu verändern. Um diese wiederherzustellen, muss der Regler nach links gezogen werden. Bevorzugen Sie hingegen ebenmäßig helle Flächen, müssen Sie nach rechts gehen.

▶ Tiefen: Hierdurch werden Details in dunklen Bereichen besser herausgestellt. Um dort mehr Zeichnung herauszuarbeiten, muss der Regler nach rechts gezogen werden. Nach links hin werden dunkle Segmente noch dunkler.

▶ Weiss: Hiermit legen Sie fest, welche Tonwertbereiche weiß dargestellt werden sollen. Helle Bildbereiche werden weiter aufgehellt, wenn Sie den Regler weiter nach rechts stellen.

▶ Schwarz: Bestimmen Sie, welche Tonwertbereiche schwarz dargestellt werden sollen. Dunkle Bildbereiche werden weiter abgedunkelt, wenn Sie den Regler weiter nach links stellen.

▶ Klarheit: Hier werden die Kontraste in den Mitteltönen erhöht (rechts) beziehungsweise abgesenkt, wenn Sie nach links gehen. Das Heraufsetzen der Klarheit lässt das Foto optisch schärfer wirken. Wollen Sie hingegen beispielsweise die Haut eines Models absoften, lohnt es sich, den Regler nach links zu ziehen.

▶ Dynamik: Das Prinzip kennen Sie bereits. Schwach gesättigte Farben werden bei der Verstellung des Reglers nach rechts mehr gesättigt als diejenigen, die bereits über eine ausreichende Sättigung verfügen.

▶ Sättigung: Hebt die Leuchtkraft der Farbe an (rechts) bzw. senkt diese ab (links).

▲ **Abbildung 9.18**
Das Register Grundeinstellungen

Einzelne Bildbereiche bearbeiten

Wenn Sie das Beispielfoto »Raw_02.raw« öffnen und speziell auf die hellen und dunklen Bildbereiche achten, wird Ihnen auffallen, dass das Meer ziemlich unspektakulär wirkt. Das soll im folgenden Workshop geändert werden. Denn nicht immer reicht es, das gesamte Bild zu bearbeiten. Zum Glück bietet das Raw-Plugin auch hierfür die passende Lösung.

Schritt für Schritt
Tiefen und Lichter mit Camera Raw punktuell verändern

Bilder/Raw_02.raw

Öffnen Sie das Beispielfoto. Irgendwie sieht auch dieses ziemlich flau aus. Das soll zunächst korrigiert werden. Dass es dabei neue Probleme gibt, denen wir dann aber punktuell entgegenzuwirken haben, möchte ich bereits jetzt ankündigen.

1 Kontrast erhöhen

Ziehen Sie den Schieber KONTRAST noch einmal kräftig nach rechts. Streben Sie einen Wert von +68 an. Ah, das sieht ja schon besser aus. So macht es etwas her.

© Renate Klaßen

▲ **Abbildung 9.19**
Diese Aufnahme ist nicht gerade ein Traum von Farben und Kontrasten.

▲ **Abbildung 9.20**
Da kommt Leben ins Bild.

2 Verlaufsfilter aktivieren

Was mir bei der Korrektur wahrlich nicht gefällt, ist die Tatsache, dass das Meer viel zu dunkel ist. Im Prinzip ist es nämlich so, dass Bildbereiche, die weiter entfernt liegen, heller erscheinen als nahe. Das ist jetzt eindeutig nicht der Fall. Aktivieren Sie aus diesem Grund den VERLAUFSFILTER G in der Toolbox.

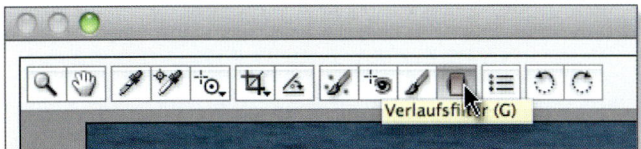

◄ **Abbildung 9.21**
Dieses unscheinbare Symbol verbirgt ein wirklich starkes Werkzeug.

3 Verlauf einzeichnen

Setzen Sie nun in der Mitte des oberen Bildrandes einen Mausklick an ❶, wobei Sie die Maustaste gedrückt halten. Ziehen Sie nach unten, bis Sie an ❷ angelangt sein. Halten Sie währenddessen ⬦ gedrückt. Das sorgt ja bekanntlich dafür, dass Sie nur in eine Richtung ziehen können. So erhalten Sie einen exakt vertikalen Verlauf. Lassen Sie die Maustaste anschließend los.

▼ **Abbildung 9.22**
So erzeugen Sie einen Verlaufsfilter.

4 Tiefen-Lichter-Warnung aktivieren

Sie sollten jetzt darauf achten, dass Sie nicht Gefahr laufen, helle Bildbereiche so weit zu erhellen, dass sie zu weißen Flächen wer-

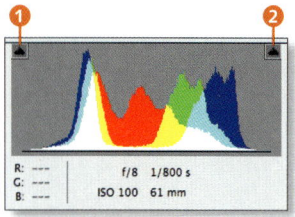

▲ Abbildung 9.23
Man muss schon sehr genau hinsehen, wenn man erkennen möchte, dass die Warn-Buttons eingeschaltet sind.

Lichterwarnung entgegenwirken

Bei sehr hellen Fotos passiert es leicht, dass schon geringe KONTRAST- oder LICHTER-Erhöhungen dazu führen, dass sich die Lichterwarnung meldet. Ziehen Sie in diesem Fall den Schieber WEISS nach links. Das gibt Ihnen meist die Möglichkeit, mit dem zuvor genannten Regler doch etwas weiter nach rechts zu gehen.

Abbildung 9.24 ▶
Was im Ergebnis weiß würde, wird rot eingefärbt. Dabei handelt es sich natürlich lediglich um eine Visualisierung.

den. Zum einen sieht das nicht besonders schön aus, zum anderen bringt das Probleme beim Drucken mit sich. An diesen Stellen wird es nämlich nicht zum Farbauftrag kommen. Vielmehr sehen Sie dort den Bedruckstoff (also das Papier, das ja nicht immer rein weiß ist). Klicken Sie daher auf ❷.

Um eine Tiefenwarnung zu aktivieren, die zeigt, wo zu viel Farbauftrag stattfinden wird (diese Stellen werden so dunkel, dass sie zu Schwarz zulaufen), betätigen Sie auch den Schalter für die Tiefenwarnung ❶ (obwohl diese im konkreten Fall wohl nicht benötigt wird). Dass die Schalter aktiv sind, ist im Übrigen nur schwer zu erkennen. Lediglich ein kleiner weißer Rahmen verdeutlicht dies.

5 Belichtung erhöhen

Damit Sie das Verhalten der Lichterwarnung kennen lernen, ziehen Sie doch den Regler BELICHTUNG einmal ganz nach rechts. Alle Stellen, die im Ergebnis weiß würden, sind jetzt rot eingefärbt. (Bei den Tiefen wäre der Bereich übrigens blau.) Da das nicht so bleiben kann, sollten Sie den Slider anschließend bis auf +1,95 zurückziehen.

6 Klarheit erhöhen

Kurz noch zur Information: Falls Sie auf die gleiche Weise noch andere Bereiche des Fotos bearbeiten wollten, würden Sie einfach an eine andere Stelle klicken und dort abermals einen Filterbereich aufziehen.

Damit die Details in diesem Bereich besser zur Geltung kommen, ziehen Sie den Regler KLARHEIT noch auf +84.

7 Foto weiter verarbeiten

Zuletzt halten Sie Alt gedrückt und klicken auf KOPIE ÖFFNEN (ohne die Taste heißt die Schaltfläche BILD ÖFFNEN). Das hat zur Folge, dass das Foto in der Standard-Arbeitsumgebung von Photoshop dargestellt wird. Dort betätigen Sie nun Strg/⌘+S und sichern die Datei beispielsweise als JPEG ab. Im Folgedialog geben Sie die Qualität mit 10 an.

Verlaufsfilter löschen

Sie möchten einen Verlaufsfilter wider Erwarten doch aus dem Bild entfernen? Dann betätigen Sie ALLE LÖSCHEN unten rechts im Dialog.

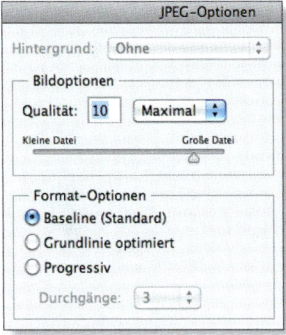

▲ **Abbildung 9.25**
Qualitätsstufe 10 ist absolut ausreichend.

◄ **Abbildung 9.26**
Ein schönes Resultat

Farben optimieren

Das vielleicht Beeindruckendste an der Raw-Optimierung ist das Spiel mit den Farben. Hier werden die Unterschiede zur herkömmlichen Farbkorrektur (die ja an sich auch nicht schlecht ist) besonders deutlich. Einzelne Farbtöne können hier ganz gezielt optimiert werden.

Schritt für Schritt
Farben mit Camera Raw optimieren

Preisfrage: Welcher Makel fällt beim Foto »Raw_03.cr2« am ehesten ins Auge? Die Bildaufteilung? Dass die Aufnahme nach links

Bilder/Raw_03.cr2

Schritte editieren

Wie in der normalen Arbeitsumgebung lässt sich auch hier der letzte Schritt mit ⌷Strg⌷/⌷⌘⌷+⌷Z⌷ zurücknehmen. Betätigen Sie die Kombination ein weiteres Mal, wird der Schritt wieder hergestellt. Um mehrere Schritte rückgängig zu machen, müssen Sie ⌷Strg⌷/⌷⌘⌷+⌷Alt⌷+⌷Z⌷ betätigen. Und wenn es gilt, mehrere rückgängig gemachte Schritte wieder in Anwendung zu bringen, bedarf es folgender Tastenkombination: ⌷Strg⌷/⌷⌘⌷+⌷⇧⌷+⌷Z⌷.

kippt? Oder dass die Farben insgesamt zwar nicht gerade trist sind, aber dennoch verbessert werden können? Ach, wissen Sie was? Wir korrigieren einfach alles.

1 Foto ausrichten

Punkt 1 ist die Schräglage der Aufnahme. Ich finde, das irritiert sehr. Lassen Sie uns daher das Foto gerade rücken. Das dazu benötigte Tool ist das Gerade-ausrichten-Werkzeug ⌷A⌷. Damit haben Sie ja bereits Erfahrungen. Es funktioniert genauso wie in der Standard-Oberfläche von Photoshop.

▲ **Abbildung 9.27**
Auch Raw-Fotos lassen sich ausrichten.

Suchen Sie sich eine Horizontale aus, anhand derer Sie die Ausrichtung vornehmen möchten. Ich habe mich für den Übergang von der Front zum Dach des Zuges entschieden. Setzen Sie ganz links ❶ einen Mausklick an, halten Sie die Maustaste gedrückt, und ziehen Sie herüber nach rechts ❷. Dort angelangt kontrollieren Sie noch einmal den korrekten Sitz der Linie und lassen die Maustaste anschließend los.

Abbildung 9.28 ▶
Die Linie sollte vor dem Loslassen noch einmal auf korrekten Sitz hin geprüft werden.

2 Foto freistellen

Daraufhin zeigt sich ein Freistellungsrahmen, den Sie jetzt noch in Form ziehen können. Wie wäre es, wenn Sie den mittleren Anfasser ganz unten ❸ noch ein wenig nach oben bewegten? Schließen Sie die Aktionen über ⌷↵⌷ ab.

© Robert Klaßen

3 **Lichter abdunkeln**

Ganz wichtig ist, dass Sie jetzt die Tiefen-Lichter-Warnungen aktivieren (sofern nicht schon geschehen). Bei den Oberlichtern des
alten Bahnhofs kommt es nämlich zu erheblichen Problemen. Das
erledigt sich, wenn Sie die LICHTER zunächst auf –44 ziehen. Möglicherweise muss hier später noch einmal nachkorrigiert werden.

4 **Weitere Korrekturen vornehmen**

Ziehen Sie die BELICHTUNG jetzt auf +0,40, den KONTRAST auf +52
und SCHWARZ auf +17. Unterhalb der Bahn werden nämlich schon
Tiefenwarnungen angezeigt. Derart kleine Bereiche sind nicht
weiter tragisch. Es bleibt allerdings zu befürchten, dass sich diese
durch die anschließende Farbkorrektur vergrößern. Deswegen
sollte das bereits im Vorfeld bedacht werden. Zuletzt ziehen Sie
die KLARHEIT noch auf +17 und die DYNAMIK auf +19. Zu dumm,
dass sich jetzt wieder rote Bereiche in den Oberlichtern zeigen.
Bringen Sie die LICHTER daher auf –100.

5 **Farbtöne einstellen**

Betätigen Sie jetzt das Register HSL/GRAUSTUFEN ❹. Gleich unterhalb sind drei Registerkarten auszumachen. Entscheiden Sie sich
zunächst für FARBTON ❺ (siehe Abbildung 9.32).

Werfen Sie einen Blick auf den unteren Teil des Wagens. Stimmen Sie zu? Das Rot verläuft ein wenig in Richtung Magenta.
Wirken Sie dem entgegen, indem Sie den Schieberegler ROTTÖNE
nach rechts verschieben. Etwa bei +21 findet sich ein sehr viel

◄ **Abbildung 9.29**
Wenn das Foto unten ein
wenig mehr angeschnitten
wird, ist das Augenmerk auf
den Zug noch größer.

▲ **Abbildung 9.30**
Durch Verschieben des Lich-
ter-Reglers nach links wird die
Überbelichtung ausgeglichen.

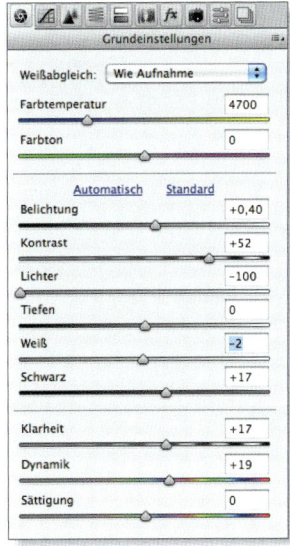

▲ **Abbildung 9.31**
Hier muss eine Menge justiert
werden.

341

Abbildung 9.32 ▼
Die Farben werden verlagert.

wärmeres Rot. Da das Gelb sich jedoch derzeit nicht so gut vom Rot abhebt (es ist viel Orange enthalten), stellen Sie die GELBTÖNE auf +37. Das ist natürlich alles Geschmackssache. Sie können gerne andere Werte verwenden.

6 Sättigung erhöhen

Jetzt wählen Sie das Register SÄTTIGUNG ❻ an. Auf diesem Reiter lassen sich die Intensitäten der einzelnen Farben erhöhen oder abschwächen. Zur Kräftigung müssen die Regler nach rechts geschoben werden. Machen Sie das mit den ROTTÖNEN (+22) sowie mit den GELBTÖNEN (+7). Auch die BLAUTÖNE dürfen noch kräftig gesättigt werden (+50).

7 Luminanz verändern

Aktivieren Sie das Register LUMINANZ ❼, um die einzelnen Farben in ihren Helligkeiten verändern zu können. Das Rot macht sich natürlich gut, wenn es etwas abgedunkelt wird. Das erreichen Sie, wenn Sie die ROTTÖNE auf –9 stellen. Die GELBTÖNE hingegen stellen Sie auf +17. Wenn Sie zuletzt noch mit den BLAUTÖNEN auf +28 gehen, verbessert sich das Ergebnis noch einmal.

⑥

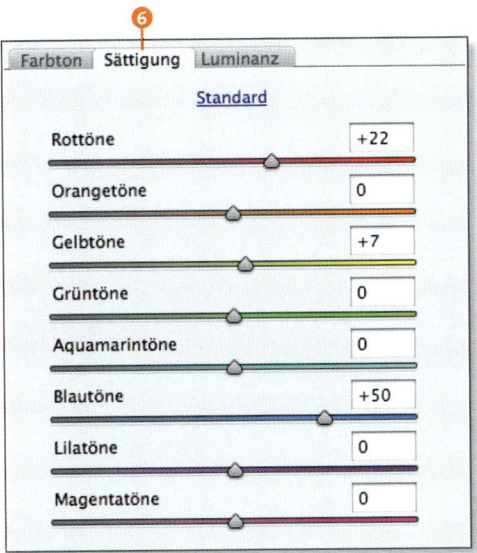

⑦

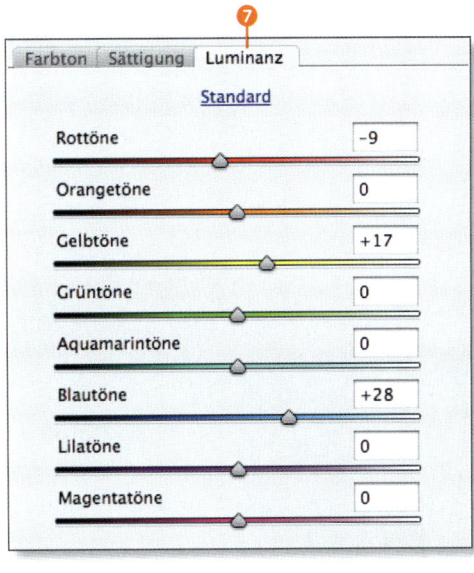

▲ **Abbildung 9.33**
In diesem Schritt werden die Farben zum Leuchten gebracht.

▲ **Abbildung 9.34**
Beeinflussen Sie die Helligkeit der einzelnen Farben.

8 Korrektur abschließen

Zuletzt klicken Sie auf FERTIG. Schauen Sie sich das Foto einmal an. Das Resultat finden Sie wie gewohnt im ERGEBNISSE-Ordner als »Raw_03.jpg«.

▼ **Abbildung 9.35**
So sieht es besser aus.

Bilder/Raw_04/Raw_04.cr2

▲ **Abbildung 9.36**
Die Beleuchtung ist nicht
gerade verheißungsvoll.

Abbildung 9.37 ▶
Versuchen Sie, den Weiß-
abgleich mit Hilfe der Automatik korrigieren zu lassen.

Schritt für Schritt
Ein Porträt korrigieren

Das Thema Farbe macht es erforderlich, einen weiteren Workshop anzuschließen. Wenn Sie es nämlich mit People-Fotografien
zu tun haben, sind die Möglichkeiten im Gegensatz zu einer ollen
Bimmelbahn nämlich eingeschränkt. Dieser Workshop lohnt sich
nicht nur in Sachen Farbe. Auch hier werden Sie jede Menge neuer
Funktionen und Vorgehensweisen kennen lernen.

1 Bild öffnen

Das erforderliche Foto befindet sich diesmal ausnahmsweise in
einem separaten Ordner. Und das aus gutem Grund, wie Sie gleich
noch sehen werden. Öffnen Sie das Verzeichnis RAW _ 04, und
stellen Sie die darin enthaltene Beispieldatei bereit.

2 Weißabgleich vornehmen

Der erste Schritt besteht wieder einmal darin, den Weißabgleich
zu bestimmen. Lassen Sie in diesem schwierigen Fall die Automatik ran, und stellen Sie das Pulldown-Menü um auf AUTOMATISCH.
Die Ausbeute ist gering, aber die Aufnahme hat sich dennoch ein
wenig verbessert.

3 Weitere Korrekturen vornehmen

Es werde Licht! Bewegen Sie daher den Regler BELICHTUNG nach
rechts (+1,10). Damit die Holzwand strukturierter und schärfer
wirkt, ziehen Sie den Slider KLARHEIT auf +21. Den Haaren kommt
das ebenfalls zugute, nicht jedoch dem Gesicht. Es wird zu hart.
Darum kümmern wir uns aber gegen Ende des Workshops. Zuletzt
wird die DYNAMIK erhöht (+23).

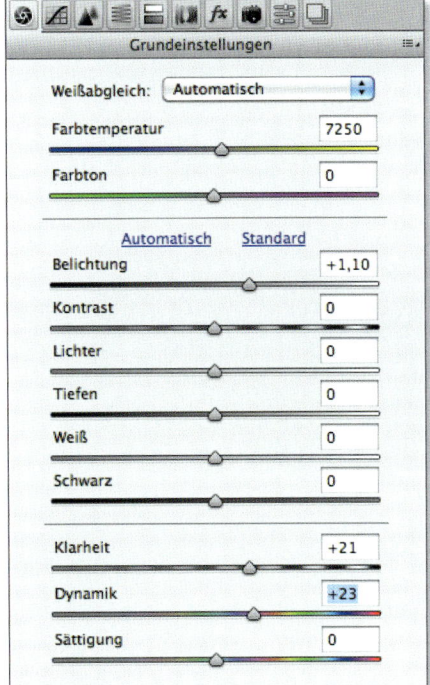

▲ **Abbildung 9.38**
Mehr gibt es hier nicht zu tun.

▲ **Abbildung 9.39**
Durch eine Erhöhung der Klarheit ist auch das Gesicht markant geworden. Kleinere »Irritationen« fallen deutlich auf.

4 Farbton der Haut korrigieren

Gehen Sie jetzt wieder auf das Register HSL/GRAUSTUFEN, und entscheiden Sie sich zunächst für den Reiter FARBTON. Da die Gesichtsfarbe ein wenig gelblich anmutet, sollten die ORANGETÖNE (der größte Farbanteil bei der Haut) in Richtung Rot korrigiert werden. Machen Sie hier aber nicht zu viel. Bei –13 ist Schluss.

5 Sättigung und Luminanz korrigieren

Nun ist wieder das Register SÄTTIGUNG an der Reihe. Erhöhen Sie den Anteil der ORANGETÖNE auf +27. Anschließend erfolgt der Wechsel auf die LUMINANZ . Hier ist dafür zu sorgen, dass die soeben gekräftigten ORANGETÖNE heller werden. Ein Wert von +32 verspricht ein gutes Resultat.

Abbildung 9.40 ▶
Der helle Schein in der Haut
ist besonders bei Frauen-Port-
räts zu empfehlen.

▲ **Abbildung 9.41**
Das XMP-Dokument beinhal-
tet alle Einstellungen an der
Raw-Datei.

6 **Bild öffnen**

Damit ist der erste Teil bereits erledigt. Klicken Sie auf BILD ÖFF-
NEN. Das hat natürlich zur Folge, dass die Datei in der Standard-
Arbeitsumgebung von Photoshop CS6 zur Verfügung gestellt
wird. Dort wollen wir sie für den Moment auch belassen.

7 **Ordner öffnen**

Schenken Sie dem Ordner RAW_04 nun wieder Ihre volle Auf-
merksamkeit. Wenn Sie ihn öffnen, werden Sie feststellen, dass
das Bild Gesellschaft von der Datei »Raw_04.xmp« bekommen
hat. Bei diesem Dokument handelt es sich um die Einstellungen, die Sie am Foto vorgenommen haben. Das war übrigens der
Grund dafür, das Beispielfoto ausnahmsweise in einen separaten
Ordner zu packen – damit es auch gleich auffällt.

8 **Raw-Foto erneut öffnen**

Zunächst wollen wir diese aber gar nicht beachten. Stellen Sie
stattdessen abermals das Rohdaten-Foto bereit. Nun können Sie
sich denken, dass sämtliche Einstellungen, die zuvor am Bild vorgenommen worden sind, noch immer Gültigkeit haben. Verantwortlich dafür zeichnet das ominöse XMP-Dokument.

9 **Klarheit reduzieren**

Auf Grundlage dessen werden wir noch eine weitere Änderung
vornehmen. Denn der Teint unseres Models soll natürlich wieder

schön zart werden. Nehmen Sie daher die KLARHEIT zurück auf –32, und setzen Sie anschließend einen erneuten Mausklick auf BILD ÖFFNEN.

◄ **Abbildung 9.42**
Wenn das mal nicht zu viel des Guten ist.

10 Fotos verbinden

Fassen wir zusammen, was bislang erreicht worden ist: In Photoshop sind jetzt zwei unterschiedliche Fotos vorhanden – beide auf die gleiche Weise korrigiert, jedoch einmal mit weichem und einmal mit hartem Teint. – Zunächst wollen wir beide Aufnahmen miteinander verbinden.

Da das zuletzt entwickelte Foto nun oben liegt, müssen Sie nichts weiter tun, als Strg/⌘+A gefolgt von Strg/⌘+C zu betätigen. Mit der in der Zwischenablage des Betriebssystems befindlichen Bilddatei wechseln Sie nun auf das zuerst entwickelte Foto. Dort betätigen Sie Strg/⌘+V. Der Lohn aller Mühen: Beide Bilder liegen nun deckungsgleich übereinander. Das Ebenen-Bedienfeld gibt Aufschluss darüber.

▲ **Abbildung 9.43**
Beide Entwicklungen sind zusammengefügt worden. Die weiche Ebene liegt an oberster Stelle (EBENE 1).

11 Ebene maskieren

Es ist gar keine Frage, dass Sie natürlich längst wissen, wo die Reise jetzt hingehen soll. Das haben Sie ja nun schon sehr oft gemacht. Hier nochmal der Schnelldurchlauf:

1. Bei gedrückter Alt-Taste fügen Sie eine (schwarze) Ebenenmaske hinzu. Dadurch wird die gesamte obere Ebene unsichtbar.

2. Mit weißer Vordergrundfarbe und einem weichen Pinsel wischen Sie über die Haut des Models. Das bringt die Ebene mit der reduzierten Klarheit wieder ins Bild zurück – und zwar genau dort, wo sie nötig ist.

12 Datei speichern

Gehen Sie nun auf BILD • BILDGRÖSSE und stellen zunächst die AUFLÖSUNG auf 72 Pixel pro Zoll. Erst anschließend reduzieren Sie die BREITE auf 600 Pixel. Es ist wichtig, diese Reihenfolge einzuhalten, denn nach Eingabe der Auflösung wird die Breite automatisch nachkorrigiert. Bestätigen Sie mit OK.

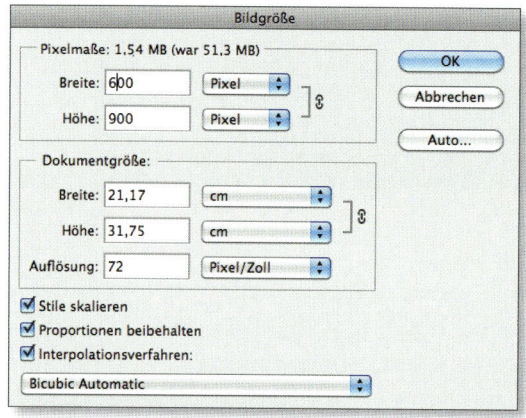

Abbildung 9.44 ▶
Das Rohdaten-Foto wird auf ein bildschirmtaugliches Maß reduziert.

Abbildung 9.45 ▶
Hier lohnt sich auf jeden Fall noch einmal ein direkter Vor-her-nachher-Vergleich.

Änderungen an Raw-Dateien verwerfen

Zum Schluss noch ein Tipp. Es gibt mehrere Möglichkeiten, sämtliche Einstellungen eines Rohdaten-Bildes zu eliminieren. Die einfachste: Sie entsorgen kurzerhand die entsprechende XMP-Datei. Ab damit in den Papierkorb, und das Raw-Foto erstrahlt nach erneutem Öffnen in altem Glanz. Alternativ öffnen Sie das Bedienfeldmenü ❷ der Grundeinstellungen ❶ und entscheiden sich im Kontextmenü für CAMERA RAW-STANDARDS.

Objektivkorrekturen vornehmen

Mit Objektivkorrekturen haben Sie sich ja bereits im vorangegangenen Kapitel beschäftigt. Dies ist auch im Raw-Dialog möglich. Dazu gehen Sie rechts in der Spalte der Einstelloptionen auf den Reiter OBJEKTIVKORREKTUREN ❸. Falls Sie manuell korrigieren möchten, wählen Sie die rechte Registerkarte ❹ aus. Hier stellen sich dann die bereits bekannten Steuerelemente dar. Wer sich hingegen lieber von Camera Raw unter die Arme greifen lässt, entscheidet sich für PROFIL ❺. Zunächst muss hier die Checkbox mit dem klangvollen Namen OBJEKTIVPROFILKORREKTUREN AKTIVIEREN ❻ eingeschaltet werden, ehe dann das verwendete OBJEKTIVPROFIL ❼ gelistet wird.

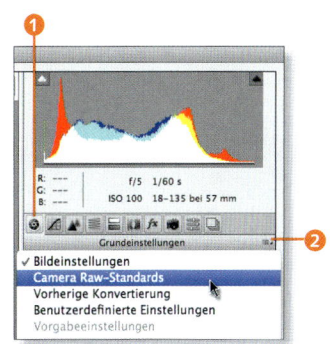

▲ **Abbildung 9.46**
Verwerfen Sie alle Einstellungen.

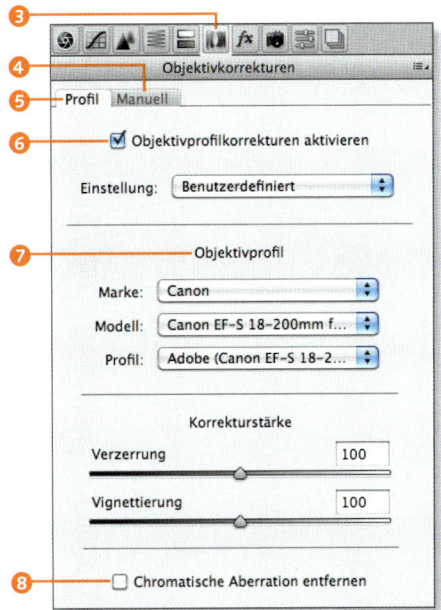

◀ **Abbildung 9.47**
Verraten Sie der Anwendung, welches Objektiv Sie benutzt haben.

Die Korrektur erfolgt im Übrigen automatisch durch Anwahl des verwendeten Objektivs. Wer hier manuell noch etwas mehr geben möchte, verwendet die beiden Schieberegler Verzerrung und Vignettierung. Gehen Sie hier aber bitte ausgesprochen vorsichtig zu Werke.

Ein letztes Wort noch zur chromatischen Aberration. Damit gemeint ist die Fehlinterpretation von Farben in den Übergängen von hell nach dunkel. Daran kranken die meisten Objektive. Dabei werden in den Übergängen rötliche oder grünliche Farbsäume erzeugt, die sich jedoch in Camera Raw durch Klick auf Chromatische Aberration entfernen ❽ gut in den Griff bekommen lassen.

Text, Texteffekte und Pfade

Besonderheiten der Bildgestaltung

- ▶ Wie werden die Text-Werkzeuge angewendet?
- ▶ Wie kann ich Text verformen?
- ▶ Wie erzeuge ich einen Texteffekt?
- ▶ Wie kann ich ein Wasserzeichen in meine Bilder einfügen?
- ▶ Wie werden Pfade erzeugt und bearbeitet?

10 Text, Texteffekte und Pfade

Solange es Schrift gibt, existiert auch der Wunsch, ausdrucks-
starke Mittel zu ihrer Präsentation einzusetzen. In Gutenbergs
Bibel war jedes Initial ein Kunstwerk – und auch im Zeitalter von
Publishing, PostScript und PDF ist die Visualisierung von Schrift
ungebrochen attraktiv. Zusätzlich zum Text finden Sie in diesem
Kapitel aber noch Infos zu Formen und Pfaden. Denn eines haben
alle drei gemeinsam. Sie bestehen aus Vektoren und sind somit
qualitativ von allererster Güte.

10.1 Text-Werkzeuge und Textoptionen

Text-Werkzeuge bestehen, wie auch die später noch thematisier-
ten Formen und Pfade, aus Vektoren. Diese sind produktionsbe-
dingt beliebig und dabei verlustfrei skalierbar, da sie selbst nicht
aus Pixeln bestehen (siehe Kapitel 12, »Fachkunde«). Das macht
sie so außerordentlich interessant, wenn es um die Gestaltung
geht.

Photoshop hält verschiedene Text-Werkzeuge bereit. Mit der
Anwahl eines der beiden ersten Tools verändern Sie lediglich
die Anordnung der Buchstaben (horizontal oder vertikal). Diese
Unterscheidung wird auch bei den Textmaskierungswerkzeugen
vorgenommen, wobei hier besonders zu erwähnen ist, dass Sie
anstelle von Lettern gleich eine Auswahl anlegen.

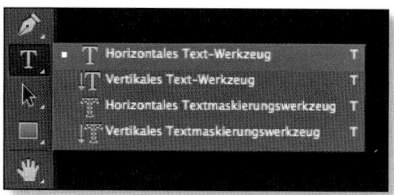

▲ **Abbildung 10.1**
Die Text-Werkzeuge

Das am häufigsten verwendete Tool dürfte das Werkzeug für horizontalen Text sein. Markieren Sie es durch Anklicken in der Werkzeugleiste oder über die Taste T.

Die Optionsleiste des Text-Werkzeugs verändert sich nicht, wenn Sie auf ein anderes Text-Werkzeug umschalten. Ganz links wird das derzeit aktive Werkzeug ❶ präsentiert. Über die kleine Dreieck-Schaltfläche ❷ lassen sich zuvor definierte Textattribute aufrufen.

Den eigentlichen Text erzeugen Sie, indem Sie mit aktiviertem Text-Werkzeug auf das Dokument klicken und lostippen. Photoshop erzeugt dann automatisch eine Textebene. Wenn Sie fertig sind, setzen Sie einen Klick auf das Häkchen in der Symbolleiste. Das ansonsten übliche Betätigen von ↵ hat hier ausnahmsweise keine Bestätigung der Eingabe zur Folge. Vielmehr würde dadurch lediglich eine Zeilenschaltung erreicht. Wenn Sie die Bestätigung über die Tastatur dennoch bevorzugen, drücken Sie Strg/ ⌘ + ↵ .

Bevor Sie mit der Texteingabe beginnen, haben Sie noch vielfältige Möglichkeiten, das von Ihnen gewünschte Schriftbild einzustellen. Im Folgenden werden die verschiedenen Einstellungsoptionen vorgestellt.

▲ **Abbildung 10.2**
Die Optionsleiste für Text-Werkzeuge

Schrift und Schriftschnitt festlegen

Im Menü SCHRIFTFAMILIE EINSTELLEN ❸ stellen Sie die Schriftart ein. Einige Schriften bieten lediglich einen einzigen Satz an, andere wiederum erlauben den Zugriff auf abgewandelte Zeichensätze, die in der nächsten Dropdown-Liste SCHRIFTSCHNITT EINSTELLEN ❹ bestimmt werden können. Das sind also die so genannten *Schriftschnitte*. In der Regel sind das u. a. *Regular* oder *Roman* für normalen Schriftschnitt, *Italic* für Kursivschrift, also Schrägschrift, oder *Bold* für fette Schriftarten. Der Schriftschnitt *Light* setzt sich aus sehr feinen Buchstaben zusammen. Bei einer *Condensed* erscheinen schließlich die Breiten der Lettern verringert.

Schriftgrad

Die Größe der Schrift ❺ wird in *Punkt* (Pt) angegeben. Dabei entspricht ein Punkt der Größe von 0,35275 mm. In Layoutprogrammen wie zum Beispiel Adobe InDesign oder QuarkXPress werden Sie oft auf das Maß 4,233 mm stoßen. Damit ist ein Maß in der Größe von 12 Pt gemeint.

Glätten

Beim Glätten ❻ werden Übergänge in den Randbereichen der Schrift erzeugt. Wie Sie vielleicht wissen, besteht ein Bild aus Pixeln, während Schriften stets Vektorgrafiken sind (siehe auch Kapitel 12, »Fachkunde«). Diese Grafiken werden beim Konvertieren in ein Bildformat wie z. B. JPEG, TIFF oder BMP »gepixelt«. Beim Glätten werden nun die Kanten der Buchstaben weicher gestaltet. Je nach Verwendungszweck kann die Glättung bessere, leider aber auch schlechtere Ergebnisse bringen. Photoshop bietet hier verschiedene Glättungsoptionen an. Im Einzelfall kommen Sie an einer Prüfung nicht vorbei, da die Effekte bei unterschiedlichen Schriftfamilien und Schriftschnitten auch teils andere Ergebnisse zutage fördern.

▲ Abbildung 10.3
Schrift ohne Glättung (oben) wirkt zwar »pixeliger«, ist aber in der Kontur schärfer als geglätteter Text (unten).

Glättungsoptionen
SCHARF bedeutet, dass der Text so scharf wie möglich abgebildet wird, während SCHÄRFER den Text nur etwas schärft. Im Modus STARK wird eine kleine Kontur erzeugt, während ABRUNDEN die beschriebene Glättung (also Weichzeichnung am Rand) darstellt. OHNE schaltet die Option komplett aus.

Ausrichtung

Legen Sie fest, ob der Text linksbündig, zentriert oder rechtsbündig ausgerichtet werden soll ❼.

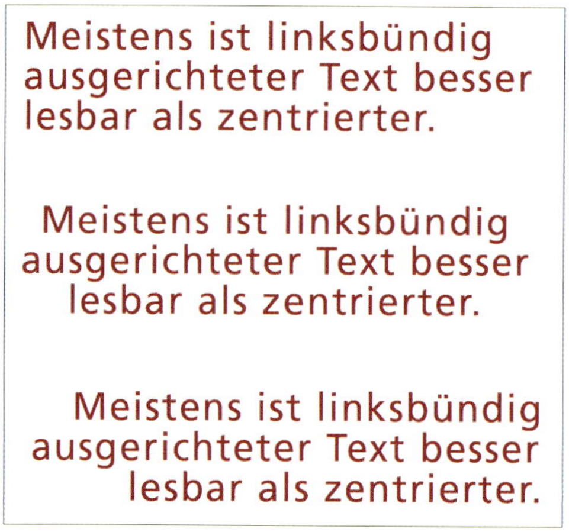

Abbildung 10.4 ▶
Textausrichtung linksbündig (oben), zentriert (Mitte) und rechtsbündig (unten)

Weitere Funktionen

Ändern Sie die Zeichenfarbe durch einen Klick auf das Farbfeld **8**. Hierüber wechseln Sie in den Farbwähler.

Zur Verformen-Funktion **9** kommen wir im Folgenden. Der Button steht nur zur Verfügung, wenn bereits Text erzeugt wurde.

10.2 Zeichen- und Absatz-Bedienfeld

Photoshop hält ein Zeichen- und ein Absatz-Bedienfeld bereit, mit deren Hilfe Sie schnell auf die unterschiedlichsten Funktionen zugreifen können **10**. Hinter dem Zeichen-Bedienfeld ist das so genannte Absatz-Bedienfeld zu finden, mit dem sich neben den bereits erwähnten Ausrichtungen auch Einzüge definieren lassen. So kann beispielsweise die erste Zeile eines jeden Absatzes etwas nach rechts hin verschoben werden.

▲ **Abbildung 10.5**
Das Zeichen-Bedienfeld

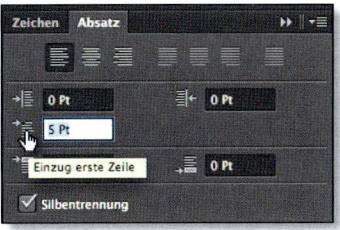

▲ **Abbildung 10.6**
Der Anfang der ersten Zeile eines Absatzes wird nach rechts verschoben.

Änderungen

Wenn Sie Textattribute verändern möchten, machen Sie dies bitte entweder vor der Eingabe des Textes oder nachdem Sie diese mit dem Häkchen in der Optionsleiste bestätigt haben. Änderungen während der Texteingabe hätten lediglich zur Folge, dass der Text ab der aktuellen Cursorposition geändert würde.

> Wir waren alle sehr erstaunt, als Ewald uns seine Entscheidung mitteilte. Wir hatten nicht damit gerechnet, dass er sich so schnell mit der Angelegenheit auseinandersetzen würde.

▲ **Abbildung 10.7**
Das sieht besonders beim Blocksatz gut aus (in dem normalerweise alle Zeilen mit Ausnahme der letzten gleich breit sind).

Neu im Zeichen-Bedienfeld ist die vorletzte Zeile, durch die nun noch mehr Optionen zur Verfügung gestellt werden. Unter anderem werden Open-Type-typische Zeichen unterstützt, wie z. B. die Verbindung der beiden Buchstaben »f« und »i« durch ein in diesem Schriftsatz enthaltenes einzelnes Zeichen. Dabei handelt es sich übrigens um das so genannte Unterschneiden bzw. um Ligaturen. Aktivieren Sie für das beschriebene Schriftbild die Schaltfläche STANDARDLIGATUREN. Dadurch verschmelzen zwei Zeichen zu einem (siehe Abbildung 10.8).

Open Type

Open Type gilt als Weiterentwicklung des Standard-Schriftformats *True Type*. Es zeichnet sich vor allem durch sehr viel anspruchsvollere Zeichensätze aus. Außerdem sind Open-Type-Schriften plattformübergreifend einsetzbar.

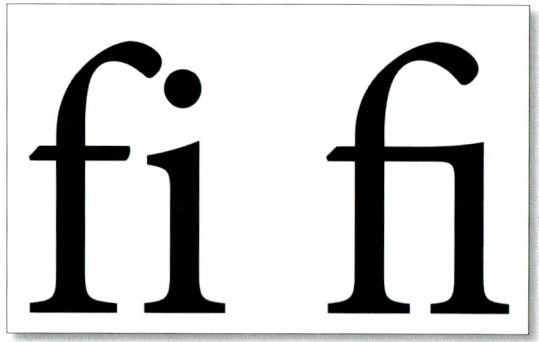

▲ **Abbildung 10.8**
Mit Photoshop CS6 ist auch eine anspruchsvolle Zeichengestaltung wie eine Ligatur-Erzeugung möglich (rechts: STANDARDLIGATUREN ist aktiviert).

Zeichen- und Absatzformate definieren

Das wird den Gestalter, der gerne mit Texten arbeitet, restlos begeistern: Endlich sind in Photoshop Zeichen- und Absatzformate definierbar. Wer intensiv mit *Microsoft Word*, *Adobe InDesign* oder *QuarkXPress* arbeitet, wird diese Techniken kennen. Häufig benutzte Schrifteinstellungen lassen sich jetzt nämlich absichern.

Nehmen wir an, Sie benötigen verschiedenartige Schriften mitsamt ihren Einstellung (wie z. B. Farbe, Größe, Laufweite) immer wieder. Dann wäre es doch müßig, diese jedes Mal über die Optionsleiste oder das Zeichen-Bedienfeld neu definieren zu müssen, oder? In Photoshop CS6 ist das nicht mehr nötig. Da definieren Sie die Schrift nur ein einziges Mal und legen dann ein Format davon an. Unterschieden wird hier zwischen *Zeichenformaten* (beziehen sich auf einzelne Zeichen oder Wörter innerhalb eines Absatzes) und *Absatzformaten* (beziehen sich auf einen gesamten Absatz).

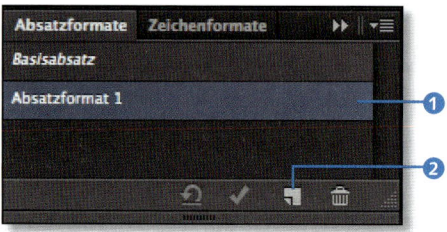

Abbildung 10.9 ▶
Hier ist gerade ein Absatzformat erzeugt worden.

Nachdem Sie die Schrift eingestellt haben, öffnen Sie das gleichnamige Bedienfeld (FENSTER • ZEICHENFORMATE oder FENSTER •

ABSATZFORMATE) und betätigen anschließend das kleine Blatt-Symbol ❷ in der Fußleiste.

Weitere Definitionen, das Format betreffend, lassen sich nach einem Doppelklick auf die Formatbezeichnung ❶ vornehmen. So ist es beispielsweise sinnvoll, dem Format einen aussagekräftigen Namen zu verpassen.

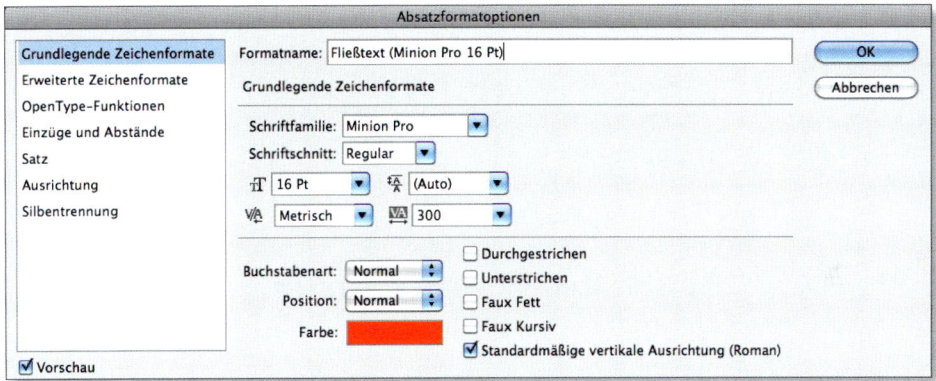

Das wirklich Tolle an der Arbeit mit Formaten ist jedoch: Falls Sie sich irgendwann einmal überlegen, ein Format zu ändern, können Sie das über den zuvor angesprochenen Dialog tun. Die Änderungen werden dann automatisch überall dort wirksam, wo das jeweilige Format eingesetzt worden ist. Das bedeutet für Sie: Sie müssen kein einziges Textfeld manuell nachbearbeiten, sondern ändern nur die betreffende Formatoption.

Allerdings müssen Sie bedenken, dass Absatz- und Zeichenformate nur für das jeweilige Dokument Gültigkeit besitzen. Schließen Sie das Foto, sind die Formate zwar innerhalb der Datei noch enthalten (Voraussetzung: ebenen-basiertes PSD oder TIFF), werden jedoch in Photoshop nicht mehr angezeigt.

Sie haben allerdings die Möglichkeit, die zuvor benutzten Formate neu zu integrieren, sofern Sie das Dokument zuvor als PSD gesichert haben. Gehen Sie dazu in das Bedienfeldmenü des Zeichen- oder des Absatz-Bedienfeldes und wählen dort ZEICHENFORMATE LADEN bzw. ABSATZFORMATE LADEN. Markieren Sie das PSD-Dokument, und betätigen Sie ÖFFNEN.

Ganz interessant ist auch folgende Option: Sollten in Bilddateien bereits Formate eingestellt sein, die kurzerhand aktualisiert werden müssen (beispielsweise weil der Kunde sich im letz-

▲ **Abbildung 10.10**
Wenn Sie viele verschiedene Formate verwalten müssen, ist die Vergabe einer eindeutigen Bezeichnung dringend zu empfehlen.

ten Augenblick für eine andere Schrift entschieden hat), kann das neue Format in jedem Bild ganz schnell aktualisiert werden. Dazu benötigen Sie lediglich ein PSD-Dokument, das die neuen Formatoptionen (mit gleicher Benennung) beinhaltet. Photoshop wird nach dem Laden des Formats darauf hinweisen, dass es ein solches Format bereits gibt und die Möglichkeit offerieren, es durch das neue zu ersetzen.

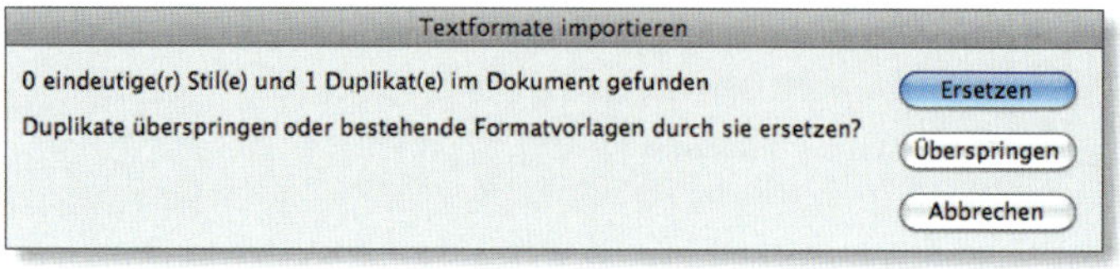

Abbildung 10.11 ▶
Sie haben die Wahl, ob das Format übersprungen oder ersetzt werden soll.

10.3 Texteffekte und -texturen

Photoshop bietet eine ganze Fülle an Möglichkeiten, trickreich Einfluss auf zu erstellende Texte zu nehmen. Denn mit der bloßen Texteingabe ist das Ende der Fahnenstange noch lange nicht erreicht. Nach der Erstellung und Übergabe an die Anwendung geht es meist erst richtig los.

Text verformen

Durch individuelle Gestaltung können Sie Ihren Texten das gewisse Etwas geben. Ein dynamisch gestalteter Text, dessen Form im Bestfall das widerspiegelt, was die Schrift aussagen will, weckt das Interesse des Betrachters. Um das zu illustrieren, bietet sich hier ein kleiner Workshop an.

Schritt für Schritt
Textaussage visualisieren

Verleihen Sie Ihrem Text durch Formgebung mehr Individualität. Die Lettern werden für den Betrachter interessanter, wenn Formen das wiedergeben, was die Schrift aussagen soll.

1 Dokument anlegen

Erzeugen Sie im Editor eine NEUE DATEI mit $\boxed{\text{Strg}}$/$\boxed{\text{⌘}}$+$\boxed{\text{N}}$, und übertragen Sie die folgenden Werte. Bestätigen Sie mit OK.

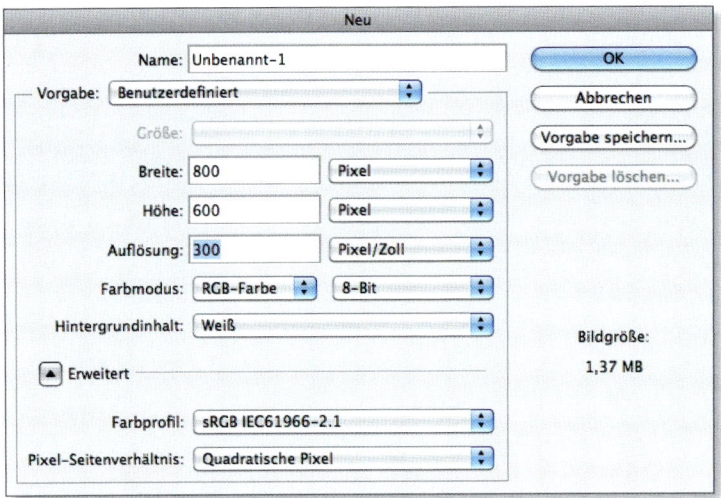

▲ **Abbildung 10.12**
Diese Parameter sollten Sie an die neue Datei übergeben.

2 Schrift einstellen

Stellen Sie eine Fettschrift ein (hier: ARIAL ❶). Setzen Sie dazu einmal einen Doppelklick in das erste Eingabefeld der Optionsleiste, und beginnen Sie, den Namen der gewünschten Schriftfamilie einzugeben. Wahrscheinlich wird schon nach Eingabe der ersten beiden Buchstaben das Wort Arial vervollständigt. So lassen sich Schriften ruck, zuck auswählen.

Betätigen Sie $\boxed{\leftrightarrows}$, um ins nächste Feld zu wechseln, und drücken Sie anschließend so oft $\boxed{\downarrow}$, bis der Schriftschnitt BOLD ❷ gelistet wird. Nun ist abermals $\boxed{\leftrightarrows}$ erforderlich, gefolgt von der Eingabe »24« ❸. Dadurch wird die Schriftgröße auf 24 Pt festgelegt. Den Rest machen Sie mit der Maus. Betätigen Sie ZENTRIERT ❹ als Ausrichtung, und entscheiden Sie sich für eine prägnante Schriftfarbe ❺ (hier: Rot).

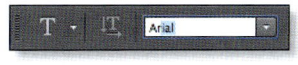

▲ **Abbildung 10.13**
Nach Eingabe von »ar« wird die »Arial« meist schon gefunden. Groß- und Kleinschreibung dürfen Sie bei der Eingabe missachten.

▼ **Abbildung 10.14**
Vergleichen Sie die Einstellungen.

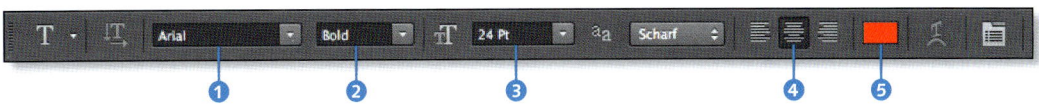

▲ **Abbildung 10.15**
Die 50er-Laufweite erhöht die
Buchstaben-Zwischenräume.

Abbildung 10.16 ▶
Achten Sie auf die Positionierung des Textes.

Sprache kontrollieren

Bei der Gelegenheit
könnten Sie auch noch
kontrollieren, ob im
unten links angeordneten
Pulldown-Menü die kor-
rekte Sprache angewählt
ist. Das ist nämlich
sowohl für die Recht-
schreibprüfung als auch
für die Silbentrennung
von großer Bedeutung.
Selbst für die reformierte
Rechtschreibung stehen
mehrere Einträge zur Ver-
fügung – und die schöne
Schweiz ist natürlich auch
mit von der Partie.

3 Laufweite ändern

Blenden Sie das Zeichen-Bedienfeld ein, und vergeben Sie eine
Laufweite von 50. Damit werden die Abstände zwischen den einzelnen Lettern vergrößert.

4 Text schreiben

Klicken Sie mit dem Horizontalen Text-Werkzeug in die Mitte der
Arbeitsfläche, und schreiben Sie in Versalien (Großbuchstaben)
das Wort »AUFWÄRTS«. Bestätigen Sie mit ⌷Strg⌷/⌘+↵, und
richten Sie den Text mit dem Verschieben-Tool so aus, dass er im
oberen Drittel des Dokuments liegt.

AUFWÄRTS

5 Ebenenkopie erstellen

Duplizieren Sie die Ebene entweder im Ebenen-Bedienfeld oder
über das Menü Ebene • Ebene duplizieren. Den Dialog bestätigen
Sie einfach mit OK. Alternativ drücken Sie ⌷Strg⌷/⌘+⌷J⌷. Schalten
Sie in der Optionsleiste des Verschieben-Werkzeugs Automatisch
auswählen ab. Dadurch ist gewährleistet, dass Sie zum Verschieben nicht genau den Textbereich markieren müssen. Klicken Sie
auf das Dokument, und halten Sie die Maustaste gedrückt. Nun
halten Sie zusätzlich noch ⌷⇧⌷ gedrückt und ziehen die kopierte
Ebene nach unten.

◄ Abbildung 10.17
Gleich unterhalb entsteht ein
Duplikat.

Namen für Textebenen

Es ist nicht erforderlich,
beim Duplizieren von
Textebenen Namen zu
vergeben. Wenn der
Inhalt geändert wird,
überträgt sich dies auch
auf den Namen der
Ebene.

6 Text ändern

Aktivieren Sie erneut das Horizontale Text-Werkzeug, und markieren Sie mit gedrückt gehaltener Maustaste den kompletten Text. Er ist jetzt schattiert dargestellt. Sobald Sie nun eine neue Eingabe machen, wird der alte Text gelöscht.

◄ Abbildung 10.18
Der untere Text ist markiert.

7 Laufweite erneut ändern

Schreiben Sie »BEWEGUNG«. Markieren Sie erneut die komplette zweite Zeile, und ändern Sie die Laufweite über das Zeichen-Bedienfeld auf »0«. Dadurch passt sich der Inhalt der zweiten Zeile optisch an die Breite der ersten an. Bestätigen Sie die Änderung.

8 Verformung aktivieren

Klicken Sie auf den Button VERFORMTEN TEXT ERSTELLEN in der Optionsleiste. Nun öffnen Sie das Flyout-Menü ART und stellen dort ANSTEIGEND ein. Verlassen Sie den Dialog noch nicht!

Abbildung 10.19 ▶
Der Text soll ansteigend verformt werden.

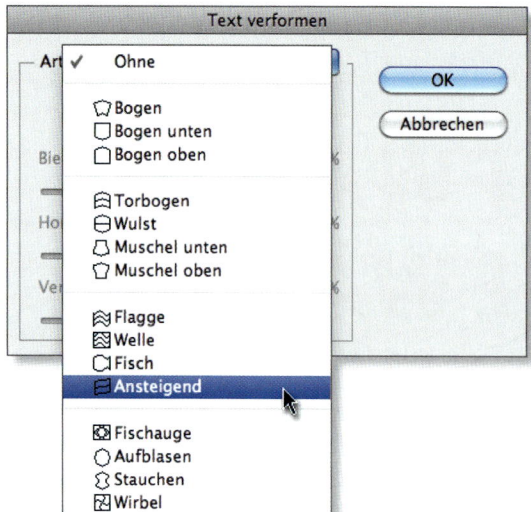

Verformen-Wirkungen

Testen Sie bei Gelegenheit doch einmal die verschiedenen Wirkungen des Text-verformen-Effekts. Beachten Sie auch die Symbole vor den jeweiligen Namen, die in groben Zügen die Verformung wiedergeben.

Einstellungen widerrufen

Wenn Sie [Alt] gedrückt halten, während das Dialogfenster noch geöffnet ist, wird die ABBRECHEN-Schaltfläche zum ZURÜCK-SETZEN-Button. Klicken Sie ihn an, um die vorgenommenen Einstellungen zu widerrufen und von vorne zu beginnen, ohne das Dialogfeld verlassen zu müssen.

Abbildung 10.20 ▶
Legen Sie die horizontale Verzerrung fest.

Bilder/Ergebnisse/
Bewegung.psd

9 Verformung einstellen

Nun werden die Einstellparameter verändert. Die BIEGUNG steht standardmäßig auf +50 % ❷. Bewegen Sie den mittleren Schieber mit dem Namen HORIZONTALE VERZERRUNG ❸ nach rechts, bis ein Wert um +90 % erreicht wird. Die VERTIKALE VERZERRUNG belassen Sie bei 0 % ❹. Nun können Sie beherzt auf OK ❶ klicken.

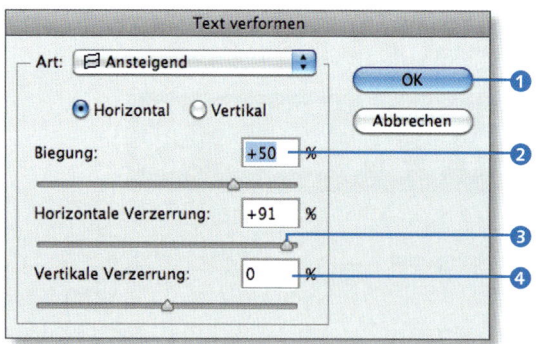

Markieren Sie nun die Ebene AUFWÄRTS im Ebenen-Bedienfeld, und öffnen Sie erneut den Dialog VERFORMTEN TEXT ERSTELLEN. Unter ART selektieren Sie erneut ANSTEIGEND. Nun müssen Sie lediglich noch die HORIZONTALE VERZERRUNG auf ca. –90 % setzen und mit OK bestätigen.

Die fertige Datei finden Sie auch auf der Buch-DVD im Ordner ERGEBNISSE unter dem Titel »Bewegung.psd«.

◀ **Abbildung 10.21**
Am Ende soll es so aussehen.

Texteffekte mit Ebenenstilen und Texturen

Texturen und Muster machen ein Bild erst so richtig lebendig. Prinzipiell haben Sie dazu zwei Möglichkeiten: Entweder nutzen Sie eine vorhandene Textur oder erstellen sie komplett selbst. Letzteres werden wir gleich hier in einem Workshop ausprobieren.

Schritt für Schritt
Einen Chromeffekt erzeugen

Bei diesem Workshop handelt es sich um einen echten Klassiker, der deutlich macht, wie unterschiedlich eine Schattenwirkung ausfallen kann.

1 Neue Datei erzeugen

Erzeugen Sie eine neue Datei im RGB-Modus mit 220 ppi, und verwenden Sie die Abmessungen 10 cm BREITE sowie 7 Zentimeter HÖHE. Der Hintergrund soll weiß sein.

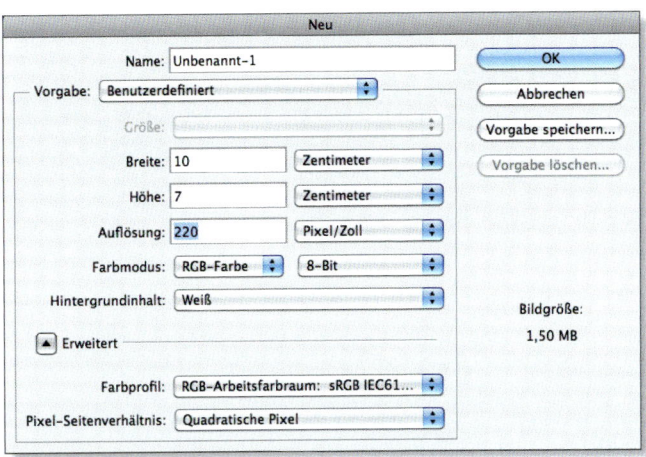

◀ **Abbildung 10.22**
Eine neue Datei wird erzeugt.

363

2 Schrift erzeugen

Schreiben Sie den gewünschten Text (hier: CHROMA), und skalieren Sie ihn entsprechend auf (hier: COPPERPLATE GOTHIC (BOLD) mit einer Größe von 36 Pt verwendet). Die Farbe spielt übrigens keine Rolle.

Abbildung 10.23 ▶
So sollte Ihr Text ungefähr aussehen.

3 Text rastern

Rastern Sie den Text, indem Sie bei aktiviertem Text-Werkzeug mit der rechten Maustaste direkt im Bild auf den Text klicken und den Eintrag TEXT RASTERN im Kontextmenü selektieren. Alternative: SCHRIFT • TEXTEBENE RASTERN.

4 Verlauf einstellen

Aktivieren Sie das Verlaufswerkzeug, und drücken Sie ⏎. In der daraufhin präsentierten Auswahlliste an der Toolbox entscheiden Sie sich für den Button CHROM.

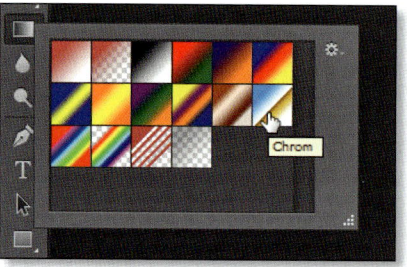

Abbildung 10.24 ▶
So schnell kann man die vorhandenen Verläufe erreichen.

5 Verlauf bearbeiten

Der Verlauf beinhaltet bereits alle Farben, die für diesen Workshop benötigt werden. Ein Makel bleibt aber dennoch. Finden Sie nicht auch, dass der Übergang von Weiß nach Braun etwas hart ist? Öffnen Sie daher das Dialogfenster VERLÄUFE BEARBEITEN (klicken Sie auf die Verlaufsfläche in der Optionsleiste), und ziehen Sie die weiße Farbunterbrechung ❷ etwas nach links. Gleich rechts daneben wird nun auch der Farbmittelpunkt ❶ sichtbar. Diesen schieben Sie etwas nach rechts. Das sieht doch schon wesentlich harmonischer aus, oder? Wenn Sie möchten, speichern Sie den neuen Verlauf unter einem anderen Namen.

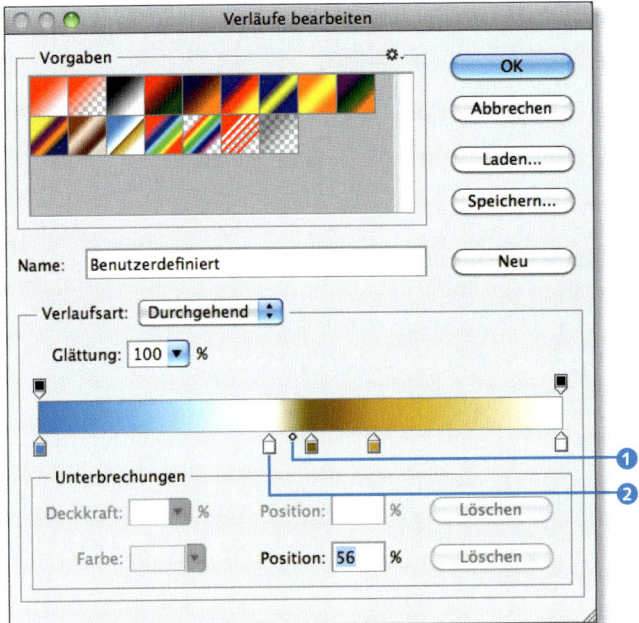

◄ **Abbildung 10.25**
Anspruchsvolle Verläufe sollten gespeichert werden.

6 Verlauf anwenden

Bevor Sie nun den Verlauf zuweisen, aktivieren Sie im Ebenen-
Bedienfeld noch die Funktion TRANSPARENTE PIXEL FIXIEREN.
Schließlich soll ja nur die Schrift und nicht die komplette Ebene
einen Verlauf erhalten. Danach ziehen Sie mit gedrückter ⟨⇧⟩-
Taste von oben nach unten eine Linie über das mittlere Drittel der
Lettern. Sobald Sie loslassen, wird der Verlauf aufgezogen. Heben
Sie TRANSPARENTE PIXEL FIXIEREN anschließend wieder auf.

◄ **Abbildung 10.26**
Der Verlauf erstreckt sich jetzt
nur über die Lettern.

7 Effekte zuweisen

Sie kennen das ja schon. Der Rest ist die Zuweisung von Effekt-
Parametern, obwohl es diesmal etwas mehr ist. Öffnen Sie
zunächst EBENE • EBENENSTIL • ABGEFLACHTE KANTE UND RELIEF,

und entnehmen Sie die Werte für den Frame STRUKTUR ➊ der folgenden Abbildung. Danach aktivieren Sie RING im Flyout-Menü GLANZKONTUR ➋. Bestätigen Sie Ihre Auswahl noch nicht mit OK!

Abbildung 10.27 ▶
Diese Kontur soll es sein.

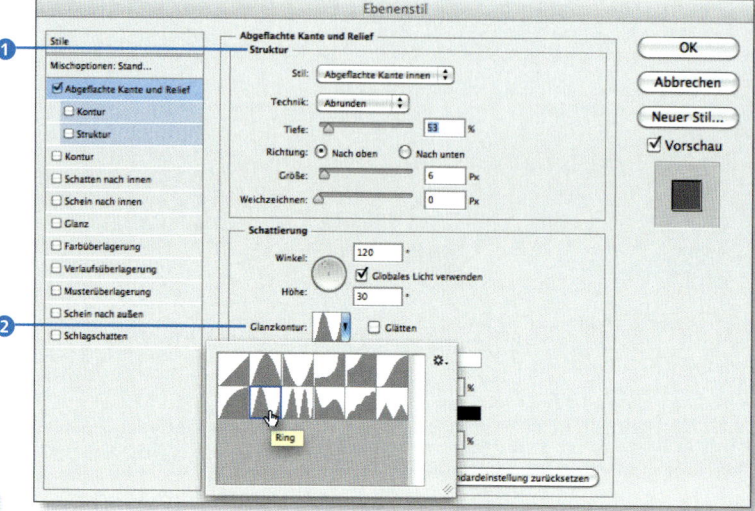

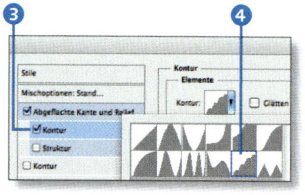

▲ Abbildung 10.28
Runde Stufen? So etwas taugt natürlich nur für Ebenenstile.

Gleich unterhalb von ABGEFLACHTE KANTE UND RELIEF (linker Frame des Dialogs) klicken Sie nun auf KONTUR. Diese Bezeichnung kommt zweimal vor. Benutzen Sie hier die oberste, leicht eingerückte ➌. Öffnen Sie anschließend rechts das Flyout-Menü KONTUR, und legen Sie RUNDE STUFEN ➍ fest. Zuletzt machen Sie einen Klick auf den unteren Kontur-Eintrag ➎ und legen eine GRÖSSE ➏ von 3 Px fest. Bitte den Dialog weiterhin nicht verlassen!

Abbildung 10.29 ▶
Die Größe der Struktur sollte 3 Px betragen.

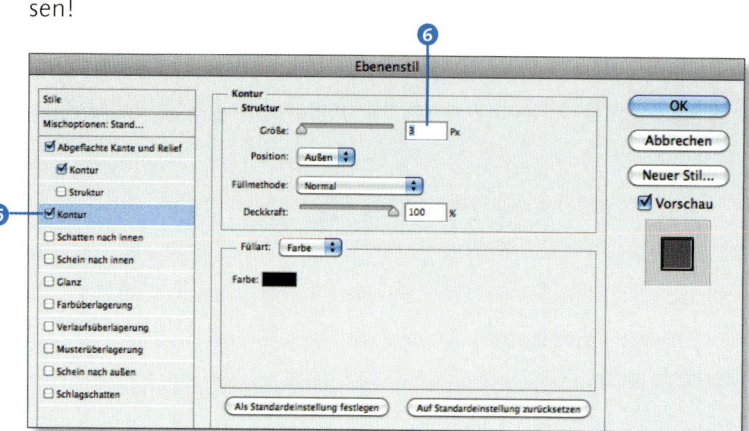

Zuletzt kommt der SCHLAGSCHATTEN . Wie bei allen zuvor genannten Optionen müssen Sie auch hier das Wort (nicht die Checkbox!) anklicken und die Steuerelemente folgendermaßen einstellen: ABSTAND 4 Px, ÜBERFÜLLEN 40 Px, GRÖSSE ca. 13 Px. Den Schieberegler RAUSCHEN ziehen Sie zuletzt noch auf etwa 15 %. (Dieser ist übrigens für die gesprenkelte Darstellung des Schattens verantwortlich.) Bestätigen Sie mit OK. Zuletzt stellen Sie den Schriftzug frei. Ganz so viel weißer Rahmen ist ja nicht nötig.

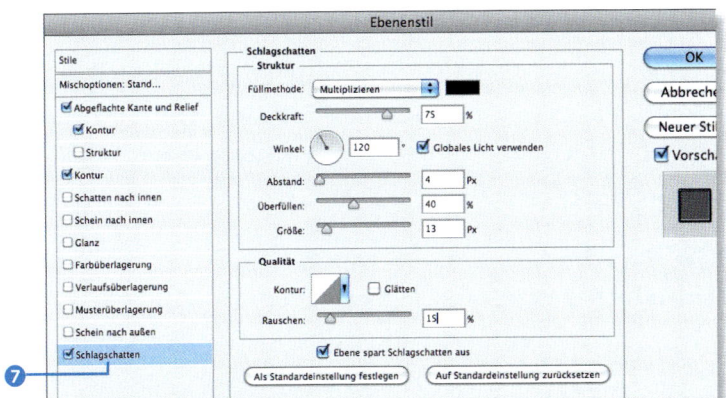

◄ **Abbildung 10.30**
Damit wäre auch der letzte Schritt erledigt.

Bilder/Chrom.tif

◄ **Abbildung 10.31**
Die fertige Datei wartet auf Sie im ERGEBNISSE-Ordner und heißt »Chrom.tif«.

Effekte auf andere Dateien anwenden

Wenn Sie erst einmal einen aufwendigen Effekt erzeugt haben, müssen Sie ihn nicht für jedes Bild neu einstellen. Speichern Sie sowohl den Verlauf als auch die Ebenenstile auf die im Hinweiskasten beschriebene Art.

Stile lassen sich zwar auf Texte anwenden, Verläufe jedoch nicht. Daher ist das Rastern der Textebene erforderlich. So gehen Sie vor, um wiederkehrende Effekte auf andere Schriften anzuwenden:

1. Erzeugen Sie die Datei, und erstellen Sie den Text.
2. Rastern Sie die Textebene, und fixieren Sie transparente Pixel.

Stil speichern

Bei aufwendigen Einstellungen empfiehlt es sich, den Stil abzuspeichern. Klicken Sie dazu innerhalb des Ebenenstil-Dialogs auf NEUER STIL, und vergeben Sie einen aussagekräftigen Namen. Soll der Effekt erneut angewendet werden, finden sich alle Einstellungen in Form eines Buttons im Bedienfeld STILE wieder. Klicken Sie einfach diesen Button an, oder ziehen Sie ihn auf die Zielebene.

3. Weisen Sie den gespeicherten Verlauf durch Ziehen einer Linie mit dem Verlaufswerkzeug zu.
4. Weisen Sie den gespeicherten Stil zu, indem Sie den Button im Bedienfeld STILE markieren.

Copyright für Ihre Bilder: Schutz vor Bilderklau

Wenn Sie Fotos weitergeben, vielleicht sogar ins Netz stellen, kann es sinnvoll sein, diese entsprechend zu schützen. Im Internet sind viele Zeitgenossen unterwegs, die so ziemlich alles kopieren und zweckentfremden, was irgendwie nach Foto aussieht. Die Lösung: ein Logo im Bild und daneben z. B. Ihr Name. Im folgenden Workshop wollen wir dazu nun ein Sonderzeichen effektvoll einsetzen und auch das Textmaskierungswerkzeug nutzen.

Schritt für Schritt
Ein individuelles Wasserzeichen erzeugen

Bilder/Copyright.jpg

Setzen Sie der Bilderpiraterie ein Ende, und platzieren Sie Ihr Logo, Ihren Text oder Ihr Zeichen direkt auf dem Bild. Vor allem bei Personenaufnahmen, wie der Datei »Copyright.jpg«, kann das vor unerwünschter Verwendung schützen.

© poco_bw – fotolia.com

Abbildung 10.32 ▶
Besonders bei Personenaufnahmen kann ein Wasserzeichen schützen.

1 Form einstellen

Wählen Sie das Eigene-Form-Werkzeug aus. Es befindet sich mit dem Linienzeichner in einer Gruppe und kann durch Direktanwahl oder über mehrmaliges Drücken von ⇧+U eingestellt werden. Stellen Sie im Flyout-Menü FORM der Optionsleiste das Symbol VERBOTSSCHILD ein.

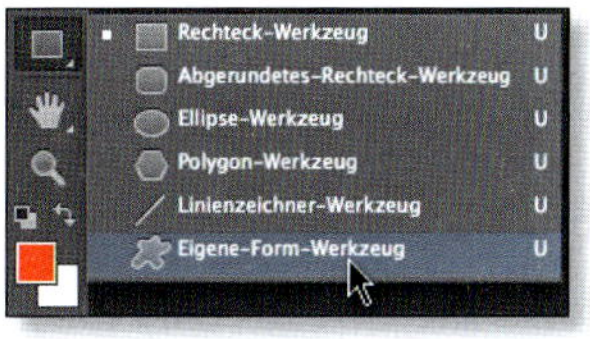

▲ **Abbildung 10.33**
Die Gruppe rund um die Form-Werkzeuge enthält sechs Tools. Sie benötigen das untere.

2 Sonderzeichen einfügen

Ziehen Sie an gewünschter Stelle mit ⇧ einen Rahmen über dem Bild auf. Die Umschalttaste sorgt dafür, dass das Zeichen seine Proportionen während der Erzeugung behält. Lassen Sie aber unbedingt zunächst die Maustaste und erst danach ⇧ wieder los. Welche Farbe Sie verwenden, spielt im Übrigen keine Rolle. Im Buchbeispiel wurde Rot verwendet.

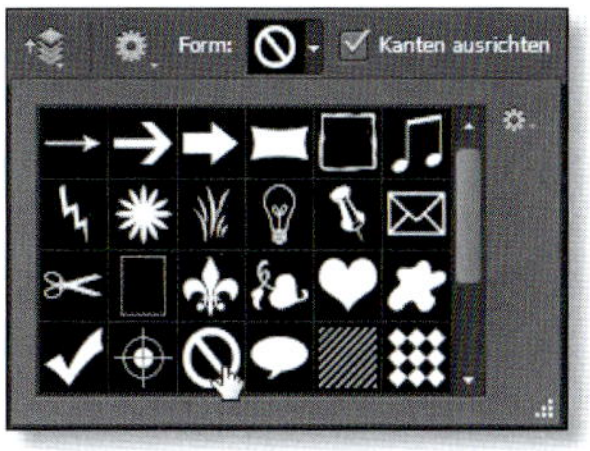

▲ **Abbildung 10.34**
Selektieren Sie das Verbotsschild.

3 Zeichen verschieben

Bewegen Sie jetzt das Verbotszeichen mit dem Verschieben-Werkzeug V an die gewünschte Position. Dabei sollten Sie das Symbol zum einen nicht über dem Gesicht stehen lassen, es aber auch nicht zu weit vom Gesicht entfernen. Immerhin wollen Sie ja einen wirksamen Schutz erreichen. Orientieren Sie sich am besten an der Abbildung.

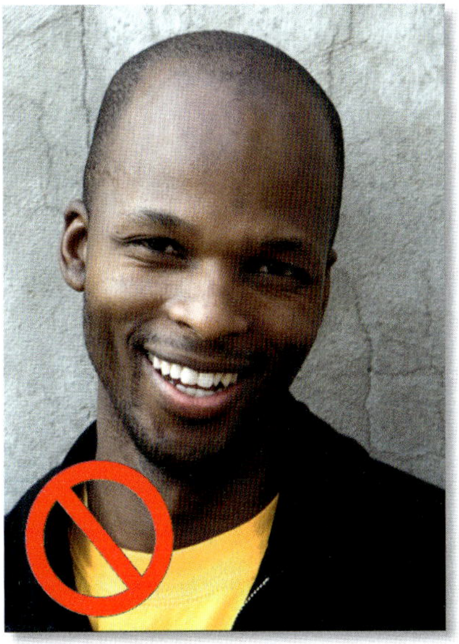

◀ **Abbildung 10.35**
Diese Position ist für das Wasserzeichen geeignet.

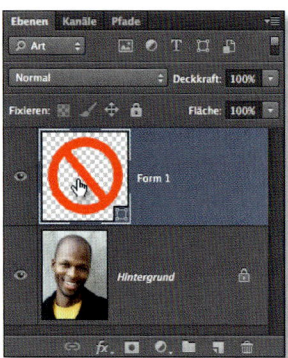

▲ **Abbildung 10.36**
Durch Zuhilfenahme von
Strg/⌘ kann eine Auswahl
aus allen Inhalten der Formebene erzeugt werden.

▲ **Abbildung 10.37**
Die Formebene ist ver-
schwunden.

4 Form in eine Auswahl umwandeln

Mit dem Aufziehen des Sonderzeichens haben Sie übrigens ganz
automatisch eine Vektormaske erzeugt. Und diese beinhaltet
einen Pfad. Man sieht das sowohl im Ebenen- als auch im Pfade-
Bedienfeld. Aus diesem Pfad muss nun eine Auswahl erzeugt werden. Das geht am schnellsten, wenn Sie Strg/⌘ gedrückt halten und damit auf die Miniatur der oberen Ebene klicken.

5 Formebene löschen

Bevor Sie weitermachen, müssen Sie sich noch einmal um das
Ebenen-Bedienfeld kümmern. Ziehen Sie die obere Ebene (FORM
1) auf das Papierkorb-Symbol (im Fuß des Ebenen-Bedienfelds),
um diese zu löschen. Da wir aus der Maske bereits eine Auswahl
erzeugt hatten, wird diese Ebene nämlich nicht mehr benötigt.
Die Aktion hat zudem den Vorteil, dass die Bildebene (HINTER-
GRUND) automatisch ausgewählt wird. Ihr Ebenen-Bedienfeld
sollte jetzt wieder aussehen wie zu Beginn des Workshops.

6 Ebene duplizieren

Jetzt duplizieren Sie den Hintergrund, indem Sie EBENE • NEU
• EBENE DURCH KOPIEREN wählen oder Strg/⌘+J drücken.
Damit wird nur jener Ausschnitt kopiert, der innerhalb der vor-
handenen Auswahl liegt.

Damit die folgenden Schritte anschaulicher sind und Sie sehen
können, dass lediglich die zuvor umrandeten Bildbereiche kopiert
wurden, sollten Sie den Hintergrund über das Auge im Ebenen-
Bedienfeld ausblenden. Stellen Sie aber bitte unbedingt sicher,
dass Sie die folgenden Schritte auf der Hintergrundebene ausführen. Das geht, auch wenn sie ausgeblendet ist!

Abbildung 10.38 ▶
In der duplizierten Ebene sind
nur noch jene Bildinhalte vorhanden, die sich zuvor innerhalb der Auswahl befunden
haben.

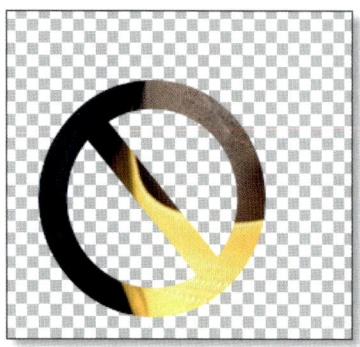

7 Textmaskierung einfügen

Jetzt zu Ihrem Namen. Dieser soll neben dem Symbol auftauchen. Aktivieren Sie das horizontale Textmaskierungswerkzeug, und stellen Sie eine serifenlose Fettschrift (z. B. VERDANA BOLD) mit einer Größe von ca. 48 Pt ein. Die Ausrichtung soll linksbündig sein (Button: TEXT LINKS AUSRICHTEN). Setzen Sie die Textmaske neben dem Verbotsschild an, und beginnen Sie mit der Eingabe. Bei Ihren eigenen Bildern böte sich hier Ihr Nachname oder beispielsweise die URL Ihrer Webseite an.

▲ **Abbildung 10.39**
Im Textmaskierungsmodus sieht die Schrift seltsam aus.

8 Textauswahl richtig platzieren

Mit einer gehörigen Portion Glück passt jetzt schon alles. In den meisten Fällen wird es jedoch so sein, dass die Auswahl noch verschoben werden muss.

Dazu lässt sich allerdings wider Erwarten nicht das Verschieben-Tool benutzen. Damit können nur Objekte bewegt werden, jedoch keine Auswahlbereiche. Sie können aber auf irgendein Auswahlwerkzeug umschalten (z. B. Auswahlrechteck) und dafür sorgen, dass in der Optionsleiste NEUE AUSWAHL aktiv ist.

  Danach klicken Sie in die vorhandene Auswahl hinein und verziehen diese mit gedrückter Maustaste an die gewünschte Position. Alternativ sowie zur Feinabstimmung dürfen auch die Pfeil-

Textauswahl editierbar

Solange Sie noch nicht bestätigt haben (z. B. durch das Häkchen in der Optionsleiste), ist der Text noch vollständig editierbar. So lassen sich u. a. Größe, Ausrichtung und Zeilenabstand noch einstellen. Sogar das Markieren einzelner Buchstaben ist jetzt noch möglich. Nach der Bestätigung ist es damit allerdings vorbei.

◄ **Abbildung 10.40**
Beim Text handelt es sich nur noch um eine Auswahl, die sich leider noch nicht am richtigen Ort befindet.

▲ **Abbildung 10.41**
Das Verschieben einer Auswahl per Drag & Drop funktioniert nur, wenn der erste Button in der Optionsleiste eingedrückt ist.

tasten Ihrer Tastatur genutzt werden. (Zusammen mit ⬆ geht das sogar in großen Schritten.)

Abbildung 10.42 ▶
Wenn die Auswahl so sitzt, ist alles gut.

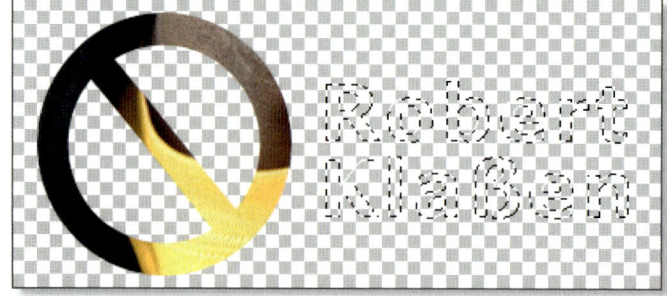

Abwahl möglich

Nicht nur in der Politik, sondern auch in Photoshop ist eine Abwahl möglich. Wenn Sie nämlich versehentlich nicht in den Auswahlbereich hineinklicken, sondern daneben, wird die vorhandene Auswahl verworfen. Photoshop geht dann nämlich davon aus, dass Sie tatsächlich (wie in der Optionsleiste festgelegt) eine neue Auswahl produzieren wollen. Machen Sie in diesem Fall den letzten Schritt rückgängig, und versuchen Sie es erneut.

9 **Ebene erneut duplizieren**

Da der Hintergrund im Ebenen-Bedienfeld noch immer ausgewählt ist, können Sie gleich fortfahren. Duplizieren Sie ihn (ohne ihn über das Augen-Symbol wieder sichtbar zu machen), indem Sie abermals Strg/⌘+J betätigen. Das hat zur Folge, dass auch aus diesem Ausschnitt eine Ebene erzeugt wird. Damit ist zugleich die mittlere (neue) Ebene markiert.

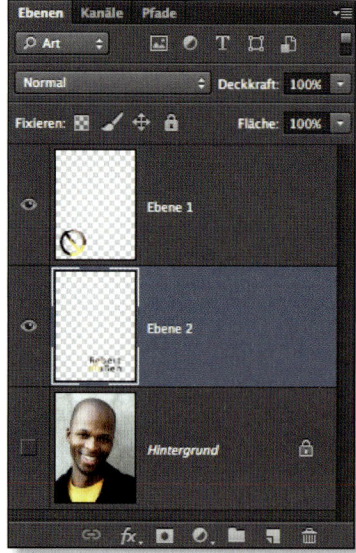

Abbildung 10.43 ▶
EBENE 2 beinhaltet den Bereich des Fotos, der sich zuvor innerhalb der Auswahl befunden hatte.

10 **Ebenen verbinden**

Der Hintergrund sollte jetzt noch immer ausgeblendet sein. Machen Sie ihn erst wieder sichtbar, nachdem Sie im Bedienfeldmenü SICHTBARE AUF EINE EBENE REDUZIEREN eingestellt haben. Alternativ reicht auch das Drücken der Tastenkombination ⌷Strg⌷/ ⌷⌘⌷+⌷⇧⌷+⌷E⌷.

11 Stil zuweisen

Jetzt ist es aber an der Zeit, die Hintergrundebene wieder einzuschalten. Klicken Sie auf das zugehörige Augen-Symbol, wobei die oberste Ebene (EBENE 2) unbedingt aktiviert bleiben muss. Damit kommen wir zum spannenden Finale: Mit aktivierter oberer Ebene wählen Sie EBENE • EBENENSTIL • ABGEFLACHTE KANTE UND RELIEF. Stellen Sie den Regler TIEFE auf etwa 200 % und die GRÖSSE auf 2 Px. Danach bestätigen Sie mit OK.

◀ **Abbildung 10.44**
Die ABGEFLACHTE KANTE macht das Zeichen auffälliger.

12 Bild reduzieren

Wenn Sie das Foto anschließend als JPEG abspeichern (um es im Internet zu verwenden), müssen Sie nichts weiter veranlassen. Die Ergebnisdatei ist geschützt. Sollten Sie das Foto allerdings in einem Format weitergeben wollen, das Ebenen unterstützt (z. B. TIFF oder PSD), müssen Sie noch einen wichtigen Schritt folgen lassen – nämlich die Reduktion auf die Hintergrundebene (EBENE • AUF HINTERGRUNDEBENE REDUZIEREN oder ⌷Strg⌷/⌷⌘⌷+⌷E⌷). Immerhin könnte der Empfänger die oberste Ebene ansonsten entfernen und erhielte das ungeschützte Bild.

10.4 Pfade

Pfade kommen immer dann zum Einsatz, wenn es darum geht, beliebige Objekte zu erstellen (die Form bestimmen alleine Sie). Zum anderen lassen sich mit Pfaden komplizierte Auswahlbereiche erzeugen. Mitunter ist es nämlich wesentlich einfacher, zunächst einen Pfad zu erzeugen und diesen anschließend in eine Auswahl zu konvertieren.

In der Werkzeugleiste warten insgesamt fünf Zeichenstift-Tools auf ihren Einsatz. Nur die obersten beiden sind mit Shortcuts ⓟ ausgestattet; zur Aktivierung der Übrigen ist der Mausklick vonnöten. Das ist auch nicht weiter schlimm, da Sie diese während Ihrer allgemeinen Photoshop-Arbeiten doch eher selten benutzen werden.

Abbildung 10.45 ▸
Fünf leistungsfähige Zeichenstifte erlauben die Erstellung und Bearbeitung von Vektoren.

Schritt für Schritt
Einen einfachen Pfad zeichnen

Wollen wir erste Zeichenversuche wagen? Zunächst wollen wir es bei einer einfachen Kurve belassen, da der Umgang mit den Zeichenwerkzeugen doch etwas gewöhnungsbedürftig ist.

1 Neue Datei erstellen
Erstellen Sie eine neue Datei. Die Größe spielt eigentlich keine besondere Rolle. Achten Sie lediglich darauf, dass der Hintergrund weiß ist.

2 Eine Gerade erzeugen
Aktivieren Sie das Zeichenstift-Werkzeug, indem Sie ⓟ drücken. Setzen Sie irgendwo auf Ihre Arbeitsfläche einen Punkt. Dies ist

dann die erste Koordinate. Fügen Sie einen zweiten Punkt etwas weiter entfernt ein. Zwischen beiden Punkten wird eine Gerade gezogen.

3   Eine Kurve erzeugen

Wenn Sie nun etwas weiter entfernt den dritten Punkt setzen, lassen Sie die Maustaste noch nicht los, sondern ziehen das Zeigegerät etwas vom Koordinatenpunkt weg. Erst wenn Sie sich etwas vom Punkt wegbewegt haben, lassen Sie los. Sie ziehen nun eine Kurve. Wie Sie sehen, können so auch ganz einfach gerundete Formen erzeugt werden.

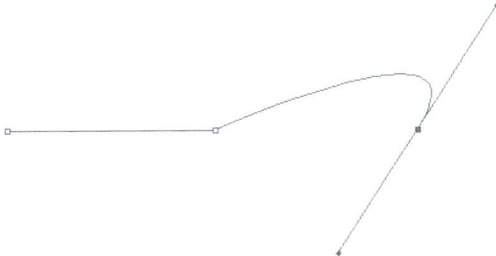

◄ **Abbildung 10.46**
Die Kurve wird mit gedrückter Maustaste erzeugt.

Die beiden geraden Linien, die nun aus dem Punkt herausragen, sind die so genannten »Anfasser«. Mit ihnen können Sie Form und Radius Ihrer Kurve später noch verändern. Das gesamte Gebilde, das Sie nun erzeugt haben, wird als »Pfad« bezeichnet.

4   Den Pfad schließen

Setzen Sie auf diese Art und Weise zusätzliche Punkte. Den letzten Mausklick führen Sie jedoch auf dem Ausgangspunkt aus (das ist der Punkt, den Sie zuerst gesetzt haben). Diese Vorgehensweise nennt sich »Pfad schließen«. Die Zeichenfeder wird, sobald Sie sich nahe genug am ersten Punkt befinden, um ein kleines Kreis-Symbol erweitert. Dadurch zeigt Photoshop an, dass der Pfad geschlossen werden kann.

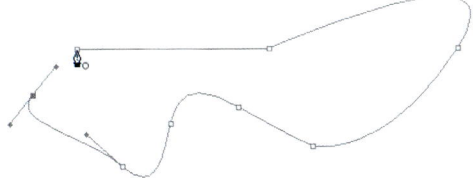

◄ **Abbildung 10.47**
Achten Sie auf die Erweiterung im Mauszeiger-Symbol.

Pfadrichtung festlegen

Bestimmt haben Sie während der ersten Zeichenversuche bereits festgestellt, dass der Anfasser in Konturrichtung *vor* dem Anker-punkt die Richtung der gezeichneten Kontur angibt. Solange die Maustaste noch gedrückt bleibt, formen Sie ja die *dahinter* lie-gende Tangente. Um nun bereits die nächste Richtung vorzugeben und somit auch Richtungswechsel zu ermöglichen, halten Sie die Taste (Alt) gedrückt. Nun kann der vordere Anfasser allein bewegt werden und gibt die Richtung der nächsten Kurve vor. Dabei gilt auch: Je länger der Anfasser ist, desto größer ist der Kurvenradius. Schieben Sie ihn also bei Bedarf wieder »in den Punkt hinein«, um einen kleineren Radius zu ziehen.

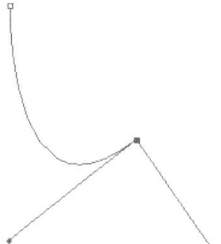

Abbildung 10.48 ▶
Die nach unten rechts weisende Tangente gibt die Richtung für die nächste Kurve vor.

Pfade korrigieren

Die gezeichneten Linien und Punkte lassen sich, solange der Pfad noch nicht geschlossen ist, prima korrigieren. Klicken Sie einfach (ohne Werkzeugwechsel) auf einen vorhandenen Punkt, um die-sen zu entfernen. Die Zeichenfeder wird dabei um ein Minus-Sym-bol erweitert. Das funktioniert bei allen Punkten mit Ausnahme des zuletzt gezeichneten Punktes und des Startpunktes.

Möchten Sie Punkte hinzufügen, klicken Sie (ebenfalls ohne das Werkzeug zu wechseln) auf eine Linie und fügen mit einem Mausklick dort einen Punkt ein. Das Zeichenfeder-Symbol wird auf einer Linie um ein Plus-Symbol erweitert.

Punkte umwandeln

Sie haben ja bereits erfahren, dass Sie mit gedrückter Maustaste die Anfasser (Tangenten) aus einem Punkt herausziehen und somit aus einer Geraden eine Kurvenlinie zeichnen können. Man spricht in diesem Fall von einem *Kurvenpunkt*. Wenn Sie keine Anfasser herausziehen, erzeugen Sie einen *Eckpunkt*. Nun kann es durchaus vorkommen, dass Sie aus einem Kurven- einen Eckpunkt machen möchten. Halten Sie dazu einfach [Alt] gedrückt, und klicken Sie den Punkt anschließend an.

◄ **Abbildung 10.49**
Der unten befindliche Kurvenpunkt wurde in einen Eckpunkt umgewandelt.

Auf diese Weise wird ein Kurvenpunkt in einen Eckpunkt umgewandelt. Wollen Sie aus einem Eckpunkt einen Kurvenpunkt machen? Dann klicken Sie den Punkt ebenfalls an, halten die Maustaste aber gedrückt und ziehen die Tangenten aus dem Punkt heraus.

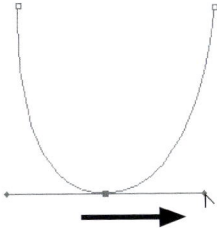

◄ **Abbildung 10.50**
Aus dem Eckpunkt wurde anschließend wieder ein Kurvenpunkt geformt.

Punkte verschieben

Nun kann es sein, dass Sie während des Zeichnens feststellen, dass ein Punkt nicht an der richtigen Position ist. Unterbrechen Sie einfach Ihre Arbeit, und markieren Sie den gewünschten Punkt mit [Strg]/[⌘]. Sofort verändert der Mauszeiger sein Aussehen und lässt das »Markieren« eines Punktes zu. Wenn Sie nun abermals auf den Punkt klicken, wobei Sie die Maustaste gedrückt halten, können Sie den Punkt in sämtliche Richtungen verschieben.

Sie ahnen es schon: Mit [Strg]/[⌘] und unter Zuhilfenahme von [⇧] lassen sich auch noch mehrere Punkte gemeinsam anwählen. Sobald verschiedene Punkte markiert sind, lassen Sie [⇧] los und klicken erneut auf einen dieser Punkte. Schon verschieben sich

Markierte und nicht markierte Punkte

Wenn ein Punkt markiert (also bearbeitbar) ist, wird er gefüllt dargestellt. Nicht markierte Punkte werden mit weißem Inhalt angezeigt. Grundsätzlich können nur markierte Punkte bearbeitet werden.

alle anderen (markierten) Punkte entsprechend Ihrer Mausbewegung mit.

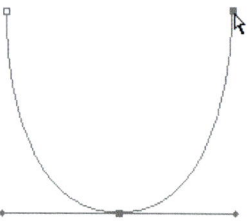

Schritt für Schritt
Ein Herz für Vektoren

Sie haben lange genug Theorie gepaukt, oder? Wie wäre es mit einer kleinen Übung? Wir wollen ein Herz zeichnen. Das Herz ist eine gute Einsteigerübung. Aber ich möchte Sie vorwarnen, denn die meisten Illustrationsdebütanten bewerkstelligen diese auf den ersten Blick »simple« Form nicht auf Anhieb. Lassen Sie sich daher nicht entmutigen, wenn der erste Versuch danebengeht. Oftmals erinnern die »Einsteiger-Herzen« an zertretene Cola-Dosen, und die Rückgängig-Funktionen stehen hoch im Kurs. Dennoch darf ich Ihnen aus vollem Herzen viel Spaß dabei wünschen.

Abbildung 10.52 ▸
Eine Übung mit Herz

1 Datei vorbereiten
Wählen Sie eine nicht zu kleine Arbeitsfläche (z. B. 600 × 600 Px mit 72 ppi Auflösung), deren Hintergrund Sie mit Weiß festlegen. Aktivieren Sie das Zeichenstift-Werkzeug ⒫. Machen Sie sich

zum gegenwärtigen Zeitpunkt bitte noch keine Gedanken über die Füllung. Dazu kommen wir später. Wichtig ist zunächst, dass Sie die Kontur hinbekommen.

2 Das Herz ohne Anleitung zeichnen

Wollen Sie es vorab einmal ohne Anleitung probieren? Dazu rate ich Ihnen, denn Sie lernen so die Tücken der Pfaderstellung prima kennen. Versuchen Sie, die Kontur zu finden und die Tangenten entsprechend ihren Radien auszugestalten. Ich bin überzeugt, dass Sie Ihren Spaß daran haben werden. Lesen Sie erst dann weiter, wenn Sie glauben, dass es ohne Anleitung nicht geht.

3 Das Herz mit Anleitung zeichnen – Pfad anlegen

Es existieren zahllose Möglichkeiten, dieses Herz zu gestalten. Die einfachste ist wohl folgende: Setzen Sie im oberen linken Drittel des Bildes einen Punkt. Halten Sie ⌂ gedrückt, und setzen Sie etwa in der Bildmitte einen zweiten Punkt. Platzieren Sie noch etwas weiter rechts (mit immer noch gehaltener ⌂-Taste) den dritten. Insgesamt sollten zwischen den Punkten in etwa die gleichen Abstände bestehen. Die Punkte befinden sich (bedingt durch das Halten der Taste) alle auf einer Höhe.

◄ **Abbildung 10.53**
Es beginnt mit einer Geraden.

Lassen Sie ⌂ los, und ziehen Sie im Lot zum mittleren Punkt einen weiteren Punkt etwas tiefer.

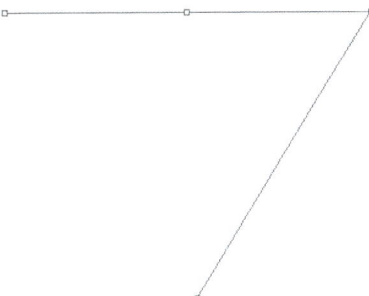

◄ **Abbildung 10.54**
Jetzt ist eine Richtungsänderung angesagt.

Schließen Sie den Pfad, indem Sie nun erneut auf den ersten Punkt klicken.

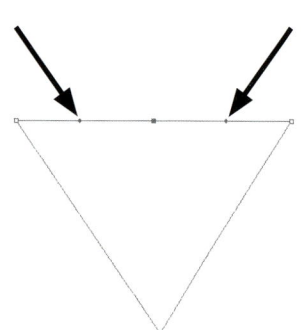

▲ **Abbildung 10.55**
Diese Anfasser sind sehr
wichtig.

4 Pfad bearbeiten

Da es sich bei diesem dreieckigen Gebilde nicht im Entferntes-
ten um ein Herz handelt, werden wir die Punkte (alle vier sind ja
Eckpunkte) umwandeln und deren Tangenten entsprechend bearbeiten. Der Einfachheit halber wählen Sie zunächst das Punkt-
umwandeln-Werkzeug aus der Werkzeugleiste.

Klicken Sie jetzt irgendwo auf den Pfad, damit alle Eckpunkte
angezeigt werden. Markieren Sie den oberen, mittleren Punkt,
halten Sie die Maustaste gedrückt, und ziehen Sie die Anfasser
zur Seite heraus. Wenn Sie zusätzlich noch ⟨⇧⟩ drücken, verziehen Sie auch die Anfasser nur horizontal. Stoppen Sie, wenn sich
die Köpfe der Anfasser etwa in der Mitte zwischen zwei Punkten
befinden.

Greifen Sie nun jeden der beiden Anfasser-Köpfe, und ziehen
Sie sie senkrecht nach oben bis an den oberen Bildrand.

Abbildung 10.56 ▶
Langsam ist zu erkennen, was
es werden soll.

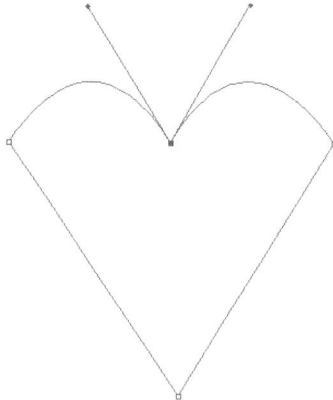

Die beiden seitlichen Punkte müssen nun ebenfalls durch Anklicken und Herausziehen der Tangenten in Kurvenpunkte umgewandelt werden. Sollte der Pfad eine Schleife bilden, kehren Sie
die Zugrichtung (ohne die Maustaste loszulassen) um 180° um.
Halten Sie dabei ebenfalls ⟨⇧⟩ gedrückt, damit die Tangenten nur
in vertikaler Richtung verschoben werden können.

5 Punkte verschieben

Möglicherweise werden Sie den unteren Punkt noch verschieben
wollen. Halten Sie ⟨Strg⟩/⟨⌘⟩ gedrückt, und korrigieren Sie dessen
Position mit gedrückter Maustaste – fertig!

6 Gesamte Zeichnung verschieben

Möchten Sie das gesamte Herz auf die Mitte der Arbeitsfläche verschieben? Dann ziehen Sie nun mit gedrückter Maustaste einen Rahmen um das gesamte Herz. Danach klicken Sie auf den Pfad und positionieren die gesamte Zeichnung neu.

◄ **Abbildung 10.57**
Wer hätte gedacht, dass diese Form zuvor eckig war?

So kann das Herz doch gut geformt werden, oder? Wenn Sie versuchen, Punkte zu setzen und gleich auch die Tangenten zu bearbeiten, werden Sie in den seltensten Fällen zum gewünschten Resultat kommen.

Auswahl aus einem Pfad erzeugen

Ein Pfad lässt sich zwar in Photoshop bearbeiten, doch zum Füllen der Fläche oder der Kontur bedarf es einer Auswahl. Für diesen Zweck stehen entsprechende Möglichkeiten zur Verfügung, um Pfade in Auswahlen umwandeln zu können. Die folgenden Schritte sollen Ihnen diese grundlegende und im Prinzip immer gleiche Technik näherbringen.

Schritt für Schritt
Pfad und Kontur mit Farbe füllen

Nun wollen Sie das Herz aus dem vorangegangenen Workshop ja sicherlich auch farbig gestalten. Das geht in Photoshop schnell und unkompliziert.

1 Füllung vorbereiten

Stellen Sie zunächst in der Werkzeugleiste als Vordergrundfarbe Rot ein. Danach gilt es, den Pfad in eine Auswahl umzuwandeln. Stellen Sie im Ebenen-Bedienfeld die Registerkarte PFADE ❶ nach vorne. Alternativ wählen Sie PFADE aus dem Menü FENSTER. Klicken Sie auf den Button PFAD ALS AUSWAHL LADEN ❷.

Abbildung 10.58 ▶
Aus Pfaden können Auswahlbereiche erzeugt werden.

2 Optional: Ebene erzeugen

Spätestens jetzt könnte es interessant sein, eine neue Ebene zu erzeugen. Das sollten Sie immer dann machen, wenn Sie beabsichtigen, das Objekt losgelöst vom Hintergrund editierbar zu halten. So ist es ja beispielsweise denkbar, dass Sie es auf eine andere Bilddatei ziehen wollen. Im konkreten Fall ist das jedoch nicht erforderlich, da das Herz auf dem weißen Hintergrund verbleiben wird.

3 Fläche füllen

Wählen Sie BEARBEITEN • FLÄCHE FÜLLEN, und stellen Sie im Listenfeld VERWENDEN den Wert VORDERGRUNDFARBE ein. Wählen Sie als FÜLLMETHODE den MODUS »Normal« und eine DECKKRAFT von 100%.

Abbildung 10.59 ▶
Der FLÄCHE FÜLLEN-Dialog sorgt in diesem Fall nur für die Füllung der Auswahl.

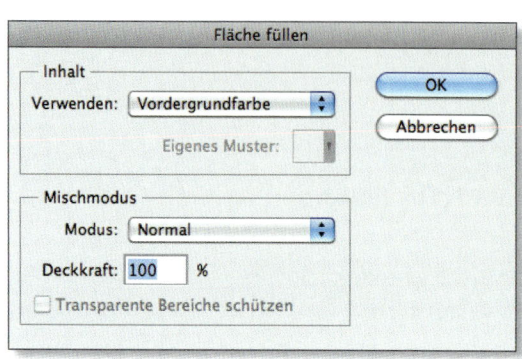

4 Kontur füllen

Jetzt geht es an die Kontur. Wählen Sie erneut das Menü BEARBEI-
TEN, wobei Sie sich dort aber nun nicht für FLÄCHE FÜLLEN, son-
dern für KONTUR FÜLLEN entscheiden. Die BREITE soll 8 Px betra-
gen. Klicken Sie auf das Feld FARBE, und wählen Sie im Folgedialog
SCHWARZ, gefolgt von OK. Zuletzt stellen Sie die POSITION auf
MITTE. Kontrollieren Sie, ob alle weiteren Angaben der folgenden
Abbildung entsprechen. Drücken Sie dann OK oder ⏎.

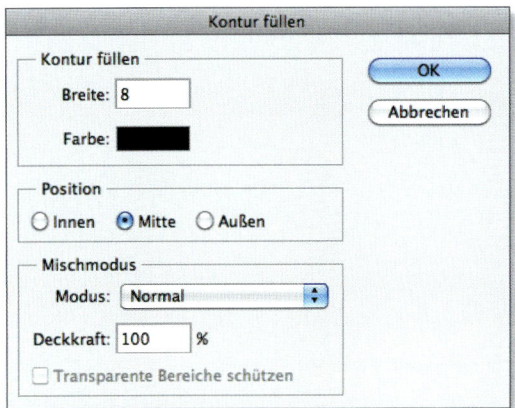

◀ **Abbildung 10.60**
Zum Schluss muss die Kontur
mit Farbe versehen werden.

5 Auswahl aufheben

Heben Sie nun noch die Auswahl auf, indem Sie ⌜Strg⌟/⌜⌘⌟+⌜D⌟
drücken oder im Menü AUSWAHL • AUSWAHL AUFHEBEN betätigen.

◀ **Abbildung 10.61**
Das gefüllte Herz

Dateien ausgeben – für Web und Druck

Fotos drucken und für das Internet vorbereiten

- ▸ Wie werden Bilder auf dem Tintenstrahldrucker ausgegeben?
- ▸ Wie setze ich die Farbumfang-Warnung ein?
- ▸ Wie werden meine Bilder für die Verwendung im Internet vorbereitet?
- ▸ Was hat es mit den Formaten GIF und PNG auf sich?
- ▸ Was sind Aktionen?
- ▸ Was ist eine Stapelverarbeitung?

11 Dateien ausgeben – für Web und Druck

Raus damit! – Klar, dass Sie nach allen Strapazen der modernen Bildbearbeitung Ihr Endprodukt individuell ausgeben wollen. Wenn Sie Ihren Dateien einen Platz im World Wide Web gönnen, geht kein Weg am Dialog FÜR WEB SPEICHERN vorbei.

Nach wie vor attraktiv sind aber auch die klassischen Papierabzüge. »Da hat man wenigstens etwas in der Hand«, ist man geneigt zu sagen. Damit aber am Ende Ihre Photoshop-Arbeiten würdig präsentiert werden, muss auch beim Druck alles stimmen. Alles andere hieße sonst »Endstation Papierkorb«.

11.1 Druckausgabe

CMYK-Bilder drucken

Wenn Sie Ihre Bilder bereits in Photoshop in das CMYK-Format umwandeln, ist zu erwarten, dass der Druck wesentlich schlechter wird. Natürlich gilt das nur für den Druck am heimischen Tintenstrahl- bzw. Farblaserdrucker. In der professionellen Druckvorbereitung ist die Umwandlung in CMYK ein Muss – es sei denn, Ihre Druckerei kümmert sich selbst um die Druckvorbereitung des Fotos.

Für die Ausgabe von Druckdateien mit dem heimischen Tintenstrahl- oder Farblaserdrucker sollten Sie Ihre Farbbilder grundsätzlich in RGB belassen. Zwar verwendet der Drucker ebenfalls das CMYK-Farbmodell (immerhin wird auch dort mit Cyan, Magenta, Gelb und Schwarz gearbeitet), doch sollten Sie das Farbmanagement lieber Ihrem Drucker überlassen. Der macht das nämlich ganz von selbst und kann das nebenbei auch noch richtig gut.

Dateien mit dem Tintenstrahldrucker ausgeben

Natürlich ist es nicht zu empfehlen, ein Foto gleich zu Papier zu bringen, denn dabei haben Sie ja keinerlei Einstellmöglichkeiten. In den meisten Fällen werden Sie eher daran interessiert sein, Qualitätsausdrucke zu erzeugen – und dann sollten Sie die Möglichkeiten nutzen, die Photoshop in seinem Druckdialog zur Verfügung stellt.

Schritt für Schritt
Dateien mit Photoshop-Dialog drucken

Falls Sie die hier erwähnten Schritte eins zu eins nachvollziehen möchten, verwenden Sie bitte die Datei »Druck.tif« aus dem Ordner BILDER. Über DATEI • DRUCKEN bzw. die Tastenkombination Strg/⌘ + P öffnen Sie den Druckdialog.

Bilder/Druck.tif

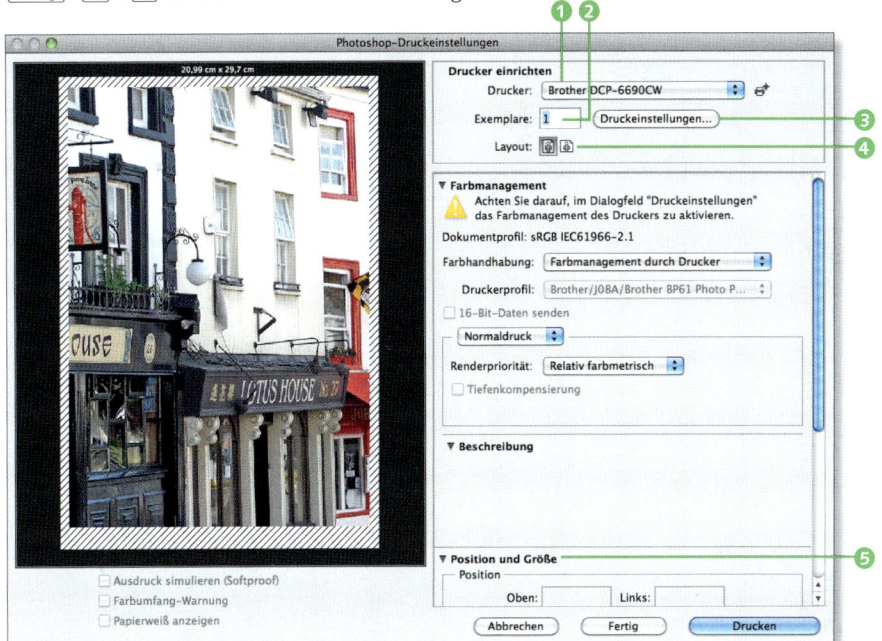

© Dieter Schütz – pixelio.de

1 Drucker auswählen

Photoshop wird im obersten Pulldown-Menü ❶ standardmäßig den installierten Drucker anbieten. Wenn dem System aber mehrere Drucker zur Verfügung stehen, können Sie hier den geeigneten auswählen. Gleich unterhalb wird dann die Anzahl der Ausdrucke festgelegt (EXEMPLARE) ❷.

2 Seite einrichten

Möchten Sie wie in unserem Beispiel nur ein einziges Mal auf Querformat umstellen, benutzen Sie den rechten der beiden Buttons ❹, um die Anordnung des Druckmediums entsprechend zu ändern. Sobald Sie den rechten Button anklicken, wird auch die Vorschau auf der linken Seite entsprechend geändert.

▲ **Abbildung 11.1**
Der Drucken-Dialog wirkt zunächst recht übersichtlich.

▲ **Abbildung 11.2**
Die Ansicht wurde gedreht und zeigt sich nun im Querformat.

3 Drucker einstellen

Der Button DRUCKEINSTELLUNGEN ❸ ist zudem sehr wichtig. Er ermöglicht nämlich die Einstellung Ihres Druckers, ohne den Druckdialog von Photoshop verlassen zu müssen. Hier würden Sie beispielsweise den gewünschten Bedruckstoff (z. B. Fotopapier) einstellen.

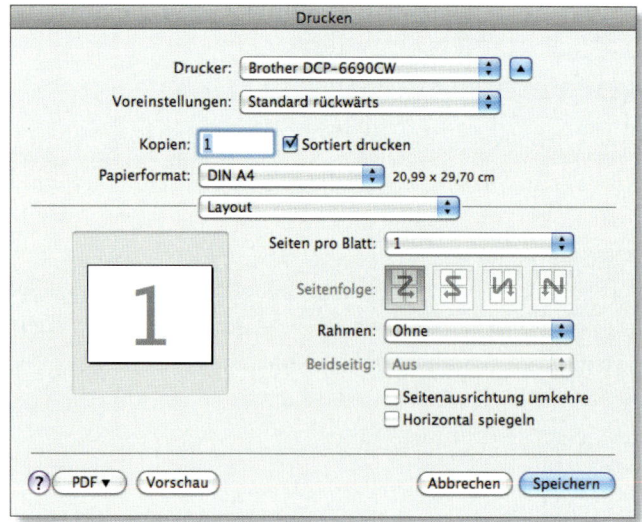

Abbildung 11.3 ▶
Je nach verwendetem Betriebssystem und Drucker unterscheiden sich die Dialoge gewaltig, die Sie über den Button DRUCKEINSTELLUNGEN erreichen können.

4 Zentrierung aufheben

Weiter unten befindet sich der Frame POSITION UND GRÖSSE ❺. Scrollen Sie, falls erforderlich, etwas weiter nach unten, oder ziehen Sie das Dialogfeld unten rechts weiter auf.

Hier können Sie die Anwendung veranlassen, die automatische Zentrierung des Ausdrucks auf dem Druckbogen aufzuheben. Wenn Sie das Häkchen aus der Checkbox MITTE entfernen, werden die Steuerelemente daneben anwählbar. Im Anschluss daran können Sie die gewünschte Position angeben, indem Sie doppelt in das Eingabefeld OBEN klicken, den gewünschten Wert eingeben und anschließend mit ⇥ in das Feld LINKS springen. Entscheiden wir uns doch in beiden Fällen für 2 cm. Die Druckbogen-Voransicht wird dabei laufend aktualisiert. Wie das Foto angeordnet wird, sehen Sie oben links in der Vorschau.

Diagonalen

Die Diagonalen **6** entlang des Randes zeigen den nicht druckbaren Bereich eines Blattes an. Falls Ihr Drucker in der Lage ist, randlos zu drucken, muss das über den Dialog des Druckers (Button: DRUCKEINSTELLUNGEN) festgelegt werden. Alternativ dürfen Sie zudem auch negative Werte angeben.

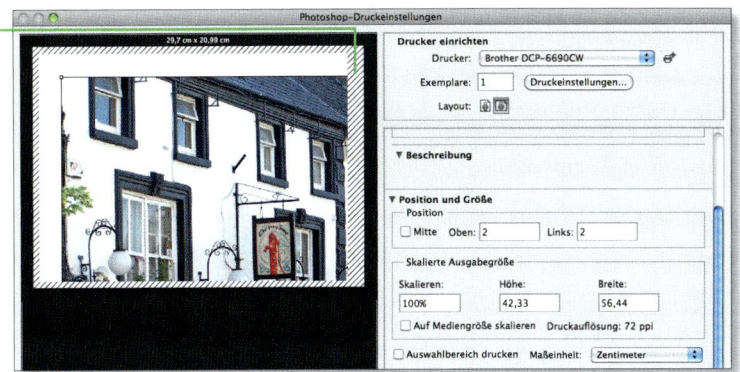

◄ **Abbildung 11.4**
In diesem Fall wird das Foto jeweils 2 cm vom oberen und linken Rand entfernt.

5 Auf Mediengröße skalieren

Falls Sie sich jetzt fragen, warum wir uns nicht stattdessen für die Funktion darunter, AUF MEDIENGRÖSSE SKALIEREN, entschieden haben (immerhin würde das Bild doch dann an den Druckbogen angepasst), lassen Sie mich so argumentieren: Zum einen sollten Sie das nur dann machen, wenn Sie randlos drucken wollen (Sie können nämlich dann keinen Rand mehr definieren), zum anderen würde das Bild nur mit einer Druckauflösung von etwa 150 ppi gedruckt.

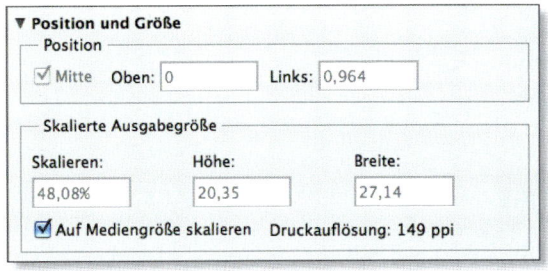

◄ **Abbildung 11.5**
Bei der automatischen Skalierung auf Mediengröße wird das Foto in diesem Beispiel nur mit 149 ppi ausgegeben.

Das können Sie kontrollieren, indem Sie Auf Mediengrösse skalieren anwählen und dann unterhalb die Auflösung ablesen. Anschließend müssen Sie die Checkbox Auf Mediengrösse skalieren leider wieder abwählen und den Wert im Eingabefeld Skalieren ändern. Legen Sie doch hier zunächst einmal 40% fest.

Abbildung 11.6 ▶
Zum ersten Mal ist das Foto kleiner als der Druckbogen.

Nun ergibt sich, dass 40% immer noch zu groß ist, um das Foto qualitativ hochwertig auszugeben. Immerhin benötigen Sie für einen anständigen Druck auf Fotopapier mindestens 220 ppi. Damit Sie das Bild an diese Anforderung anpassen können, sollten Sie einen der Eckanfasser in der Vorschauminiatur bewegen und so das Bild nach und nach von Hand skalieren, bis die Druckauflösung mit mindestens 220 ppi angegeben ist. Das dürfte bei etwa 32,5% der Fall sein.

Abbildung 11.7 ▼
Damit sind die Mindestanforderungen für den Fotodruck erreicht.

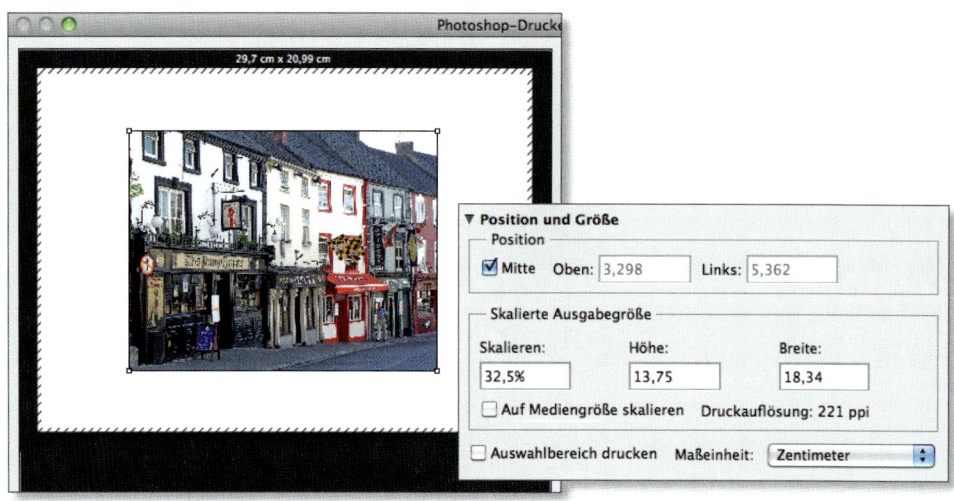

6 Optional: Foto umpositionieren

Sie könnten übrigens das Foto auch auf dem Druckbogen umpositionieren, indem Sie die Maus auf die Bildminiatur stellen und diese per Drag & Drop verschieben. Das geht natürlich nur, wenn zuvor MITTE deaktiviert wurde.

7 Farbmanagement und Renderpriorität

Für den Ausdruck auf dem Tintenstrahler gilt: Lassen Sie, wie bereits erwähnt, das Farbmanagement (etwas weiter oben) vom Drucker erledigen! Der kann das wirklich gut. Lassen Sie im Pulldown-Menü FARBHANDHABUNG den Eintrag FARBMANAGEMENT DURCH DRUCKER stehen. (Achten Sie aber auch später im Dialogfeld des Druckers darauf, dass die Farbverwaltung dort aktiviert ist.)

Noch etwas zur RENDERPRIORITÄT. Wenn Sie in diesem Flyout-Menü RELATIV FARBMETRISCH stehen lassen, wird ein Weißabgleich durchgeführt, der die Farben geringfügig verschieben kann. Damit ist die Farbverbindlichkeit zwar nicht mehr absolut gegeben, doch sind die Ergebnisse absolut zufriedenstellend. Sie sollten diese Einstellung beibehalten.

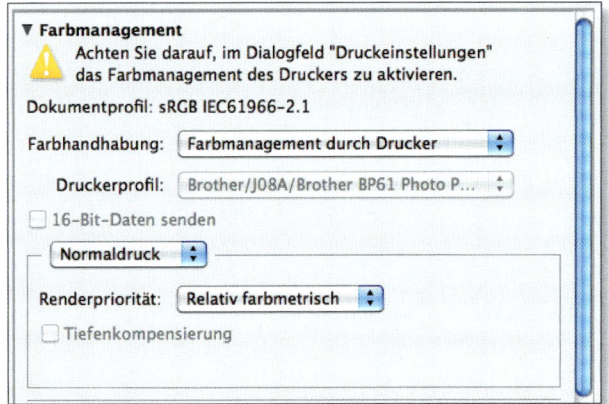

◀ **Abbildung 11.8**
Überlassen Sie das Farbmanagement dem Drucker.

8 Optional: Schnittmarken drucken

Wenn Sie zusätzlich noch Schnittmarken, Passermarken oder Ähnliches mit auf den Druckbogen bringen wollen, müssen Sie zunächst noch einmal ganz nach unten scrollen. Öffnen Sie die Liste DRUCKMARKEN, und haken Sie an, was Sie für wichtig erachten. Die Objekte, deren Checkboxen Sie aktivieren, werden in der Druckbogenminiatur ebenfalls angezeigt.

Abbildung 11.9 ▶
Wählen Sie aus, was mit aus-gegeben werden soll.

Schnell drucken

Wenn Sie keine Einstellungen vornehmen, sondern einfach nur ruck, zuck etwas drucken wollen, entscheiden Sie sich für DATEI • EINE KOPIE DRUCKEN (alternativ: Strg/⌘ + Alt + ⬗ + P), ge-folgt von ↵). Dann kommt die Datei gleich zu Papier – es sei denn, das Bild ist größer als das maximal druckbare Format Ihres Druckers. In diesem Fall gibt die Anwendung einen Warnhinweis.

Abbildung 11.10 ▶
Wenn Sie jetzt fortfahren, werden Randbereiche der Datei nicht mit gedruckt.

Jetzt haben Sie zwei Möglichkeiten: Entweder Sie klicken auf ABBRECHEN und verkleinern das Bild anschließend manuell in Pho-toshop, oder Sie nehmen in Kauf, dass die Ränder abgeschnitten werden, wenn Sie auf FORTFAHREN drücken.

11.2 Dateien für den professionellen Druck vorbereiten

Wenn Sie Dateien erzeugen möchten, die auf einer Druckmaschine ausgegeben werden sollen, ist es sinnvoll, einige grundlegende Vorgehensweisen zu beherzigen. Nun soll und kann an dieser Stelle kein komplettes Druckvorbereitungsmanagement erläutert werden. Einige markante Eckpunkte sollen dennoch Erwähnung finden.

Schritt für Schritt
Professionelle Druckvorbereitung

Stellen Sie zunächst die Beispieldatei »Druck.tif« in Photoshop zur Verfügung. Falls der Drucken-Dialog aus dem vorangegangenen Workshop noch geöffnet ist, brechen Sie ihn bitte ab.

Bilder/Druck.tif

1 Farbumfang prüfen
Zunächst einmal sollten Sie sich ansehen, wo sich in Ihrem Bild mögliche Probleme beim Vierfarbdruck ergeben könnten. Es sind nämlich längst nicht alle Farben druckbar, die im RGB-Modus angezeigt werden können. Die Anzeige schalten Sie über ANSICHT • FARBUMFANG-WARNUNG oder über Strg/⌘+⌥+Y ein.

◄ **Abbildung 11.11**
Hier sind zwei Bereiche, die bei aktivierter Farbumfang-Warnung bemängelt werden.

Jetzt werden im Zielbild alle Bereiche grau angezeigt, in denen es beim Konvertieren Farbabweichungen geben wird. Im Klartext: Sie sehen, welche Bildbereiche nach einer Umwandlung in CMYK nicht mehr so aussehen werden wie zuvor. Aber dazu später mehr.

2 Andere Farbe einstellen

Je nach Quellbild ist Grau als Warnfarbe möglicherweise nicht so gut geeignet. Ändern Sie in diesem Fall die Farbe für die Farbumfangwarnung. Gehen Sie dazu über BEARBEITEN/PHOTOSHOP • VOREINSTELLUNGEN • TRANSPARENZ & FARBUMFANG-WARNUNG. Klicken Sie auf das Farbfeld im Frame FARBUMFANG-WARNUNG, und ändern Sie die Farbe wunschgemäß über den sich öffnenden Farbwähler.

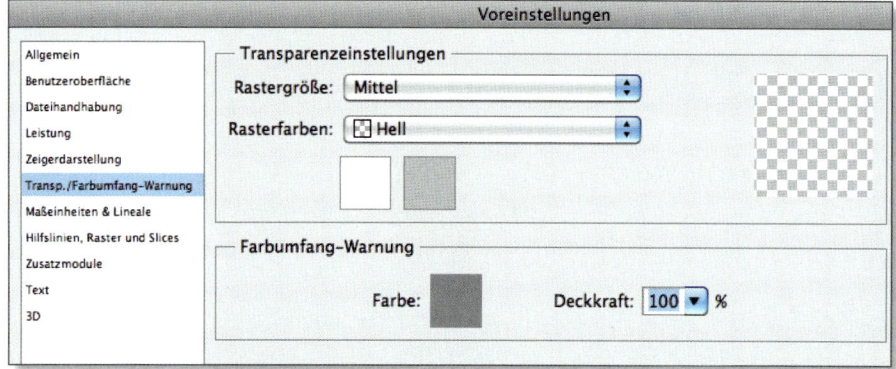

▲ **Abbildung 11.12**
Hier können Sie die Farbe einstellen, die zur Farbumfang-Warnung angezeigt werden soll.

3 Farbeinstellungen

Spätestens jetzt sollten Sie sich um die grundsätzlichen Farbeinstellungen innerhalb von Photoshop kümmern. Nun gibt es an dieser Stelle jedoch zwei unterschiedliche Wege. Es kommt nämlich darauf an, ob Sie Photoshop als Einzelapplikation oder innerhalb einer Creative Suite betreiben.

4 Farbeinstellungen nur in Photoshop

Wenn Sie lediglich Photoshop betreiben, gehen Sie jetzt auf BEARBEITEN • FARBEINSTELLUNGEN. Öffnen Sie das oberste Pulldown-Menü, und legen Sie hier EUROPA, UNIVERSELLE ANWENDUNGEN 3 sowie unterhalb die von Ihrem Druckdienstleister gewünschten Formate fest. Bestätigen Sie mit OK.

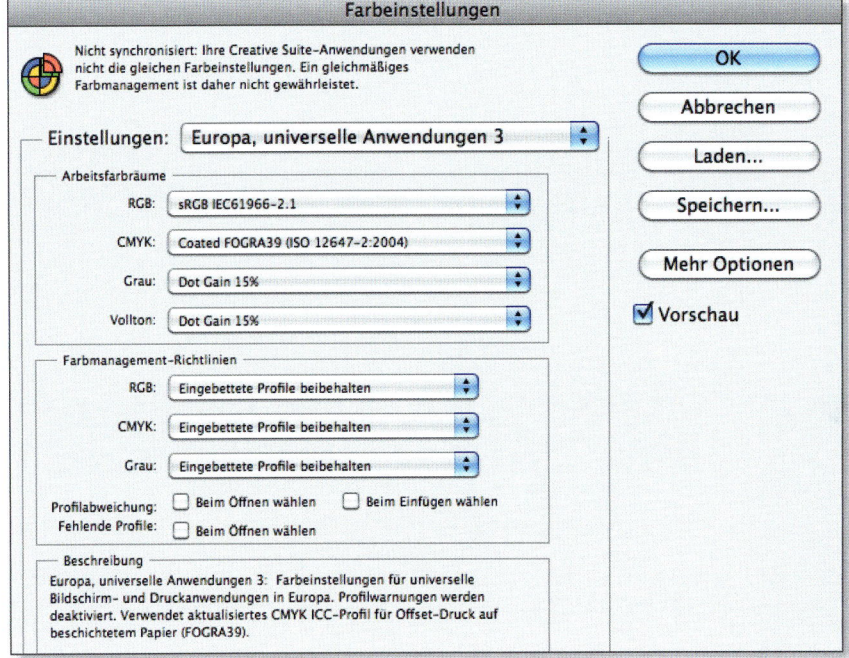

▲ **Abbildung 11.13**
Hier lassen sich die Photoshop-Farbeinstellungen vornehmen.

5 Farbeinstellungen innerhalb einer Creative Suite

Sollten Sie Photoshop nicht als einzelne Anwendung, sondern innerhalb einer Creative Suite betreiben, finden Sie in der oberen linken Ecke des Dialogs einen kleinen Farbkreis. Dieser zeigt an, ob die gesamte Suite dasselbe Profil verwendet (der Kreis ist geschlossen) oder ob innerhalb der Suite-Applikationen auf unterschiedliche Farbeinstellungen zurückgegriffen wird (ein Viertel des Kreises tritt heraus).

▲ **Abbildung 11.14**
Hier arbeitet nicht die gesamte Suite mit der gleichen Farbeinstellung.

Nun ist es angezeigt, die Farbeinstellungen innerhalb der Bridge vorzunehmen. Dort haben Sie nämlich die Möglichkeit, die Einstellungen auf sämtliche Suite-Applikationen gleichermaßen wirksam werden zu lassen. (Machen Sie das in Photoshop, sind die gewählten Einstellungen auch nur dort wirksam.)

Wechseln Sie zu Bridge, und gehen Sie auf BEARBEITEN • CREATIVE SUITE-FARBEINSTELLUNGEN. Wählen Sie aus der Mitte das gewünschte Farbprofil per Mausklick aus, und betätigen Sie ANWENDEN. Nach einem Neustart der Anwendungen verfügt die gesamte Suite über die gleichen Farbeinstellungen, und der Farbkreis oben links wird synchronisiert (geschlossen) dargestellt.

Abbildung 11.15 ▶
Nehmen Sie Farbeinstellungen für die gesamte Suite in der Bridge vor.

▲ **Abbildung 11.16**
Das Foto verfügt jetzt über vier Farbkanäle.

Proof zurücksetzen

Falls Sie über PROOF EINRICHTEN gegangen sind, erreichen Sie die Ansicht aller vier Kanäle, also die Rückkehr zum Normalbild, indem Sie abermals ANSICHT • PROOF EINRICHTEN selektieren und dann auf CMYK-ARBEITSFARBRAUM gehen.

---

6 Bild umwandeln

Zurück zu unserem Beispielfoto: Hier muss eine Umwandlung in den CMYK-Farbraum erfolgen (BILD • MODUS • CMYK-FARBE), sofern das Belichtungsstudio oder die Druckerei keine RGB-Daten bevorzugt. Und das wollen sie quasi nie. Die Alternative wäre BEARBEITEN • IN PROFIL UMWANDELN.

Dass die Umwandlung in ein Vierfarbfoto gelungen ist, sehen Sie zum einen an der Kopfleiste, zum anderen am Kanäle-Bedienfeld (FENSTER • KANÄLE). Hier gibt es jetzt nämlich kein RGB mehr, sondern CMYK.

7 Platten-Vorschau anzeigen

Über ANSICHT • PROOF EINRICHTEN • [X]-PLATTE ARBEITSFARBRAUM können Sie sich nun eine Vorschau der einzelnen Druckplatten anzeigen lassen. Entsprechendes geht aber auch, wenn Sie kurzzeitig nur auf eine der vier Vorschau-Miniaturen im Kanäle-Bedienfeld klicken.

8 Farbauftrag begutachten

Für den Farbauftrag gibt es Grenzwerte, die generell nicht über-schritten werden sollen. So ist es zum Beispiel nicht sinnvoll, eine Farbe zu 100 % aufzutragen. Wie viel maximal aufgetragen werden darf, ist nicht zuletzt auch vom Bedruckstoff abhängig. Gestrichenes (beschichtetes) Papier verträgt gewöhnlich viel mehr Farbe als saugstarkes Zeitungspapier. Ihre Druckerei wird Ihnen hier entsprechende Informationen geben.

Damit Sie aber bereits im Vorfeld selbst prüfen können, ob es an problematischen Bildstellen zu hohen Farbaufträgen kommt, sollten Sie das Bedienfeld INFO einmal öffnen. Sie finden einen entsprechenden Eintrag im Menü FENSTER. Jetzt stellen Sie die Maus auf das Foto (beispielsweise auf das blaue Schild) und lesen die Werte ab, die im Info-Bedienfeld gezeigt werden. In diesem Fall ist zu erwägen, ob Sie die Farben entsprechend nachbearbei-ten (z. B. über die Gradationskurven).

▲ **Abbildung 11.17**
Dort, wo schwarze Bild-elemente vorhanden sind, kommt es in der jeweiligen Farbe zum Farbauftrag Cyan (oben links), Magenta (oben rechts), Yellow (unten links) und Schwarz (unten rechts).

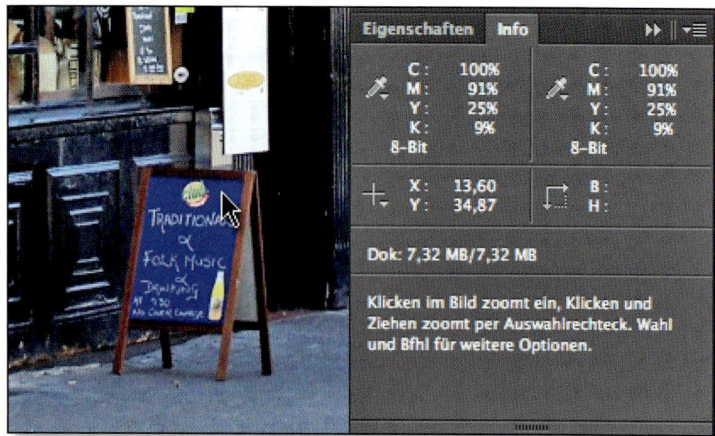

Abbildung 11.18 ▶
Bei einer Messung auf dem
Schild kommt es im Bereich
Cyan zu 100 % Farbauftrag.

11.3 Dateien für das Web speichern

Auch im Zeitalter von DSL gilt: Webbilder müssen klein sein. Denn
je kleiner ein Bild ist, desto weniger Ladezeit wird benötigt. Wenn
Ihre Homepage überfrachtet ist mit Inhalten, sollten Sie diese ver-
schlanken. Den Anfang machen da die Bilddateien.

Schritt für Schritt
Ein Bild für den Internet-Einsatz vorbereiten

Bilder/Druck.tif

Die JPEG-Kompression macht schon einiges möglich. Dateien
werden richtig schön klein, und der Qualitätsverlust hält sich in
Grenzen. Trotzdem ist an der Beispieldatei »Druck.tif« noch einiges zu verbessern, denn das Original ist immerhin ca. 5,5 MB groß
(im Modus RGB). Das können Sie übrigens gut im Fuß des Bild-
fensters oder im BILDGRÖSSE-Dialog ablesen. – Falls Sie den vori-
gen Workshop nachvollzogen haben, machen Sie jetzt bitte die
Konvertierung in CMYK wieder rückgängig.

1 Web-Dialog öffnen
Wählen Sie DATEI • FÜR WEB SPEICHERN, oder entscheiden Sie sich
für die Tastenkombination ⎡Strg⎤/⎡⌘⎤+⎡Alt⎤+⎡⇧⎤+⎡S⎤. Vorsicht!
Dieses Kürzel verlangt Ihnen besonders am Mac die Akrobatik
einer asiatischen Fingertänzerin ab.

▲ **Abbildung 11.19**
Das Foto wird im Web-Dialog dargestellt.

2 Format wählen

Der Dialog sieht doch gar nicht sonderlich spektakulär aus, oder
was meinen Sie? Das wird sich aber gleich ändern. Öffnen Sie
zunächst das oberste Pulldown-Menü, VORGABE ❶, und stellen
Sie das Format JPEG HOCH ein. Dies ist das geeignete Format für
Bilder im Netz. Wenn Sie hingegen mit Grafiken arbeiten, die aus
ebenmäßigen Flächen bestehen, sollten Sie hier GIF wählen.

3 Ansicht ändern

Wenn Sie ganz oben links auf die Registerkarte 4FACH ❷ klicken,
werden Ihnen vier Vergleichsalternativen angeboten. Unterhalb
der Bilder lassen sich dann auch gleich die Dateigrößen ❸ ablesen. Vergleichen Sie das Original mit dem JPEG (oben rechts). Die
Datei ist also in diesem Format schon wesentlich kleiner.

PNG-Format

Das Format PNG ist ein
ähnlich leistungsstarkes
Kompressionsverfahren
wie JPEG oder GIF. Dabei
ist PNG-8 prinzipiell ver-
gleichbar mit GIF, wäh-
rend PNG-24 eine Alter-
native zu JPEG darstellt.

Abbildung 11.20 ▶
Die Dateigröße schrumpft bei Verwendung der JPEG-Kompression beträchtlich.

4   Ladezeitanzeige ändern

In der dritten Zeile ❹ werden die Ladezeiten angezeigt, die das Bild benötigen würde. Ausgehend von einem 56,6-Kbit/s-Modem betrüge diese also satte 100 Sekunden. Derartige Modems sind wohl tatsächlich noch im Umlauf. Aber macht es Sinn, sich daran zu orientieren? Wenn Sie davon ausgehen, dass Ihre Besucher über DSL verfügen, können Sie die Ladezeitanzeige entsprechend ändern. Klicken Sie dazu auf die kleine Listen-Schaltfläche rechts neben diesem Wert.

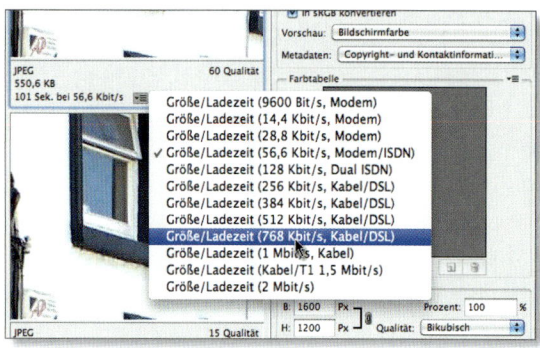

Abbildung 11.21 ▶
Falls es erwünscht ist, lässt sich die Ladezeitvorgabe ändern.

5 Bildgröße verändern

Jetzt sollten Sie sich auf die BILDGRÖSSE **6** konzentrieren. Hier sollten Sie die Abmessung ändern, da das Foto ja für die Darstellung auf einer Webseite viel zu groß ist. Für die Präsentation als Beiwerk wäre unser Bild mit einer Breite von 400 Px ausreichend groß. Wenn Sie dieses Maß eingeben, verändert sich die Höhe proportional mit (im Beispiel: 300 Px). Im Anschluss müssen Sie den Wert aber explizit an Photoshop übergeben. Drücken Sie dazu ⌐↹⌐, um das Breiten-Eingabefeld zu verlassen. Die Anwendung reagiert sofort.

Abmessungen unproportional verändern

Wenn Sie ein Maß ändern, verändert sich das andere Maß proportional mit. Eine unproportionale Veränderung könnten Sie nur dann einstellen, wenn Sie zuvor auf das kleine Ketten-Symbol klicken würden.

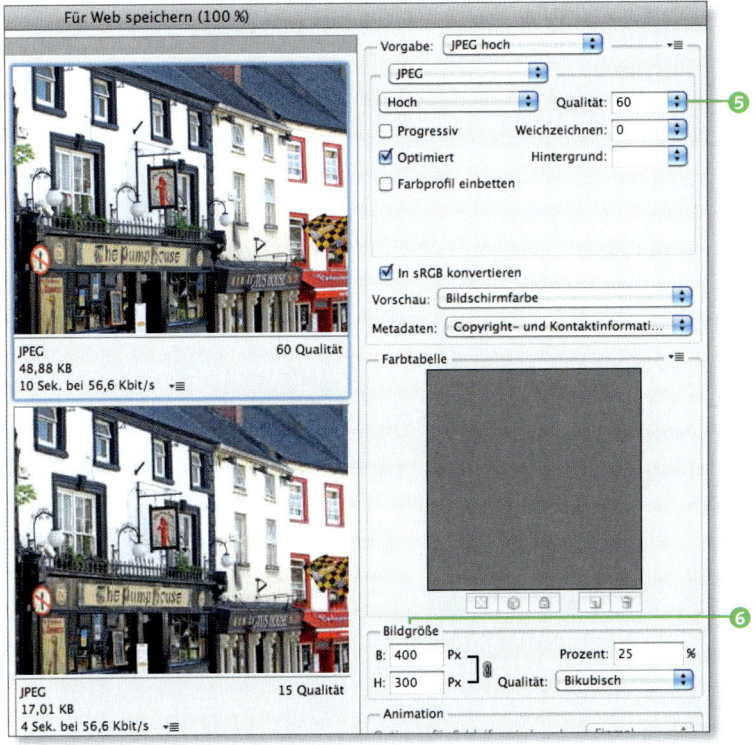

◄ **Abbildung 11.22**
Das Foto wird sofort kleiner dargestellt; die Dateigröße ist ebenfalls enorm geschrumpft.

Sie sehen, dass das Bild in Qualität 60 (oben rechts) jetzt weniger als 49 KB groß ist und dass die Ladezeit mit dem 56,6-Kbit/s-Modem nur noch 10 Sekunden betrüge.

6 Qualität reduzieren

Nun sollten Sie noch versuchen, die QUALITÄT **5** zu reduzieren. Wenn Sie auf »0« gehen, haben Sie zwar die kleinstmögliche

Dateigröße erreicht, die JPEG-Artefakte werden allerdings nicht gerade ein zufriedenstellendes Ergebnis liefern. Schalten Sie oben links einmal auf 2FACH um, und zoomen Sie mit der Lupe auf der unteren Vorschau etwas ein.

Abbildung 11.23 ▶
Hier ist von Qualität keine Rede mehr!

Erhöhen Sie jetzt den Wert QUALITÄT langsam, bis Ihnen die Darstellung gefällt. Mit einer Qualitätseinstellung um »50« sollte bei 100 % Darstellung (Doppelklick auf das Zoom-Werkzeug) ein noch akzeptables Resultat erzielt werden.

Abbildung 11.24 ▶
Das kann man gelten lassen.

7 Browser einrichten

Wenn Sie vorab begutachten möchten, wie sich Ihre Datei im Standardbrowser macht, müssen Sie diesen zunächst einrichten.

Klicken Sie dazu unten links im Fenster auf die kleine Dreieck-Schaltfläche (neben der Weltkugel mit dem Fragezeichen). In der Liste entscheiden Sie sich für LISTE BEARBEITEN.

Im nächsten Dialog klicken Sie auf HINZUFÜGEN und stellen dort den Browser ein, dem Sie den Vorzug geben möchten. Mit ÖFFNEN wird dieser hinzugefügt. Bestätigen Sie mit OK. Falls Sie mehrere Browser gelistet haben, dürfen Sie gerne einen markieren und anschließend ALS STANDARD FESTLEGEN betätigen. Dann erhält dieser Browser fortan den Vorzug vor allen anderen.

8 Foto erzeugen

Danach können Sie das Ganze einmal in Ihrem Standardbrowser ansehen, wenn Sie unten links auf VORSCHAU klicken. Photoshop präsentiert dann gleich auch noch einige Zusatzinformationen nebst Quellcode.

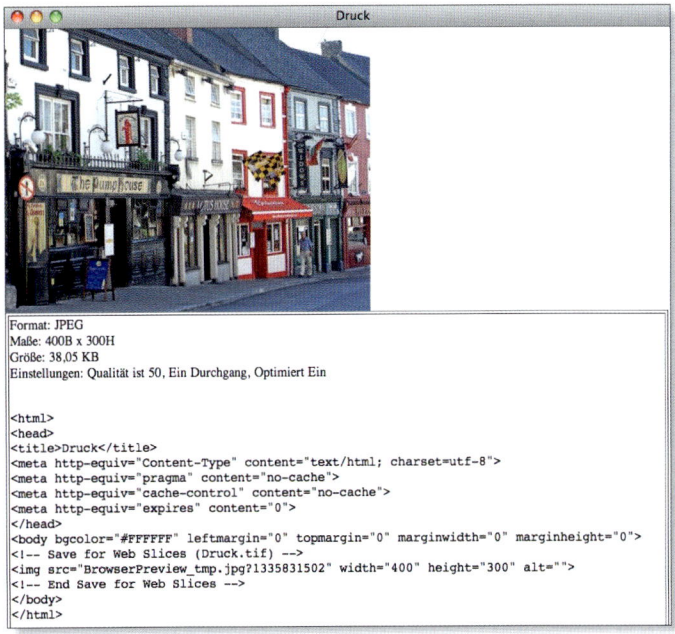

◄ **Abbildung 11.25**
So wird das Foto im Standard-browser dargestellt.

Zum Schluss klicken Sie auf die SPEICHERN-Schaltfläche. Das Resultat der Kompression heißt »Web.jpg« und weist eine Dateigröße von unter 40 KB auf. Und noch etwas: Sie haben jetzt eine komplett neue Datei aus einem TIFF-Bild erzeugt. Denken Sie daran, dass das soeben gewonnene JPEG und die Originaldatei nichts gemeinsam haben. Die Originaldatei bleibt bei dieser Vorgehensweise vollkommen unverändert.

Grafiken im Format GIF und PNG

Wenn Sie ein Bild erzeugt haben, in dem hauptsächlich farbige Flächen oder Texte vorkommen (z. B. ein Logo), also weder Verläufe noch exorbitante Schatten vorhanden sind, dann bietet sich das Format GIF an. Wenn Sie oben statt SELEKTIV entweder ADAPTIV oder RESTRIKTIV einstellen, werden unterschiedliche Farbtabellen verwendet, die mitunter zu erheblichen Änderungen der Dateigröße bei (fast) gleichbleibender Qualität führen. – Sollten Sie kleine Schriften integriert haben (z. B. bei Buttons für die Homepage), werden die Resultate meist erheblich besser, wenn Sie statt GIF das Format PNG-24 benutzen.

11.4 Stapelverarbeitung und Aktionen

Ein praxisnahes Beispiel: Sie möchten Ihre Dateien an potenzielle Kunden weitergeben. Da Sie aber auf die Anbringung Ihres Namens nicht verzichten möchten, müssen Sie alle Bilder entsprechend nachbearbeiten. Wenn Sie nun aber die einzelnen Schritte, die dazu erforderlich sind, einige hundert Mal wiederholen müssten, wären sicher etliche Stunden vergangen. In solchen Fällen sollten Sie daher auf die Stapelverarbeitung vertrauen.

Schritt für Schritt
Namen mit der Stapelverarbeitung einfügen

Bilder/Stapelverarbeitung.tif

Ihr Name (oder was auch immer Sie für angemessen erachten) soll teiltransparent im unteren Bereich des Bildes auftauchen. Um dies etliche Male zu realisieren, müssen wir Photoshop einmal »vormachen«, wie es geht, und danach eine Stapelverarbeitung einleiten.

Wenn Sie gerade keine Bilddatei zur Hand haben, nehmen Sie »Stapelverarbeitung.tif« – aber selbstverständlich nur zur Einrichtung des Namenszuges im Zusammenhang mit dieser Übung.

Derartige Anstrengungen sollten Sie nämlich grundsätzlich nur bei Ihren eigenen Fotos unternehmen.

© Tschi-Em – pixelio.de

◄ **Abbildung 11.26**
Ein und derselbe Schriftzug soll auf zahlreichen Fotos erscheinen.

1 Die Schritte im Überblick

Bevor wir uns an die Arbeit machen, wollen wir einmal die einzelnen Schritte auflisten, die für eine entsprechende Signierung der Bilder erforderlich sind:

1. Text einfügen
2. Auswahl vom Text erstellen
3. Textebene löschen
4. Hintergrundebene auf die Auswahl beschränkt duplizieren (Strg / ⌘ + ⇧ + J)
5. Ebenenstil zuweisen (ABGEFLACHTE KANTE UND RELIEF)
6. Ebenen auf Hintergrund reduzieren

Wie das im Einzelnen funktioniert, haben Sie ja im vorangegangenen Kapitel bereits erfahren.

Optionale Schritte

Die nebenstehenden Schritte sind optional. Wählen Sie andere Funktionen, sofern Ihnen diese mehr zusagen. Der Zusammenstellung von Aktionen sind prinzipiell keine Grenzen gesetzt.

2 Aktion vorbereiten

Um für diesen Workshop nun nicht Hunderte von Dateien berechnen zu lassen, empfiehlt es sich, einige Dateien zur Simulation zu kopieren. Erzeugen Sie einen Ordner auf dem Desktop, und geben Sie ihm den Namen »Stapel«. Danach kopieren Sie einige in etwa gleich große Fotos in diesen Ordner hinein. Wie Sie wissen, geht das ja prima über die Zwischenablage (Strg / ⌘ + C und Strg / ⌘ + V). Anschließend öffnen Sie die Datei, die Sie als Musterdatei verwenden wollen (in unserem Beispiel also das Insekten-Foto). Die Fotos im Desktop-Ordner müssen Sie nicht extra öffnen.

3 Aktion erstellen

Die einzelnen Schritte müssen Photoshop nun vorgegeben werden. Dazu werden so genannte Aktionen aufgezeichnet. Öffnen Sie das Bedienfeld AKTIONEN (FENSTER • AKTIONEN). In der Fußzeile der Anwendung verbirgt sich ein Button mit dem Namen NEUE AKTION ERSTELLEN.

Abbildung 11.27 ▶
Zunächst wird eine neue Aktion ins Leben gerufen.

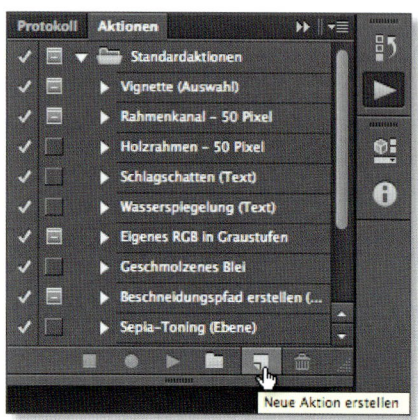

Aktionsdatei

Zur Aufzeichnung der Aktion ist es nicht erforderlich, eines der Bilder zu verwenden, die als Stapel verarbeitet werden sollen. Da der Vorgang nur zur Aufzeichnung der einzelnen Aktionen dient, kann auch jede andere Datei dazu herangezogen werden.

4 Aktion benennen

Im folgenden Dialogfeld sollten Sie die Aktion logisch benennen. Wie wäre es mit »Name im Bild«? Klicken Sie auf AUFZEICHNEN ❶.

Abbildung 11.28 ▶
Der Aktion wird ein Name gegeben.

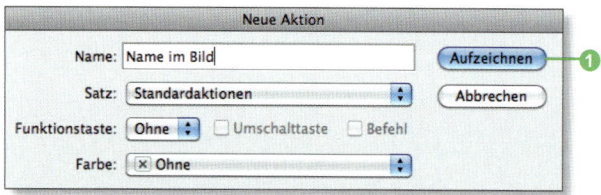

5 Aufzeichnung beenden

Nachdem Sie alle Schritte nacheinander ausgeführt haben, die wiederkehrend auf alle Bilder angewendet werden sollen (Text einfügen – Text verschieben – Auswahl aus Text laden – oberste Ebene entfernen – Ebene duplizieren – Ebenenstil erzeugen – auf Hintergrundebene reduzieren), klicken Sie auf AUSFÜHREN/AUFZEICHNUNG BEENDEN. Damit hat das geöffnete Bild seinen Dienst verrichtet und kann geschlossen werden. Die Abfrage, ob Sie die Änderungen am Foto übernehmen wollen, beantworten Sie mit NICHT SPEICHERN.

▲ Abbildung 11.29
Damit ist die Aufzeichnung beendet.

Die gewünschte Aktion ist definiert, denn Sie haben Photoshop soeben »vorgemacht«, was zu tun ist, wenn die Stapelverarbeitung NAME IM BILD aktiviert wird. Werfen Sie einen Blick auf das Bedienfeld AKTIONEN. Ganz unten werden Sie die zuvor benannte Aktion mit ihren einzelnen Schritten wiederfinden.

6 Stapelverarbeitung einleiten

Nun ist der Zeitpunkt gekommen, die einzelnen Schritte der Aktion auf die anderen Fotos zu übertragen. Mit DATEI • AUTOMATISIEREN • STAPELVERARBEITUNG erreichen Sie den Dialog, der dazu nötig ist.

▼ **Abbildung 11.30**
Am Schluss sollte der Dialog so aussehen.

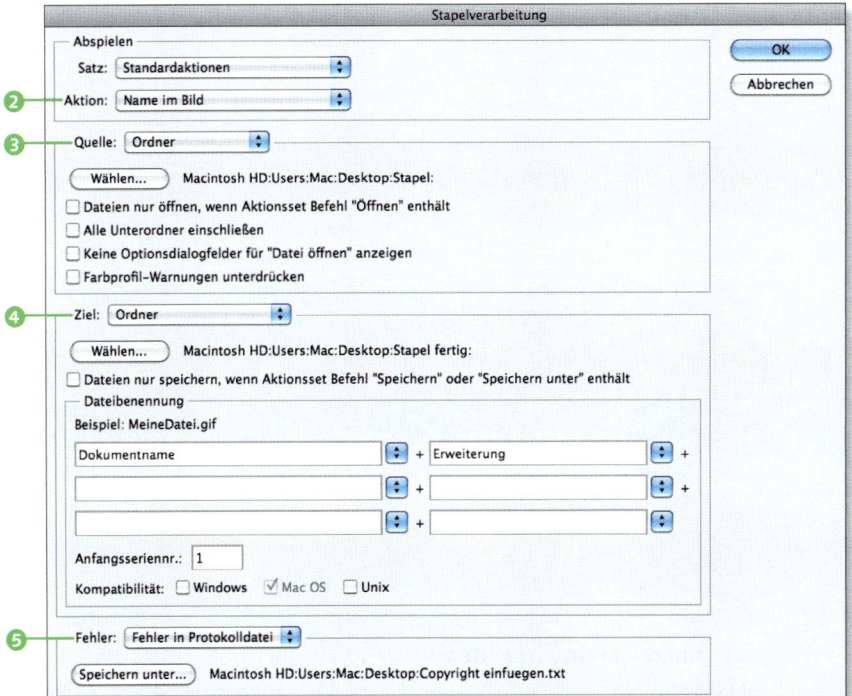

7 Aktion wählen

Sie sehen schon – ein mächtiges Fenster wartet auf Ihre Eingaben. Wichtig ist aber vor allem, dass im Flyout-Menü AKTION jetzt auch NAME IM BILD eingestellt ist ❷. Das sollte die Anwendung übrigens auch ohne Ihr Eingreifen bereits selbst erledigt haben. (Über dieses Steuerelement ließe sich übrigens auch jede andere in Photoshop integrierte Aktion aktivieren.)

8 Quellordner festlegen

Im Frame QUELLE ❸ sollte ORDNER eingestellt sein, da die kopierten Dateien ja zuvor in einem Ordner auf dem Desktop abgelegt worden sind. Über den Button WÄHLEN gelangen Sie zum Dialog ORDNER FÜR STAPELVERARBEITUNG WÄHLEN, über den Sie den Pfad zum Quellordner (STAPEL) festlegen. Bestätigen Sie mit AUSWÄHLEN.

9 Zielordner festlegen

Im Frame ZIEL ❹ stellen Sie abermals ORDNER ein und klicken auch hier auf WÄHLEN. Hier erstellen Sie nun bitte einen NEUEN ORDNER (ebenfalls auf dem Desktop), den Sie beispielsweise mit »Stapel fertig« betiteln. Danach reicht ein Klick auf AUSWÄHLEN, und der Zielordner ist definiert.

Fehler in Protokolldatei

Photoshop erzeugt im Falle eines oder mehrerer Fehler eine Textdatei (.txt) mit der Beschreibung des Fehlers. Nun kann es passieren, dass Sie einen Quellordner erwischen, der zusätzlich noch Dateien beinhaltet, die von Photoshop nicht gelesen werden können (z. B. Word-Dokumente oder Systemdateien). In diesem Fall sollte Sie der Fehler keineswegs beunruhigen, da er ja für die eigentliche Automation überhaupt nicht interessant ist. Sie sehen, warum es sinnvoll ist, die Automation nicht bei einem Fehler anhalten zu lassen.

---

10 Fehlerdatei erzeugen

Beachten Sie noch den untersten Frame, FEHLER ❺. Photoshop kann nämlich von der Stapelverarbeitung ein Protokoll anfertigen. Die ganze Aktion sollte aber bei einem Fehler keinesfalls anhalten, sondern lediglich FEHLER IN PROTOKOLLDATEI schreiben. Klicken Sie auf SPEICHERN UNTER, und geben Sie einen logischen Namen an. Legen Sie als Speicherort ebenfalls den Desktop fest.

11 Stapelverarbeitung starten

Klicken Sie auf OK, und genießen Sie, mit welcher Geschwindigkeit und Präzision Ihr virtueller Kollege die Dateien nach und nach abarbeitet – eine Augenweide, oder?

12 Abschlusskontrollen durchführen

Öffnen Sie den Ordner STAPEL FERTIG, und kontrollieren Sie die Dateien. Anschließend können Sie auch noch die Protokolldatei ansehen. Wenn alles glattgelaufen ist, dürfte sich die Textdatei so darstellen:

Abbildung 11.31 ▶
Hier ist alles ohne Probleme abgelaufen.

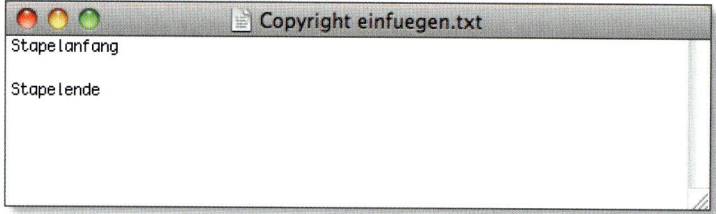

Fachkunde

Hinter den Kulissen

- ▸ Welche wichtigen Voreinstellungen gibt es?
- ▸ Welche unterschiedlichen Farbsysteme gibt es?
- ▸ Was ist Farbseparation?
- ▸ Was bedeuten »dpi« und »ppi«?
- ▸ Wie werden Bilder optimal skaliert?
- ▸ Welche Dateiformate sind wichtig?

12 Fachkunde

Nicht nur im Bereich der Voreinstellungen ist Hintergrundwissen gefragt. Etwas Fachkunde erleichtert nämlich ebenfalls den täglichen Umgang mit Photoshop. Haben Sie keine Angst vor der Theorie – Sie werden sehen, dass auch dieser Bereich richtig interessant sein kann. Hier erfahren Sie, was es mit Farbräumen, Interpolationsmethoden & Co. auf sich hat.

12.1 Voreinstellungen – die Schaltzentrale in der Bildbearbeitung

Um die Voreinstellungen bedienbar zu machen, muss nicht, wie sonst üblich, ein Bild geöffnet sein, damit Dialogboxen erreichbar sind. Die Voreinstellungen betreffen allesamt das Programm selbst und können folglich auch direkt nach dessen Start aktiviert werden.

Wir wollen uns die wichtigsten Voreinstellungen ansehen. Während Windows-Anwender über Bearbeiten zu den Voreinstellungen gelangen, wählen Macintosh-Benutzer das Menü Photoshop.

Allgemeine Voreinstellungen

Wählen Sie im folgenden Dialog zunächst Allgemein. Falls Sie Tastaturbefehle bevorzugen, erreichen Sie die allgemeinen Voreinstellungen auch über Strg/⌘+K. Das ist auch die einzige Möglichkeit, per Tastatur einen der zahlreichen Voreinstellungsdialoge aufzurufen. Für alle anderen Bereiche ist Durchblättern angesagt. Dazu dienen die Buttons Zurück und Weiter rechts im Dialogfenster.

Erinnern Sie sich an die Skalierung von Fotos? Sie haben dort erfahren, dass bei der flächenmäßigen Vergrößerung einer Bilddatei Pixel hinzugefügt werden. Grundsätzlich haben Sie im Dialog BILD • BILDGRÖSSE die Möglichkeit, eine der hier angebotenen Optionen zu wählen. Welche dieser Optionen Ihnen aber beim Öffnen des Dialogfensters standardmäßig angeboten werden, legen Sie unter INTERPOLATIONSVERFAHREN fest. Neu in CS6 ist die Standardvorwahl BIKUBISCH AUTOMATISCH.

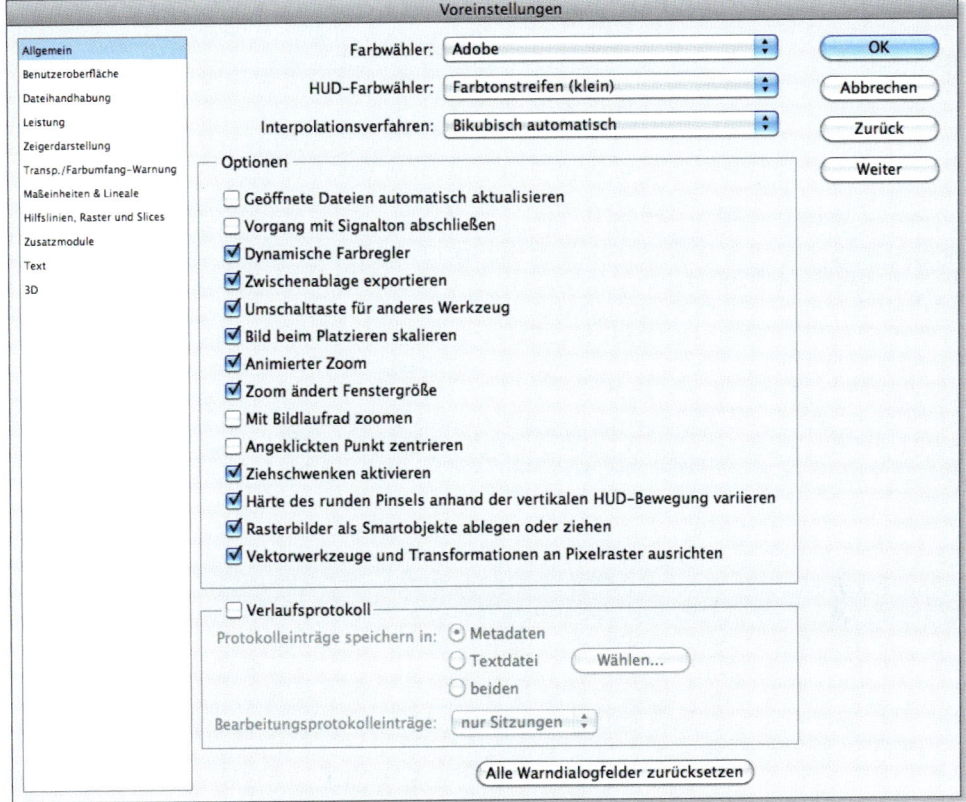

▲ **Abbildung 12.1**
Standardmäßig ist das Interpolationsverfahren BIKUBISCH AUTOMATISCH voreingestellt.

Auf alle Steuerelemente im Frame OPTIONEN gesondert einzugehen, ist sicher müßig, da die Erklärungen in den Quickinfos zur Funktionsbeschreibung durchaus ausreichen. Lassen Sie die Maus kurz auf einem der Elemente verweilen, um einen entsprechenden Erklärungstext zu sehen.

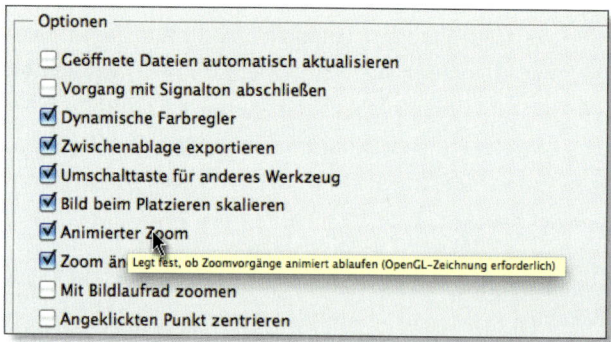

Abbildung 12.2 ▶
Zeigen Sie kurz auf einen der
Einträge, um eine Quickinfo
anzeigen zu lassen.

Sie benötigen eine Dokumentation all Ihrer Arbeiten in Photoshop? Setzen Sie zunächst das Häkchen bei VERLAUFSPROTOKOLL, und vergeben Sie anschließend über WÄHLEN einen Namen und Speicherort für die Protokolldatei.

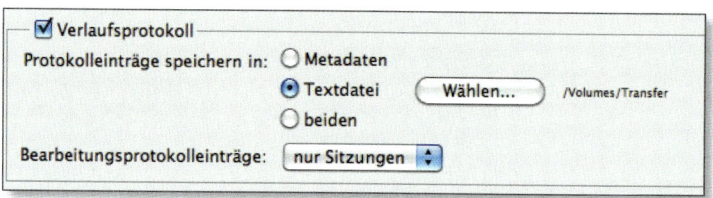

Abbildung 12.3 ▶
Vergeben Sie einen Namen
für das Protokoll.

Mit BEARBEITUNGSPROTOKOLLEINTRÄGE lassen sich auch detaillierte Aktionen aufzeichnen. Es ist ja durchaus möglich, dass Ihr Auftraggeber anhand einer solchen Liste Ihren tatsächlichen Arbeitsaufwand protokolliert haben möchte.

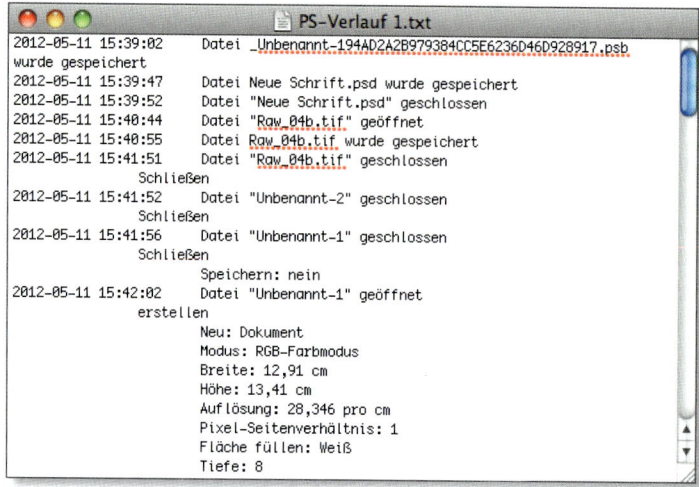

Abbildung 12.4 ▶
Das Protokolleinträge wurden
zunächst im Modus NUR SIT-
ZUNGEN erzeugt. Seit
15:42:02 Uhr wird jedoch
DETAILLIERT aufgezeichnet.
Dabei wird dann jede Kleinig-
keit festgehalten.

Als Sie (um ein Beispiel zu nennen) Ihr erstes TIFF-Dokument gespeichert haben, das Ebenen enthielt, gab die Anwendung einen Hinweis aus. Sie wurden darauf hingewiesen, dass die Datei größer wird, wenn Ebenen gespeichert werden. In diesem Dialogfeld war ein Steuerelement vorhanden, das NICHT MEHR ANZEIGEN hieß. Wenn Sie es aktiviert hatten, blieb diese Meldung fortan aus.

Wenn Sie nun mit dem untersten Button ALLE WARNDIALOGFELDER ZURÜCKSETZEN die Hinweise in ihre Ausgangsposition zurückversetzen, werden diese ab sofort wieder angezeigt – zumindest so lange, bis Sie sie abermals von der Bildfläche verbannen. Diese Funktion ist dann nützlich, wenn Sie einmal »versehentlich« eine der Meldungen eliminiert haben, die eigentlich doch besser angezeigt werden sollten.

Leistung

Kommen wir nun zu den Protokollobjekten auf der Seite LEISTUNG. Photoshop gibt unter VERLAUF UND CACHE vor, dass 20 Schritte innerhalb des Protokoll-Bedienfelds abgelegt werden. Das bedeutet auch: Die letzten 20 Schritte lassen sich nachträglich noch editieren. Ihr Bildbearbeitungsprogramm ist prinzipiell auch bereit, weit mehr Schritte aufzuzeichnen. Dabei sollten Sie aber berücksichtigen, dass Ihr System bei längeren Bearbeitungsroutinen unweigerlich in die Knie gehen wird. Wenn Sie jedoch einen leistungsstarken Rechner benutzen und neben Photoshop nicht gleichzeitig noch zehn weitere Programme geöffnet haben, ist gegen die Erhöhung prinzipiell nichts einzuwenden.

Zeigerdarstellungen

Standardmäßig werden von Photoshop die Pinselspitzen in Form eines Kreises dargestellt, der den Durchmesser der Pinselspitze repräsentiert. Falls Sie jedoch lieber mit einem Fadenkreuz arbeiten, können Sie das hier einstellen. Auch die Werkzeuge lassen sich hier als Fadenkreuz darstellen.

Grafikprozessor-Einstellungen

Wer sich eingehender für die Grafikprozessor-Einstellungen interessiert, stellt die Maus in das gleichnamige Feld. Unten im Dialog wird daraufhin eine ausführliche Erklärung zur Wirkungsweise dieser Funktion angeboten. Sie sollte nach Möglichkeit aktiviert sein.

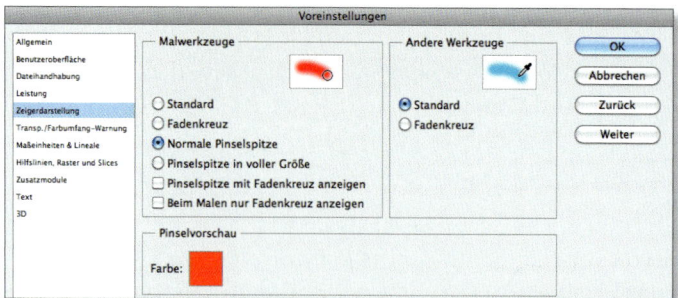

Abbildung 12.5 ▶
Tool oder Fadenkreuz? Hier
stellen Sie es ein.

Maßeinheiten & Lineale

Besonders zu erwähnen ist, dass die Einheiten in den Dialog-
fenstern umgestellt werden können. Im ursprünglichen Zustand
verwendet Photoshop für die Lineale ZENTIMETER. Wären Ihnen
andere Maße lieber?

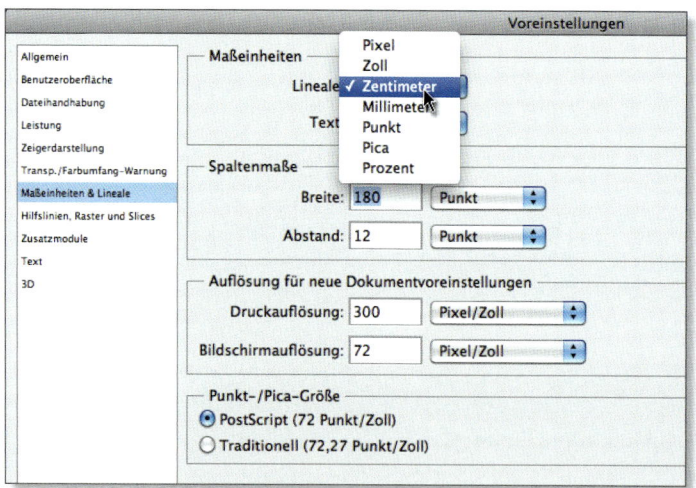

Abbildung 12.6 ▶
Die Lineale zeigen
Zentimeter an.

12.2 Farbe

Allein der Bereich Farbmanagement ist derart gewaltig, dass ganze
Regale von Büchern damit gefüllt sind. Selbstverständlich kann es
hier nicht gelingen, die Materie komplett darzustellen. Dennoch
dürfte ein kleiner Exkurs in die Welt der Farben lohnend sein.

Das additive Farbsystem und RGB

Am Monitor und in der Digitalfotografie kommt stets der *RGB*-Modus zum Tragen. Das Bild setzt sich dort aus Anteilen von Rot, Grün und Blau zusammen. Jede Einzelne dieser drei Grundfarben stellt einen *Farbkanal* dar. Nun kann wiederum jeder der drei Kanäle mit unterschiedlicher Intensität vorhanden sein. Bei einem Wert von 0 ist die jeweilige Farbe nicht existent. Der Maximalwert eines Kanals beträgt 255, wobei in diesem Fall die Farbe voll vorhanden ist. Daraus ist abzuleiten, dass jeder Kanal in 256 unterschiedlichen Farbabstufungen dargestellt werden kann (255 plus Farbe nicht vorhanden = 256 Möglichkeiten).

Jetzt wird es mathematisch: Da drei Kanäle vorhanden sind (Rot, Grün und Blau), gibt es 256 × 256 × 256 (also 16.777.216) mögliche Werte.

Alle drei additiven Grundfarben ergeben zusammen reines Weiß. Ist keine der drei Farben vorhanden, liegt reines Schwarz vor.

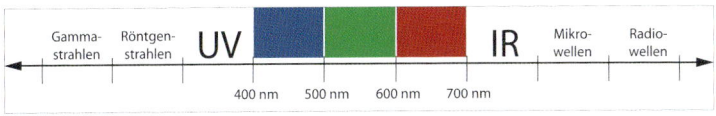

▲ **Abbildung 12.8**
Das Spektrum der Additivfarben

Am besten wird es sein, Sie öffnen den Farbwähler in Photoshop und versuchen, die Gegebenheiten einmal nachzuvollziehen. Markieren Sie wie gewohnt eine der Farbflächen in der Werkzeugleiste, und stellen Sie Farbwerte im Bereich RGB ein.

Geben Sie für alle drei RGB-Farben »0« ein, erhalten Sie reines Schwarz; der Maximalwert (255 bei 8-Bit-Bildern) für alle drei Farben ergibt Weiß. Jeder nur erdenkliche Wert, bei dem alle drei Grundfarben in gleicher Intensität vorliegen, ergibt Grau. Der einzige Unterschied: Niedrige Werte sorgen für ein dunkles, hohe für ein helles Grau. Achten Sie darauf, dass die Funktion Nur Webfarben anzeigen nicht aktiv ist, da Photoshop ansonsten Ihre Eingaben selbständig auf Farben begrenzt, deren Darstellung im Internet möglich ist.

▲ **Abbildung 12.7**
Die Grundfarben Rot, Grün und Blau bilden den additiven Farbkreis.

Licht

Praktisch, gar wissenschaftlich gesehen, liegt jede der drei Grundfarben, auch *Spektralfarben* genannt, im Bereich bestimmter elektromagnetischer Wellenlängen. Kommen alle drei Spektralfarben in höchster Intensität vor, ist ein Maximum an Licht vorhanden; die Lichtfarbe ist Weiß. Die soeben erwähnten elektromagnetischen Wellen werden vom Menschen unterschiedlich wahrgenommen. Das Auge erfasst dabei nur einen verhältnismäßig geringen Teil als Farbe, nämlich einen Bereich von etwa 400 bis 700 nm (nm = 1 Millionstel Millimeter). Die Voraussetzung für die Wahrnehmbarkeit von Farben ist Licht! Ohne Licht gibt es keine Farbe.

Abbildung 12.9 ▶
Je höher der Wert ist, desto
heller ist das Grau.

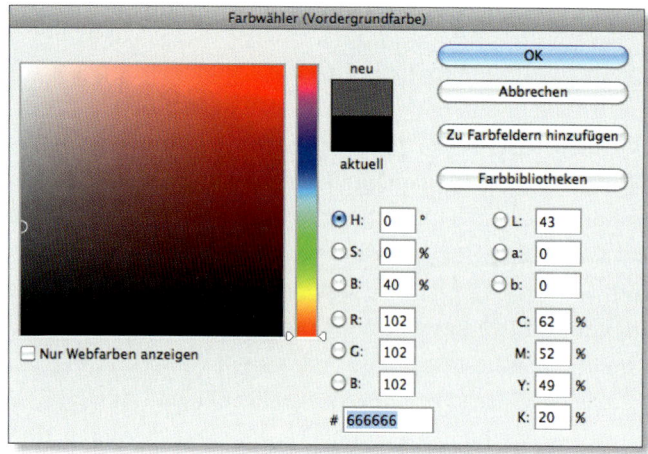

Das subtraktive Farbsystem und CMYK

Im Druckbereich wird das subtraktive Farbsystem verwendet. Die
Farben, die mit Hilfe eines Druckkopfes oder etwas Ähnlichem auf
den *Bedruckstoff* (meist Papier) aufgetragen werden, sind lasie-
rend (durchsichtig). Je mehr Licht nun von einem Bedruckstoff
zurückgegeben (reflektiert) werden kann, desto heller wird die
Farbe wahrgenommen.

Abbildung 12.10 ▶
Je dunkler die Farbe ist, desto
dichter liegen die Punkte bei-
einander.

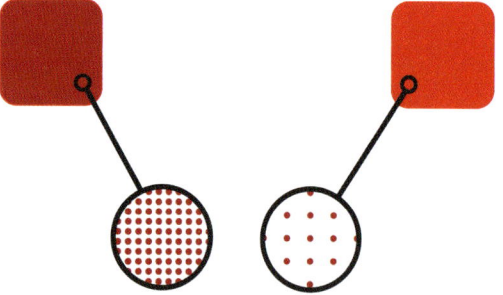

Was bedeutet CMYK?

Die aus dem Englischen
stammende Abkürzung
bezeichnet die drei sub-
traktiven Grundfarben
C = Cyan, M = Magenta,
Y = Yellow sowie Schwarz
als K = Key.

Optisch erscheint die Farbe heller, je weiter die Punkte auseinan-
derstehen. Die Punkte selbst haben dabei exakt die gleiche Farbe.
Je konzentrierter das Punktraster auftritt, desto dunkler wirkt der
Ton. Das subtraktive Farbsystem setzt sich aus den Grundfarben
Cyan, Magenta und Gelb zusammen – ergänzt durch Schwarz.

Als Grundfarben werden hier aber nur die drei erstgenannten
bezeichnet (ohne Schwarz). Im Gegensatz zum additiven Farbsystem ergibt sich hier reines Weiß, wenn keine Farbe aufgetra-

gen wird. Liegen alle drei Grundfarben zu 100 % vor, ergibt sich – zumindest in der Theorie – reines Schwarz.

Weil die drei Grundfarben aber leider nur »theoretisch« Schwarz ergeben, kommt in der Praxis als vierte Farbe Schwarz hinzu. Der Fachbegriff für diese Abweichung von Theorie und Praxis lautet *Spektralmängel*. In der Praxis kommt bei allen drei Farben gemeinsam allenfalls ein schmutzig wirkendes Braun heraus.

Starten Sie doch in Photoshop einmal diesen Test, indem Sie eines der Farbfelder innerhalb der Werkzeugleiste doppelklicken und über die RGB-Eingabefelder Schwarz festlegen (R+G+B = 0). Bestätigen Sie mit OK, und schließen Sie den Farbwähler, ehe Sie ihn mit einem Doppelklick auf das nun schwarze Feld der Werkzeugleiste erneut öffnen. Legen Sie jetzt für C, M und Y jeweils 100 % fest, und stellen Sie den Wert K auf »0«. Betrachten Sie das Ergebnis, und vergleichen Sie es mit Schwarz.

Wertebereich im CMYK-Modus

Während sich die Angaben bei RGB über einen Wertebereich von 0 bis 255 ziehen, werden die Intensitäten der einzelnen Farben im CMYK-Farbkreis in Prozent von 0 bis 100 angegeben.

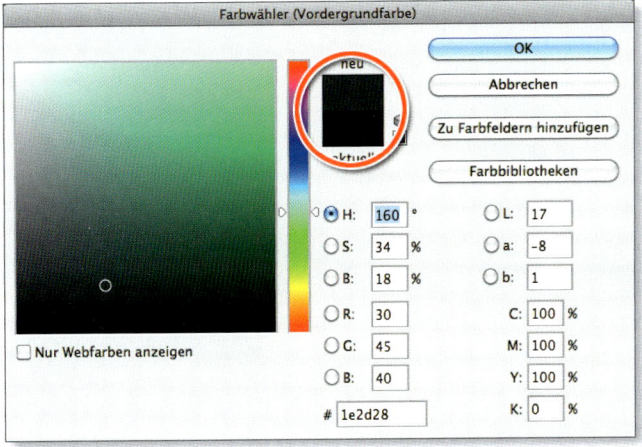

◄ **Abbildung 12.11**
Mit Cyan, Magenta und Gelb erhalten Sie kein Schwarz.

Rein technisch ist außerdem ein Farbauftrag von jeweils 100 % im Druck nicht möglich. Das subtraktive Farbsystem ist also stark eingeschränkt, und in der Praxis lässt sich nur ein verschwindend geringer Teil des RGB-Farbraums drucktechnisch wirklich darstellen.

RGB-Dateien in CMYK umwandeln

Zum Druck werden RGB-Bilder in das CMYK-Format umgewandelt. Photoshop realisiert dies über BILD • MODUS • CMYK-FARBE.

Sollte die Datei aus mehreren Ebenen bestehen, wird eine Zwischenabfrage gestartet. Wenn Sie anschließend keine Änderungen an einzelnen Ebenen mehr vornehmen möchten, wählen Sie REDUZIEREN – anderenfalls NICHT REDUZIEREN. Ersteres hält die Dateigrößen merklich kleiner.

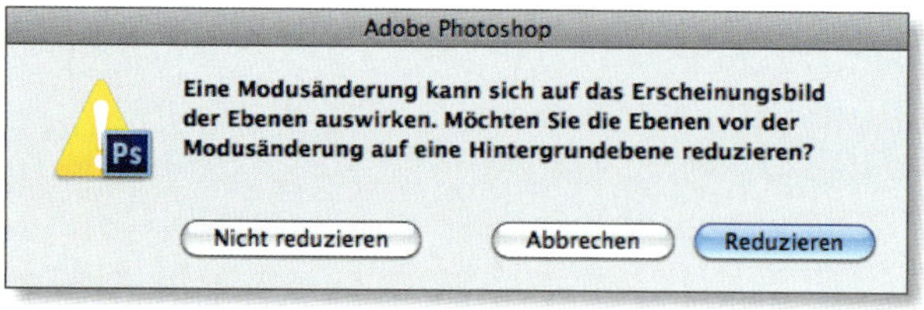

Abbildung 12.12 ▶
Mit der Modusänderung lassen sich alle Ebenen auf eine reduzieren.

Volltonfarben

Deaktivierte Ebenen

Falls Sie Ebenen über das Augen-Symbol deaktiviert haben, stellt die Anwendung die Frage, ob die verborgenen Ebenen gelöscht werden sollen. Betrachten Sie anschließend erneut das Kanäle-Bedienfeld, und schalten Sie auch hier wieder einzelne Kanäle ein und aus, um die Unterschiede erkennbar werden zu lassen.

Vielleicht sind Ihnen schon die teils herben Farbverluste aufgefallen, die eine Umwandlung von RGB in CMYK nach sich zieht. Bestes Beispiel: Das satte Rot bricht glatt zusammen, und heraus kommt ein Schleier, vor dem uns die Waschmittelwerbung allzu häufig warnt. In solchen Situationen ist die Zeit gekommen, Volltonfarben einzusetzen. Im Gegensatz zu den Prozessfarben (C, M, Y) handelt es sich dabei um vordefinierte Farben, die anhand einer Farbnummer identifiziert werden.

Die Hersteller sorgen für eine gleichbleibende Qualität und geben anhand von (teils sündhaft teuren) Farbfächern und Farbmusterkarten vor, wie die Farbe aussehen wird. Auch Photoshop unterstützt natürlich die Einbindung von Volltonfarben. Klicken Sie im Farbwähler auf den Button FARBBIBLIOTHEKEN, um an die Spezialfarben heranzukommen.

Abbildung 12.13 ▶
Hier verbergen sich Unmengen von Farbtafeln.

Im hiesigen Raum kursieren vorwiegend *HKS* und *Pantone*. Bei der Auswahl der Farbe müssen Sie allerdings unbedingt darauf achten, dass der richtige Bedruckstoff ausgewählt ist. Je nach Papierqualität schwanken nämlich auch hier die Bezeichnungen. So sagt beispielsweise der letzte Buchstabe einer HKS-Farbe etwas über diesen Bedruckstoff aus.

▸ HKS E = Endlospapier
▸ HKS K = Kunstdruckpapier (gestrichene Papiere)
▸ HKS N = Normalpapier (ungestrichene Papiere)
▸ HKS Z = Zeitungspapier

Das Problem: Sie müssen vorab wissen, auf welchem Bedruckstoff Ihre Schmuckfarbe landen soll. Vielfach werden aufwendige Drucke (z. B. Lebensmittelverpackungen) also über den normalen *Vierfarbdruck* hinaus noch mit einer fünften und sechsten Farbe versehen. Das soll unter anderem gewährleisten, dass die »lila Kuh« auch immer gleich lila bleibt. Sie können sich vorstellen, dass so etwas natürlich die Druckkosten beträchtlich erhöht.

Unter bestimmten Voraussetzungen können jedoch gerade wirtschaftliche Faktoren den Einsatz von Sonderfarben interessant machen. Denken Sie nur an Briefbögen. Hier kann der Druck mit Schwarz und einer Volltonfarbe durchaus günstiger sein als ein Drei- oder gar Vierfarbdruck. Bleiben wir beim Lila. Die Farbe ist (wenn überhaupt) nur mit einem Gemisch aus Cyan, Magenta und Gelb zu Papier zu bringen. Mit der vierten Farbe (Schwarz) werden die Texte gedruckt. Nehmen Sie stattdessen Schwarz und eine Volltonfarbe (beispielsweise HKS 37), wird der Geldbeutel des Auftraggebers merklich entlastet.

Die Farbseparation

Damit nun die Farben einer CMYK-Datei in den jeweiligen Druckwerken der Druckmaschine einzeln aufgetragen werden können, müssen Farben »separiert« werden. Dabei wird im Prinzip nichts anderes gemacht, als die vier Farben Cyan, Magenta, Gelb und Schwarz voneinander zu trennen. Kämen zusätzlich Volltonfarben zum Einsatz, würde auch dafür ein eigener Kanal erzeugt.

Doch bleiben wir beim Vierfarbdruck. Bei einer RGB-Vorlage werden die additiven Grundfarben Rot, Grün und Blau in Cyan,

Keine farbigen Druckplatten?

Sie wundern sich, warum die einzelnen Kanäle nicht farbig dargestellt werden? – Weil das für den Druckprozess selbst nicht mehr relevant ist. Welche Farbe mit der jeweiligen Platte aufgetragen wird, erkennt der Drucker an Zusatzinformationen, die auf der Platte vermerkt sind. Und die separierten Kanäle haben ja keine andere Aufgabe, als zu zeigen, wo eine bestimmte Farbe aufgetragen wird und wo nicht.

Magenta, Gelb und Schwarz aufgeteilt. Die Ergebnisse liefern dann die Vorlagen für die jeweiligen Druckplatten. Mit diesen Platten werden die Grundfarben nacheinander auf den Bedruckstoff aufgetragen, wodurch sich am Schluss wieder das farbige Gesamtbild ergibt.

© Ulistx – fotolia.com

▲ **Abbildung 12.14**
Das Originalbild in CMYK.

Abbildung 12.15 ▶
Die Farbkanäle Cyan (o. l.), Magenta (o. r.), Gelb (u. l.) und Schwarz (u. r.)

Jede Platte symbolisiert also: Wo Schwarz ist, kommt die jeweilige Farbe zum Einsatz; wo Weiß ist, wird keine Farbe verwendet. Vereinfacht gesagt, sind die Platten so beschaffen, dass sie an schwarzen Stellen Farbe annehmen, während sie in weißen Bereichen »farbabweisend« wirken.

Zu den Sonderfarben: Sollte eine fünfte Farbe benutzt werden, muss natürlich auch eine fünfte Druckplatte angefertigt werden. Photoshop zeigt übrigens alle *Kanäle* im gleichnamigen Bedienfeld einzeln an.

Der Lab-Farbraum

Der Lab-Farbraum umfasst den gesamten RGB- und CMYK-Farbraum und alle existierenden Gerätefarbräume; er wird daher als *geräteunabhängiger Farbmodus* bezeichnet. Die Farben werden durch einen Kanal für die Helligkeit (L für *Lightness*) und zwei Buntheitskomponenten (Kanal a von Grün bis Magenta und Kanal b von Blau bis Gelb) dargestellt. Im Farbwähler können Werte zwischen +127 und –128 eingestellt werden. Der dritte Wert »L« macht diesen Farbraum besonders interessant für kanalweise Bildkorrekturen. Die Änderung erfolgt über BILD • MODUS • LAB-FARBE.

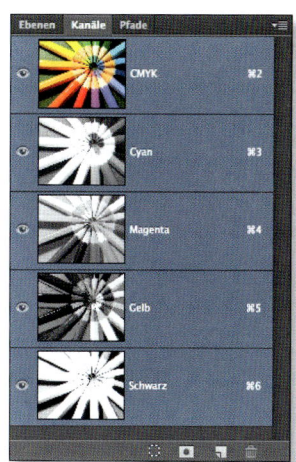

▲ **Abbildung 12.16**
Wollen Sie nur einen einzelnen Kanal begutachten, markieren Sie die entsprechende Miniatur. Alle anderen Kanäle werden dann ausgeblendet.

12.3 Auflösung

Die Auflösung spielt spätestens dann eine Rolle, wenn Sie Ihre Bilder ausdrucken möchten. Aber auch für die Bildbearbeitung ist die Höhe der Auflösung nicht unerheblich.

dpi und ppi

dpi? ppi? Wo ist der Unterschied? Es gibt keinen! Na, das ist natürlich nur die halbe Wahrheit. Greifen wir zunächst den Begriff ppi auf. Der in *pixels per inch* angegebene Wert bestimmt, wie viele Pixel auf einer Strecke von einem Inch angeordnet sind. Ein *Inch* wiederum entspricht 2,54 cm, also einem Zoll.

◄ **Abbildung 12.17**
Wie viele Pixel erstrecken sich über einen Bereich von 2,54 cm?

Beim Maß dpi, *dots per inch*, verhält es sich genauso. Allerdings liegt der Unterschied im ersten Wort. Bei Monitor, Scanner und Kamera setzt sich das Bild aus Pixeln zusammen, während der Drucker Dots ausgibt. Wenn Sie also ein Bild verwenden, das über eine Auflösung von 72 ppi verfügt, werden auch 72 Dots pro Inch ausgedruckt, sofern die Seitenverhältnisse nicht geändert werden.

Neuberechnung

Nun sind 72 ppi absolut ausreichend, wenn es um die Darstellung am Monitor geht. Der Druck würde aber in dieser Auflösung eher mäßig ausfallen. Deshalb muss das Bild für diesen Zweck neu berechnet werden. Diese Neuberechnung geht aber leider nicht verlustfrei vonstatten.

Stellen Sie sich vor, Sie verdoppeln die Auflösung (von 72 auf 144 ppi). Dann macht die Software nichts anderes, als zwischen vorhandenen Pixeln weitere einzufügen. Dazu arbeitet beispielsweise die *bilineare Wiederholung* mit einem Mittelwert, der aus beiden Pixeln errechnet wird. Bei glatten, einfarbigen Flächen stellt uns das nicht vor ein Problem. Aber wie sieht das an kontrastierenden Kanten aus? Betrachten Sie zwei aneinander angrenzende Flächen.

Abbildung 12.18 ▶
Links: die angrenzenden Flächen in der Originalauflösung. Rechts: die Kanten nach der Hinzurechnung von Pixeln.

Wenn nun an einer kontrastierenden Kante Pixel hinzugerechnet werden, wird das Ergebnis zwangsläufig an Schärfe verlieren. Die Kante hebt sich nicht mehr so eindeutig vom Hintergrund ab.

Eine Möglichkeit ist aber, bei Erhöhung der Auflösung im gleichen Maße die Abmessungen des Bildes herunterzurechnen. Der Erfolg: Die Anzahl der Pixel bleibt gleich, und der Verlust ist nichtig.

Nehmen Sie eine qualitativ hochwertige Digitalfotografie. Hier liegt ein Seitenverhältnis von etwa 80 cm × 60 cm vor – mit einer Auflösung von 72 ppi. Wenn Sie nun einen professionellen Druck dieses Bildes anfertigen wollen, dann benötigen Sie eine Auflösung von 300 dpi. Man kann also sagen, dass die Auflösung etwa viermal so hoch sein muss wie beim Originalfoto. Wenn Sie jetzt gleichzeitig die Abmessungen des Bildes auf ein Viertel reduzieren, werden Sie ein optimales Ergebnis präsentieren können. Das Bild wäre jetzt noch 20 × 15 cm groß und könnte mit 300 dpi gedruckt werden.

Damit aber die neuen Werte keine Schätzergebnisse liefern, bedienen wir uns einer Formel:

$$\text{Neue Seite} = \frac{\text{Seite} \times \text{Vorhandene Auflösung}}{\text{Gewünschte Auflösung}}$$

Im vorliegenden Beispiel bedeutet das: Sie nehmen eine Seite des Bildes, multiplizieren diesen Wert mit der aktuellen Größe und dividieren anschließend durch die Zielgröße. Damit hätten Sie das neue Maß für die berechnete Seite.

Schritt für Schritt
Die Druckauflösung für ein Digitalfoto einstellen

Berechnen wir die Dateigröße eines Digitalfotos (80 cm × 60 cm, 72 ppi), das auf dem heimischen Tintenstrahldrucker ausgegeben werden soll. Sie wissen ja, dass hier 220 dpi absolut ausreichend sind. Wie groß kann das Bild ausgegeben werden?

1 Ausgangswerte ermitteln
Zunächst einmal müssen die Werte über BILD • BILDGRÖSSE ermittelt werden. Nehmen Sie vorzugsweise die längere Seite. Das ist das Breitenmaß von 80 cm. (Die Rundungstoleranzen sind zu vernachlässigen.)

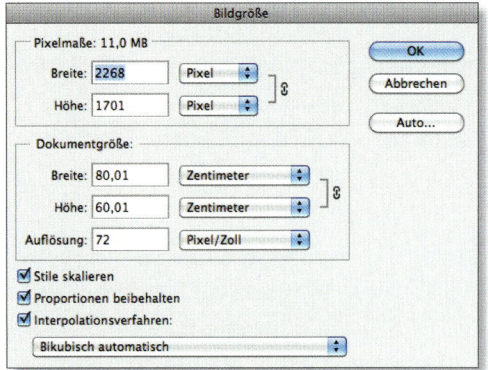

Abbildung 12.19 ▶
Die Breite ist hier das größere
Maß.

2 Formel erstellen

$$\text{Neue Seite} = \frac{80 \times 72}{220}$$

3 Neue Werte übergeben

Demnach ergibt sich eine neue Breite von knapp 26,2 cm. Aber
das müssen Sie selbst gar nicht ausrechnen, denn das erledigt
Photoshop für Sie. Wir wollen lediglich kontrollieren, ob das
auch zu unserer Zufriedenheit erledigt wird. Zunächst müssen Sie
sicherstellen, dass INTERPOLATIONSVERFAHREN abgewählt ist, denn
nur das ermöglicht eine Erhöhung der Auflösung bei gleichzeitiger Verringerung der Bildgröße. Tragen Sie anschließend den Wert
»220« in das Feld AUFLÖSUNG ein, und verlassen Sie den Dialog
mit OK. Immerhin könnten Sie dieses Foto noch fast in A4-Größe
ausgeben. Zudem ist der von Photoshop errechnete Wert für die
Breite mit unserem identisch.

Abbildung 12.20 ▶
Das Foto wurde in der Auflösung erhöht.

Interpolation

Und wenn dennoch eine Größenänderung unumgänglich ist? Dieses Problem stellt sich ja, wenn Sie kleine Bilder haben, die höher aufgelöst werden müssen. Dann sollten Sie sich für die jeweilige Interpolation entscheiden. Hier muss allerdings dann INTERPOLATIONSVERFAHREN angewählt sein. Die Königseinstellung ist seit der Version CS6 BIKUBISCH AUTOMATISCH. Damit wendet Photoshop selbständig die geeignete Methode an. Dennoch wollen wir einen Blick auf die anderen Verfahren werfen.

▸ PIXELWIEDERHOLUNG: Die Pixel werden dupliziert. Es kommt dabei zur Treppenbildung und zu gezackten Linien. Die Methode ist nicht sehr präzise und eignet sich lediglich für Grafiken.

▸ BILINEAR: Bei der Hinzurechnung von Pixeln werden Durchschnittswerte hinzugefügt. Das Ergebnis ist mit einem Schärfeverlust behaftet.

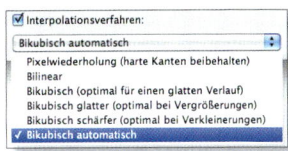

▲ **Abbildung 12.21**
Die verschiedenen Interpolationsverfahren

▸ BIKUBISCH: Die Werte benachbarter Pixel werden analysiert und mit weichen Farb- bzw. Tonwertabstufungen versehen.

▸ BIKUBISCH GLATTER: Hier werden die Übergänge zusätzlich glatter. Diese Art der Interpolation ist auch zur Vergrößerung geeignet.

▸ BIKUBISCH SCHÄRFER: Diese Methode eignet sich vor allem zur Verkleinerung von Bildern, bei der zwangsläufig Pixel herausgerechnet werden müssen. Auch das Herausrechnen führt zum Schärfeverlust, der jedoch häufig durch die bikubische Schärfung kompensiert werden kann.

12.4 Pixel vs. Vektoren

Photoshop ist von jeher eine pixelorientierte Anwendung. Ein *Pixel* ist der kleinste Teil einer Bilddatei und im Normalfall quadratisch. Die Einheit ppi (= pixels per inch) regelt, wie viele dieser Pixel auf einer Fläche von 2,54 cm × 2,54 cm (2,54 cm = 1 Inch) vorhanden sind. Man spricht hier von der *Auflösung* bzw. *Bildauflösung*. Daraus lässt sich Folgendes ableiten: Je höher die Auflösung ist (also je mehr Pixel auf einem Inch2 vorhanden sind), desto größer ist der Detailreichtum des Bildes.

Rechteckige Pixel

Dass Pixel quadratisch sind, trifft auf die Bildbearbeitung zu. Sollten Sie sich im Bereich Videoschnitt betätigen, werden Sie es jedoch auch mit rechteckigen Pixeln zu tun bekommen. Wenn Sie eine neue Datei erzeugen (DATEI • NEU) und auf den Button ERWEITERT klicken, kann im Menü PIXEL-SEITENVERHÄLTNIS die gewünschte Form der Pixel festgelegt werden.

Da Pixel aber im Bereich der Bildbearbeitung normalerweise quadratisch sind, werden sie natürlich bei starker Auflösung sichtbar. Die in normaler Auflösung rund erscheinenden Kanten offenbaren nun ein unschönes Treppenmuster – schließlich handelt es sich bei Pixeln ja wie erwähnt um Quadrate.

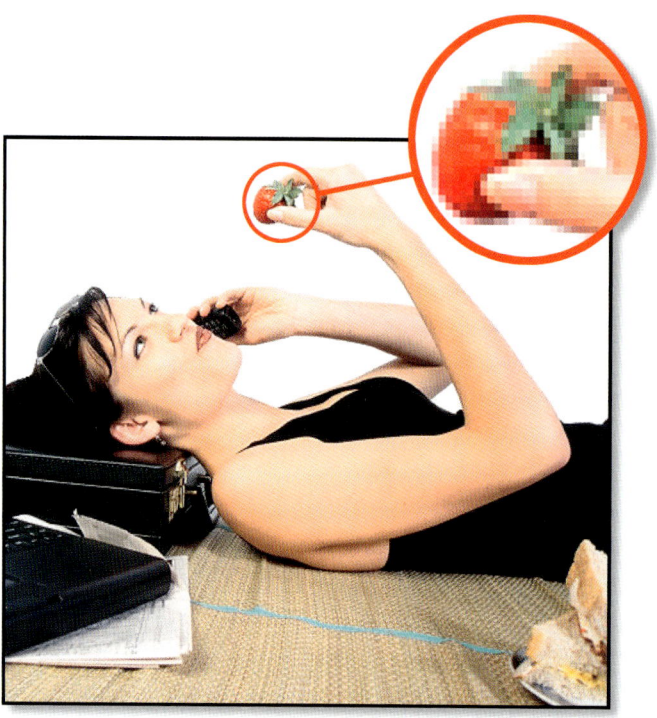

Abbildung 12.22 ▶
Bei geringer Auflösung bleiben die Pixelbildungen nicht verborgen.

Um den Unterschied zwischen Pixeln und Vektoren klar herauszustellen, müssen wir noch einen Schritt weiter gehen, indem wir uns Gedanken über die Art und Weise machen, mit der *Pixeldateien* gespeichert werden. Prinzipiell wird hierbei für jede dieser quadratischen Flächen eine x- und eine y-Koordinate gespeichert. Damit weiß der Rechner etwas über die Position des Pixels. Damit auch die Farbe dieses Pixels wiedergegeben werden kann, müssen noch die Kanalinformationen hinzugefügt werden. Bei einem RGB-Bild wird also zusätzlich noch der Farbwert für Rot, Grün und Blau mit gespeichert.

Bei *Vektoren* sieht das komplett anders aus. Hier werden bei einer normalen Kurve die Positionen von Start- und Endpunkt sowie Informationen über die Tangenten festgehalten.

Das bedeutet: Auch bei maximaler Vergrößerung einer Vektordatei wird deren Rundung immer glatt sein. Daraus ergibt sich ein klarer Vorteil zugunsten der Vektordatei: Sie kann ohne Qualitätsverlust beliebig skaliert werden. Und das heißt auch: Mit zunehmender Bildgröße bleibt die Vektordatei dennoch immer gleich groß. Bei Pixelbildern wächst hingegen mit zunehmender Bildgröße auch die Dateigröße gewaltig an.

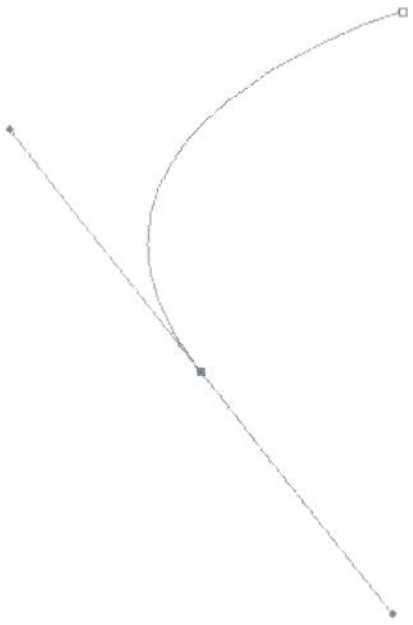

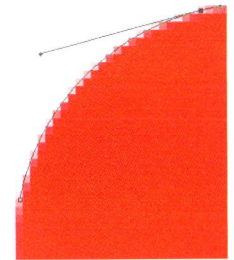

▲ **Abbildung 12.23**
Eine Vektorenlinie in Photoshop

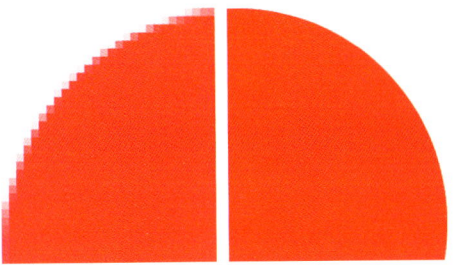

▲ **Abbildung 12.24**
Links: Pixeldatei (auf 1.600 % vergrößert). Rechts: Vektordatei (mit einem Vergrößerungsfaktor von 6.400 %).

Noch deutlicher wird der Unterschied zwischen Pixeln und Vektoren, wenn eine Vektorkurve über die Pixeldatei gelegt wird. Während die Pixel ihre Treppen erkennen lassen, bleibt die Vektorenform stets rund.

Selbst bei maximaler Vergrößerung kommt es nicht zur Treppenbildung. Wenn Sie in einer vektororientierten Illustrationsanwendung (z. B. Adobe Illustrator) arbeiten, wird es zu keinerlei Treppenbildungen in den Vektortangenten kommen. Wenn Sie dennoch den Eindruck gewinnen, bei Maximalzoom Abstufungen zu erkennen, darf ich Sie beruhigen. Für diese Ungenauigkeiten ist einzig und allein Ihr Monitor verantwortlich. Nicht einmal der ist nämlich imstande, Vektoren mit hundertprozentiger Genauigkeit wiederzugeben. Ihre Grafik jedoch ist garantiert richtig schön rund.

▲ **Abbildung 12.25**
Vektorkurve, angeordnet auf einer Pixeldatei

12.5 Dateiformate

Photoshop stellt zum Speichern von Dateien eine Fülle von Formaten zur Verfügung. Weitere Dateiformate lassen sich in Form von Plugins hinzufügen. Im Folgenden finden Sie eine Übersicht über einige Formate (alphabetisch) und deren Eigenschaften:

BMP | *Bitmap*. Hierbei handelt es sich um ein Windows-Standardformat, das aber normalerweise auch unter Macintosh OS verarbeitet werden kann. Dieses Format eignet sich besonders für Desktop-Bilder und dergleichen.

DNG | *Adobe Digital Negative*. DNG ist ein Dateiformat, das Rohdaten der Digitalkamera enthält. Dieses Verfahren wurde entwickelt, um die Kompatibilität der unterschiedlichen Camera-Raw-Formate zu erhöhen. Sie können Ihre Raw-Dateien aus dem Camera-Raw-Dialog heraus als DNG speichern.

EPS | *Encapsulated PostScript*. In diesem Format können Vektordaten verarbeitet werden. Es eignet sich bestens für die Weitergabe an Druckereien. Nachteil: Um PostScript-Dateien drucken zu können, benötigen Sie auch ein PostScript-fähiges Ausgabegerät. Drucken Sie die Datei dennoch, wird eine niedrig auflösende Datei wiedergegeben.

GIF | *Graphics Interchange Format*. In diesem Format speichern Sie Grafiken für die Verwendung im World Wide Web. In GIF-Dateien können Transparenzen erhalten werden.

JPEG | *Joint Photographic Experts Group*. Dabei handelt es sich um das gängige Dateiformat zur Ansicht von Fotos im Internet. Das Verfahren zeichnet sich besonders durch seine geringen Dateigrößen aus, ist jedoch verlustbehaftet.

JPEG 2000 | *JPEG 2000* bringt grundsätzlich bessere Ergebnisse als JPEG. Es ist zum gegenwärtigen Zeitpunkt jedoch nur mit Einschränkungen zu empfehlen, da das Plugin im Browser des Betrachters installiert sein muss, damit der Browser JPEG-2000-Dateien anzeigen kann.

PDF | *Portable Document Format*. Dieses Format zeichnet sich vor allem dadurch aus, dass es plattformunabhängig ist. Die Dateien können mit Adobe Reader angezeigt werden. Beim PDF-Format handelt es sich um eine so genannte Seitenbeschreibungssprache, die auf PostScript beruht. Schriften, Grafiken und Layouts bleiben erhalten. Der Hersteller Adobe verbessert die Interaktivität der Bedienelemente von Version zu Version auf recht umfangreiche und beeindruckende Art und Weise. Schon allein deshalb ist es zu empfehlen, stets die neueste Version des kostenlosen Readers auf seinem Rechner bereitzuhalten.

Photoshop 2.0 | (Für Macintosh) In diesem Dateiformat werden Ebeneninformationen verworfen.

Photoshop DCS 1.0 und 2.0 | *Desktop Color Separations*. Photoshop DCS entspricht weitgehend dem EPS-Format. Es ist möglich, Farbseparationen von CMYK-Bildern zu speichern. DCS 2.0 unterstützt Kanäle mit Volltonfarben. Die Ausgabe dieser Dateien erfordert einen PostScript-Drucker.

PNG | *Portable Network Graphics*. Dieses patentfreie Format stellt eine Alternative zu GIF (PNG-8) bzw. JPEG (PNG-24) dar.

PSD | Das ist das »hauseigene« Photoshop-Format. Es unterstützt Ebenen und Transparenzen und zeigt seine Stärken hauptsächlich im Workflow mit der *Creative Suite*. Photoshop-Dateien lassen sich in die Anwendungen dieses Bundles problemlos integrieren. Ebenfalls sehr wichtig ist, dass sich die Kompatibilität über einen Dialog maximieren lässt. Damit kann das Dokument dann auch in älteren Versionen von Photoshop verwendet werden.

TIFF | *Tagged Image File Format*. TIFF ist ein verlustfreies Kompressionsverfahren, das im Allgemeinen auch Ebenen und Transparenzen unterstützt. Darüber hinaus eignet es sich besonders zum Austausch von Dateien zwischen unterschiedlichen Programmen und Plattformen. Bei Verwendung in bestimmten Anwendungen kann die Ebenenfunktion jedoch verloren gehen. Ansonsten ist dieses Format zur Weitergabe qualitativ hochwertiger Dateien das beste.

Anhang

Häufig verwendete Begriffe

▸ **Bedienfeldmenü:** An der oberen rechten Ecke jedes Bedienfelds (vormals Palette genannt) befindet sich eine Listen-Schaltfläche. Klicken Sie darauf, um ein Flyout-Menü anzeigen zu lassen, das je nach aktivierter Registerkarte individuelle Menüeinträge bereithält.

▸ **Button:** Eine Schaltfläche, durch deren Betätigung eine Anweisung an den Rechner übergeben wird.

▸ **Checkbox:** Ein Steuerelement, das optisch ein Ankreuzkästchen darstellt. Der Wert einer Checkbox kann 1 (zutreffend) oder 0 (nicht zutreffend) sein. Zutreffende Argumente werden mit einem Häkchen symbolisiert. Im Gegensatz zum Radiobutton können einzelne, mehrere, alle oder keine der Checkboxen einer Gruppe den Wert 1 annehmen.

▸ **Combo-Box:** Ein Menü, das mehrere Einträge beinhaltet. Nach dem Öffnen des Menüs (meist über ein kleines Dreieck) werden Listeneinträge zur Verfügung gestellt, die als Schaltflächen funktionieren.

▸ **Drag & Drop:** Ziehen und fallen lassen. Ein Objekt wird mit der linken Maustaste angeklickt, wobei die Taste gedrückt bleibt. Nun kann das Objekt auf der Arbeitsoberfläche des Computers verschoben (transportiert) werden. Dort, wo die Maustaste losgelassen wird, bleibt das Objekt liegen.

▸ **Eingabefeld:** Box zur Eingabe von Werten über die Tastatur.

▸ **Flyout-Menü:** Siehe Combo-Box.

▸ **Font:** Schriftart, Schriftschnitt. Die Fonts werden in so genannte Schriftenfamilien unterteilt.

▸ **Frame:** 1. Bedeutung: Einzelnes Bild einer Animation (in diesem Buch eher nicht gemeint); 2. Bedeutung: Zusammengehörender Bereich eines Bedienfensters, bei dem die eingestellten Werte häufig voneinander abhängig sind.

- **Histogramm:** Grafische Veranschaulichung unterschiedlicher Werte und Ergebnisse.
- **Icon:** Als Symbol dargestellte Schaltfläche, die eine Anweisung oder Anwendung zur Ausführung bringt.
- **Kontextmenü:** Liste von möglichen Anweisungen, die durch einen Rechtsklick zugänglich gemacht wird. Das Kontextmenü ist je nach Werkzeugwahl und Ort der Aktivierung unterschiedlich bestückt.
- **Palettenmenü:** Siehe Bedienfeldmenü.
- **Peripherie:** An den Computer angeschlossene externe Geräte, wie z. B. Drucker, Scanner, Digitalkamera oder Camcorder.
- **Popup-Menü:** Siehe Combo-Box.
- **Pulldown-Menü:** Siehe Combo-Box.
- **Optionsleiste:** Leiste unterhalb der Menüleiste. Die Optionsleiste ändert ihren Inhalt je nach gewähltem Werkzeug.
- **Quickinfo:** Informationstext, der dadurch angezeigt wird, dass der Mauszeiger kurzzeitig auf einem Objekt verweilt.
- **Radiobutton:** Eine Optionsschaltfläche, die entweder den Wert 1 (zutreffend) oder 0 (nicht zutreffend) annehmen kann. In einer zusammengehörenden Gruppe von Radiobuttons kann im Gegensatz zur Checkbox immer nur *ein* Element den Wert 1 annehmen, wodurch alle anderen auf 0 gesetzt werden.
- **Shortcut:** Ein Tastaturkürzel (eine Taste oder Tastenkombinationen), das eine Anweisung auslöst.
- **Steuerelement:** Jedes Element auf einer Arbeitsoberfläche, das imstande ist, Werte entgegenzunehmen oder eine Anweisung auszuführen.
- **Suffix:** Dateiendung, die durch einen Punkt vom Dateinamen getrennt ist. Sie weist auf das Format einer Datei hin, z. B. *.psd* für ein Photoshop-Dokument.
- **Tool:** Ein Werkzeug, mit dem bestimmte Arbeiten ausgeführt werden können. Meist sind die Tools in einer Werkzeugleiste angeordnet.
- **Zoom:** Vergrößerung und Verkleinerung eines Inhalts auf der Oberfläche der Anwendung.

Glossar

Additive Farbmischung

Auf den additiven Grundfarben Rot, Grün und Blau basierendes Farbsystem. In der Mischung ergeben die Grundfarben Weiß. Das Verfahren lässt sich am besten durch die Mischung von Lichtfarben veranschaulichen. Fernseher und Computermonitore basieren auf der additiven Farbmischung.

Alphakanal

Ein 8-Bit-Kanal, der von einigen Bildverarbeitungsprogrammen für die Bildmaskierung oder für zusätzliche Farbinformationen reserviert wird. Er wird ebenfalls verwendet, um einen bestimmten Transparenzgrad eines Bildes zu definieren, so dass ein anderes Bild durch das darüberliegende durchscheinen kann. Der Alphawert oder Alphakanal bestimmt die Transparenz eines Objekts.

Ankerpunkt

Eine Bézierkurve wird immer durch die Koordinaten von vier Punkten definiert, wobei zwei davon als so genannte *Stützpunkte* den Beginn und das Ende des jeweiligen Kurvenzuges festlegen. Diese Punkte müssen dementsprechend immer auf der Kurve liegen. Die beiden anderen nennt man *Ankerpunkte*; sie können auch außerhalb der Kurve liegen und bestimmen als Tangenten auf dem zugeordneten Stützpunkt den Verlauf.

Artefakt

Unschöne, schwammige Pixelanordnungen oder Viereckmuster, die bei zu starker JPEG-Kompression auftreten.

Auflösung

Die Auflösung legt fest, wie viele Bildpunkte sich auf der Strecke von einem Inch befinden. Bezeichnet wird die Auflösung mit *ppi – Pixel per Inch* – und *dpi – Dots per Inch*. Mit der Angabe »ppi« soll die Auflösung von Bilddateien benannt werden, der Wert meint also die in einer Bilddatei zur Verfügung stehende Informationsmenge. »dpi« bezeichnet eigentlich die Auflösung von Eingabe- und Ausgabegeräten, also von Scannern, digitalen Kameras oder Druckern. In der Praxis werden die Begriffe nicht mehr so sauber getrennt – »dpi« hat sich längst als universale Maßeinheit eingeschlichen.

Auswahl

Mit Auswahlen ist es möglich, nicht das gesamte Bild oder die gesamte Ebene zu bearbeiten, sondern nur einen Bildausschnitt.

Bézierkurve

Als Vektoren definierte Kurvenzüge zur Anlage von Pfaden (Linien oder Flächenbegrenzungen) mit Zeichenprogrammen, hauptsächlich im DTP-Bereich. Eine Bézierkurve wird immer durch die Koordinaten von vier Punkten definiert, wobei zwei davon als so genannte *Stützpunkte* den Beginn und das Ende des jeweiligen Kurvenzuges festlegen. Diese Punkte müssen dementsprechend immer auf der Kurve liegen. Die beiden anderen nennt man *Ankerpunkte*; sie können auch außerhalb der Kurve liegen und bestimmen als Tangenten auf dem zugeordneten Stützpunkt den Verlauf. Die Bézierkurven erhielten ihren Namen von ihrem gleichnamigen Erfinder, dem französischen Ingenieur *Pierre Bézier*, der sie für Zwecke des Karosseriedesigns im Automobilbau entwickelte.

Bitmap

Auch *Pixelgrafik* genannt. Bitmaps sind aus farbigen Flächen bestehende Bilder, jede Fläche entspricht einem Pixel und ist in einem gedachten Raster angeordnet. Pixelgrafiken wirken natürlicher als Vektorgrafiken, ihr Dateivolumen ist aber auch deutlich größer.

BMP

Hierbei handelt es sich um ein Windows-Dateiformat, das aber normalerweise auch unter Mac OS verarbeitet werden kann. Dieses Format eignet sich besonders für Desktop-Bilder und dergleichen.

Camera Raw

Bei diesem Verfahren werden Rohdaten (englisch raw = roh) aus der Digitalkamera an Photoshop geliefert. Zwar sind diese Formate wesentlich speicherintensiver als das standardisierte JPEG, doch findet hier keinerlei Kompression statt. Die Bildinformationen liegen in voller Güte vor – so wie das Objektiv der Kamera sie »eingefangen« hat.

Chrominanz

Der Farbanteil eines Signals, der sich auf den Farbton und die Farbsättigung, nicht jedoch auf die Helligkeit (Luminanz) bezieht. Neutrale Farben (Grautöne) besitzen keine Chrominanz. Jede Farbe besteht jedoch aus einer

Kombination von Luminanz und Chrominanz.

CMYK

Die vier Druckfarben Cyan, Magenta, Gelb (Yellow) und Schwarz (Key) des Vierfarbdrucks. Die drei farbigen Komponenten CMY ermöglichen die Darstellung von Farben durch subtraktive Farbmischung, wobei jedoch das hundertprozentige Übereinander-drucken der drei Farben kein reines Schwarz ergibt, so dass zusätzlich als vierte Druckfarbe Schwarz verwendet wird.

ColorSync

Apples Implementierung des Farbmanagements, das auf den Standards des *International Color Consortiums* (ICC) basiert. Die ICC-Farbprofile sorgen für eine standardisierte Darstellung und Wiedergabe von Farben auf verschiedenen Plattformen und in verschiedenen Programmen.

Composite-Datei

Druckdatei, bei der im Gegensatz zur separierten Ausgabe mit Farbauszügen die Farben nicht seitenweise voneinander in die Prozessfarben aufgeteilt sind, sondern alle Farben einer Seite als Einheit behandelt werden. Der Ausdruck auf Farbdruckern erfolgt beispielsweise immer als Composite-Datei, die Aufteilung auf die Druckfarben erfolgt dann erst im Gerät.

Dateiformat

Festlegung, wie Daten von Texten, Bildern usw. abgelegt werden. Je nach Dateiformat können bei Bildern auch Alphakanäle mitgespeichert werden. Zudem komprimieren manche Formate die Bilddatenmenge (→ Komprimierung).

Datenkomprimierung

Das Reduzieren der Datenmenge, mit der ein Bild dargestellt wird. Für die Datenkomprimierung stehen zahlreiche Techniken zur Verfügung, wobei generell gilt, dass eine geringe Komprimierung weitgehend ohne Qualitätsverlust vorgenommen werden kann, eine starke Komprimierung jedoch Verluste zur Folge haben kann.

Deckkraft

Die Transparenz einer Ebene. Bei 100 % sind die Pixel deckend, bei 0 % durchsichtig.

Digitalproof

Hochwertiger Farbdruck ohne vorherige Herstellung der Filmvorlagen, der das spätere Druckergebnis simuliert. Der Nachteil des Digitalproofs gegenüber den herkömmlichen Proofverfahren oder einem Andruck ist, dass Fehler durch falsche Rasterung der Filme nicht erkannt werden können.

Dithering

Bei geringer Farbauflösung können zusätzliche Farben durch Verwendung eines Punktmusters simuliert werden. Wenn dieses Punktmuster ausreichend klein ist, nimmt das menschliche Auge die einzelnen Farbpunkte als Zwischenfarben wahr.

DNG

Adobe *Digital Negative*. DNG ist ein Dateiformat, das Rohdaten der Digitalkamera enthält. Dieses Verfahren wurde entwickelt, um die Kompatibilität der unterschiedlichen → Camera-Raw-Formate zu erhöhen. Sie können Ihre Raw-Dateien aus dem Camera-Raw-Dialog heraus als DNG speichern.

dpi

Dots per Inch. Maßeinheit für die → Auflösung eines Druckers, Monitors oder Scanners sowie eines Pixelbildes.

Ebenenkomposition

Mit Ebenenkompositionen können Sie mehrere Bildversionen in einer Datei abspeichern. Jede dieser Bildversionen können Sie nachträglich wieder aktivieren, um daran Änderungen vorzunehmen. Das unterscheidet sie von den einfachen Schnappschüssen im Protokoll-Bedienfeld.

EXIF

EXIF bedeutet *Exchangeable Image File Format* und ist ein Standard, in dem moderne Digitalkameras die Kamerainformationen in den Headern der Bilddateien mitspeichern. Auf diese Weise können Informationen z. B. über Datum und Uhrzeit, Belichtungszeit, Blendeneinstellung oder die Lichtempfindlichkeit gesichert werden.

Farbkalibrierung

Damit das Druckergebnis von Farbbildern mit der Bildschirmanzeige und dem Farbausdruck übereinstimmt, müssen alle Geräte aufeinander abgestimmt sein. Den Vorgang der Abstimmung nennt man Kalibrierung. Farben mit gleichen Anteilen der vier Druckfarben Cyan, Magenta, Gelb und Schwarz müssen auf jedem Ausgabegerät gleich erscheinen.

Farbkanal

Farbkanäle speichern die Farbinformationen von Bildern. Für jede Grundfarbe eines jeweiligen Farbformats (RGB, CMYK, Lab etc.) wird ein Farbkanal benötigt.

433

Farbmanagementsystem

Software zur Anpassung der Farben beim Scannen, bei der Bildschirmanzeige und beim Drucken, so dass geräteabhängige Farbverfälschungen softwareseitig ausgeglichen werden.

Farbraum

Gedankliche dreidimensionale Modelle, die sämtliche Farben des sichtbaren Lichts in einer bestimmten logischen und geordneten Form enthalten. Es gibt verschiedene Farbräume und -modelle: RGB, CMY, CMYK, Lab, HSL usw.

Farbtiefe

Die Anzahl von Bits, mit der die Farbinformation eines Pixels beschrieben wird.

Farbton

Die Wellenlänge des Lichts einer Farbe in absoluter Farbreinheit (ohne Zusatz von Weiß oder Schwarz).

Farbumfang

Ein Wert, der die Farbfähigkeit eines Geräts beschreibt, d. h. die Farben, die es anzeigen oder drucken kann.

Formebene

Eine Formebene erstellt eine Form in einer separaten Ebene. Sie enthält (wie Textebenen) auch Vektorinformationen, ist stufenlos verlustfrei skalierbar und beim Drucken auf einem PostScript-Drucker immer scharf. Sie legen neue Formebenen mit den Zeichenstift-Werkzeugen oder den Form-Werkzeugen an. Formebenen bestehen aus zwei Komponenten: der eigentlichen Form, die mit einer *Vektormaske* definiert ist, und der Füllung, der *Füllebene*.

Fotofilter

Der Fotofilter legt digital einen Farbfilter vor das Kameraobjektiv und verändert so die Farbbalance und die Farbtemperatur des Fotos.

Gamma

Der Gammawert bestimmt die mittlere Helligkeit in einem Bild. Bei der Gammakorrektur verteilen Sie die Tonwerte zwischen Schwarz- und Weißpunkt neu. Die Korrektur wirkt sich hauptsächlich in den Mitteltönen aus, der gesamte Tonwertumfang wird nicht verändert.

GIF

Graphics Interchange Format. Ein weitverbreitetes Bildformat im Internet, das maximal 256 Farben darstellen kann. Es komprimiert die Daten mit dem → LZW-Verfahren. Eine Besonderheit sind animierte GIFs, bei denen mehrere Varianten einer Abbildung in einer Datei gespeichert sind, die dann wie in einem Daumenkino nacheinander auf der Webseite dargestellt werden.

HLS

Ein Farbmodell, das auf drei Koordinaten basiert: dem Farbton (Hue), der Helligkeit (Luminanz) und der Farbsättigung (Saturation).

HSB

Farbsystem mit den Parametern Hue, Saturation, Brightness; verwandte Systeme: HSV (Hue, Saturation, Value) und HSL (Hue, Saturation, Lightness).

ICC-Standard

Standard des *International Color Consortium* für ein geräteunabhängiges, aber auch programm-

und plattformunabhängiges Farbmanagement. Geräte und ihre Farbräume werden über ICC-Farbprofile beschrieben und mit einem Color-Management-Modul (CMM) ineinander umgerechnet. Referenzfarbraum ist der geräteunabhängige Lab-Farbraum. Das ICC-Farbmanagement ist mit *ColorSync* (Mac OS) bzw. *ICM* (Windows) fester Bestandteil der Betriebssysteme.

Indizierte Farben

Farbmodus für Bilder, die nur eine begrenzte Anzahl von Farben enthalten. Im 8-Bit-Modus sind dies 256 Farben, bei einer geringeren Farbtiefe entsprechend weniger. Verwendung findet dieser Farbmodus besonders bei Bildern, die für die Darstellung auf Bildschirmen mit geringer Farbtiefe vorgesehen sind.

JPEG

Nach seiner Entwicklergruppe, der *Joint Photographic Experts Group*, benanntes, nicht verlustfreies Kompressionsverfahren für Farb- und Graustufenbilder. Niedrige Kompressionsstufen führen jedoch zu keinem sichtbaren Qualitätsverlust im Ausdruck.

Kantenglättung

Eine Technik, um die zackigen Grenzlinien zu vermindern, die bei Bitmap-Bildern auftreten. Dies geschieht gewöhnlich durch das Einfügen von Pixeln, die die Farben an den Übergängen zwischen benachbarten Farben vermischen.

Komprimierung

Reduktion der Datenmenge, um Speicherplatz oder Übertragungszeiten zu sparen. Bekannte Standards sind JPEG oder MPEG.

Das grundsätzliche Verfahren: Bei der Komprimierung eines Bildes werden je nach Grad der Komprimierung Pixel mit gleichen oder ähnlichen Tonwerten zusammengefasst. Die Komprimierung kann so gewählt werden, dass entweder die gesamte Bildinformation erhalten bleibt (wobei der Grad der Komprimierung zwangsläufig geringer ist) oder auf Kosten der Qualität stärker komprimiert wird.

Kontaktabzug

Kontaktabzüge bilden eine Auswahl mehrerer Bilder verkleinert auf einer Seite ab.

Kontrast

Das Verhältnis zwischen den hellsten und den dunkelsten Bereichen eines Bildes.

Lab

Ein geräteunabhängiger Farbmodus, bei dem Farben durch einen Kanal für die Helligkeit (L für Lightness) und zwei Buntheitskomponenten (Kanal a von Grün bis Magenta und Kanal b von Blau bis Gelb) dargestellt werden. Der Lab-Farbraum ist größer als der RGB-Farbraum, lässt sich aber ebenfalls mit 24 Bit kodieren. Er umfasst das gesamte Spektrum der sichtbaren Farben.

Lichter

Lichter sind die hellen Bereiche eines Bildes.

Luminanz

Die Helligkeitskomponente einer Farbe, die von der Farbe selbst unabhängig ist. Ein Schwarzweißfoto besteht aus einem Luminanzmuster der Szene, die auf dem Film festgehalten wurde. Es ist möglich, die Luminanz ohne Chrominanz

(Farbkomponenten) anzuzeigen. Es ist jedoch nicht möglich, Farbe ohne Luminanz zu zeigen.

LZW

Nach seinen Entwicklern Lempel-Ziv-Welch benanntes verlustfreies Kompressionsverfahren, das von den Bildformaten TIFF und GIF verwendet wird. Man erreicht damit ein Kompressionsverhältnis von rund 2:1.

Maske

In einem Bild angelegter Bereich, der Bildteile vor der Bearbeitung schützt. Eine Maske kann auch dazu benutzt werden, um Bildteile vom Rest des Bildes freizustellen.

Metadaten

In den Metadaten von Fotos speichern Sie Dateieigenschaften oder Kameradaten zum Zeitpunkt der Aufnahme, um so Ihre Bilder besser katalogisieren zu können.

Mitteltöne

Die neutralen Bildbereiche (zwischen Tiefen und Lichtern) werden als Mitteltöne bezeichnet.

Moiré

Beim Farbdruck entstehendes Muster, das durch die Überlagerung der Raster der einzelnen Druckfarben entstehen kann. Die Moirébildung wird dadurch weitgehend vermieden, dass die Farben mit versetzten Rasterwinkeln gedruckt werden.

Offsetdruck

Ein Druckverfahren, das ein Zwischenmedium verwendet, um das Bild von der Druckplatte auf das Papier zu übertragen. Hierzu werden beispielsweise Gummitücher

verwendet, die einen Zylinder umgeben.

PDF

Portable Document Format. Ein von Adobe auf der Basis von PostScript entwickeltes Dateiformat, das den plattformübergreifenden Austausch von Dokumenten bei gleichzeitiger Beibehaltung aller Gestaltungsmerkmale erleichtern soll. Das wird unter anderem durch die Einbettung der Schriften möglich. PDF-Dateien sind durch die Komprimierungsmöglichkeiten für Bilder und Schriften vergleichsweise klein. Ursprünglich nicht mit Blick auf die Druckindustrie entwickelt, ist PDF inzwischen zu einem Standardaustauschformat in der Druckvorstufe geworden.

Pfad

Ein Pfad setzt sich nicht aus einzelnen Pixeln, sondern aus Kurvenzügen zusammen (→ Bézierkurve). Die wesentlichen Bestandteile eines Pfads sind die → Ankerpunkte, durch die er geformt wird. Der Teil eines Pfads zwischen zwei Punkten wird *Pfadsegment* genannt. *Geschlossene Pfade* schließen einen Raum komplett ein, bei *offenen Pfaden* fehlt ein Pfadsegment. Die beiden nicht verbundenen Punkte an den Enden eines offenen Pfades werden als *Endpunkte* bezeichnet. Es gibt zwei Typen von Ankerpunkten: *Eckpunkte*, an denen der Pfad seine Richtung abrupt ändert, also eine Ecke ausbildet, und *Übergangspunkte*, an denen der Pfad kontinuierlich ins benachbarte Pfadsegment übergeht. Solche Punkte sind auch als Kurvenpunkte bekannt. Den Kurvenverlauf zwischen den Ankerpunkten bestimmen Kurventangenten, die *Grifflinien*, deren

Länge und Ausrichtung dadurch beeinflusst werden kann, dass man die *Griffpunkte* an ihrem Ende bewegt.

Pixel

Pixel ist die Kurzform von *Picture Element* und bezeichnet die Punkte einer digital gespeicherten Grafik. Jeder dieser Punkte ist bei der Darstellung auf dem Computermonitor quadratisch und hat einen eindeutig definierten Farbwert.

Pixel-Seitenverhältnis

Dass Pixel quadratisch sind, trifft für die Bildbearbeitung zu. Sollten Sie sich im Bereich Videoschnitt betätigen, werden Sie es jedoch auch mit rechteckigen Pixeln zu tun bekommen. Wenn Sie in Photoshop eine neue Datei erzeugen und auf den Button ERWEITERT klicken, kann im Menü PIXEL-SEITEN-VERHÄLTNIS die gewünschte Form der Pixel festgelegt werden.

PNG

Portable Network Graphics: ein Bildformat für das Web, das als lizenzfreier Nachfolger für GIF entwickelt wurde. Es kann sowohl Abbildungen mit indizierten Farben als auch Vollfarbbilder darstellen und verfügt über eine verlustfreie Kompression.

Proof

Testdrucke, anhand derer die Druckqualität farbverbindlich festgelegt wird. Analoge Proofs wie *Cromalin* und *Matchprint* werden auf der Basis der belichteten Filme erstellt, bei digitalen Proofs werden die Originaldaten (Layouts, Bilder) direkt auf einem Ausgabegerät ausgegeben.

Prozessfarben

Die vier Farben Cyan, Magenta, Gelb und Schwarz (CMYK), aus denen im Vierfarbdruck alle anderen Farben erzeugt werden. Es gibt auch den Sechsfarbendruck, bei dem als zusätzliche Prozessfarben noch Grün und Orange hinzukommen.

Raster

Da Druckmaschinen keine unterschiedlich großen Punkte drucken können, wird eine Anzahl von Maschinenpunkten (Dots) zu Rasterzellen zusammengefasst. Je nachdem, wie viele dieser Punkte gedruckt werden, erscheint die Rasterzelle größer oder kleiner. Dadurch entsteht für das Auge der Eindruck von helleren und dunkleren Farben.

RGB

Farbmodus, der im Zusammenhang mit Lichtfarben und → additiver Farbmischung eingesetzt wird, also zum Beispiel auf Bildschirmen, bei Scannern und Digicams. Das Bild setzt sich dort aus Anteilen von Rot, Grün und Blau zusammen. Alle drei additiven Grundfarben ergeben zusammen reines Weiß. Ist keine der drei Farben vorhanden, liegt reines Schwarz vor.

Scharfzeichnen

Mit UMS oder Scharfzeichnen wird eine Technik beschrieben, bei der die Konturen in einem Bild durch helle oder dunkle Linien an den Übergangsstellen hervorgehoben werden. Auf diese Weise wird das Bild konturenschärfer. Der Vorgang kann elektronisch während des Scanvorgangs in einem Fotosetzsystem oder fototechnisch vorgenommen werden.

Schnittmaske

In Photoshop ist bei vielen Gelegenheiten das Anordnen von Ebenen zu so genannten Schnittmasken hilfreich. Es kommt zur Anwendung, wenn Sie in Ihrem Bedienfeld mehr als zwei Ebenen haben und bewirken wollen, dass sich eine Ebene nur auf die *direkt* unter ihr liegende Ebene bezieht – nicht auf die anderen Ebenen darunter. Mit anderen Worten: Mit der unten liegenden Ebene wird die darüberliegende Ebene maskiert.

Schwarzpunkt und Weißpunkt

Die Punkte auf einer Gradationskurve oder im Histogramm, die einem 100%igen Schwarz bzw. Weiß entsprechen. Durch Setzen von Schwarz- und Weißpunkt lassen sich die vorhandenen Tonwerte auf die gesamte zur Verfügung stehende Grauskala optimal verteilen.

Schwellenwert

Tonwertgrenze bei der Umwandlung von Graustufenbildern in den Bitmap-Modus: Dunklere Töne werden schwarz, hellere weiß.

Sonderfarben

Sonderfarben werden auch als *Schmuckfarben* oder *Volltonfarben* bezeichnet. Diese Farben werden beim Drucken als gesonderte, vorgemischte Farben über ein separates Farbwerk aufgetragen. Man benötigt sie zum Drucken von Farben, die sich nicht durch die → Prozessfarben darstellen lassen. Es gibt standardisierte Sonderfarbensysteme wie *HKS* und *Pantone*.

Subtraktive Farbmischung

Farbaufbau bei Reflexion von Licht. Der → Vierfarbdruck

(CMYK-System) basiert auf subtraktiver Farbmischung. Durch das Auftragen einer Druckfarbe auf weißes Papier werden aus dem Farbspektrum des reflektierenden Lichts alle übrigen Farben subtrahiert. Alle Druckfarben zusammen ergeben Schwarz.

Tiefen

Tiefen sind die dunklen Bildbereiche.

TIFF

Tagged Image File Format. Ein Dateiformat für Pixelbilder. TIFF ist plattformübergreifend einsetzbar und wird von fast allen Programmen importiert. Es kommt mit Ausnahme von Duplex mit allen Farbräumen sowie mit Pfaden und Masken zurecht und kann in der Variante *Layered TIFF* auch Ebenen speichern. Eine Kompression ist über → LZW möglich. Die Kompression mit → JPEG ist auch möglich; diese Dateien werden aber nur von wenigen Programmen verarbeitet.

Tonwert

Helligkeitswert eines Pixels in einem Graustufenbild bzw. Farbkanal eines RGB- oder CMYK-Bildes. Die Tonwertskala reicht von 0 (Schwarz) bis 255 (Weiß).

Tonwertkorrektur

Verfahren zur Anpassung von Helligkeit und Kontrast. In einzelnen Farbkanälen durchgeführt, dient die Tonwertkorrektur zur Kompensation von Farbstichen.

Tonwertumfang

Der Bereich der Tonwerte eines Bildes, der die tatsächliche Zeichnung enthält. Bei einem normal durchgezeichneten Bild sollte der Tonwertumfang in Deckung gebracht werden, damit es einen maximalen Kontrast erhält.

Tonwertzuwachs

Die Verdunklung eines gerasterten Farbtons, die durch Farbquetschung, Diffundierung der Druckfarbe in die Papierstruktur und vor allem durch den optischen Effekt des Lichtfangs (Unterstrahlung eines Rasterpunkts) hervorgerufen wird. Der Tonwertzuwachs muss bei der Separation oder Belichtung durch eine invertierte Berechnung (Aufhellung) kompensiert werden, damit der Druck die Tonwerte in der vorgesehenen Helligkeit und Farbe wiedergibt.

Überblenden

Ein weicher Übergang zweier Farben, der keine wahrnehmbare Linie an der Übergangsstelle aufweist.

Unscharfmaskierung

Verfahren zur Scharfzeichnung eines Bildes. Seine Qualität hängt von der Güte des verwendeten Algorithmus ab.

Vektor

Ein Vektor wird durch eine Linie beschrieben, die durch Farbe, Start- und Endpunkt definiert ist. Vektoren werden daher im Normalfall bei der Erstellung von Strichvorlagen, typografischen

Zeichen und Farbverläufen verwendet.

Vektormaske

Eine → Maske, deren Form nicht durch Pixel, sondern durch Vektorinformationen definiert wird. Damit sparen Sie einerseits Speicherplatz und können frei skalieren, andererseits sind bei Vektormasken keine weichen Übergänge zwischen »maskiert« und »nicht maskiert« möglich.

Vierfarbdruck

Allgemein übliches Druckverfahren für farbige Druckprodukte mit den Grundfarben Cyan, Magenta, Gelb und Schwarz.

Websichere Farben

Auch *Websafe Colors* genannt. Farben, die von allen Browsern gleich angezeigt werden. In jedem Farbkanal (Rot, Grün und Blau) muss entweder eine 0 oder ein durch 51 teilbarer Betrag eingetragen sein.

Weiche Kante

Für eine weiche Kante werden die Pixel an einer Auswahlkante weichgezeichnet. Auf diese Weise wird ein fließender Übergang zwischen Pixeln und Umgebung hergestellt.

Weichzeichnen

Beim Weichzeichnen wird die Bildschärfe reduziert. Zum Weichzeichnen gibt es in Photoshop Filter und das Weichzeichner-Werkzeug.

Weißpunkt

→ Schwarzpunkt und Weißpunkt.

Die DVD zum Buch

Auf der DVD zum Buch haben wir Ihnen alles zusammengestellt, was Sie für einen erfolgreichen Start mit Photoshop CS6 benötigen. Sie finden natürlich alle Bilder aus den Schritt-für-Schritt-Anleitungen des Buches, eine Testversion von Photoshop CS6 und als besonderen Bonus über eine Stunde Video-Lektionen zu Ihrer Software. Aufgeteilt ist die DVD in folgende Ordner:

▸ Bilder
▸ Testversion
▸ Video-Lektionen

Bilder

Das Verzeichnis BILDER enthält alle im Buch genannten Beispieldateien im Format TIF oder JPG. Die Dateien .cr2 und .RAF sind Raw-Dateien, die Sie für Kapitel 9 benötigen. In den einzelnen Workshops verweise ich auf die jeweils verwendete Datei.

Im Unterordner ERGEBNISSE finden Sie die finalen Fassungen der Workshops. Diese können Sie dann mit Ihren eigenen Ergebnissen vergleichen.

Testversion

Das Verzeichnis enthält eine Testversion von Photoshop CS6. Die Testversion liegt als Mac- und Windows-Datei vor. Um das Programm zu installieren, kopieren Sie zunächst den jeweiligen Ordner auf Ihre Festplatte. Von dort starten Sie das Installationsprogramm per Doppelklick auf die exe- (Windows) bzw. die dmg-Datei (Mac).

Sollten Sie bereits einmal eine Demoversion von Photoshop CS6 auf Ihrem Rechner installiert gehabt haben, so ist die erneute Installation einer Testversion leider nicht möglich.

Video-Lektionen

In diesem Ordner finden Sie ein attraktives Special: Als Ergänzung zum Buch möchten wir Ihnen relevante Lehrfilme aus dem Video-Training »Adobe Photoshop CS6. Die Grundlagen« (ISBN 978-3-8362-1900-6) zur Verfügung stellen. So haben Sie die Möglichkeit, dieses neue Lernmedium kennen zu lernen und gleichzeitig Ihr Wissen um Photoshop CS6 zu vertiefen.

Um das Training zu starten, gehen Sie auf der Buch-DVD in den Ordner VIDEO-LEKTIONEN und klicken dort die Datei »start.exe« (Windows) bzw. »start.app« (Mac) auf der obersten Ebene doppelt an. Alle anderen Dateien können Sie ignorieren.

Das Video-Training startet, und Sie finden sich auf der Oberfläche wieder. Bitte vergessen Sie nicht, die Lautsprecher zu aktivieren oder gegebenenfalls die Lautstärke zu erhöhen. Sollten Sie Probleme mit der Leistung Ihres Rechners feststellen, können Sie alternativ die Datei »start.html« aufrufen. Sie finden folgende Filme:

1.1 Was sind Bildebenen? (03:53 Min.)

1.2 Füllmethoden einsetzen (06:15 Min.)

1.3 Ebenenstile anwenden (10:28 Min.)

1.4 Tonwerte korrigieren (09:00 Min.)

1.5 Tiefen und Lichter optimieren (07:50 Min.)

1.6 Automatische Bildkorrekturen (04:05 Min.)

1.7 Was ist mit verlustfreier Bildbearbeitung gemeint? (03:34 Min.)

1.8 Mit dem Verflüssigen-Filter Bilder verformen (06:32 Min.)

1.9 Mit Ölpinseln malen (04:58 Min.)

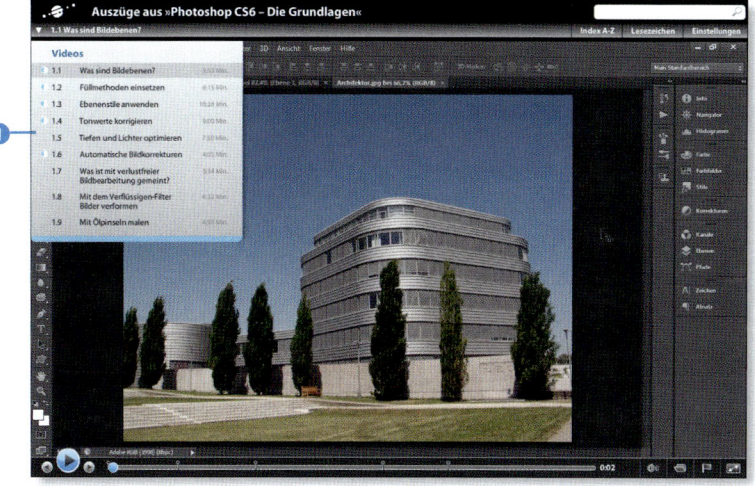

◀ **Abbildung A.1**
Das Video-Training startet sofort. Über das Menü ❶ wechseln Sie zwischen den Filmen.

Index